Juan Gustavo Cobo-Borda

JOSE ASUNCION SILVA BOGOTANO UNIVERSAL

Prólogo de
FERNANDO CHARRY LARA

Villegas editores

JOSE ASUNCION SILVA BOGOTANO UNIVERSAL

BIBLIOTECA DE BOGOTA

Promovida por
la Alcaldía Mayor de la ciudad
con motivo de la celebración
de los 450 años
de la fundación de Bogotá

El presente libro de la BIBLIOTECA DE BOGOTA
fue preparado para VILLEGAS EDITORES
por el equipo editorial
de BENJAMIN VILLEGAS & ASOCIADOS.
Dentro de esta gestión,
BENJAMIN VILLEGAS JIMENEZ
dirigió el diseño y la edición;
MARCELA CAMACHO ARBOLEDA
diagramó la obra y la supervisó
durante el proceso de producción;
MARIA DEL CARMEN MONTOYA GOMEZ
seleccionó el material ilustrativo;
SERVIGRAPHIC LTDA fotocompuso los textos,
armó los artes de las páginas y realizó la fotomecánica;
CLAUDIA DELGADO corrigió las pruebas,
y CARVAJAL S.A. imprimió
y encuadernó la edición.

VILLEGAS EDITORES agradece muy especialmente
al Dr. JULIO CESAR SANCHEZ GARCIA
quien durante su gestión como Alcalde Mayor de Bogotá,
promovió e impulsó la publicación de esta colección conmemorativa;
al Dr. ANDRES URIBE CRANE, presidente de CEMENTOS DIAMANTE,
gracias a cuyo aporte se financió este libro;
a la ACADEMIA COLOMBIANA DE HISTORIA,
la SOCIEDAD DE MEJORAS Y ORNATO DE BOGOTA
y la ACADEMIA DE HISTORIA DE BOGOTA,
por su orientación en la estructuración de la colección;
y a todas las demás instituciones y personas
que con su criterio y generosidad
colaboraron en la conformación de la colección
y en la publicación de este tomo.

Las ilustraciones de esta colección fueron tomadas,
en su mayoría, de los siguientes libros:
GRABADOS DEL PAPEL PERIODICO ILUSTRADO,
GEOGRAFIA PINTORESCA DE COLOMBIA EN 1869,
AMERICA PINTORESCA, ALBUM DEL SESQUICENTENARIO.
Los dibujos de la sobrecubierta, de JOSE MARIA ESPINOSA,
pertenecen al Museo Nacional
y el cuadro central reproduce
a José Asunción Silva,
de VICTOR MOSCOSO

Primera edición - 1988

ISBN 958-9138-19-5

Impreso en Colombia
Printed in Colombia

CONTENIDO

Tres tiempos de una polémica en torno a Silva

JOSE ASUNCION SILVA

PRESENTACION

José Asunción Silva: un bogotano universal

El reconocimiento de José Asunción Silva como uno de los poetas mayores de Hispanoamérica es un hecho que excede los límites de nuestro continente. En España y en el resto de Europa su poesía ha sido considerada entre las más auténticas y fascinantes expresiones del modernismo.

Si la obra está impregnada de melancolía y sus imágenes envueltas de misterio, la propia imagen del poeta participa con igual hondura de esos atributos. Su corta vida, la forma trágica de su muerte, sus afectos sutiles y profundos, las circunstancias económicas que lo rodearon, su derrota en un mundo regido por comerciantes, crearon con sus caracteres encontrados una semblanza de Silva que es a la vez precisa y vaga. Esta semblanza, como la obra misma, está unida a Bogotá, la ciudad donde Silva nació y murió y en la que transcurrió casi toda su existencia. Y Bogotá lo ha reconocido también como el más grande de sus poetas.

Poco importan ahora las opiniones adversas de Silva acerca de su ciudad. De todas maneras, ella fue su destino y desde ella se proyecta el nombre del poeta como la sombra de un gigante sobre el horizonte de las letras hispanoamericanas.

De ahí el título que Juan Gustavo Cobo-Borda, al reunir estos escritos selectos, ha dado al presente volumen: *José Asunción Silva, un bogotano universal*. La idea de compilarlos en la fecha en que se cumplen los 450 años de la fundación de Bogotá no puede ser más acertada: ¿cómo ignorar en una celebración así a quien es su más alta gloria literaria?

Acogiendo la estupenda idea del alcalde distrital, doctor Julio César Sánchez García, de vincular a esta conmemoración a importantes empresas del país, Cementos Diamante S.A. se hace presente con su apoyo para la realización de esta publicación especial. Y es que la historia de Cementos Diamante S.A. está unida estrechamente con la del crecimiento de Bogotá. Fundada por eminentes hijos de la ciudad en 1927, ha participado en su evolución y por lo tanto ha sido durante más de sesenta años motor de su progreso con la producción de la materia prima que en gran medida ha servido para la marcha de la industria de la construcción y para la transformación urbana. Desde nuestra antigua fábrica de Apulo de 1927 hasta las plantas de mezclas de hoy han transcurrido décadas de dura brega, de dificultades vencidas, de fe en el desarrollo de una ciudad a la que ahora entregamos este bello homenaje, estas páginas sobre su más entrañable poeta: José Asunción Silva.

ANDRES URIBE CRANE
Presidente

Casa del Marques de
San Jorje - A. Michaelsen. 936

JUAN GUSTAVO COBO BORDA

PROLOGO

La naturalidad del simbolismo en José Asunción Silva

Varias veces se refirió Juan Ramón Jiménez, como catedrático o conferencista, a la obra de José Asunción Silva en el modernismo hispanoamericano de finales del siglo XIX. Elogiándole como "modernista natural" en oposición, por ejemplo, a Rubén Darío o a Guillermo Valencia, a quienes llamó "modernistas exotistas". El elogio lo fundamentó el maestro andaluz en que, en lugar de referirse, como el nicaragüense y el payanés, a asuntos cultos o históricos, extraños o remotos, "lo que escribía (el bogotano) era propio de su país". Y dio, como testimonio, varias muestras de su poesía. Entre ellas, "Los maderos de San Juan", que denomina "poema bello de tipo natural". La mayor ponderación la tuvo para el "Nocturno" que comienza "Una noche, una noche toda llena de murmullos...". Anotó sobre él: "Es poesía escrita casi no escrita, escrita en el aire con el dedo. Tiene la calidad de un nocturno, un preludio, un estudio de Chopin eterno, eso que dicen femenino porque está saturado de mujer y luna. Como una joya natural de Chopin, raudal desnudo de Debussy, este río de melodía del fatal colombiano (esta música hablada, suma de amor, sueño, espíritu, magia, sensualidad, melancolía humana y divina) lo guardo en mí, alma y cuerpo, para siempre y siempre que me vuelve me embriaga y me desvela".

No fue sin embargo Silva, a pesar de escribir lo "propio de su país", cantor de región o naturaleza alguna contemplada como espectáculo. Una sola de sus composiciones, que vendría de sus viajes por el Río Magdalena, se refiere a un "Paisaje tropical". No obstante, la atmósfera física y espiritual de su lugar de nacimiento, Bogotá, y de la sabana que la rodea y lleva su nombre, da tono característico a varios de sus poemas. No trajo a éstos la luminosidad del cielo que, en ciertos meses del año, es allí resplandor que a algunos no deja de parecer insólito. La vaguedad de la luz, su opacidad en nubes bajas y lobreguecidas, le fue predilecta. Ella concordaba mejor con la visión romántica (nuestro modernismo fue nuestro verdadero romanticismo, se ha dicho) de temas suyos: la muerte, el pasado, el misterio de lo desconocido, la nada, la zozobra ante el destino humano y el más allá. Todo como intuición o presentimiento entre velos de sombra y melancolía:

> y un color opaco y triste
> como el recuerdo borroso
> de lo que fue y ya no existe!

La Bogotá, la Santa Fe de Bogotá en que vino al mundo Silva en 1865 y dio término a sus días en 1896, era modesta ciudad que los historiadores describen, en armonía con su clima frío, íntima y silenciosa. El poeta dijo de "la brisa dulce y leve / como las vagas formas del deseo". Vientos helados, hacia el sur, se sienten llegar a veces de la proximidad de los páramos. Finas lloviznas, más que torrenciales aguaceros, le han sido constantes. Las calles estrechas, empolvadas o lodosas, dispuestas en forma cuadricular. Muchas de sus viejas casas coloniales, en su mayoría de un solo piso, albergaban suntuosos mobiliarios, porcelanas, lámparas, pianos y espléndidos adornos. Pero aun las de los más ricos se mantenían sobrias, tanto en el interior como en su aspecto externo. En contraste con la escandalosa, llamativa miseria de las viviendas pobres. La lejanía del mar y de las rutas comerciales hizo entonces ensimismada y melancólica a la capital colombiana. Sus gentes, con mezcla de sangres española e indígena, vestían ordinariamente de negro. Campanas de numerosas iglesias rasgaban el aire rosa o gris de madrugada y al anochecer. Conventos, cúpulas, liturgias y sotanas reiteraron el carácter levítico de la villa. En la que dominaba también, en aulas y corredores con arcos, lo espiritual, lo universitario, lo estudioso. Cuando se fue de Bogotá, para jamás regresar de París, don Rufino José Cuervo la llamó despectivamente "ciudad de santos y de sabios". Pero por 30 años, entre graves investigaciones filológicas, hasta su muerte, siguió añorándola a diario. Y le legó, al final, su obra, su biblioteca y sus haberes.

Ese ambiente de Bogotá y sus alrededores se refleja, nebuloso y entrañable, ciertamente, en poemas de Silva. La manera como lo colombiano se filtra sutilmente en su dicción es más notable si se piensa que el poeta fue lector culto y apasionado de libros extranjeros. A ellos debió su estética y su formación intelectual. Su imaginación se compenetraba toda, sin embargo, con un ambiente de elementos reconocidamente nuestros. No fue suyo un mundo de referencias culturales, a la religión, a la historia, a la mitología, como el de los poetas parnasianos. Sino, de "extrema percepción sensorial", el de las sensaciones, personales y únicas, propio de los poetas simbolistas. Allí están las imágenes visuales, como las del matiz borroso del ámbito que sigue siendo el de su ciudad: "dejé en una luz vaga las hondas lejanías / llenas de nieblas húmedas y de melancolías". Lo auditivo llega también, familiar y cotidiano, tal "las campanas plañideras que les hablan a los vivos / de los muertos" o, más oculto, cuando "flota / en las nieblas grises la melancolía, / en que la llovizna cae, gota a gota...". El olfato, que Baudelaire rescató del olvido a que por siglos estuvo condenado en poesía, vuelve, por ejemplo, al aspirar el olor de reseda de un cuerpo femenino. Y lo táctil como cuando lo hiere "el frío que tenían en tu alcoba / tus mejillas y tus sienes y tus manos adoradas". Nada es ajeno ni exótico en el verso de Silva. A través de cosas concretas y cercanas a sus sentidos el poeta iba a penetrar en lo misterioso. Desde adolescente vivió en mágico dominio de sueño y fascinación. La materia objetiva le era sólo eco o reflejo de una realidad invisible y más real que las simples presencias inmediatas. Pero para avanzar por lo desconocido Silva partía, entre las líneas de sus poemas, de aquello que, en el espacio y tiempo suyos, le semejaba ser llano y accesible. De ahí la naturalidad de su lenguaje y, a la vez, la profundidad de su visión poética. Pudo hacer suya la definición que dio Stéphane Mallarmé: "La poesía es la expresión, por medio del lenguaje humano traído a su ritmo esencial, del sentido misterioso de los aspectos de la existencia. Y así, ella dota de autenticidad nuestra morada, y constituye la única tarea espiritual".

¿Cómo era, dentro de su propia casa (la de la calle 12, en que vivió largamente, o la de la 14, donde puso fin a su vida), el contorno en que José Asunción Silva leía, escribía o conversaba con sus amigos, lúcido hasta la vehemencia, en las noches bogotanas de hace cien años? Oigamos la descripción que de su sala biblioteca nos hace uno de sus más allegados, el novelista, también suicida, Emilio Cuervo Márquez. El escenario decadente y artificial de aquel salón se opone a primera vista a la naturalidad, enardecida sugerencia y grávida sencillez de las composiciones que allí mismo el poeta debió imaginar, dándolas luego a conocer de sus contertulios. Dice el hoy olvidado autor de *Phinées*: "Aún veo el amplio cuarto de estudio. Discreta luz, mullida alfombra, un diván de seda roja. Contra los muros, anaqueles con libros. Al frente, una reproducción de arte de la "Primavera" de Botticelli. En el centro, el amplio escritorio, sobre el cual se veían algunos bronces, el bade de tafilete rojo con el monograma en oro del poeta, revistas extranjeras. Diseminados aquí y allá, sillones de cuero, y gueridones con imponente cantidad de ceniceros, pues quienes allí nos reuníamos, a comenzar por el dueño de casa, éramos fumadores empedernidos. Después de media hora de charla, Silva daba comienzo a la lectura. Previamente se había graduado la luz de la lámpara y se había puesto a nuestro alcance un velador en el cual invariablemente se veían una caja con cigarrillos egipcios, algunas fuentes con sandwiches, un ventrudo frasco con vino de Oporto y tres copas: Silva no bebía nunca vino ni licor; en cambio, fumaba de manera aterradora".

Entre los poemas en que Silva refleja la vida de Bogotá se ha mencionado especialmente "Día de difuntos". Encontrándose en él la identidad entre el ambiente físico de la ciudad antigua, fría y en continua llovizna en ese dos de noviembre, y la cadencia de las estrofas. El alma introspectiva del poeta rima con la soledad humedecida y trémula del paisaje urbano. La voz quejumbrosa del bronce de los campanarios se escucha sin cesar. Ahora mismo, en los barrios del viejo centro, en La Candelaria y desde Las Cruces a San Diego, el aire lluvioso y entristecido de sus calles es el mismo que debió contem-

plar el poeta. Envolviéndole en meditaciones e insinuando de una vez el ritmo del verso que mejor se acordara a su pronta expresión. Es el mismo aire, aun cuando hoy se levanten grandes y orgullosos edificios:

> La luz vaga... opaco el día...
> La llovizna cae y moja
> con sus hilos penetrantes la ciudad desierta y fría.
> Por el aire tenebroso ignorada mano arroja
> un oscuro velo opaco de letal melancolía,
> y no hay nadie que, en lo íntimo, no se aquiete y se recoja
> al mirar las nieblas grises de la atmósfera sombría,
> y al oír en las alturas,
> melancólicas y oscuras,
> los acentos dejativos
> y tristísimos e inciertos
> con que suenan las campanas,
> ¡las campanas plañideras que les hablan a los vivos
> de los muertos!

Silva presintió el crecimiento y la modernización, en los años que iban a venir, de su pequeña ciudad. En el texto en prosa "El paraguas del Padre León" encarna al siglo XVIII en un viejo cura y en magnate opulento al siglo XX. Los dos se le aparecen, en el atardecer de una esquina, en raudas escenas que le sugieren violenta diversidad de tiempos y costumbres. Y Silva se pregunta: "¿No vienen siendo las dos figuras como una viva imagen de la época de transición que atravesamos, como los dos polos de la ciudad que guarda en sus antiguos rincones restos de la placidez deliciosa de Santa Fe y en sus nuevos salones aristocráticos y cosmopolitas la corrupción honda que hace pensar en un diminuto París?"

En esta escondida ciudad suramericana José Asunción Silva trajo a sus poemas la teoría simbolista. El simbolismo: no sólo el empleo de imágenes simbólicas, sino una visión del mundo teñida de sueño, de sobrerrealidad y de misterio por la fusión en ella de principios del decadentismo, el idealismo, el esteticismo y el impresionismo, tendencias que le fueron contemporáneas. Sus elementos en gran parte provienen, depurados, de la cosmovisión romántica. Sin ser del todo ajenos a la exaltación y a la embriaguez espiritual. La sensualidad enfermiza, lo lujoso estéril, la belleza mórbida. El amor al misterio, lo oculto o secreto. Y aun a lo esotérico. La fe en absolutos místicos como la Belleza, el Deseo o el Mal. La música como modelo de composición por su virtud de sugerencia y su cercanía a la vaguedad y a lo inefable. Y todo ello, junto, como medio para lograr la expresión de sensaciones o sentimientos personales únicos tenidos por misteriosos. De allí que, desde entonces, se entendió el simbolismo como "lo líricamente más puro, profundo, flexible y abierto". Si los parnasianos miraban hacia afuera, seguros de que el mundo exterior existe, los simbolistas querían ver hacia adentro. Buscando en su interioridad la estrecha relación del hombre y el universo.

La crítica oficial ha sido incansable en repetir, en muchos escritos, diversas falacias acerca de la situación de Silva dentro del movimiento modernista hispanoamericano, cuya vigencia se determina generalmente de 1880 a 1920 ó 30. Si fuéramos a buscar el origen de tan equivocadas interpretaciones lo encontraríamos en que, sin duda por falta de información, se ha pretendido erróneamente identificar a la poesía modernista con una etapa de la obra de Rubén Darío. Lo cual constituye engaño histórico que ha sido tarde pero suficientemente dilucidado. Se dice, por ejemplo, que Silva fue "precursor" del modernismo, desconociendo que tanto él como José Martí, Manuel Gutiérrez Nájera y Julián del Casal (tomando los nombres más sobresalientes) pertenecen a la que en verdad es la primera generación del modernismo: tanto en sensibilidad como en expresión. Que luego, con Darío (2 años menor que Silva), Guillermo Valencia, Leopoldo Lugones, Julio Herrera y Reissig, Ricardo Jaimes Freyre, Enrique González Martínez y otros se forma la segunda promoción modernista. Y aún surge una tercera, que algunos comentaristas llaman "postmodernismo", en la que caben poetas como el mexicano Ramón López Velarde, la uruguaya Delmira Agustini y los colombianos Luis Carlos López, Porfirio Barba Jacob y Eduardo Castillo.

Otro desacierto grave es el de suponer que la poesía de Silva sería simbolista pero no modernista. Ignorando que fue el simbolismo la más alta y noble revelación de la escritura modernista, tanto en Hispanoamérica como en España. Pero el modernismo no fue una escuela, sino una suma de escuelas. La descaminada insinuación de que el

ademán simbolista del bogotano lo aparta del modernismo acusa total inocencia de lo que fue este movimiento: de su actitud, de sus técnicas innovadoras, de la variedad de tendencias que dentro de él se mostraron. Federico de Onís dio precisión a este asunto aclarando: "El modernismo, como el Renacimiento o el Romanticismo, es una época y no una escuela, y la unidad de esa época consistió en producir grandes poetas individuales, que cada uno se define por la unidad de su personalidad, y todos juntos por el hecho de haber iniciado una literatura independiente, de valor universal, que es principio y origen del gran desarrollo de la literatura hispanoamericana posterior". Añadiendo que "no es por lo tanto la escuela, sino la diversidad de escuelas, lo que caracteriza el modernismo hispanoamericano".

Y esa insinuación es asimismo, apenas, otra manera de volver a identificar el modernismo, esencialmente sincrético, es decir, conciliador de tendencias estéticas diferentes y aun opuestas, con la brillante ostentación y prodigio verbal de Rubén Darío en su libro de 1896 *Prosas profanas.* Cuyos poemas, es cierto, dieron origen a una de las escuelas que dentro de él se formaron. Pero el modernismo, como la crítica lo viene reiterando en todos estos años, no podría ser tomado exclusivamente por las proyecciones de una sola obra. Así fuese aquella, prestigiada por la celebridad del nicaragüense, que se destaca por su preciosismo exterior. Cuando tal rubendarismo o preciosismo representa, solamente, uno de los múltiples aspectos que ofreció la vasta universalidad del modernismo. Y que de ninguna manera definiría, excluyente, la amplísima significación de este movimiento en distintas manifestaciones de las letras y la vida de su época.

Más de una similitud enseñan las dos fugaces vidas de José Asunción Silva y del sevillano Gustavo Adolfo Bécquer (1836-1870), que además compartieron en la infancia comunes preocupaciones artísticas tal su afición a la pintura. En los poemas que por primera vez (antes sólo había publicado su versión de "Las golondrinas" del francés Béranger) se reunieron de Silva en la antología *La lira nueva*, aparecida en Bogotá en 1886, se muestran visibles las notas de "sencillez expresiva, goce en lo misterioso y valor de lo sentimental", que un juicio apuntó como particulares de Bécquer.

Esa pronta conciencia de lo becqueriano pudo abonar en el espíritu de Silva su siguiente adoración a la poética de Edgar Allan Poe y a la de los simbolistas franceses. Su vinculación al simbolismo seguramente se hizo primero a través de las teorías de Poe, que en Francia se conocieron en la traducción de Baudelaire de *La filosofía de la composición*. Silva llevó a sus poemas las más importantes de esas ideas. Como la de que magia y poesía son una misma cosa. O la de que el verso debe esbozarse a partir del poder de sugestión del vocablo, anterior al significado, para darle luego un significado, el cual nunca pasará de ser secundario. O la noción de Belleza: efecto que lleva a una pura e intensa voluptuosidad del alma. O la que supone en la melancolía el verdadero tono poético. O en la muerte el tema más intenso. O destaca al estribillo, que debe conservar la monotonía del sonido pero, igualmente, provocar variaciones desemejantes en el pensamiento. Estas y otras tesis del norteamericano indudablemente influyeron en los poemas del autor del "Nocturno".

No es aventura suponer que a la poética de Poe y a la de los simbolistas franceses se ligó Silva, como decimos, gracias a la temprana lección que recibió de Bécquer. Sin pretensión de originalidad, quien suscribe estos renglones ha querido suponer, en ocasión anterior, que la figura del poeta español se nos ofrece, visionaria, en el umbral del simbolismo. Varios fragmentos suyos en prosa, así como las *Rimas*, asoman como testimonios de la subterránea fuerza que por adelantado, de modo quizá inconsciente, llevaba la simpatía de Bécquer hacia las persuasiones simbolistas que después otros, sin desconocer el influjo de Poe, sustentarían teóricamente en París. Porque la existencia de una escuela simbolista en Francia que superó al parnasianismo (y su devoción a lo descriptivo y narrativo, a lo objetivo e impasible), no implica que tenga el simbolismo, como es ordinario pensarlo, origen exclusivo en esa nación. De tiempo atrás se ha destacado su carácter universal, sin reducirlo a la sola irradiación francesa. De nuevo citamos a Juan Ramón Jiménez, en su

sospecha de que el simbolismo procede "de la mística española (San Juan de la Cruz), la música alemana y la lírica inglesa del mejor romanticismo, con el intelectualista sentimental Poe a la cabeza". Y, resaltando su modernismo natural e intimista, el mismo poeta de Moguer, en uno de sus últimos textos, habló de que, entre los modernistas, está más cerca de la sensibilidad del siglo XX, "por ser un fino y hondo hermano contrario de Poe y de Bécquer, José Asunción Silva, el colombiano ansioso de órbitas eternas".

La poesía de Silva representó, no sólo en Colombia sino en Hispanoamérica y en España, el intento más definido y mejor logrado, antes de finalizar el siglo XIX, de impregnar la lírica en lengua castellana de la estética simbolista. Se recuerda que en temprano viaje a Europa, a sus 20 años, conoció el decadentismo que habría de influir principalmente en su novela *De sobremesa*, el esteticismo del grupo inglés prerrafaelista, el impresionismo, el idealismo velado de misterio y de aliento místico. Podríamos preguntarnos si, después de 1896, los poetas colombianos que le fueron más próximos en edad (Víctor M. Londoño, nacido en 1870, y Guillermo Valencia, de 1873, entre ellos), perseveraron en la poética del simbolismo o, por el contrario, regresaron a la ya entonces eclipsada influencia parnasiana. Todo parece indicar la preponderancia, siguiente al suicidio de Silva, del viejo Parnaso y su motivación prosódica, convencional y decorativa. Reflejo que fue del positivismo racionalista y cientifista. Los parnasianos y simbolistas, puso de presente el poeta Raúl Gustavo Aguirre, "desplazaron el acento de su preocupación hacia las palabras", pero los parnasianos "consagraron preferentemente su atención a los sonidos", mientras para los simbolistas "sonidos, sentidos y combinaciones posibles de las palabras son claves de un lenguaje mediante el cual le es dado al poeta enunciar una realidad de otro modo innombrable". Porque la palabra ambiciona (y puede) llegar hasta la creación de otra realidad:

¡Si os encerrara yo en mis estrofas
frágiles cosas que sonreís,
pálido lirio que te deshojas,

rayo de luna sobre el tapiz
de húmedas flores, y verdes hojas
que al tibio soplo de mayo abrís,
si os encerrara yo en mis estrofas,
pálidas cosas que sonreís!

¡Si aprisionaros pudiera el verso
fantasmas grises, cuando pasáis,
móviles formas del Universo,
sueños confusos, seres que os váis,
ósculo triste, suave y perverso
que entre las sombras al alma dáis,
si aprisionaros pudiera el verso
fantasmas grises cuando pasáis!

Es evidente que poetas más jóvenes de entonces, en Colombia y en el resto de nuestros países, retrocedieron y se sintieron más afines al parnasianismo: con su taller, sus referencias greco-latinas y orientales, su impostura de la perfección formal, sus estatuas marmóreas, su agobiadora orfebrería, su minuciosa ornamentación. Sería verosímil conjeturar también que el mismo temperamento hispanoamericano mostró más simpatía al parnasianismo que al simbolismo. El Parnaso complacía mejor la supuesta erudición, con sus referencias a la historia, a la cultura, al clasicismo. El Parnaso, además, servía eficazmente a la elocuencia de aquellos que no sólo escribían poemas sino, en la malhadada conjunción que se dio entre el poeta y el político, ocupaban igualmente las tribunas de la plaza pública y el parlamento. O escribían, con impulso oratorio, las notas editoriales de los periódicos. La estética simbolista, de sueño, de sugerencia y de misterio, no se prestaba a su vociferación. No insinúo que todos nuestros parnasianos (entre quienes se dieron los espíritus sobrios e intensos, como Valencia a quien se insiste en calificar así, o Londoño) fueron rimbombantes, pomposos o enfáticos. Sino que su ejemplo, perseguido por muchos, estuvo más próximo a la altisonancia que a la intimidad de la poesía.

El simbolismo, y la naturalidad con que se manifiesta en los mejores poemas de Silva, da crédito a la esperanza de que la sensibilidad de nuestros contemporáneos no es indiferente ante ellos. Y de que acaso tampoco lo sea en un futuro. Lo cual, sin recelo de causar extrañeza, hace

también posible la presunción de la vigencia actual de esos mismos poemas (unos cuantos), al centenar de años de haber sido escritos. No es sorprendente decirlo, si se piensa que incontables obras de grandes poetas del siglo XX, como Yeats, Rilke, Valéry, Apollinaire, Antonio Machado, Juan Ramón Jiménez, T. S. Eliot o Wallace Stevens, por ejemplo, y aún poemas vanguardistas de los años veintes, en parte representan, como tanto se les sigue hoy leyendo y admirando, la herencia del simbolismo hasta nuestros días.

FERNANDO CHARRY LARA

SILVA:
Bogotano universal
Por Juan Gustavo Cobo Borda

AGRADECIMIENTOS

Este libro, más que muchos otros, ha sido un diálogo. Quiero en consecuencia agradecer a los diversos autores cuyos textos aquí se reproducen su autorización para integrar una edición de carácter no lucrativo en homenaje a Silva. Publicado por la Alcaldía de Bogotá su estructura apunta a complementar el carácter universal del poeta bogotano por antonomasia y a servir, a nivel educativo, para poner en circulación materiales no conocidos en Colombia o de difícil acceso.

Quisiera mencionar, además del poeta Fernando Charry Lara, quien mantiene viva la tradición inaugurada por Silva, otros amigos que han participado en alguna forma en la empresa: Amos Segala y Héctor H. Orjuela, con quienes trabajamos en el proyecto de la edición definitiva de Silva, para la "Asociación Archivos de la Literatura Latinoamericana, del Caribe y Africana del siglo XX", vinculada a la UNESCO. Este volumen es una prolongación involuntaria de tal tentativa.

De otra parte Curt Meyer Clason, en Munich, Juan Liscano, en Caracas, Enrique Molina, en Buenos Aires, José Miguel Ullán, en Madrid, Julio Ortega, en Estados Unidos, Ricardo Cano Gaviria, en Barcelona y Eduardo García Aguilar, en Ciudad de México, han estado presentes a lo largo de su elaboración. La solitaria lectura de un poeta es siempre empresa colectiva. A todos ellos mi gratitud.

Tres temas dominan todo cuanto se ha escrito sobre Silva y son muchas las páginas acumuladas en torno suyo. Pero los tres temas siguen allí, tercos en su persistencia. El ambiente en que vivió, las influencias literarias que tuvo, y su vida amorosa. Si a ellos añadimos el suicidio, el repertorio resulta casi exhaustivo. Además su obra —un puñado de poemas, una novela curiosa y desigual, media docena de notas y algunas cartas— no ha servido, en ocasiones, más que de simple pretexto para que los críticos adelanten sus propias batallas. Así, a propósito de Silva, Guillermo Valencia ataca a Unamuno; Rufino Blanco Fombona a Roberto Liévano; Ismael Enrique Arciniegas a Luis López de Mesa; Eduardo Castillo a Arturo Torres Rioseco vapuleado, a su vez, por Laureano Gómez, en texto de 1923 que rescatamos para esta edición... Algunas pueden llegar a ser divertidas, es cierto, pero la polvareda que levantan enturbian en alguna forma sus textos.

Cuando se pide la vuelta a ellos —tal el caso, por ejemplo, de José Umaña Bernal y Hernando Téllez— el desorden se halla tan difundido que el primero prefiere hablar de Maurice Barrès y el segundo formular la única pregunta sensata: ¿Qué hacemos con Silva?

No se trata de ser nihilistas y prescindir de él. Nuestra sempiterna pobreza, además, nos lo impide. Sólo que tampoco es justo perder algunos bellos versos —"son de laúd y suavidad de raso"— en manos de hagiógrafos piadosos: Silva es ya un santo al revés. No queda más remedio que repasar todo el asunto, para llegar al fin a sus propias palabras. Pero el nivel en que se desenvuelve es por decir lo menos lamentable. Si Alfredo de Bengoechea admite, por ejemplo, que Silva bien pudo tener amores con su hermana Elvira, "lo que no le chocaría ni escandalizaría en un ser tan superior", Daniel Arias Argáez, para defenderlo revela cómo Silva tenía una garçonniere en la calle 19 de Bogotá. ¿Era Silva "la casta Susana", como lo llamaban, o apenas un sátiro normal?

Pero si descendemos a estas minucias el idealizante proceso contrario no resulta tampoco demasiado halagador. Se corre el peligro de la reconstrucción lírica, del rapto verbal a costa de Silva. Así una página de Eduardo Carranza es igual a otra de Jorge Carrera Andrade y estos dos son perfectamente equiparables a una tercera de Raúl Andrade. Se me dirá que los tres son más o menos coetáneos pero sus aportes bien pueden resumirse con las mismas palabras que el chileno Roberto Meza Fuentes utilizó sobre Silva en la Universidad de Chile en 1940: "Nocturno de amor y muerte".

Ante ese "Nocturno de amor y muerte", ¿qué hacer? ¿Limitarnos a la aséptica placidez de la vida académica, censando influencias? Raimundo Rivas menciona a Bécquer; varios a Edgar Allan Poe; Carrier se refiere a Baudelaire y Fogelquist nos recuerda a Heine; Orjuela, con tino, nos pone de presente a Huysmans y Carlos Arturo Caparroso no nos permite olvidarnos de Verlaine... Lo único malo es que ya Silva había hablado de todo esto antes y mejor. ¿No era acaso un ávido lector? ¿No pedía a sus amigos en París, en 1896, el propio año de su muerte, que lo suscribiesen, por un año, a la *Revue de Deux Mondes*, a la *Revue Enciclopédique*, a la *Revue Blue*, a la *Revue Blanche*, al *Mercure de France*? ¿Por qué nos sorprende todavía que alguien quiera estar al día? ¿Lea y escriba? ¿Influya y sea influido? ¿O seguimos barajando rótulos: romántico, parnasiano, simbolista, modernista, precursor, trátese de Rubén Darío o de Nicanor Parra como James Alstrum lo insinuaba no hace mucho?

Si los rótulos adquieren larga vida, en el sopor rutinario de la pedagogía, las penurias del medio también parecen perdurar. Unamuno, estableciendo el paralelo con España, habló ya en 1908 "del paso de aquella sociedad recogida y patriarcal, pero timorata y tal vez gazmoña e hipócrita, a otra sociedad más batida y aireada". Max Grillo, en 1946, se preguntaba si no se había exagerado "lo bárbaro" del ambiente en que vivió, y Rafael Maya, en unas páginas que tienen el mérito de lo personal, rectificaba su anterior juicio negativo sobre Santa Fe, que no Bogotá, apelando a los nombres consabidos: Caro, Cuervo, Suárez. El mismo argumento que Laureano Gómez empleaba desde Buenos Aires en 1923: si Silva era tan importante lo era precisamente por lo valioso de la cultura santafereña de su época.

Pero no había que preguntarse acaso si Silva no había escrito en contra de Santa Fe, o Bogotá, ¿y ello por asco o desesperación? Lo que él mismo había dicho: "Todo el mundo conoce a todo el mundo. Las preocupaciones principales son la religión, las flaquezas del prójimo y la llegada del correo de Europa", y que Sanín Cano había reiterado sobre ese Bogotá escéptico y burlón en el cual "la suposición tenía méritos de realidad y la farsa se entronizaba como imperativo social, político y económico", ¿ya se había olvidado del todo? ¿La rebeldía, los desplantes, el escándalo de su suicidio, se habían

curado sin cicatriz? Como lo confirmó Hernando Téllez años más tarde se trataba en realidad de una ciudad "más culta que civilizada".

En este sentido nada más elocuente que la carta de Rafael Pombo a los hermanos Cuervo: "Dos plieguitos y medio. Suicidio ayer o antenoche de José Asunción Silva, según unos por el juego de $4.000 de viáticos de cónsul para Guatemala; por atavismo en parte, mucho por lectura de novelistas, poetas y filósofos de moda. Tenía a mano el *Triunfo de la muerte*, por D' Annunzio y otros malos libros. Ignominioso, dejando solas una madre y una linda hermana, Julia". La sociedad era la que hablaba por boca de Pombo. ¿Cambiaría hoy en algo el saber, como lo anuncia Enrique Santos Molano, que fue asesinado? ¿Se alterarían por ello sus versos, las páginas de su novela donde asoman también por lo menos dos asesinatos frustrados? Aunque lo dudo, habrá que esperar. Silva aún aguarda a su biógrafo. Quejarse resulta tan erróneo como ocultarlo pero en 1907 los equívocos proseguían: Lorenzo Marroquín y José María Rivas Groot, en la novela *Pax*, parodiaban el "Nocturno" y se burlaban del difunto llamando S. C. Mata. Lo grave era que tales chistes revelan más sobre las reacciones que Silva suscitaba entre sus coterráneos que la amable simpatía póstuma de amigos y admiradores: Laureano García Ortíz, Tomás Rueda Vargas, Emilio Cuervo Márquez, Fernando de la Vega, Ventura García Calderón, Nicolás Bayona Posada e incluso las cálidas páginas de Juan Evangelista Manrique acercándonos un común París juvenil. Todo ello, sin embargo, resulta deleitable ante la militancia entusiasta de nuestros contemporáneos. Eduardo Camacho Guizado, para citar sólo uno, descubre en este párrafo torpe de Francisco Posada el primer análisis marxista de Silva: "Ser nobilísimo y selecto, de una irritabilidad emocional casi patológica, lo asfixiaba el ambiente feudal de su país; pero tampoco lo satisfizo el capitalismo que conoció en Europa".

Mientras averiguamos en qué consiste el feudalismo colombiano[1], bien vale la pena rubricar mejor este definitorio párrafo con que Fernando Charry Lara sintetizó, para terminar, todo el asunto:

> "Lo único cierto parecen haber sido la irreverencia, un cierto disgusto de sí mismo, la diversidad y la distancia que le rodeaban, unas ráfagas de genialidad y audaz aventura, el inconformismo y el abatimiento"[2].

Pasemos, en consecuencia, a temas menos ásperos. Una tradición no se mide tan sólo por los sarcasmos que suscita sino por su capacidad de engendrar nuevas obras. La muerte de Silva produjo un buen poema: el de Guillermo Valencia. Otros regulares: los que le dedicaron Julio Flórez y Víctor M. Londoño. Varios malos. Sus *Gotas Amargas* han sido consideradas como valiosos antecedentes de Luis Carlos López pero esta progenitura, me parece, no obedece sino al prurito de inventarle antecedentes ilustres a un poeta divertido y urticante pero menor. Las *Gotas Amargas* son un divertimento y Silva lo sabía. Silva también sabía que el "Nocturno", "Vejeces" o "Midnight Dreams" no eran un divertimento. Además buena parte, quizás lo mejor, de la poesía de Aurelio Arturo proviene de estos versos de Silva: "la fragancia indecisa de un olor olvidado / llegó como un fantasma y me habló del pasado". Igual podría decirse de Fernando Charry Lara, quien siempre ha reconocido su latido: "La brisa dulce y leve / como las vagas formas del deseo". Asimismo el poema que Eduardo Cote Lamus le escribió e incluso aquel de Luis Cardoza y Aragon, "Nocturno de José Asunción y de Porfirio", confirman la energía que todavía emite su escritura. Energía que diluida aún roza, de lejos, los melódicos versos de Giovanni Quessep y que ha dado pie a Fernando Laverde, realizador cinematográfico colombiano, experto en cine de animación, para realizar dos filmes, uno de 12 minutos y otro de 25, *Recuerdo* y *Volver*, basándose en textos de Silva. ¿Está entonces Silva vivo? ¿Forma parte de nuestra actualidad?

Ciertamente no. Como lo señaló Hernando Valencia Goelkel al cumplirse el primer centenario de su nacimiento: "Sobre su obra aparecieron trabajos lúcidos, llenos de un sereno desapego; nadie, que yo sepa, se empeñó en la fatua tarea de aniquilarlo; con compasión o con ironía, escuchamos (y escuchamos mejor) a Silva desde su pasado; vive quizás una alta vida ardiente en algunas admiraciones, en algunas afinidades, pero de ninguna manera pertenece al campo de la política literaria. Se toma o se deja. Nadie lo impone; a nadie estorba". Por el contrario: su casa restaurada, en la calle 14 con carrera 3a. de Bogotá, barrio de La Candelaria, es hoy día un activísimo centro de promoción cultural. Pero ¿su obra?

Si es lícito reivindicar a *De Sobremesa* como un *bibelot* y ya Jorge Zalamea lo había hecho en 1926, sus poemas, en cambio, han sufrido el inmisericorde desgaste de la aceptación. ¿Es factible leer "una noche / una noche toda llena de perfumes, de murmullos y de músicas de alas", como si nunca nadie lo hubiera recitado? ¿Cómo si no fuese parte de nuestro intangible patrimonio espiritual?

"Seguimos debatiéndonos aún, decía Charry Lara en 1965, con respecto a problemas comunes a vida y poesía, dentro de la misma indagación sin salida". Si así fuere nuestro anacronismo no sólo sería cómico sino atroz lo cual es básicamente lo mismo que insinuó, también en 1965, Jaime Jaramillo Escobar al preguntarnos: "¿Qué valores tiene Silva para las nuevas generaciones?". Pero estas son incómodas preguntas de poetas y nadie las afronta en serio. Preferimos alegrarnos, más bien, con las pulcras ediciones que el Caro y Cuervo ha hecho de sus versos y pensar que los estudiantes tendrán a través de su selección de *Poesía y prosa* (Bogotá, El Ancora Editores, 1986), elaborada por Eduardo Camacho Guizado, y para sólo referirnos a un ejemplo reciente, un adecuado muestrario de lo que Silva fue. ¿Pero es Silva sólo eso? Sí y no, podría contestarse, siendo fieles al ambiguo afán interrogativo de los poetas, que nunca cesa. Que siempre preguntan pero cuyas respuestas no terminan de convencerlos sino mucho tiempo más tarde cuando ya no piensan en ellas. Cuando son apenas versos.

Sería quizás mejor terminar. "El habitante de Bogotá, ciudad de aire estático y lloviznas pertinaces, de calles grises y silenciosas, con bajas y amplias casas coloniales, podía sentirse consustanciado con un tono de vejez que no llega a antigüedad", anotaba Juan Carlos Ghiano en una de las pocas monografías sobrias sobre Silva. Y es precisamente ese tono de vejez que no llega a antigüedad el que aqueja a algunos de sus versos, como podría ser el caso de "Psicopatía" o el de "Don Juan de Covadonga". ¿Podemos tomarlos en serio o reirnos apenas con lo trasnochado de su esquema, tan previsible y tan convencional? ¿Hay ya algo kitch en Silva? Por supuesto, y muchas páginas de su novela lo reiteran, con ganas. ¿Así que sólo basta sentarse a esperar a que ese mal gusto vuelva a ser buen gusto imperante para que Silva renazca? Quien sabe. En todo caso aquel hombre que según Rafael Maya tenía dos almas distintas, "la una destinada a la esfera de la idealidad platónica, y la otra al círculo terrífico donde van a caer los escrutadores impenitentes", ya es sólo uno: el nuestro. Ese texto que ahora intentamos leer de nuevo.

Quizás Silva, en piezas como las mencionadas, envejezca, pero lo que aún no hemos logrado es un instrumento para medir si sus lectores también envejecen con él, o se renuevan. Silva ya no es un mito: es tan solo un poeta y un poeta, además, cuyo "Nocturno" sólo obtuvo el segundo lugar en la carrera por erigirse en "el mejor verso colombiano" según referéndum democrático del año 1977. En que quedamos, entonces: ¿a los poetas los leen? ¿Cómo? ¿Cuándo? De comienzos del siglo a nuestros días y tomando en cuenta ópticas nacionales como extranjeras este libro es un ejemplo concreto de cómo ha sido leído un poeta nuestro. Un poeta sobre el cual ya se ha escrito una obra de teatro. Más aún: también se ha comprobado, en nuestros días, cómo los nuevos narradores colombianos —Rafael H. Moreno Durán, Ricardo Cano Gaviria, Eduardo García Aguilar— vuelven al Silva novelista, leyéndolo y releyéndolo. Usándolo y desmenuzándolo. Pronto, a falta de una sola buena biografía, su figura será motivo de varios textos de ficción. Así revivirá un Silva que parecía subordinado y redimido: el Silva imaginario. ¿Estaremos entonces en capacidad de volver a él, comprendiéndolo tanto desde la crítica como desde la imaginación o subsistirá apenas su vaga silueta: ese "recuerdo borroso / de lo que fue y ya no existe"?

Quizás al quedar convertido en ente de ficción podamos apreciar mejor los 30 años de su fugaz existencia. Pero su obra, ¿la hemos leído en realidad?

Leamos a Silva: "¿Contra lo imposible qué puede el deseo?". Esta pregunta que repite a todo lo largo de su corta obra es la que le da su modulación inconfundible. Hecha de vagos rumores y palabras precisas, su escritura se interna en "el poema triste de la remota infancia" y allí se instala tratando de recobrar mediante una oculta simpatía "la niebla de lo pasado", "la musgosa orilla".

"Infancia, valle ameno", nos dice, cómo son de breves "tus dichas transitorias". Sólo que el "sol de la realidad" disipará ese "aire tibio". Quedará apenas un recuerdo de "sosegadas armonías" y la imposibilidad de aprisionar en el verso esos "perfumes grises". Por todo ello, por la belleza de estos versos, y porque prefirió cantar a Bolívar en la derrota y no en lo equívoco de cualquier gloria, Silva sigue siendo el más auténtico poeta colombiano. El bogotano universal. Pagó con su vida lo penoso de una realidad que inferior a sus sueños se ahonda aún con la música del "Nocturno". Este, y una docena más de sus poemas hechos según sus propias palabras de perlas pálidas y brisas cariñosas perviven, sin reticencias.

Al cumplir 450 años la ciudad que lo vio nacer bien vale la pena preguntárselo. Este libro, de *Intimidades* a *De sobremesa*, de 1880 a 1896, es otro intento por llegar a él. Materiales propios y ajenos contribuirán a dilucidar o ahondar el problema. Interroguémoslo: ya es hora de visitarlo de nuevo.

Notas

1. Sobre la aplicación de categorías ajenas a nuestros hechos ver el agudo libro de Germán Colmenares: *Las convenciones contra la cultura*, Bogotá, Tercer Mundo Editores, 1987.

2. Fernando Charry Lara: "La primera generación modernista. José Asunción Silva. Julián del Casal", en *Historia de la literatura latinoamericana*, fascículo No. 43, Bogotá, Editorial La Oveja Negra, 1984, p. 42.

EL PRIMER JOSE ASUNCION SILVA:

Intimidades, 1880-1884

La obra de José Asunción Silva (Bogotá, 27 de noviembre de 1865 - Bogotá, 24 de mayo de 1896) comprende, en primer lugar, "un libro escrito en los años de juventud y que el bardo obsequió a su amiga Paquita Martín en 1889"[1]: *Intimidades.*

Intimidades se conserva en una copia manuscrita hecha por Paquita Martín y María Manrique en un cuadernito que forma parte del "Fondo Germán y Gabriela Arciniegas", de la Biblioteca Nacional de Colombia. *Intimidades* comprende poemas escritos por Silva entre los 14 y los 18 años, e incluye 59 composiciones (dos de ellas por lo menos en forma fragmentaria) entre las cuales unas 33 permanecían inéditas. Constituye por lo tanto la fuente más rica que existe de la obra en verso del máximo poeta colombiano. Así la considera, con razón, el investigador Héctor H. Orjuela, quien preparó la edición de estos poemas, publicados por primera vez completos sólo en 1977[2].

Desde el primer poema del libro, "Las ondinas", de 1880, el mundo de Silva es el de los muertos, la luna y las "húmedas neblinas". Ese mundo en que "el alma abandona el frágil cuerpo / y sueña con lo santo y lo infinito". Un mundo de gótico romanticismo en que "tintes vagos" iluminan "Los medrosos despojos de un Castillo", pero que tiene incluso en textos como este, donde el misterio ya se insinúa a pesar de arranque tan lúgubre, la capacidad para difuminarse en música y sugerir, gracias a esas ondeantes ninfas marinas, otra dimensión menos aprehensible:

"Mirad cómo se abrazan y confunden
Cómo raudas por el aire giran,
Apenas toca con el pie ligero
Del prado la mullida superficie".

Sí, son sombras que aparecen y se evaden, convocadas por "el lejano acento de una lira", y que se esfuman apenas las ilumina un nuevo día. Basta comparar sus Ondinas con aquella "Ondina" de Aloysius Bertrand (1807-1841), en su *Gaspar de la nuit*, 1842, para comprobar cómo ante un tema ya estatuido Silva hace evidente su personal manera de resolverlo. Revela su propio acento[3].

41

El joven poeta de 14 años ha leído quizás a Bertrand y, de seguro, al poeta colombiano Diego Fallon (1854-1905) a quien dedica un entusiasta homenaje, "La musa eterna", 1883, y de quien recuerda su poema "La luna". De él no sólo ha tomado el epígrafe de "Las ondinas" sino que estará presente a todo lo largo de este primer tramo de su trayectoria. Veamos el tono de Fallon:

La luna

"Ya del Oriente en el confín profundo
La luna aparta el nebuloso velo,
Y leve sienta en el dormido mundo
Su casto pie con virginal recelo.

Absorta allí la inmensidad saluda,
Su faz humilde al cielo levantada;
Y el hondo azul con elocuencia muda
Orbes sin fin ofrece a su mirada.

Un lucero no más lleva por guía,
Por himno funeral silencio santo,
Por solo rumbo la región vacía,
Y la insondable soledad por manto"[4].

"La luna", de Fallon, confirmará en Silva su gusto por los vastos espacios y el anhelo de comunicarse con mundos distantes o perdidos. Será el planeta que rija su poesía y así a la realidad de la tierra Silva opondrá la nostalgia de ese otro mundo, más blanco, espectral y puro.

Sólo que su mundo no es el de la mitología, tan trajinado en aquel tiempo, sino un mundo que se sabe vivo, entre la niebla del pasado, la felicidad intacta de una infancia, nunca perdida, o incluso en "el reino de los sepulcros / Donde se encuentran paz y descanso" ("Suspiro", 1881). Un mundo como en "Subumbra", 1881 —el título resulta expresivo por sí mismo— de "quedos suspiros", en el cual "mi alma su vuelo emprende / A las regiones de lo infinito".

Infinito: esa palabra que Silva emplea con frecuencia bien podría hacer pensar en un romántico impreciso. Si bien Silva en estas primeras composiciones ostenta un enfático romanticismo, de poeta que se evade a través de los rayos de la luna, también es un poeta concreto, en su evanescente lirismo. Un poeta, simplemente.

No apostrofa ni delira. A la realidad del olvido, del desamor, e incluso del odio, a la realidad de todos los días,

opone el sueño, para él mucho más evidente que tantas otras pasajeras mentiras. Ese sueño que idealiza los seres y hace de "toda mujer ardiente", como en "Edenia", 1882, algo casto, alumbrado con "la luz de lo ideal", y que sin embargo llega a irrealizar del todo al mundo. Le abre apenas otra dimensión. La confiere un aura mágica. Dibuja un horizonte, evanescente y leve, pero perceptible como un roce o el parpadeo, entre las sombras, de una luz. Y si bien en ocasiones sus motivos de inspiración semejan volverse espíritus puros, su búsqueda de una virginidad impoluta, usando para ello palabras como "suavidad" y "calma", "Adriana", 1882, muestra su capacidad para expresarse con tacto y finura. Para lograr una esbeltez expresiva, distanciada del hinchado y retórico romanticismo que por entonces todos leían, él incluido.

No hay que olvidar tampoco que ésta, como muchas otras composiciones del libro, son páginas redactadas para álbumes de niñas de la sociedad bogotana —por entonces apenas una gran aldea de 70.000 almas— de severa educación católica. Albumes a la vez púdicos y públicos que apenas si permitían mencionar, dentro de las convenciones del género, unos amores no por apasionados en la tinta menos reprimidos en la realidad de los hechos. Sin embargo, los versos de Silva exhalan su pasión, camuflándola bajo disfraces piadosos. Así, en el "Fragmento de una carta", 1883, terminará el poema con una confusión, reveladora de sus dilemas:

"Que sin extraño yugo que te oprima,
Bajo la forma que su lumbre veda,
Adivine tu amor bajo la rima
El sentimiento que en alma queda.

De la pasión en el poema santo
Unicamente te dijeran eso
Las almas al alzarse como un canto
Mientras los labios tiemblan en un beso".

Si el tal "Fragmento" es convencional y deficiente, ya alientan allí cuerpo y alma, realidad y deseo. Además, el Silva de estos primeros años no resulta del todo débil, ni empalagoso, al extremo. Por el contrario. Allí está también el Silva de "Armonías", 1882, "La primera comunión", 1875, "Las crisálidas", 1883 y, sobre todo, el Silva de "Melancolía", "Infancia", "Crepúsculo" y "La ventana", todos ellos fechados en 1883.

Un buen poeta cuya voz se sostiene con firmeza a pesar de los vagos motivos que usa como pretexto. Esa teoría de doncellas rubias, impersonales y anémicas, todas de labios rojos y ojos azules, que parecen más bien transplantadas de las viñetas de los prerrafaelistas. Ya Alberto Miramón señaló cómo la iniciación intelectual de Silva se había dado a través de la pintura[5].

Un poeta, además, que se afianza en su voluntad de escribir poesía y hacerse, poco a poco, consciente de tal oficio. Ha leído a Bécquer ("Las arpas", 1881, "De G. A. Bécquer", 1883) y ha encontrado en él los méritos con que la crítica distingue hoy en día al poeta sevillano: "sencillez expresiva, goce en lo misterioso, valor de los sentimientos" (G. Díaz Plaja). Ha percibido, también sus germánicas nieblas. Más importante aún: ha encontrado un alma afín, de amores imposibles, desesperadas amarguras, y sabio empleo de la música. Como lo dirá en su prólogo, de 1882, al poema "Bienaventurados los que lloran", del poeta colombiano Federico Rivas Frade (1858-1922) Bécquer y sus imitadores "encierran en poesías cortas, llenas de sugestiones profundas, un infinito de pensamientos dolorosos".

Silva sabía de lo que hablaba: ese prólogo debe leerse a la vez como su poética y como su autobiografía como poeta. Constituye una clave. Entretanto, y en estos primeros versos de *Intimidades*, se nos revela como muy becqueriano. Identifica el alma del poeta con un "arpa eolia de místicos acentos". "Cuando vibra el sentimiento, / En sus cuerdas sensibles se estremece, / y produce sus cantos y sus versos". El poeta como instrumento apenas de su corazón y del mundo. La poesía, como actividad próxima a lo religioso, que asciende al cielo o se desliza al oído de su amada. Plegaria o rezo. Susurro o confidencia. Apenas musitada, entreoída, se desvanece, del todo. Lenguaje velado y a media voz "que a menudo —como dice José María Valverde— se enajena en unas finas musicalidades". En definitiva: un romántico que se torna más sutil.

No es extraño, entonces, que cuatro composiciones, por lo menos, de *Intimidades,* sean versiones de textos de Víctor Hugo. Las enumero: "Fragmento", 1882, "Huyamos de Soloña", 1882, "Los demasiados felices", 1883, y "Paseo por las rocas", 1883. Además, tres epígrafes de Hugo inician poemas suyos: son ellos "Adriana", 1882, "La abuela y la nieta", 1883, y "La ventana", 1883. Como se ve, una lectura sin lugar a dudas incitadora y decisiva. Bécquer, Hugo: todo un mundo.

En dichas versiones de Hugo la poderosa voz de la naturaleza se amplía, con una pujanza superior a dolores y espinas. La canción es eterna: la entona el paisaje. Su templo preferido: el bosque de añosos árboles. Dicha canción va más allá de

nuestra breve existencia y se oye incluso más allá del olvido efímero de las tumbas. Como lo dice en su traducción de "Huyamos de Soloña" son los propios animales los encargados de elaborarla y transmitirla: "Las palomas torcaces de los picos / Dejaban caer rimas", adscribiéndose así Silva a un romanticismo panteista que luego, en un poema suyo como "Melancolía", 1883, se acendraría y depuraría, hacia su personal simbolismo:

> "De todo lo velado,
> Tenue, lejana y misteriosa surge
> Vaga melancolía
> Que del ideal al cielo nos conduce".

Es el Silva que percibe las almas unidas, todas ellas, por "oculta simpatía", pero que advierte también cómo esa "leve cadena de oro" se consume en "las realidades de la vida". Es mejor oírselo decir a Silva: en las dos estrofas finales de este poema, de abril 24 de 1883, está implícito Rubén Darío.

> "Leve cadena de oro
> Que una alma a otra alma con sus hilos une
> Oculta simpatía,
> Que en lo profundo de lo ignoto bulle,
>
> Y que en las realidades de la vida
> Se pierde y se consume
> Cual se pierde una gota de rocío
> Sobre las yerbas que el sepulcro cubren".

Ya para entonces Silva consideraba la armonía universal entre los seres y la Naturaleza como fruto de un acorde, un ritmo, que podía oscilar entre la consonancia (de ahí "El libro de versos", 1891-1896, donde se incluyen sus tres "Nocturnos") y la disonancia, incluso total. De ahí sus "Gotas amargas". Todo ello en gradaciones armónicas, o irónicas. Ese latido que entre nieblas, brumas y brisas, siempre buscaría reproducir para sostener sobre tan delgada música toda su poesía.

Si en el año de 1867 muere Baudelaire y nace Rubén Darío, José Asunción Silva es el puente mágico que une estos dos mundos. Pero no es sólo un precursor del modernismo. Como lo aclaró Luis Alberto Sánchez, de una vez por todas: "La vida y el arte de Silva resumen el modernismo, no lo anuncian ni anteceden". Es un gran poeta por sí mismo. *Intimidades*, a pesar de su ingenuidad y sus caídas, lo confirma con creces. Basta recordar "Infancia" y su definitorio final para entenderlo así:

"Infancia, valle ameno,
De calma y de frescura bendecida
Donde es suave el rayo
Del sol que abrasa el resto de la vida,
Cómo es de santa tu inocencia pura,
Cómo tus breves dichas transitorias,
Cómo es de dulce en horas de amargura
Dirigir al pasado la mirada
Y evocar tus memorias!".

Los espacios poéticos en el primer Silva

En la VI de sus "Notas perdidas", incluidas en *Intimidades* (agosto 1880 - mayo 1884) Silva enumera los espacios donde brota con mayor asiduidad la poesía. Sus escenarios, por así decirlo, preferidos. Son ellos los cristianos templos, los lugares que "nunca humanos pies recorrieron", los bosques seculares, los murmullos sonoros de "las ondas y el viento", la voz de los follajes, el amor por los recuerdos, los blancos aposentos de las niñas de quince años, la tristeza de Cristo y las noches estrelladas. De todos esos sitios nace la poesía, nos dice. No de los malos versos.

El romántico no desdeñaba la crítica con su pizca de ironía, ni contra los otros ni contra sí mismo. Pero, en todo caso, podemos concluir diciendo que ya desde estas primigenias *Intimidades* existen dos espacios arquetípicos en Silva: afuera y adentro.

El paisaje exterior, una naturaleza de índole romántica. El otro, un escenario urbano, de casa establecida, mucho más burgués y recogido. Generalmente, el cuarto de una doncella, presidido por un Crucifijo, donde ella alterna sus días entre lo pecaminoso de sus sueños y los rezos con que diluye toda posible culpa. Cuartos, estos últimos, visitados siempre de noche, y en sueños, por el afiebrado espíritu del poeta. (Véanse las "Notas perdidas" VIII y XIII). Hay, claro está, espacios intermedios entre la alcoba femenina y la naturaleza inculta. Uno podría ser la Iglesia, como ocurre en "La primera comunión", 1875, al parecer el primer poema escrito por Silva, e impregnado todo él de una candorosa unción mística. Allí donde las voces del otro mundo se oyen "sonoras y tranquilas" y los viejos santos que, "mudos se sonreían", surjen de los antiguos lienzos cubiertos de polvo. Son ya esas "vejeces" nostálgicas a las cuales el poeta, amándolas y evocándolas, tantas veces volvería.

El poema es pueril pero no se desbarranca en medio de esas apasionadas elaciones de niño afectado por la exacerbación piadosa de su espíritu. El exaltado trance es contrarrestado por el guiño de la sonrisa, que llega a establecer un canal de complicidad afectiva con el lector: él también fue niño. El también sintió lo mismo.

Pero más importante aún que la iglesia, como espacio intermedio en la poesía de Silva entre la naturaleza y la alcoba, se sitúa la sala de recibo. Allí donde las doncellas acogen las visitas; hurtan, a espaldas de sus padres, algún beso furtivo; se toca con languidez el piano o se vela a los muertos, ya prisioneros de su ataúd. La alcoba, la sala de recibo, el campo a la luz de la luna... Vamos entrando en la atmósfera que consideramos propia de Silva.

En ocasiones esa sala de recibo semi-pública se encoge y llega a ser la "reducida y perfumada estancia", mucho más íntima, "cuyos tapices abrillanta y dora / El fuego de la antigua chimenea", como en "Realidad", 1882. Sólo en muy contadas ocasiones, y dentro de estos 59 primeros poemas que integran *Intimidades*, la poesía de Silva recurre a otros escenarios, para montar allí sus primeros dramas o su novela de iniciación a la vida, recordando aquello que dijo Borges: el poema lírico es "la novela de un solo personaje, que es el poeta".

Una excepción sería el caso de "Perdida", un poema truculento de 1883, donde se denigra al libertino por haber convertido el taller de la pobre obrera en lupanar maldito, y donde la palabra tentadora que dio origen a su caída se produjo en medio del "tumulto humano": la calle. Ese espacio en donde Silva se halla expuesto a todas las suscitaciones y a todos los peligros y donde todos, en algún momento, conviven. Esa confusión democrática que el precoz dandy que era Silva de seguro repudiaría.

Hijo de una familia conservadora, conservador él mismo, sus refinados modales y sus elegantes vestidos, importados de Europa a través del almacén de su padre, especializado en artículos de lujo, si bien allí en la calle se destacaría, entre una población semi-indígena, pobre y mal vestida, sólo encontrarían su marco más adecuado en el salón, su hábitat, por así decirlo, natural. Un pequeño teatro de cámara, de luces más atenuadas e hipocresía más pulida, convertido en cálido refugio para las almas sensibles. Afuera estaría el frío de Bogotá y su Sabana y el oscuro hervor del mestizaje, bullendo entre el hambre y el desamparo.

Por ello cuando los poetas como Silva se asoman al mundo encuentran allí un panorama similar al que el historiador Jaime Jaramillo Uribe ha descrito refiriéndose a la literatura romántica colombiana de mediados del siglo XIX, cuyas resonancias todavía se perciben en este primer Silva:

> "El huérfano, el presidiario, el mendigo, la mujer desgraciada (la mujer caída), el esclavo, son los temas favoritos de poetas como Madiedo, José Joaquín Ortíz, Gutiérrez de Piñeres, Joaquín Pablo Posada, Ricardo Carrasquilla y muchos otros. Es todo un universo poblado de deshechos sociales. Pero ninguno trata el tema, como se trataría hoy, en revolucionario. Se trataba con pathos romántico. Porque estos seres no se presentan como rebeldes contra la sociedad, sino como seres resignados, que con su resignación y tragedia aseguran su salvación en la otra vida y su predilección de Dios. En contrapunto con esta idea, también aparece la figura del rico que lleva la mejor parte en esta vida, pero pierde la partida en la otra"[6].

Allí, en medio de estos deshechos sociales a que alude "Perdida", y los conflictos morales que conlleva tal situación, es donde podemos comenzar a visualizar la figura de Silva como dandy-poeta situado en un medio muy estrecho, al cual repudia y del cual, sin embargo, dependería por el resto de su corta vida. El contraste no podía ser más notorio y acarrear consecuencias que pasando por el "José Presunción", como lo llamaban en son de burla, bien podrían terminar en el suicidio. Pero no nos adelantemos.

Un dandy, en primer lugar, es alguien que hace de su naturaleza algo artificial. El mismo, corazón y experiencia, es un producto fabricado por sí mismo, con rigor inflexible. Hasta en el detalle más nimio ha de estar presente su genio. Su estricta vigilancia sobre esa obra de arte en que intenta convertirse. Pero el trabajo es arduo y comienza desde muy pronto:

> "Cuenta Arias Argáez, su compañero de infancia, que a los doce años José Asunción despertaba la envidia de sus condiscípulos por sus vestidos de terciopelo, importados de Europa; sus guantes de cabritilla; sus zapatillas de charol, sus flotantes corbatas de raso, su reloj de plata pendiente de una bellísima leontina de oro y sobre todo (detalle único entre los niños de ese tiempo) su cartera de marfil en la cual guardaba tarjetas de visita litografiadas, que, bajo cubierta de fino papel timbrado, enviaba en los días de cumpleaños a los amigos de su casa"[7].

Baudelaire resulta la referencia obvia, pero hay algo más. *Flaneur* como él, pero no por las calles de París sino por las de

Bogotá, también Silva, en sus vagabundeos por la pequeña villa, se encuentra no sólo con los restos que el presente margina sino también con aquellos otros que la historia ha preservado, a su paso. Se topa con su pasado. Ese pasado incluso tan reciente como era el colombiano, buscando descifrarlo. De ahí también, de la calle, proviene el motivo de inspiración de "La ventana", 1883, uno de los mejores poemas de *Intimidades*. Allí, en "la estrecha calle", frente a "un balcón, blanco y dorado, / obra de nuestro siglo XIX", él admira "una muy vieja ventana colonial". Al margen del bullicio, el paseante ocioso, el poeta contemplativo intenta rastrear su origen. ¿Qué ve? Imaginarios rostros de un oidor, o de una dama española, que al emigrar de Europa a América —"de la hermosa Andalucía / A la colonia nueva"—.

> "El germen de letal melancolía
> Por el recuerdo de la patria lleva".

Son también exilados, voluntarios, si se quiere, pero exilados como el propio poeta de su patria, de toda patria. El poeta busca en vano una raíz a la cual aferrarse, pues los esplendores se eclipsan y el tiempo se desvanece. Una tradición que lo nutra y mantenga. Pero "del beso de los siglos" apenas si quedan vagas señales que él intenta capturar, pues le hablan con "una voz secreta". La voz con que "narran poemas misteriosos / Las sombras de las viejas catedrales". Pero en realidad sólo queda la música —"la cántiga española", "la gentil guitarra", "la estrofa grata", "la alegre serenata"— que ha venido del otro lado del Atlántico y que ahora, como

> "La brisa, dulce y leve,
> como las vagas formas del deseo",

aún perdura, casi desvanecida, pero todavía audible. Es el idioma, a través de las "plácidas historias" que narra la abuela, el que aún mantiene nuestro hilo de unión con el punto de partida. Pero al parecer, y en definitiva, nada queda. El poema elegíaco reconoce el "todo pasará" del tiempo inclemente, y se precipita así en una enumeración final que resumiendo la vida clausura el ciclo. Desvanecidas las generaciones apenas si perduran los objetos y las palabras que los recuerdan:

> "niñez risueña,
> Juventud sonriente,
> Edad viril que en el futuro sueña,
> Vejez llena de afán...
> ... Tal vez mañana,

Cuando de aquellos niños queden sólo
Las ignotas y viejas sepulturas
Aún tenga el mismo sitio la ventana".

A esas músicas que se pierden, a esas historias para niños, a esas cosas de algún modo encantadas por la pátina del tiempo, se sentiría unido desde entonces José Asunción Silva, intentando extraerles su significado último. Buscando, cual arqueólogo, que las "incomprensibles iniciales" que ornan el monograma, por fin le hablen y le entreguen su secreto.

Pero, como decía Unamuno, en su prólogo a las *Poesías* de Silva (1908): "la naturaleza no sirve a la tradición que llevaron los colonos, aunque la tradición perdure". Una tradición que debe convertirse en algo propio para fructificar en una tierra tan próxima a España, gracias a lenguaje, religión y culturas comunes, pero a la vez tan ajena, en sus peculiares procesos de asimilación, matización y mestizaje.

Ya desde sus comienzos Silva era muy consciente de los problemas que implicaba escribir poesía en Colombia. Debía partir de lo ya dado para acceder a algo distinto. Y lo que tenía allí delante suyo era, en primer lugar, el romanticismo. De ahí que el verdadero espacio poético del cual surge esta primera obra de Silva sea, en realidad, literario. Sus palabras, como sucede con todo auténtico creador, nacen de otras palabras. No del bosque ni la calle, no del salón ni de la alcoba, no de la Iglesia o el ataúd, sino de la música que exhalan ciertos libros. Libros, ante todo, románticos.

El escenario romántico

Mesoneros Romanos, en su artículo "El romanticismo y los románticos", habló de seis cuadros escenográficos que eran obligatorios en todo drama romántico: el salón de baile, el bosque, la capilla, un subterráneo, la alcoba y el cementerio. (La enumeración semeja un catálogo de *Intimidades* de Silva). ¿Qué se representaba allí? El dramático choque entre el yo y el mundo. Entre lo subjetivo y la objetividad que lo circunda. ¿Cuál el resultado? Casi siempre una evasión hacia la soledad, hacia el más allá, dejando atrás "la vida normal". O una confrontación terrible que conduce a la desesperación, la angustia, y de allí al suicidio, acentuando su pathos sentimental. No la razón y las ideas. Sí el corazón.

Guillermo Díaz Plaja, en su *Introducción al estudio del romanticismo español*, dice: "Ser romántico sí que es llorar.

(...). Vivir fuera del mundo, en una geografía brumosa y una historia desvaída. Pero el mundo real existe; son los molinos y los borregos en torno a Don Quijote (héroe de moda romántica), las calles sucias y la miseria nacional en torno a *Fígaro*. Y el choque sólo da esa espantosa soledad que conduce a la locura y a la muerte. Pero antes de que aparezca la constelación de pistolas desesperadas del suicidio, ¡que largos soliloquios!"[8]

No hay mucha diferencia, la verdad sea dicha, entre esta utilería y la que emplea Silva. Tampoco, por cierto, y en un plano general, entre su trayectoria y la de alguien como Larra. Silva, como lo hizo en varios párrafos de sus cartas a Sanín Cano, también podía rubricar iguales palabras a las que en su momento redactó Larra. Le bastaba sustituir Madrid por Bogotá, como en aquellas, tan citadas: "Escribir como escribimos en Madrid es tomar una apuntación, es escribir en un libro de memorias, es realizar un monólogo desesperante y triste para uno solo. Escribir en España es llorar". ¿No era acaso lo mismo en Colombia, y máxime en su caso, de poeta antes que de periodista?

Sí, su largo soliloquio, su monólogo desesperante y triste, es el típico del romántico. Hombre que se atreve a hablar de sí mismo, venciendo la vergüenza de sus propias emociones. Ha triunfado el sentimiento, dando su versión estética de la conquistada libertad individual.

El escritor, en consencuencia, aparece como alguien interesante, que puede triunfar pero que casi siempre fracasa, que cree pero duda con fuerza aún mayor, que ansía, como Bécquer: "¡la fama, el oro, / la gloria, el genio!" (Rima XV) y que casi nunca los encuentra, a la medida de su ambición. Insatisfacción perpetua y melancolía constante: quiere incidir en la sociedad, ser reconocido por ella, infundirle sus convicciones, pero ésta lo margina o lo desdeña. Ni en lo económico ni en lo social parece realizarse. De ahí sus cuitas. De ahí dulce tristeza que tiñe toda su afectividad, e impregna el paisaje con su espíritu. Ese paisaje que va tiñendo e impregnando con sus altibajos emocionales.

La Naturaleza desborda, entonces, el orden que la mano del hombre quiere imponerle, el orden lógico, el orden clásico del Absolutismo y la Academia, y queda reducida a esos elementos tan decisivos en todo el romanticismo, y en Silva en especial: las ruinas, la soledad y el nocturno. Los sepulcros, la lejanía y la Edad Media. El exotismo, la luna, y el sumerjirse en lo infinito, disolviéndose en él. Y el valor emotivo que todo ello encierra, por sí mismo. El paisaje como proyección apenas de su espíritu. Espejo de su egoísmo: si la amada se sonríe, todo brilla. Si la amada calla, o está ausente, todo se entenebrece, cubierto de sombras y melancolías. Ante su desdén, el mundo se ha tornado mudo, y es sólo misterio y tristeza infinita. Desde aquí, desde este escenario romántico, es desde donde Silva elabora sus *Intimidades*. Y la poesía que de allí surge, en contraposición a la anterior, nadie la definió mejor que el propio Gustavo Adolfo Bécquer, en su prólogo a *La soledad*, libro de cantares de Adolfo Ferrán. La diferencia no puede ser más explícita.

"Hay una poesía magnífica y sonora; una poesía hija de la meditación y del arte, que se engalana con todas las pompas de la lengua, que se mueve con una cadenciosa majestad, habla a la imaginación, completa sus cuadros y la conduce a su antojo por un sendero desconocido, seduciéndola con su armonía y hermosura.
Hay otra natural, breve, seca, que brota del alma como una chispa eléctrica, que hiere el sentimiento con una palabra y huye, y desnuda de todo artificio, desembarazada dentro de una forma libre, despierta, con una que las toca, las mil imágenes que duermen en el océano sin fondo de la fantasía.
La primera tiene un valor dado: es la poesía de todo el mundo.
La segunda carece de medida absoluta: adquiere las proporciones de la imaginación que impresiona: puede llamarse la poesía de los poetas.

Víctor Hugo, en su prólogo a Cronwell, dijo que el romanticismo no es más que el liberalismo en literatura. Sólo que era un liberalismo marcado por la religión católica. "Los poetas modernos son hijos de la religión", decía un articulista español en 1835, y hay así un romanticismo reaccionario, arcaico y restaurador, con los ojos fijos en el pasado medieval, y su ademán de aristócrata feudal, con sus leyendas, sagas y distantes mitologías nórdicas, y un romanticismo anárquico, "descreído, demócrata y radical", de blusa roja y política revolucionaria. De total libertad. Walter Scott y Víctor Hugo, El Duque de Rivas y Espronceda, Lord Byron queriendo liberar a Grecia de los turcos, en un barco llamado Bolívar, pero amando, con loca pasión, esas ruinas sagradas, y todo lo que ellas encierran como lección perdurable.

De todos modos, ese paso del dogmatismo al relativismo, con su liberación de energías individuales frente a los controles y formas canónicas impuestas tanto por el Estado en la política como por las Academias en literatura, era lo que había estallado. La unidad ya no era posible. Ahora sólo

quedaban la nostalgia o la ruptura. La restauración o el ímpetu suicida. El pathos romántico afirmándose a sí mismo, y frente a un mundo que veía perdidas sus anteriores coordenadas. Ese siglo XIX que para España, y según Menendez y Pelayo, sólo comienza en 1834. Una observación de Isaiah Berlin, en el prólogo al libro de H. G. Schenk, *El espíritu de los románticos europeos*, señala el punto decisivo:

"Fuesen cuales fuesen las diferencias entre los más destacados pensadores románticos —Schiller joven y Fichte viejo, Schelling y Jacobi, Tieck y los Schlegel mientras fueron jóvenes, Chateaubriand y Byron, Coleridge y Carlyle, Kierkegaard, Stirner, Nietzsche, Baudelaire— corre por sus escritos una idea común, sostenida con diversos grados de conciencia y profundidad: que la verdad no es una estructura objetiva, independiente de los que la buscan, el tesoro oculto que aguarda ser descubierto, sino que es, en sí misma y en todas sus formas, creada por el buscador. No le da ser, necesariamente, al individuo finito: según algunos, es creada por una potencia mayor, por un espíritu universal, personal o impersonal, en que el individuo es un elemento, o del que es un aspecto, una emanación, un reflejo imperfecto. Pero la suposición común de los románticos, que va en contra de la filosofía *perennis*, es que las respuestas a las grandes preguntas no son tanto descubiertas cuanto inventadas. No son algo que se encuentra; son algo que, literalmente, se crea"[9].

Infancia, único paraíso

Hay, por último, otro escenario en Silva, menos delimitable topográficamente, y que abarca tanto al campo como a la ciudad, la calle como la casa, la escuela como el pesebre navideño, y que funde y confunde todos los límites en uno solo. Ese escenario no es otro que el de la infancia. Allí Silva creó su verdad. Se trata, por cierto, de un escenario mucho más persuasivo que el de los sepulcros abandonados y las cristianas cruces. Esto último nos resulta hoy una viñeta tomada de las ilustraciones típicas del período. El primero, la infancia, un retablo iluminado con luz propia.

Si hemos repasado los escenarios en donde Silva, con su imaginación adolescente, sitúa a sus personajes, y si estos personajes, son, en primer lugar, el poeta y su amada, en infinita reiteración y variación del tópico, hay otros dos, el poeta y la muerte y el poeta y el pasado histórico, que no dejarán de ocupar papel muy relevante. Tan decisivos casi como el poeta y el más allá o el poeta y la infancia. Veamos ahora algunas de esas figuras. O de esas posturas.

La inquietud, ahora, en relación con la situación poeta-amada, no es tanto por las acciones que allí ocurren, que se limitan a diálogos, besos, más contemplación que acción, sino al eterno conflicto que ellos encarnan. A través suyo se representa un viejo drama: el drama entre sus anhelos subjetivos y las imposibilidades, objetivas, que los constriñen. Entre sus altos ideales y el mundo degradado al cual deben someterse. Poesía versus burguesía. O, en todo caso, entre ilustración e ignorancia:

> "los sueños de dulce poesía
> De que hace el vulgo indiferente mofa"
> ("En la muerte de un amigo", 1882).

La realidad es siempre "penosa", como lo dice en el poema "Realidad", 1882, y ella se hace sentir, en cualquier momento, haciendo que "cruel se torne el paraíso". Por ello "En la muerte de mi amigo Luis A. Vergara", 1882, Silva intenta:

> "Decir ¡adiós! a la mentira vana
> ¡Y hacia otras playas dirigir el vuelo!".

La poesía como escape. Pero el poeta no puede huir siempre. Su mayor virtud, su dilema perpetuo, consiste en asumir, en sus propios versos, esa tensión que resulta en ocasiones insostenible. Por un lado "La brisa, dulce y leve, / Como las vagas formas del deseo", según ya hemos visto en "La ventana", y por el otro, mediante ese reconocimiento lúcido, aquello que formula así en su "Lied" de 1883, aceptando pero no resignándose:

> "Helados son los brazos
> De la fría realidad".

Recapitulemos entonces el proceso recorrido a través de *Intimidades*. Si paraíso es el del idilio adolescente, desarrollado en "noches pálidas de luna", "con ardientes besos", y en el cual "las sombras de la vida mía" adquieren una luz "sin albor ni crepúsculo indeciso". Una vida eterna.

El poeta adolescente se sentía irreal: buscaba, a través del lenguaje, precisar tanto los objetos como los sentimientos. Se buscaba a sí mismo y curiosamente sus palabras son más mesuradas que patéticas. Si bien se trata en ocasiones de un lenguaje prestado, que a través de los epígrafes o traducciones, puede venir de Shakespeare, Gutiérrez González, Guerin, Bécquer, Víctor Hugo, Diego Fallón, Béranger, Charles No-

dier o Gutiérrez Nájera, lo va haciendo suyo en la medida en que lo emplea para expresar lo que siente. Lo va, poco a poco, amoldando a sus gustos. Además, como decía Unamuno en su prólogo a las *Poesías* de Silva, 1908, refiriéndose a Bogotá y a Colombia en general: "En estas tierras, tan favorables para el arte y la poesía, las novedades europeas llegan pero llegan despacio y llegan, acaso, tamizadas".

No hay que desconocer, tampoco, el hecho de que su padre sea un escritor costumbrista, integrante del grupo del *Mosaico*, miembro de la no hace mucho fundada Academia Colombiana de la Lengua (1871), la primera de Hispanoamérica, y que a su casa acudían escritores tan notables como Rafael Pombo y Jorge Isaacs, dos de las cifras más altas del romanticismo no sólo colombiano sino, en general, hispanoamericano.

Todos esos contactos personales debieron ser, incluso más que los libros, reveladores para un adolescente que vivía ya inmerso en una atmósfera saturada de publicaciones y poesía.

A través de las lecturas podía desplazarse a escenarios distantes. Como en "Las golondrinas", de Béranger, 1882, sentirse prisionero de guerra, que ya todo lo ha perdido y cuya queja, sin respuesta, presagia esa vana interrogación que luego veremos empleada en sus posteriores poesías. Al prisionero, como al poeta, ni las golondrinas ni la tierra le responden. O podrá huir al campo, haciendo la alabanza de la aldea y exaltando el trabajo rural, como en "Idilio", lejos de la vana muchedumbre. Pero tales ilusiones, como en "Armonía" terminarán siendo volatilizadas por el implacable "sol de la realidad". La fría realidad, el sol de la realidad: ambos extremos acosaban a Silva. Por ello ni en la Naturaleza, de la cual el alma es "fiel copia", ni en la vida social, dentro de la cual aspira a ser "dulce nota", se encuentra Silva, del todo.

Preferirá refugiarse en "Las noches del hogar", 1883, dejando afuera "el falso mundo", lleno de desengaños, y cultivar allí, en esa concha protectora, "las nacaradas perlas", o podrá ver, como en "Crepúsculo", 1882, y con íntima melancolía, cómo

"Bajan sobre las cosas de la vida
Las sombras de lo eterno
Y las sombras emprenden su viaje
Al país del recuerdo".

El viaje de Silva es hacia dentro, hacia el pasado, encerrándose en sí mismo para sentir con mayor intensidad lo que fue. Allí dentro, donde encontrará el espacio lleno de tinieblas y las almas pobladas de sueños. Pero lo decisivo en el caso de este primer Silva es que si bien vive esos traumas de la adolescencia como fracasos, no por imaginarios menos reales, importa subrayar cómo los supera, obteniendo una comunicación sino con este mundo, con el otro.

Como en "Humo", de Gautier, 1883, su palabra se convierte en ese "humo tenue y azulado", casi impalpable, que sube al cielo, y con Dios se comunica, llevándole sus noticias. ¿Cuáles son ellas?

"Aquellas ilusiones infantiles
Que acarician un alma enamorada
Con la ternura de los quince abriles",

como las resumen en "El primer canario", de 1883.

Estos versos caracterizan al primer Silva, en el nivel medio de su escritura, y no en sus logros más notables, que ya enumeramos.

Se trata de un poeta ingenuo, quien todavía arrastra consigo todo el decorado romántico, de castillos y espectros, de yedra y luna, de sepulcros en mitad del bosque y góticas capillas, y que sin embargo logra darnos una nota, quizás por lo convencional aún más auténtica, de sincero candor infantil. Se siente poeta, se disfraza de poeta, y terminará por imaginar su suicidio pidiéndole a un médico amigo le dibuje el sitio donde la bala no puede fallar: en el centro del corazón. Arrasado de piedad por sí mismo, cumple a cabalidad lo que Russel E. Sebold, en su trabajo sobre "El desconsolado sentir romántico", expresara así:

"El romántico, al escribir, sea el que sea el género que cultive, tiende a desdoblarse en dramaturgo, actor y espectador y a imaginarse a sí mismo como realmente viviendo las febriles emociones indicadas por las ardientes palabras que su pluma traza. Es decir que en el romanticismo siempre se presenta, junto con la emoción, cierta teatralidad de la emoción"[10].

Este primer Silva divide en consencuencia el mundo en dos. Por un lado, la pureza de sus romances, casi siempre místicos —la palabra se reitera con frecuencia— y la presencia de un mal que bien puede ser lánguido y agonizante —las rosas se marchitan, las ilusiones también caen— como tremendista y algo ululante: "Un germen maldecido", "una infame lepra", como lo llama en "Perdida", 1883. Un mal

patológico que viene de atrás. Una herencia maldita que el amor no alcanzara a redimir. Un atavismo, como en el José Fernández de su novela *De sobremesa*.

Sin embargo, más allá de este Silva dual, carne y espíritu, sexo y mística, hay en *Intimidades* otro Silva, más complejo y secreto, que apenas si asoma, aquí y allá, en fugaces apariciones. Es un Silva de niebla y bruma, no de blanco y negro, o de rojo diabólico y azul celestial. Un Silva de sosegadas armonías que nos concede, con suavidad y dulzura, la posibilidad de deslizarnos hacia otro mundo. Un mundo vago y esfumado, el mundo de lo que ya ha pasado o aún no es posible, y que él logra darnos con adormecedora y no por ello menos vibrante música. Entre quedos suspiros y dulces notas, entre "silencios, luces, músicas y sombras", hay también "¡Lumbre, murmullo, vibración y canto!", como exclama jubiloso en "Adriana", 1882. Sí: un poderoso canto. A la pregunta, entonces, que formulara en "Las crisálidas", 1883: "¿Al dejar la prisión que las encierra / Qué encontrarán las almas?", y que luego objetivizará en varias imágenes, como la del canario preso en una jaula, Silva responderá con la nostalgia de quien contempla, desde lejos, dichas ajenas, no pudiendo participar de las mismas, o intentando volver a "la musgosa orilla", en donde transcurrió su infancia:

> "Con el recuerdo vago de las cosas
> Que embellecen el tiempo y la distancia
> Retornan a las almas cariñosas
> Cual bandadas de blancas mariposas
> Los plácidos recuerdos de la infancia".

Aquí en "Infancia", de julio 28 de 1883, ya esta Silva de cuerpo entero. Esos recuerdos, "Que flotáis en las brumas de los sueños", se han hecho vívidos, y plásticos. Traza, con colores muy precisos —rojo, blanco, gris, áureo— y líneas muy firmes, todo un dibujo de lo que fue suyo. Los personajes de los cuentos infantiles, Caperucita, Barba Azul, Gulliver, el Ratón Pérez. Las enseñanzas de la escuela, los juegos, las batallas, las historias de la abuela, los paseos al campo, el pesebre... Toda una existencia encerrada en muy pocos versos. En anécdotas precisas y detalles concretos.

Es su mundo: la infancia como un valle ameno y transitorio al cual, en horas de amargura, siempre es grato volver la mirada. Así la mirada de Silva queda atrapada por esa felicidad intacta. No podrá desprenderse nunca más de ella. Con razón Unamuno sugiere que Silva buscó su muerte por la imposibilidad de seguir siendo niño: "El mundo le rompió con el sueño la vida". Y un poeta, como recalcaba el mismo Unamuno, "¿qué es sino un hombre que ve el mundo con corazón de niño y cuya mirada infantil a fuerza de pureza, penetra a las entrañas de las cosas pasaderas y de las permanentes?" (Prólogo a las *Poesías de José A. Silva*, Barcelona, Casa Editorial Maucci, MCMVIII, p. VII).

Creación y conciencia

En el ya citado prólogo al poema de Federico Rivas Frade, "Bienaventurados los que lloran", de 1882, Silva definirá a su autor y se definirá a sí mismo hablando de un cierto tipo de poetas. Los caracterizará así:

"Todos esos poetas son espíritus delicadísimos y complicados a quienes su misma delicadeza enfermiza ahuyenta de las realidades brutales de la vida e imposibilita para encontrar en los amores fáciles y en las felicidades sencillas la satisfacción de sus deseos; a quienes lastiman a cada paso las piedras del camino y las durezas de los hombres, y que se refugian en sus sueños".

Terminará luego su caracterización de estos *sensitivos*, como los llama, y entre lo cuales no dejará de citar a Bécquer y Heine (1797-1856), con un párrafo que sintetiza, de modo admirable, no a Frade sino al propio Silva: los poetas, al hablar de otros, hablan de sí mismos.

"soñadores de felicidades eternas exigen de este sentimiento voluble una duración infinita; rinden un culto casi místico al Femenino Eterno, y cuando vuelven de sus éxtasis, encuentran a la mujer que los fascinó con la elegancia del porte, con la belleza de las formas, con el perfume sutil que de ella emanaba, con la dulzura de los largos besos, y a quien idolatraron de rodillas, inferior a sus sueños mismos, que se han desvanecido al ponerse en contacto con la realidad. Cuando el éxtasis pasa, dicen tristemente: "todo lo que se acaba es corto". Entonces esas almas se enamoran de la Naturaleza, se pierden en ella como por un panteísmo extraño, sienten la agonía de los bosques, ennegrecidos por el otoño; vuelan con la hojarasca en los crepúsculos rojizos, flotan en la niebla de las hondonadas, se detienen a meditar junto a las tumbas viejas, donde no hay una piedra que diga el nombre del muerto; junto a las ruinas llenas de yedra y de recuerdos; que los tranquilizan hablándoles de la fugacidad de lo humano; se dejan fascinar por el brillo fantástico de las constelaciones en las noches transparentes; sienten una angustia inexplicable frente a lo infinito del mar, prestan oídos a todas las voces de la tierra, como deseosos de soprender los secretos eternos; y como aquello no les dice la última palabra, como la tierra no les habla como madre, sino que se calla como la esfinge antigua, se refugian en el arte, y encierran en poesías cortas, llenas de sugestiones profundas, un infinito de pensamientos dolorosos"[11].

Ninguna definición mejor, que la suya propia, del mundo de Silva. Un mundo que en el tramo final de los poemas de *Intimidades*, escritos entre 1883 y 1884, vamos a escuchar desplegándose en torno a tales motivos, ahondándolos y precisándolos, y teniendo como eje de los mismos, difuminado o explícito, el leit-motiv de la infancia.

Así en "Crepúsculo", de junio 5 de 1883, la larga enumeración, motivada por la hora del Angelus, fluye gracias a esa brisa que "entre los árboles / Tiene vagos rumores", y que trae consigo sus "feéricos cuentos", gracias a los cuales "Tornan a las estancias de los niños / Los duendes protectores". Pero la fijación de Silva acerca de la infancia —"Feliz edad de plácidos engaños, velada por "los sonrientes ángeles del sueño"— se contrapone, como en "La abuela y el nieto", al declinar de esas vidas cuya frente ya ha recibido el beso de la angustia, o como en "A un ateo", a "la descarnada mano de la duda", que ha roto los símbolos tradicionales, altar y crucifijo, viendo rodar por tierra el anterior centro del mundo.

Efectivamente como en su "Soneto", de mayo 11 de 1884, aquí se hace palpable el "Dios ha muerto", tan típico de este fin de siglo. Escribe Silva:

"Ya del dulce señor la faz bendita
No sonríe del cielo en las alturas".

No. En verdad no existen más columnas de luz que guíen la marcha por el desierto, y en lo errático de su peregrinaje sólo vislumbra, como única certeza, la insoslayable realidad de la muerte:

"Bajo una piedra el tenebroso olvido
Tras las fatigas del penoso viaje".

Perdida la fe, las creencias de Silva sólo podrán sostenerse, visualizando ese *más allá*, esas "regiones más puras", como dice en "La última despedida", agosto de 1883, donde "Bien pronto libre del endeble cuerpo / Irá tu alma". Así lo indica en el poema titulado "La hermana de la caridad".

Ese intento de desasirse, de flotar, de alejarse de lo terreno, hacia otros mundos, está cada vez más presente en Silva, con la insistencia de un llamado que va impregnando, poco a poco, su mente y sus páginas. Vaga atmósfera de religiosidad difusa, atmósfera que se diluye y donde no es fácil erigir

nuevos templos, verdades sólidas y rotundas. La única certeza que encontrará será paradójicamente la más endeble y esquiva. Gracias a la poesía, Silva se verá a sí mismo. Nada más diciente al respecto, en la IV de sus "Notas perdidas", que esa convocatoria al vuelo, caminando lentamente con la amada: "Iba, en mi brazo apoyada", contemplando los dos, "Como una bruma ligera, / La brillante vía láctea". Se trata, no hay duda, de un esbozo imperfecto de su III Nocturno, el "Nocturno" por antonomasia. Pero ya se siente aquí, en ese taller de aprendizaje de sus recursos poéticos que es "Intimidades", la presencia de ese impulso, a la vez inconsciente y dominado, luminoso y a la vez perplejo, firme y dubitativo, simultáneamente, que va guiando a Silva hasta encontrarse consigo mismo. Así habla la amada en esta IV "Nota perdida":

> "Mira dicen
> Que es grande, inmensa la vaga
> Bruma que brilla a lo lejos
> Como una niebla de plata,
> Que la forman otros mundos
> Que están a inmensa distancia,
> Que la luz solar invierte siglos
> En atravesarla,
> Y si Dios quisiera un día
> A ti y a mí darnos alas
> Esa distancia infinita
> Feliz, contigo cruzara!".

Es la amada, obvio, quien habla, pero es también Silva pidiendo fuerzas para dar el salto.

Están aquí, entonces, como lo expresara en la "Nota perdida X", esas

> "Perspectivas lejanas
> Por donde van los ensueños
> A la tierra de las hadas".

Están aquí, inconfundibles, esas "visiones blancas", que nos resultan casi tan consustanciales con Silva como sus proverbiales sombras largas. O su clásica "Luz de luna", 1883, donde alcanzaremos a percibir, atemperada pero no menos punzante, su irónica nota de desencanto, palpando en carne propia la volatilidad inconstante de todo sentimiento.

Del brazo de una mujer, y en medio de la euforia de una fiesta, el poeta recuerda cómo, en el mismo escenario de las pasadas dichas, esa mujer olvida a quien la hizo feliz: su propio amado, muerto hace un año. ¿Volubilidad femenina? ¿La vida que sigue su curso, irreprimible? Ese doloroso toque

de alerta, no llega a impresionarnos del todo, quizás por lo convencional del escenario, y quizás, con más razón, por la forma como nos perdemos en medio de la musical entonación con que Silva enmarca un suceso tan dramático como habitual. La melodía supera el motivo y es la deliciosa música del modernismo desbordándose eufórica la que nos arrastra con su contagioso júbilo:

> "Aroma de nardos,
> Risueñas canciones lejanas,
> Cariñosos recuerdos que vibran
> Cual sones de un arpa
> Rumores perdidos,
> Del amor que en sollozos estalla,
> Calor de sus besos,
> ¿Por qué no volvisteis a su alma?" ("Luz de luna", junio 6, 1883).

El dolor por la fragilidad humana podrá sublimarse en arte, como en este caso, o podrá degradarse en una mueca amarga y algo machista, como cuando el poeta, en "Recuerdos", de 1884, y dentro de una escena parecida, le reprocha a una mujer casada lo amnésico de su memoria respecto a anteriores y compartidos momentos de placer. La conclusión, sardónica destila suficiencia y presagia futuras gotas amargas:

> "Ahora cuanto te veo
> Feliz gozar de tus triunfos
> Tan solo asoma a mis labios
> Una sonrisa de orgullo".

El desdeñoso orgullo de quien ya se siente por encima del mundo. Sólo que el despechado se refugia en la balandronada, para no exponer aún más su herida. La herida sin embargo no se cierra del todo: el mundo, la sociedad, las alternativas y vaivenes de la misma, han penetrado, a través de su corazón, en el interior suyo. No podrá asumir ese conocimiento, esa pérdida de fe, sino escibiéndolo: la transustanciación que le ofrece la poesía, lo mantiene pero le otorga otro sentido. A ello dedicará su corta vida, haciendo de su creación —él mismo— algo consciente de sí mismo.

Afortunadamente sus múltiples lecturas le permitirán comprender que su caso no es único, corroborando, sí, cómo el mal se halla extendido pero al mismo tiempo respaldándolo en sus pesquisas. Forma parte, en realidad, de un conjunto mucho más vasto y múltiple: el de todos aquellos que han expuesto, al mundo, dramas parecidos. Pero no tendrá que ir tan lejos para dialogar con almas afines. Todo está allí, en su tradición más inmediata. Por decirlo así: en los amigos de su casa.

Allí están Gregorio Gutiérrez González (1826-1872) y su muy conocido "A Julia", con similares paseos por la senda campestre, del brazo de la amada: ¿Qué dice Gregorio Gutiérrez González?

> "Son nuestras almas místico ruido
> De dos flautas lejanas, cuyo son
> En dulcísimo acorde llega unido
> De la noche callada entre el rumor;
> Cual dos suspiros que al nacer se unieron
> En un beso castísimo de amor;
> Como el grato perfume que esparcieron
> Flores distantes y la brisa unió".

Qué silviano resulta todo ello, máxime cuando pensamos en los cuatro versos finales, ambientados en el mundo de la muerte:

> "¡Que en el sepulcro nuestros cuerpos moren
> Bajo una misma lápida los dos!
> ¡Mas mi muerte jamás tus ojos lloren!
> ¡Ni en la muerte tus ojos cierre yo!".

Qué parecido y a la vez cuán distinto: Silva prefería que sus amadas murieran para poderlas llorar mejor. En eso estaba cerca de su leído Edgar Allan Poe. Pero Gregorio Gutiérrez González no es sólo el poeta del sosegado amor conyugal hacia Julia, su esposa. Es también el poeta de "Aures", invocación de la infancia:

> "Infancia, juventud, tiempos tranquilos,
> Visiones de placer, sueños de amor,
> Heredad de mis padres, hondo río,
> Casita blanca... y esperanza, ¡adiós!".

Su infancia no era igual que la de Silva, pero el final de la misma sí resultaba un sentimiento compartido. Silva, de modo cada vez más claro, bebe en dicho romanticismo colombiano, para superarlo luego. No es necesario remontarse a las fuentes originales de Campoamor Núñez de Arce y Bartrina. Basta leer a José Eusebio Caro (1817-1853), en "Una lágrima de felicidad", para detectar las lecturas de entrecasa que nutrieron su primera poesía. Y, en consecuencia, su poesía en general.

Escribe Caro:

"Y cual si alas súbito adquiriera,
O en las suyas me alzara un serafín,
Mi alma rompió la corporal barrera,
Y huyó contigo, de una en otra esfera,
    ¡Con un vuelo sin fin!".

¿Qué pensar entonces del Rafael Pombo (1833-1912) de "Elvira Tracy", con el féretro en el centro del blanco cuarto, el crucifijo, los pájaros que cantan, y la niña de quince años —"¡edad festiva, / ¡Más misteriosa y rara —¡edad traidora!" que se desposa con un ángel y celebra en el cielo sus bodas? O ¿incluso el Miguel Antonio Caro de "Sueños" y "El ensueño"?

La más fragmentaria de las lecturas trae consigo afinidades ciertas y distancias claras, pero muestra también el común ámbito compartido. Así, para ejemplarizar ese clima, y mostrar la forma como Silva lo cargó de mucha mayor intensidad creativa, recordemos tres estrofas de "Sueños", de Miguel Antonio Caro:

"Todos gozamos, como Adán el suyo,
En la edad de inocencia un paraíso
antes que el labio la vedada fruta
    Guste atrevido.
    Estos aromas,
    Estos sonidos
Reliquias me parecen de aquella edad de flores,
De juegos inocentes y de infantil cariño.

Hay vientos envidiosos. Los celajes
De ventura y placer ¿quién los deshizo?
¿Quién heló del amor blandas querellas?
    Recuerdos vivos
    Cruzan mi mente
    Diáfanos, límpidos;
Mas luego poco a poco se van desvaneciendo
Cual de mañana huyen ensueños peregrinos.

¡Ay, que todo lo bello es momentáneo!
¡Ay, que todo lo alegre es fugitivo!
Las espumas, las nubes, los amores.
    ¡Oh claro río!
    Miro los montes,
    Los cielos miro;
Doy rienda al pensamiento y el pensamiento vago
Se aduerme de tus ondas al amoroso ruido".

Y el comienzo de otro poema suyo, "El ensueño" donde un motivo afín muestra las diversas perspectivas: más fría en

Caro, más honda, musical y emotiva, en los conocidos versos de Silva. Escribe Miguel Antonio Caro:

EL ENSUEÑO

"Era una noche como todas; nada
 Nuevo en el aire había:
En torno platicaban de mi puesto,
Yo sin las voces el rumor sentía.
Y de pronto, los párpados abiertos,
 En religiosa calma
Me pareció embeberse mis sentidos
Y en sueño aéreo se arrobó mi alma.
Y a aquella vi por quien el tiempo olvido
 Si gozo su presencia,
Y si de verla dejo sólo un día
siento un abismo entre los dos de ausencia;

Reclinada la vi, serena y muda
 En apacible lecho;
Mas estaba dormida... ¡muerta estaba!
El hálito vital faltó en mi pecho"[12].

¿Y no fue acaso Jorge Isaacs (1873-1895) el encargado de cantar a Elvira Silva por petición expresa de su hermano el poeta? Es la época, se dirá. Amistades de la época. Es algo más que la época.

Es el Silva que se forja a sí mismo, en diálogo con su tradición literaria inmediata. Ella lo influye pero él, luego, la lleva mucho más allá del punto al cual había llegado.

Era un poeta. Sabía de la oscilación perenne entre olvido y memoria, y cómo un poeta tiene tanto la obligación de borrar el pasado como de recordarlo, en forma consciente o inconsciente. De leer el pasado para volverlo a traer a la vida, nuevo y remozado, si se quiere, pero de algún modo unido a lo que fue. Mantiene así frescos e intactos los vasos comunicantes entre un idioma y una comunidad. Hace compartibles unos mismos valores. La tradición es siempre perpetua novedad, y algo más. Basta tan solo con releerla y aportar a ella, como lo hizo Silva, el ingrediente imponderable: un poco, un mucho de genio. Por ello Silva, en "La musa eterna", de 1883, resulta explícito desde su título. Rendía tributo a Diego Fallón, y a la poesía, en general, en estos términos:

"Cuando estén olvidados para siempre
Tus versos admirables".

"Brotarán nuevas fuentes de poesía
En lo bello y lo grande

Y quedará el poema
De amor puro y suave".

El poema que ya Silva se sentía con fuerzas para escribir, por sí solo. Había concluido, por decirlo de algún modo, su aprendizaje. Había sido influido, ahora influiría. Venía de atrás para incorporarse, gracias a su aporte, en algo distinto. Como lo dice el siempre riguroso Pedro Henríquez Ureña, en sus *Estudios de versificación española*: "Sólo en uno de sus empeños de otra especie tiene Darío un precursor: en el de crear metros en que se multiplique libremente un pie silábico, como en la "Salutación a Leonardo". José Asunción Silva escribió en 1895 ó 96 (ahora ya está confirmado que apareció por primera vez en agosto de 1894, en la revista *Lectura para todos*, de Cartagena, nota JGCB) —no mucho antes de su muerte— el célebre "Nocturno", cuya base es tetrasílaba con ocasionales deslices hacia la disílaba". Y concluye Henríquez Ureña: "Probablemente, Silva precedió a Darío también en la afición al eneasílabo"[13].

Felizmente, gracias a la genial intuición de Borges, ahora sabemos que los precursores no se atienen a la trivial cronología. Existen en el pasado pero también en el futuro. En el futuro de todo hipotético lector que con su mirada recrea la literatura. Por ello podemos leer a Silva en el contexto del modernismo hispanoamericano pero también apreciarlo como el poeta que era por sí mismo. La lectura, sensible, crítica, de Silva, requiere comenzar por el principio. Por el adolescente dandy bogotano que escribía versos de salón en álbumes de señoritas rubias. Pero lo bueno de los poetas es que son siempre camaleones que viven, al mismo tiempo, varias vidas: también en *Intimidades* se asoma el otro Silva. Aquel que para usar sus propias palabras, referidas a Frade, cuando lo oímos nombrar y repetimos, como en una confesión íntima, alguno de sus versos nostálgicos, "de esos que el poeta, al delinear la silueta vaga de algún recuerdo, al trasladar a las sílabas sonoras el tinte de melancolía de su alma, al fijar alguna impresión fugitiva, por medio de las frases rebeldes, habló para todos los cerebros y para todos los corazones que guardan confusas esas imágenes, sin poderlas reducir a palabras.

¡Y cuántas veces, después de decir ese verso en que su pensamiento toma forma, y se ennoblece con la música del ritmo, y ve levantarse el pasado, como un fantasma evocado de su sepulcro, por la magia de la estrofa, viene a los labios que lo dijeron, ajados como raso marchito o frescos como un botón de flor, una sonrisa de agradecimiento para el que así supo traducir lo más íntimo de sus sueños, lo peor de sus desengaños o lo más dulce de sus memorias".

Notas

1. Héctor H. Orjuela, Introducción a José Asunción Silva, *Poesías*, Bogotá, Instituto Caro y Cuervo, 1979, p. 15.

2. José Asunción Silva, *Intimidades*. Introducción de Germán Arciniegas. Edición, introducción y notas por Héctor H. Orjuela. Bogotá, Instituto Caro y Cuervo, 1977.

3. El epígrafe del poema de Bertrand, tomado de Ch. Brugnot, *Les deux Génies*, tiene incluso un tono más silviano: "... Je croyais entendre / Une vague harmonie enchanter mon sommeil, / Et près de mon s'epandre un murmure pareil, / Aux chants entrecoupés d'une voix triste et tendre".

4. Esta, y las ulteriores citas de poetas colombianos contemporáneos de Silva, las hago por Emiliano Isaza, *Antología colombiana colegida*, 2 tomos, Biblioteca de Poetas Americanos, París, Librería de la viuda de Ch. Bouret, 1895-1896. La antología de Isaza da una buena visión de la poesía colombiana anterior a Silva, a quien no incluye.

5. Alberto Miramón, "El alborear intelectual de Silva", en el volumen colectivo, compilado por Fernando Charry Lara: *José Asunción Silva: Vida y creación*, Bogotá, Procultura, 1985, p. 53-55. El volumen que reúne 45 trabajos, y una bibliografía selecta, en sus 534 páginas, constituye la más reciente y completa visión crítica de la obra de Silva. El estudio individual de Eduardo Camacho Guizado, *La poesía de José Asunción Silva*, Bogotá, Universidad de los Andes, 1968, 131 páginas, y su contribución sobre Silva en el tomo II de la *Historia de la literatura hispanoamericana*, "Del neoclasicismo al modernismo", coordinada por Luis Iñigo Madrigal, Madrid, Cátedra, 1987, p. 597-601, son otras referencias de interés.

6. Jaime Jaramillo Uribe, "Tres etapas de la historia intelectual de Colombia", *La personalidad histórica de Colombia y otros ensayos*, Bogotá, Instituto Colombiano de Cultura, 1977, p. 126-127. En el mismo libro, y en el trabajo "La influencia de los románticos franceses y de la revolución de 1848 en el pensamiento político colombiano del siglo XIX", p. 181-201, hay un muy útil análisis del modo como los románticos franceses —Lamartine, Hugo y Louis Blanc— fueron leídos en Colombia. Sobre Hugo, "cuya influencia se prolongó hasta fines de la década del 80", en Colombia, y sobre otros autores que influyeron en Silva, como Heine, sigue siendo útil el vasto panorama de Georg Brandes, *Las grandes corrientes de la literatura en el siglo XIX*. Buenos Aires, Editorial Losada, 1946. 2 volúmenes.

7. Luis Alberto Sánchez, *Escritores representativos de América*, Primera serie. Tercer Volumen. No. XXXVIII: "José Asunción Silva", Madrid, Editorial Gredos, 1963, p. 44.

8. Madrid, Espasa Calpe, Colección Austral 1147, Cuarta edición, 1972, p. 55.

9. México, Fondo de Cultura Económica, 1983, p. 11-12.

10. Incluido en Russel P. Sebold, *Trayectoria del romanticismo español*. Desde la Ilustración hasta Bécquer. Barcelona, Crítica, 1983, p. 15. Ver también la antología preparada y anotada por José Diez Villacorta, *Poesía romántica española*, Buenos Aires, Editorial Losada, 1981. 181 páginas.

11. Cito por José Asunción Silva, *Obras completas*, 2 tomos, preparados por Héctor Orjuela. Buenos aires, Plus Ultra, 1968. 2a. edición. Vol. I, p. 131-134.

12. Los poetas colombianos son siempre citados por la ya mencionada antología de Emiliano Isaza.

13. Buenos Aires, Universidad de Buenos Aires, 1961, p. 242-243.

Escribiendo a fines del siglo XIX y hablando de José Caicedo Rojas, Baldomero Sanín Cano decía:

"En la nueva generación literaria se destacan dos grupos bien caracterizados, entre los muchos que debe haber, según es fijo en toda renovación de las letras. El primero de estos grupos vive de tradiciones: tiene sus poetas, sus críticos, sus eruditos de más o menos quilates. Los primeros todavía profesan entero cariño, admiración sincera, a los literatos franceses de los años 30 y a los españoles que se formaron en el estruendo de aquella agitación (...) Sus críticos son de la antigua escuela. Sienten con La Harpe y Hermosilla, se encantarían con la prosa clásica y el vocabulario formidable de Teófilo Gautier y de Paul de San Víctor, si estos escritores no se hubiesen permitido ciertas audacias contra el credo ortodoxo (...).

"En el siglo de oro de nuestra lengua apenas hallan cosa tachable. Cuanto más las claridades de Quevedo y los atrevimientos de nuestros autores de comedias, por los tiempos de Guillén de Castro y Moreto. Por educación y por temperamento rehúyen como pueden ciertas clases de estudios, en que ven algo siniestro y pecaminoso, y por ese temor, y por no estudiar cosas que hoy forman parte integrante de la literatura universal, no pueden dar la nota moderna en sus poesías, ni alcanzar la serenidad de la crítica contemporánea, ni abarcar el horizonte de la cultura actual.

El segundo grupo es más reducido que el ya descrito. Amor inteligente a las letras modernas, prevención en algunos de sus representantes contra la literatura clásica y lo más genial del período romántico, son los rasgos salientes de esta parte de la nueva generación. Y por ser menos numerosos, y por lo difícil que es entre nosotros vivir al corriente de lo que pasa en el mundo, no llegan a dos los ingenios que pulsa en verso la cuerda moderna, y no hay ninguno que haya logrado enterarse del verdadero espíritu de la crítica que hoy llevan en alto los escritores franceses"[1].

Al redactar en 1890 este párrafo y agregar a renglón seguido que un juicio sobre José Caicedo Rojas debía ser emitido por los del primer grupo, más acordes con aquel autor, Sanín Cano no sólo trazaba distancias sino que anunciaba un cambio de guardia en la literatura colombiana.

"El rasgo dominante —concluía Sanín Cano— de la obra literaria del señor Caicedo es su amor a las cosas viejas. Pero este amor no es la aspiración artística de que hablan unos versos inéditos pero ya célebres en Bogotá:

Por eso a los poetas soñadores
Le son dulces, gratísimas y caras,
Las crónicas, historias y consejas,
Las formas, los estilos, los colores,

> Las sugestiones místicas y raras
> Y los perfumes de las cosas viejas,

sino el respeto debido a lo que fue, y la preocupación constante de que las nuevas ideas tiñen de color prosaico lo mismo los paisajes que la vida".

Esta es el acta de nacimiento de la literatura moderna en Colombia. Sin mencionar al autor de estos versos —"Vejeces", de José Asunción Silva— Sanín Cano establecía, con exactitud, una ruptura; lo que no queda más remedio que llamar una *frisson nouveau*. Ruptura que encontró en Silva su poeta más notable, en Sanín Cano su más agudo crítico, y en Bogotá el lugar de su realización. Bogotá, entonces, una ciudad de veinticinco calles, quince carreras y de setenta a ochenta mil almas. Allí fue donde todo sucedió.

Sanín Cano había conocido a Silva en "las postrimerías melancólicas de 1886"[2] y fue, según palabras de Sanín, Silva quien primero influyó, y profundamente, sobre él:

"Mis preocupaciones de esa época estaban muy lejos de la literatura y el arte. Mi formación intelectual de la escuela y el colegio fue por desgracia falsamente científica. Desdeñaba la novela; la poesía me parecía labor superflua de espíritus descentrados, y no me habría acercado a la una y a la otra, de no haber sido por el contacto forzoso que me imponían los estudios lingüísticos a que era muy aficionado. Cuando empezó la amistad estrecha entre los dos, mi concepto de la vida se modificó substancialmente"[3].

Littré, Spencer, Augusto Comte, Buchner y tal cual italiano moderno resultaron desplazados por los pintores impresionistas, la novela de los naturalistas, la crítica literaria de Taine, la histórica de Renan, Stendhal, Flaubert, los Goncourt, Lemaitre, Zola. El brillante joven bogotano le revelaba al provinciano antioqueño de 25 años la Europa que acababa de conocer. El cambio fue radical, como lo reconoce el propio Sanín:

"El hombre frío, melancólico, exento de interés en las cosas del arte, se fue apasionando insensiblemente por los aspectos bellos de la existencia. Fue la obra de Silva. Nunca podré expresar la gratitud que me inspiran el haber experimentado por su causa aquella transformación"[4].

Sanín, por su parte, le ofrece "algunos filósofos ingleses contemporáneos" pero lo que quizá sea más importante le brinda su capacidad de escuchar. En estos diálogos exentos de preocupaciones mundanas se complementaban. Silva, como su admirada María Bashkirtseff, podría decir: "adoro y admi-

ro todo" "¡Es necesario *todo*!. El resto no es suficiente"[5]. Sanín, más sensato, insertaba en esa sensibilidad desbordada su sentido de las porporciones. Al fin y al cabo él venía de las breñas antioqueñas y Silva era un señorito bogotano. Además la ciudad donde se reunían era la capital de un país suramericano; un "país secundario" como diría Carlos Marx, víctima de las guerras civiles y los golpes de cuartel.

Una ciudad donde después de las siete nadie salía a la calle, éstas se alumbraban con petróleo, reinaba un desaseo terrible y malos olores por todas partes. Silva, administrador de una tienda; Sanín, gerente del tranvía de mulas, se libraban de "los penosos oficios a que los dos estábamos uncidos por un burlón determinismo"[6] encontrándose a la hora del almuerzo en un restaurante de la calle 14, o al caer la tarde, en largos paseos, o ya de noche en interminables tertulias. Gracias a esos encuentros volvían ambos a la realidad. La realidad eran por supuesto los libros.

Un eco de esas charlas es el que impregna *De sobremesa*, la novela de Silva, donde muy seguramente Sanín Cano asoma bajo el perfil de Serrano. Allí aparecen *La casa de muñecas*, de Ibsen y el *Zaratustra* de Nietzsche descubierto en un número de la *Revista Azul* gracias a las citas que hacía Teodor de Wyzewa y cuyos libros traduciría Sanín Cano en voz alta directamente del alemán. También "los dolorosos personajes que atraviesan la sombra gris de las novelas de Dostoievski; las extraterrestres creaciones de Poe", Baudelaire y Rosseti, Verlaine y Swinburne, de Quincey y Sully Pruhomme, Fray Luis de León y Shelley, Hugo y Dante, Keats y Núñez de Arce. En definitiva: los 122 escritores que Donald McGrady ha censado, mencionados en la prosa de Silva[7].

Silva aportaría a esos coloquios su entusiasmo, sensibilidad, y copiosa información. Sanín, más pausado, parece asomar en algunos apartes de la nota que en 1893 Silva escribió sobre Anatole France: habla allí de su "escepticismo sonriente", de su "optimismo sereno", ambos aplicables a Sanín, y también del hecho de que a France "no le perdonan (...) el que considere la obra de arte desde diferentes puntos de vista, ni que el tono habitual de sus críticas sea el de una indulgencia plácida, que tiene visos de amable ironía"[8]. Una excelente fórmula para caracterizar también a Sanín.

Pero lo importante es ver cómo dicha amistad ya estaba conformada y cómo se iba ampliando en un fecundo intercambio hasta el punto que al año siguiente, estando Silva en Caracas como secretario de la legación, le escribe a Sanín

Cano una larga carta que es fiel prolongación de sus encuentros en Bogotá y de su "larga intimidad intelectual" que concluye con esta exigencia: "*le suplico* que me escriba largo. Recuerde la soledad interior en que vivo y la necesidad que tengo de usted para no embrutecerme"[9].

En la misma carta Silva habla de cómo toda su soledad en Caracas es preferible a tener que soportar de nuevo "las cincuenta y dos ejecuciones, los embargos, el papel moneda, los chismes bogotanos, aquella vida de convento, aquella distancia del mundo". En realidad lo que Silva y Sanín estaban haciendo, cada uno a través de su diferente origen social, su temperamento y su modo de enfocar la realidad —el uno como poeta, el otro como crítico— era descubriendo una ciudad y rebelándose contra ella.

Octavio Paz, al describir el modernismo, ha mostrado cómo "su negación de la utilidad y su exaltación del arte como bien supremo son algo más que un hedonismo de terrateniente: son una rebelión contra la presión social y una crítica de la abyecta actualidad latinoamericana"[10].

Años después del suicidio de Silva, Sanín Cano reviviría la fisionomía interior de ese Bogotá que existe "por su temor a la renovación" y en el cual "la emulación sorda y la envidia convertida en régimen social" sólo producen "hipocresía y fraude moral"[11]. Una ciudad, de todos modos, a la cual tanto Silva como Sanín Cano están indisolublemente ligados.

Silva, con su contradictoria mezcla de afinidad y desprecio logra, a través de la música de *Día de difuntos* o la cruda desilusión, el sarcasmo desgarrador de las *Gotas amargas*, conferirle entidad verbal. Esa aldea, que se va convirtiendo en ciudad, adquiere sentido y representatividad. Es la ciudad "desierta y fría" cubierta por "un oscuro velo opaco de letal monotonía". Es también la ciudad del Juan Lanas que "carga maldiciones / y gruesos fardos por un real", aquel Juan Lanas que "cubre su pelaje / con nuestra manta nacional" ("Egalité"). El título del poema no era menos feroz que su redacción.

Y todo esto en medio de un clima moral que un poeta de los años 50, Eduardo Cote Lamus, ha recreado con exactitud, al hablar de Silva así:

"Lo imagino con la rabia como un hacha entre los dientes
queriendo abrirse paso entre la vida, de tan densa,
tratando de inculcar en la sociedad que acompañaba
el obrar noblemente y el buen gusto: pero ellos, hijos
de las masturbaciones y la vanagloria,

sólo sabían de las sílabas a golpes de dedo
e ignoraban la armonía y el mundo de las palabras"[12].

¿La ignoraban del todo? ¿Lo desconocían irredimiblemente? La carta que en 1894 le escribe a Rufino José Cuervo desde Caracas muestra, por el contrario, a un José Asunción Silva orgullosamente colombiano; consciente de lo mejor de su tradición:

"Quiero que conozcan (en Venezuela) qué hombres da mi tierra; y al efecto, al venirme, logré que Rafael Pombo, Diego Fallón, Jorge Isaacs, Ismael Enrique Arciniegas, el señor Caro, en fin, cuanto tenemos de más ilustre como poetas, me dieran composiciones inéditas para hacerlas publicar aquí... Quiero hacer sonar los nombres colombianos, que honran a Colombia, por estas regiones"[13].

Fue la obra de Silva sólo conocida parcialmente antes de morir la que había de suscitar, como detonante y a la vez como máxima realización, un nuevo clima y fue la agudeza de Sanín Cano, en un buen número de artículos, la que volvió explícito ese viraje. Sanín Cano se constituyó en la conciencia crítica de dicho proceso, no sólo a nivel individual: "Me leyó algunos de los avatares de esta preciosa obra de arte —se refiere al ya mencionado poema "Vejeces"— y me atreví a hacer una ligera indicación que aceptó noblemente"[14] sino otorgándole a la nueva dimensión verbal creada por Silva respaldo ideológico y resonancia cultural, que terminaron por consolidarla dentro de nuestro proceso de renovación intelectual. Esa atmósfera de discernimiento y precisión fue la que en definitiva permitió leer a Silva como el gran poeta que era, más allá incluso de su fracaso vital y de lo exiguo de su producción. Pero en poesía no cuenta tanto la cantidad como la calidad. "Infancia", "Los maderos de San Juan", "Crepúsculo", "Poeta, di paso", "Nocturno", "La voz de las cosas", "Ars", "Vejeces", "?", "Un poema", "Midnight Dreams", "Día de difuntos" constituyen doce pruebas de cómo la poesía aún puede enaltecer la vida y recobrar para ella el poder restaurador de la belleza.

Un último texto de Sanín Cano muestra mejor cómo el entramado básico y el momento histórico se conjugaban para ofrecer el sorpresivo milagro de ese objeto verbal que carece de porqué. El arte sucede y en el caso de Silva su amigo Sanín Cano intentaba explicarlo así:

"Se cumplía por los años de 1884 a 1892, en que empezaba y fracasaba su vida social y de negocios, una transformación que no ha sido estudiada con la detención y empeño requeridos por las necesi-

dades de nuestra complicada historia nacional. Al idealismo adoptado candorosamente durante dos generaciones sucedía la invasión de un nuevo modo de entender el mundo, resultante de las lecciones de la observación y la experiencia (...).

Era un momento de transición y, como decían los trasnochados y satisfechos intérpretes de la hora, 'una época de confusión de ideas'. Pasa lo mismo que en las operaciones de mudanza. En los carros de transporte van confundidos los muebles del dormitorio con los utensilios de cocina, y los adornos del salón de recibo con los tiestos de flores del jardín (...). En la experiencia diaria, lo mismo que en el arte y en la filosofía, la transición y la confusión traen consigo una sugestión peculiar de vulgaridad (...). Aquella época se deja reconocer en la historia por la sombra que lo vulgar arrojaba sobre todos los sucesos. La política, la moda, las exhibiciones populares dejaban en los espíritus capaces de hacer comparaciones una impresión forzada y amarga de lo común y obvio. Silva sentía, con más intensidad que la mayor parte de los espíritus refinados de entonces, ese triste dejo en las costumbres, las gentes y el pensamiento. Reaccionaba instintivamente contra el medio y, a pesar de su educación exquisita y del esfuerzo que hacían para comprender y tolerarlo todo, sus contemporáneos, muchos de ellos alcanzaban a distinguir en sus actos, en sus meras actitudes, el sentimiento de reacción del poeta contra su medio. En la tragedia de su vida tuvo gran parte este antagonismo"[15].

Gracias a este tipo de análisis la obra de Silva fue adquiriendo su verdadero carácter a la vez que revelaba las modalidades de la sociedad en que nació y que al verse en ella, como aspiración compensatoria, como refinamiento, sencillez y pura idealidad, la rechazó, no en sí misma sino en la persona del autor. Esa música era demasiado fina y quien la produjo se hallaba demasiado expuesto en la imperiosa necesidad de sobrevivir, de acuerdo con los nuevos cánones del pragmatismo social, como para que el choque no fuera mortal. Rasgo, por lo demás, típico de toda la literatura modernista.

Si ésta, nacida en medio de la creciente racionalización y el predominio de las formas de vida urbana, del surgimiento de "las ciudades burguesas" de que habla José Luis Romero[16] tiene, más allá de años y países, una unidad que la englobe, esta no sería otra que *la contradictoria contradicción* entre reacción y progreso. Fascinación por un pasado que se evapora y tensión entre éste y un presente en el cual el lenguaje renovado no hace sino cantar lo que ya no existe. El Silva que constata lo perecedero, el encanto de lo que ya no es, y el Silva que se duele por la banalidad estúpida de lo que es, es el mismo Silva que mediante la imaginación trasciende lo real completamente y como en el caso de su "Nocturno" hace de esos tres momentos, unión, separación y reunión, una sola entidad que

aún esparce por el "infinito negro", su "luz blanca". En su valioso trabajo "Los intelectuales latinoamericanos y la ciudad" (1860-1940) Richard M. Morse se refiere así a dos libros de Miguel Samper (1825-1899): *La miseria en Bogotá* (1867) y su continuación: *Retrospecto* (1896) aparecidos dentro del mismo período en que Silva vivió y desarrolló su actividad como escritor. ¿Cómo enfoca, Samper desde su matriz de "organicismo positivista" y de economista y comerciante liberal, esa común ciudad?

"La obra *La miseria en Bogotá* (1867) —nos dice Morse— presenta a la ciudad capital como punto nodal de las fuerzas que aislaron a Colombia independiente del "progreso" occidental. Samper halló a Bogotá mucho más "atrasada" y "decadente" que Buenos Aires, Santiago, Caracas e inclusive Lima. Como prueba adujo los mendigos, rateros, ebrios, leprosos y locos que atestaban las calles, dando una imagen distorsionada de la fertilidad de la nación y de su clima benigno. Más numerosos aún eran los "vergonzantes", que sufrían hambre y desnudez en secreto. Este ejército de holgazanes fue abultado por eclesiásticos, burócratas y militares desprovistos de fortuna política. El alardeado progreso material de la época no resultaba visible en ningún lugar. Las calles estaban sembradas de basura; la iluminación de las mismas tenía únicamente origen lunar; el precio de las pocas casas que tenían agua corriente prometida descendía; las arcas de la ciudad eran insolventes. La economía experimentaba un completo estancamiento: ni empleo, ni consumidores, ni ventas, ni rentas, ni pago de documentos, ni demanda de capital, ni efectivo en circulación, ni crédito, ni construcción. Debido a que las cortes habían caído en descrédito, la mera amenaza de un litigio atemorizaba a los acusados; tal era la inseguridad pública que llamar a alguien rico era un acto hostil"[17].

Sin detenernos en el razonamiento que hace luego Samper para explicar el problema, veamos, también según Morse, lo que ocurrio después en el mismo año que Silva se pegaba un tiro.

"Tres décadas más tarde Samper escribió una continuación retrospectiva de *La miseria en Bogotá*. Hacía 1896 la modernización se había dado innegablemente. Los ferrocarriles, el telégrafo y un mejor servicio de correos vinculaban a Bogotá más estrechamente a la nación. Tranvías, un acueducto, iluminación eléctrica y un mejor servicio sanitario y de policía volvían a la vida urbana menos precaria, en tanto que un consciente manejo financiero municipal y la expansión industrial habían fortalecido su base económica. Pero aun siendo así, la sociedad urbana todavía sufría las antiguas plagas de codicia, lujo y disipación. El acusa como generada por la codicia a la "artificial y violenta" intervención del Estado en la actividad industrial, como también condena al gasto y a la disipación provocados por el papel moneda, que fomenta los gastos apremiantes en un vestido extravagante, un teatro operístico suntuoso y residencias ostentosas que se asemejan a museos. ¿Es esto —se pregunta invirtiendo los términos del slogan político de la época— una sociedad regenerada?"[18]

Así era la situación. Dentro de tal cuadro general Silva escribió sus poemas, Sanín Cano los respaldó y Bogotá, en el vaivén entre rechazo y asimilación, supo que algo de lo suyo se había vuelto obra de arte. ¿Quién lo logró? No sólo, como ya lo sugerimos, el poeta creador. También el poeta cronista que a través de una sola imagen, la de "El paraguas del padre León", detectaba, como Miguel Samper, como Baldomero Sanín Cano, el cambio ocurrido en la ciudad. Los tres movimientos, pasado, presente, y el lugar desde el cual se los contempla, estructuran esta prosa.

Silva, como el padre León, parte de:

"una sala que olía a papayas, sentado en un viejo sillón de cuero labrado, de vaqueta cordobesa, teniendo al frente un cuadrito desteñido de Gregorio Vásquez... y conversando de las profecías del doctor Margallo y del próximo fin del mundo". "Aquello era el Santafé dormilón, inocente y plácido de 1700, un pedazo de la vieja ciudad de la mula herrada, el espanto de la calle del Arco y de la luz de San Victorino..."[19].

Esa imagen, sin trasiciones, con celeridad metafórica, da paso a otra, se contraponen, y luego, en la reflexión de quien las ha visto aproximarse en su mente, muestran mejor que ninguna otra la relación de Silva con su inmodificada y a la vez mutable Bogotá. Los últimos días de Silva, según sus propias palabras, transcurrieron en una ciudad que ahora era así:

En ese instante un coupé negro y brillante, tirado por un soberbio tronco de alazanes, un *coupé* que parecía una joya de ónix, manejado por un cochero inglés, correcto y rígido bajo su casacón de paño blanco, cruzó bajo el foco de luz eléctrica... Era el coche salido de los talleres de Million Cuet, del ministro X, que vendió por seis mil libras esterlinas sus influencias para lograr tal contrato escandaloso... Alcancé a ver por la portezuela abierta el perfil borbónico del magnate y la cabecita rubia, constelada de diamantes, de su mujer, *aquella fin de siècle* neurasténica que lee a Bourget y a Marcel Prevost, y que se ha hecho famosa por haber comprado todas las joyas que, en su postrer viaje a Europa trajo el último de los Monteverdes... ¿A dónde iba la elegante pareja?... A oír el segundo acto de *Aída* en el teatro nuevo, el lujo de la Bogotá de hoy, de la ciudad de las emisiones clandestinas, del *Petit Panamá* y de los veintiséis millones de papel moneda...
El siglo diez y ocho encarnado en el Padre León; el siglo veinte encarnado en el omnipotente X, visto ambos, en menos tiempo del que había gastado en convertirse en humo aromático el tabaco dorado del cigarrillo turco que tenía en los labios, vistos ambos a la

luz de la lámpara Thomson-Houston, que irradiaba allá arriba entre lo negro profundo su luz descolorida y fantasmagórica.

¿No vienen siendo las dos figuras como una viva imagen de la época de transición que atravesamos, como los dos polos de la ciudad que guarda en los antiguos rincones restos de la placidez deliciosa de Santafé y cuyos nuevos salones aristocráticos y cosmopolitas, y cuya corrupción honda hacen pensar en un diminuto París?...

Notas

1. Baldomero Sanín Cano: "José Caicedo Rojas", en *Revista Literaria*, Bogotá, dirigida por Isidoro Laverde Amaya, 6 volúmenes, 1890-1894. I., p. 32-41.

2. Dos trabajos de Santiago Londoño Vélez resumen la importancia de 1886 en la historia colombiana. El primero es el catálogo de la exposición *Colombia 1886*, realizada en la Biblioteca Luis Angel Arango de Bogotá, en julio-septiembre 1986. Dicho catálogo, de 124 páginas, abarca todos los aspectos de la realidad colombiana de entonces. El segundo: "*La lira nueva* y su época", apareció en el *Boletín Cultural y Bibliográfico*, Bogotá, Banco de la República, Vol. XXIII, No. 9, 1986, p. 44-60, y se concentra en la literatura del período. En 1886, como lo sintetiza Londoño, "el país dejó un régimen federal que lo rigió por unos treinta años", "cobró significado económico la tierra localizada en las vertientes", con sus siembras de café, y surgió "la necesidad de algunos sectores de la sociedad de organizar la vida nacional mediante la unificación política, la autonomía económica del estado expresada en el monopolio de emisión de moneda, todo ello apoyado en la religión como elemento de cohesión social. El principal instrumento en que se plasmó el proyecto regenerador de Rafael Núñez fue la constitución de 1886, cuyo primer centenario celebramos. Es la primera constitución que cumple un siglo de existencia en América Latina, y hoy, luego de varias reformas, continúa vigente" (p. 7).

3. Baldomero Sanín Cano: "Una consagración", en revista *Universidad*, Bogotá, segunda época, No. 106, 8 de noviembre de 1928.

4. Baldomero Sanín Cano: "Recuerdos de J. A. Silva", en revista *Pan*, Bogotá, No. 23, agosto de 1938, p. 118.

5. María Bashkirtseff: *Diario de mi vida*, quinta edición, Madrid, Espasa - Calpe, Colección Austral, 1962, martes 11 de marzo de 1884, p. 137.

6. Baldomero Sanín Cano: *De mi vida y otras vidas*, Bogotá, Ediciones Revista de América, 1949, p. 46.

7. Donald McGrady: "*Crítica ligera*: una prosa olvidada de Silva", en *Thesaurus*, Bogotá, 24, 3 (1969), p. 25.

8. Cito por J. A. Silva: *Obra completa*, Caracas, Biblioteca Ayacucho, 1977, p. 271-272.

9. Carta de J. A. Silva a Baldomero Sanín Cano del 8 de octubre de 1894, incluida en J. A. Silva: *Obra completa*, Bogotá, Ministerio de Educación, Ediciones de la Revista "Bolívar", 1956, p. 437.

10. Octavio Paz: "El caracol y la sirena" (Rubén Darío), en *Cuadrivio*, México, Joaquín Mortiz, 1965, p. 20.

11. Baldomero Sanín Cano: "Una consagración".

12. "Silva", en *La vida cotidiana*, Bogotá, Ediciones MITO de Poesía, 1959, p. 19.

13. José Asunción Silva: *Obras completas*, Bogotá, Banco de la República, 1965, p. 354-355.

14. Baldomero Sanín Cano: "Valencia y Silva-crítica anecdótica", en *El Tiempo*, Bogotá, 9 de noviembre de 1945.

15. Baldomero Sanín Cano: "José Asunción Silva", en *Revista de las Indias*, Bogotá, No. 89, mayo 1946, p. 165-7-168.

16. José Luis Romero: *Latinoamérica: las ciudades y las ideas*, México, Siglo XXI Editores, 1976, p. 247 a 318.

17. Richard M. Morse: "Los intelectuales latinoamericanos y la ciudad" (1860-1940) en el volumen colectivo compilado por Jorge E. Hardoy, Richard M. Morse y Ruchard P. Schaedel: *Ensayos histórico-sociales sobre la urbanización en América Latina*, Buenos Aires, Ediciones Siap-CLACSO, 1978, p. 91-112.

18. Ibid., p. 94.

19. José Asunción Silva: "El paraguas del padre León", en *Obra completa*, Caracas, Biblioteca Ayacucho, No. 20, 1977, p. 254-256.

Gracias a las gestiones de Rafael Núñez, quien era presidente de Colombia y residía en Cartagena, el 17 de abril de 1893 el vicepresidente en ejercicio, residente en Bogotá, también poeta y traductor de Virgilio, Miguel Antonio Caro, firmaba el nombramiento de Rubén Darío como Cónsul General de Colombia en Buenos Aires y el de José Asunción Silva (1865-1896) como Secretario General de La Legación de Colombia en Caracas[1].

Singular coincidencia. Los 2.400 pesos de sueldo anual que recibe Darío se convertirán así en la base de sustentación de aquel movimiento, el modernismo[2] que desde Buenos Aires, la Cosmópolis de entonces, irradia el flamante diplomático nicaragüense con consecuencias que aún perduran.

De otra parte la visita de Silva a Cartagena también será decisiva para el autor del "Nocturno". Su obra, que se inscribe en un lapso temporal muy breve, aquel que va desde 1883 a 1896, o sea desde un año después del *Ismaelillo* (1882) de José Martí al de la aparición de las *Prosas Profanas* (1896) de Rubén Darío, experimentaría en dicha ciudad un reconocimiento público: la gente, al saludarlo, le recuerda los paródicos versos escritos en son de burla contra los imitadores sin alma de Darío[3].

La conocida "Sinfonía color de fresa con leche" dedicada "a los colibríes decadentes" y firmada con el seudónimo también paródico de Benjamín Bibelot Ramírez aparece fechada en Bogotá el 6 de marzo de 1894 y era un buen ejemplo de la capacidad crítica de Silva, desde dentro, de los excesos retóricos que ya percibía como estériles de ese movimiento del cual de algún modo fue miembro fundador decisivo y no simpre precursor, como tantas veces se ha dicho. Junto, claro está, con Martí, Gutiérrez Nájera, Julián del Casal, el propio Darío, y del cual sería en Colombia su más destacado representante seguido luego ya en otra generación y en otro plano, por Guillermo Valencia (1873-1943). La graciosa "Sinfonía" terminaba así:

"¡Rítmica Reina lírica! Con venusinos
cantos de sol y rosa, de mirra y laca
y polícromos cromos de tonos mil,
estos son los caóticos versos mirrinos

esta es la descendencia, Rubendariaca,
de la princesa verde y el paje Abril,
                    Rubio y sutil"[4].

Todos eran hijos de Darío y allí, en solfa, Silva reconoce el auténtico origen del nuevo texto poético hispanoamericano.

Sus excesos, denunciados aquí en forma tan temprana, no menoscaban la importancia del padre ni disminuyen su prodigiosa energía. Como lo ha expresado Pere Gimferrer:

"Las literaturas hispánicas viven a rachas; a poco sólida que sea la tradición autóctona inmediata, tiende a asentarse en ella, en una especie de deliberado insularismo literario. Por ello es tanto más admirable que en breves décadas —en poco más de un cuarto de siglo, de hecho— un impulso acelerador, iniciado por Darío, catapulte la poesía española desde los dominios de Núñez de Arce y Campoamor a la poesía pura y la vanguardia"[5].

Con Silva, a través de su vertiente simbolista, se inicia entonces no sólo el modernismo en Colombia sino hablando estrictamente la poesía moderna. Y si bien en los últimos años se ha puesto el acento, de acuerdo con el espíritu de la época en su voluntad de Verdad, manifiesta en sus "Gotas amargas" (nihilismo y asco por sí mismo, rechazo de una sensibilidad romanticoide y un idealismo espúreo, desprecio radical por un medio hipócrita e indiferente, en su inicial aburguesamiento, con Sancho Panza como héroe epónimo que los anarquistas vuelan por los aires y con su saludable revulsivo de aplicarse, de vez en cuando, "buenos cauterios / en el chancro sentimental" ("Psicoterapéutica"), convirtiéndolo en el obligado punto de partida de Luis Carlos López y sus *Posturas difíciles* (1909) e incluso, lo cual ya parece un tanto excesivo, de Nicanor Parra y sus *Poemas y antipoemas*[6] aunque haya algo de la negra narratividad del chileno en un texto como "La respuesta de la tierra", la otra faz de Silva, la de su voluntad de Belleza, es la que ha terminado justamente por imponerse.

Solitario, por su altura, en el paisaje de la poesía colombiana, aunque, por su elasticidad rítmica se mencione a Rafael Pombo y por su interés en el eneasílabo, a José Eusebio Caro[7], sin olvidar a todos aquellos otros que señalábamos al hablar de "Intimidades", su primera colección de poemas, Silva, así, como lo llamó Juan Ramón Jiménez, tiene algo de "modernista natural". Así lo confirma Mark I. Smith: Silva poseía una "habilidad casi milagrosa de hacer materia propia de los hallazgos literarios ajenos"[8]. Alcanzando, también con pala-

bras de Jiménez, "la precisión de lo impreciso", con su incomparable música a la vez tan enigmática como estricta.

Lo ha explicado José Olivio Jiménez, en su *Antología crítica de la poesía modernista hispanoamericana:*

> "es en la atmósfera de la estética simbolista, con su gusto por la expresión misteriosa, vaga, sugerente y de cadenciosa musicalidad, donde hay que inscribir sus más intensos momentos poéticos, teñidos de una profunda vibración elegiaca"[9].

Ya no es su leyenda la que incide, con todo su patetismo —el poeta al cual la ciudad escupe y lleva al suicidio, cobrándole sus ambiciones mundanas, y de negociante en quiebra, en una época de crisis— sino el ámbito apenumbrado de su dolida nostalgia. El haber hecho de su arte inspiración y disciplina. Higiene y estudio. Salud y creación, en el cual las alegres evocaciones de la niñez, teñidas siempre por la melancolía de la inocencia perdida, no hacen más que reafirmar el poder evocativo y sugerente de la palabra. Se olvida, con demasiada frecuencia, lo que Silva escribía a su amigo Coll en septiembre de 1895:

> "Para hacer obra literaria perfecta es necesario que el organismo tenga la sensación normal y fisiológica de la vida; las neurosis no engendran sino hijos enclenques, y sin un estudio de las leyes mismas de la vida, estudio de los secretos del arte, gimnasia incesante de la inteligencia, esfuerzo por comprender más, por deshacer preconcebidos, por analizar lo más hondo, la obra literaria no tendrá los cimientos necesarios para resistir el tiempo"[10].

De allí es donde proviene la cernida lluvia de una Bogotá perdida en las alturas, entre nieblas y grises: de una creación consciente de sí misma, en la cual el poema se forja, talla, pule, o graba, según el vocabulario del momento, y en el cual también, sin ceder del todo la iniciativa a las palabras, como pedía Mallarmé, si se las oye y escucha, en apenumbrada atención. Hay que hacer que entren, en el vaso labrado, tal como el líquido del sentimiento se amolda al recipiente del contexto, de la misma forma que él lo pidió en su poema "Ars":

> "El verso es vaso santo; ¡poned en él tan solo,
>   un pensamiento puro,
> en cuyo fondo bullen hirvientes las imágenes,
> ¡como burbujas de oro de un viejo vino oscuro!

> "Allí verted las flores que en la continua lucha
>   ajó del mundo el frío,

recuerdos deliciosos de tiempos que no vuelven,
y nardos empapados de gotas de rocío.

Para que la existencia mísera se embalsame
    cual de una esencia ignota,
quemándose en el fuego del alma enternecida,
de aquel supremo bálsamo basta una sola gota".

Una gota no amarga, por cierto. En la claridad lunar de su paisaje sabanero la nostalgia crece con la intensidad de los deseos perdidos, sin remisión posible, pero aún incurables y vivos.

"Una noche,
en que ardían en la sombra nupcial y húmeda, las luciérnagas
/fantásticas".

En la célebre noche de perfumes, murmullos y música de alas, en la "noche tibia de la muerta primavera" las espectrales sombras aún continúan su búsqueda con avidez indetenible. Las dichas transitorias, los fantasmas grises, las hondas lejanías y la infancia perdida conforman, además, la verdad de Silva, dicha con una hondura que le permite encarnarla en formas incomparablemente sensibles. ¿Cómo lo logró? ¿Cómo hizo que *esa* vida se convirtiese en *esta* obra? En verdad, ¿cuál fue la vida que llevó?

¿De dónde provenía Silva? de dos hermanos, Don José Asunción y Don Antonio María Silva Fortoul, dueños de la hacienda "Hatogrande", en la Sabana de Bogotá, hoy residencia campestre presidencial. Don Antonio, médico. Don José Asunción, propietario de un almacén de artículos finos en Bogotá. Tuvieron ambos hijos naturales. Don José Asunción fue el padre de Don Ricardo Silva, padre a su vez del poeta. El hijo natural de Don Antonio María, llamado Guillermo, puso fin a sus días un 24 de diciembre, con un pistoletazo "a causa de un disgusto con su padre, por su intransigencia con él", tal como nos lo refiere Rafael Serrano Camargo en su biografía de Silva[11]. Pero la tragedia no concluye allí.

Una pandilla de malhechores roba "Hatogrande", buscando dinero. Hiere a Don José Asunción, quien muere al día siguiente, de 17 heridas en el cráneo. Su hermano Antonio María, también herido e impresionado por el salvaje acontecimiento, liquida sus bienes, los distribuye entre sus parientes, y se marcha a París donde fallece 20 años más tarde. Muerto su padre, Ricardo monta un almacén en la carrera 7 No. 291-293 (calle Real) de Bogotá y se casa, el 8 de enero de 1865, con

Doña Vicenta Gómez Diago, de raíces antioqueñas. Tales los padres del poeta José Asunción Silva. Tal su origen.

De este modo José Asunción Salustiano Facundo, nacido el 27 de noviembre de 1865, comenzó su vida a partir de estos hechos sangrientos, a lo cual conviene añadir, como lo señala Serrano Camargo en su libro, cómo "Desde el asesinato de don José Asunción Silva Fortoul la hacienda de "Hatogrande" pasa íntegramente a poder de su hermano, porque Don Ricardo, por ser hijo natural estaba impedido para heredar a su padre"[12].

Silva era hijo de un hijo natural. Su primo hermano se mata de un tiro. Sin poderlos medir con exactitud, en su incidencia sicológica, estos son datos que hay que tomar en cuenta, sobre todo en una sociedad que dependía del "qué dirán", en su limitada estrechez. Sin embargo, y como lo dice Silva, "todo el poema triste de la remota infancia" se dará en el caso suyo dentro de la normalidad estable de un hogar convencional.

Será "el niño bonito" en medio de sus hermanas, el "José Presunción" del cual se burlan sus condiscípulos, el sobrino nieto al cual su tío abuelo, Don Antonio María, invita para ir a conocer París y el joven poeta que el 5 de octubre de 1881, le escribe "al señor don José Manuel Marroquín" este soneto, típico de la literatura de "El Mosaico" y de las tertulias literarias de la época. Un simpático y banal recado en verso, como tantos que por entonces se pergueñaban, para emplear la expresión de época:

CONFIDENCIAL

Bogotá, octubre 5 de 1881.
"Siguiendo una costumbre tan simpática
y que me gozo en aplaudir frenético,
lo invito para el viernes a un poético
Mosaico, sin liturgia diplomática.

La colombiana sal, que a la sal ática
vence y humilla en el palenque estético,
para todo pesar sera un emético,
brindado en chistes de sabrosa plática.

Alguien arrancará del arpa eólica
alguna dulce melodía auténtica
que quitara la prosa a la bucólica...

Acepte, pues, esta misiva esdrújula,
sírvase contestarla en rima idéntica

¡y a esta casa enderezar la brújula!...
J(osé) A(sunción) S(ilva)[13]

En definitiva, un joven que participaba de la vida social de su ciudad, ya se trate de bailes o reuniones literarias y que en su ámbito familiar había visto morir varias hermanas, como Inés, a la cual, según dicen y con tal motivo, escribió su primer poema, "Crisálida", y que encontraría en las dos que sobrevivieron, Elvira y Julia, admirativo auditorio infantil.

Un hijo, además, al cual su padre dedica con auténtico cariño y "como uno de los recuerdos que habrán de acompañarte cuando la muerte me haya separado de ti" su libro de artículos de costumbres en 1883. Otro dato significativo: como en el caso de Borges es el hijo quien realizará la vocación literaria del padre. No, como sucede en forma habitual, enfrentándose el hijo al padre, y reafirmando ante él su vocación literaria, para superarlo. Por el contrario: en este caso es el padre de Silva quien ve con simpatía lo que su hijo hace. La madre, por el contrario, mucho más pragmática le reprochará en varias ocasiones el perder el tiempo en versos y papeles y dirá, en el día de su suicidio, con dolor que no excluye el juicio: "Vean ustedes en la situación en que nos ha dejado ese zoquete", tal como lo recuerda Tomás Rueda Vargas.

Otro dato más: el París de entonces no sólo será para Silva una apertura de horizontes y una revelación literaria: la posibilidad de descubrir toda la desbordante plenitud creativa del momento, este tríptico de la poesía moderna de que habló Thibaudet: Verlaine, Rimbaud, Mallarmé, "que escriben sus obras más importantes poco más o menos por la misma época, a principios de los años 1870, aunque los principales poemas de Mallarmé habían sido ya elaborados a finales de los años 1860"[14] sino un París médico.

El París de Pasteur y Cheuvrel, de las enfermedades nerviosas de Charcot, de la fisiología experimental de Claude Bernard, de los *Ensayos de psicología contemporánea*, 1883, de Paul Bourget y de los estudios bacteriológicos de Roberto Koch. ¿De allí provendrán sus reiteradas menciones, en las *Gotas amargas*, de médicos y enfermos, de una "buena blenorragia" y diversos remedios, de sífilis y espermatozoides? ¿Por qué este interés? ¿A qué esas recetas, que se citan con frecuencia, aptas según dicen tanto para combatir la neurosis como estimular el apetito sexual? ¿Por qué ese deslumbramiento que Juan Evangelista Manrique menciona por parte de Silva en torno a Ramón y Cajal y sus descubrimientos sobre el sistema

nervioso? ¿Cuál era la psicopatología de Silva? ¿Sus trastornos psíquicos? ¿Sus estados depresivos? ¿La entonces llamada neurastenia?

¿Quién era en realidad el muchacho que fumaba cigarros turcos, bebia té negro, y se burlaba de la sociedad, imitando y caricaturizando a sus miembros más conspicuos (y ridículos) o haciendo, al igual que Oscar Wilde, frases mordaces: no voy a ver tal pintura —de Ricardo Acevedo Bernal— porque "temo que como a todo el mundo le ha gustado a mi no me llegue a gustar". Sólo que él también podría repetir, signo de la época, otra expresión de Oscar Wilde, que también resume el momento que se vivía:

"El objeto de la vida es ver cuanto hay que ver, con los sentidos agudizados hasta lo máximo; arder siempre sin tasa, con esta llama pura y preciosa; mantener este éxtasis, esto es lo que llamo triunfar en la vida. Hay que tener siempre presente en el espíritu dos ideas: la trágica brevedad de la existencia y su dramático esplendor... Nuevos aspectos, nuevas teorías, nuevos goces: hay que interesarse por todo de la manera máxima, con los sentidos desesperadamente ávidos".

Sólo que el adolescente que soñaba con mantener ese éxtasis era también el mismo adolescente cargado de duelos: el duelo por su padre, quien muere en 1887; el duelo por su hermana Elvira, muerta en 1891, el hombre cargado de deudas comerciales, y que debe entregar todos sus bienes, incluso sus libros, sus lujosamente empastadas ediciones como la de Martí, para apaciguar acreedores, el náufrago del vapor "L' Amérique", donde pierde según sus palabras lo mejor de su obra, en 1895. Las palabras de José Francisco Socarrás sobre "La personalidad de José Asunción Silva" resumen así el tema, desde el ángulo médico:

"En verdad, Silva fue el típico casi mixto kraepeliano, en quien de tiempo en tiempo se exasperaba la hipomanía y la depresión melancólica, las cuales vivía al tiempo en forma atenuada. La una está presente en sus versos y en sus dolencias, la otra en su afán de leer hasta altas horas de la noche, pretendiendo abarcarlo todo, así como en su comportamiento social. En cuanto a la muerte, bien pudo ser un típico "raptus suicida" o una crisis depresiva ansiosa que halló la calma mediante la funesta determinación tomada, de donde el aspecto tranquilo con que atendió a sus invitados la noche misma de la fatal determinación. Me inclino por la segunda hipótesis por aquello de que días antes del suicidio se hizo dibujar el contorno del corazón por su médico, doctor Juan Evangelista Manrique"[15].

Lo importante ahora es pasar de allí, del "ciclotímico tipo medio" que era Silva a la encarnación que fue su obra.

Obra que comprende a José Fernández, un enfermo mental manifiesto, un "clásico maniaco-melancólico con crisis que se alternan sucesivamente", como lo caracteriza Socarrás, pero que es ante todo sus poemas. Su libro de versos. Allí *su vida* se convirtió en *esta obra*.

De este modo la resumió Eduardo Camacho Guizado:

"Su obra consta apenas de un libro organizado por el poeta: *El libro de versos*; otro reconstruido en parte por sus amigos, *Gotas amargas*, y una novela, *De sobremesa*. Todos ellos publicados póstumamente. También se conservan una serie de poemas sueltos y algunas prosas sobre temas literarios principalmente. Hay, asimismo, varios poemas de dudosa atribución o francamente apócrifos que demuestran, entre otras cosas, la popularidad de su obra y la novedad del estilo. En total, unos ochenta poemas, una novela, unas diez prosas. De todo ello, lo más sobresaliente es *El libro de versos* en el que se recogen los poemas mejor logrados del infortunado Silva. "infancia", "Los maderos de San Juan", "Crepúsculo", los "Nocturnos", *Estrellas que entre lo sombrío*, "Un poema", "Día de difuntos". El libro fue fechado por su autor: 1891-1896, pero contiene poemas escritos desde 1883. Es un libro cuidadosamente construido: en primer lugar, un poema-prólogo que define la materia y el tono del libro; luego, la primera parte del volumen reúne los poemas de tema infantil; la segunda, subtitulada "Páginas suyas", incluye los tres "Nocturnos" y su tema es el intenso amor de la juventud; la tercera, "Sitios" se compone de poemas de temas variados, descripciones, paisajes a la parnasiana, estampas, reflexiones líricas; se podría decir que constituye la plenitud de la vida. Y, por último, "Cenizas", en donde se concentran los temas más pesimistas, cuyo tema es, en casi todos, la degradación de la vida o la muerte. El libro conforma una unidad biográfica, ya que recorre el ciclo humano y sus preocupaciones dominantes; sus grandes temas son la vida y la muerte; el tiempo, el misterio. Desde una evocación del pasado infantil, de estirpe romántica, hasta un enfrentamiento con el más allá mortuorio, el poeta va recorriendo la vida humana con tono pesimista que se torna amargo hasta llegar al sarcasmo"[16].

Pero ese sarcasmo último no empaña el melodioso misterio de sus poemas mayores, que continúan vivos. Su vida es tan solo esta obra que podemos leer todavía: está viva.

Notas

1. Edelberto Torres: *La dramática vida de Rubén Darío*, 5a. edición, Managua, Editorial Nueva Nicaragua, 1982, p. 179. Véase también Ignacio Rodríguez Guerrero: *Libros colombianos raros y curiosos* —Tercera Serie— Cali, Biblioteca Banco Popular, No. 100, 1978, p. 267-268, donde se reproduce el decreto concerniente a *Darío*, y donde se añade cómo fueron contabilizados, a favor de Darío, y como sueldos anticipados, la suma de "$5.080.00 m/l".

2. Sobre el modernismo puede consultarse: *Bibliografía anotada del modernis-*

mo, recopilación y notas: Hilda Gladys Fretes - Esther Bárbara Mendoza, Argentina, Universidad Nacional de Cuyo, Cuadernos de la Biblioteca No. 5, 1973. Ned Davison: *El concepto de modernismo en la crítica hispánica*, Buenos Aires, Editorial NOVA, 1971. Rafael Alberto Arrieta: *Introducción al modernismo literario*, Buenos Aires, Editorial Columba, 1961. Ricardo Gullon: *Direcciones del modernismo*, 2a. edición aumentada, Madrid, Gredos, 1971. Iván A. Schulman: *Génesis del modernismo*, 2a. edición, México, El Colegio de México, 1968. Evelyn Picon Garfield/ Iván A. Schulman: *"Las entrañas del vacío"*, ensayos sobre la modernidad hispanoamericana, México, Cuadernos Americanos, 1984. *Nuevos asedios al modernismo*, Edición de Iván A. Schulman. Madrid, Taurus, 1987. También J. G. Cobo Borda: "Releyendo el modernismo", en *Letras de esta América*, Bogotá, Universidad Nacional, 1986, p. 37-56.

3. Sobre el mecanismo de la parodia dentro del modernismo ver Emir Rodríguez Monegal: "El caso Herrera y Reissig", en ECO, Bogotá, No. 224-226, junio-agosto 1980, p. 199-216.

4. José Asunción Silva, *Poesías*. Edición crítica por Héctor H. Orjuela. Bogotá, Instituto Caro y Cuervo, 1979, p. 321-323.

5. Pere Gimferrer: "Fernando Fortun, ahora", en *El País* - Libros, Madrid, año VII, No. 290, domingo 12 de mayo de 1985, p. 7.

6. James J. Alstrum: "Las *Gotas amargas* de Silva y la poesía de Luis Carlos López", incluido en *José Asunción Silva, Vida y creación*. Selección de Fernando Charry Lara. Bogotá, Procultura-Presidencia de la República, 1985, p. 211-232.

7. Mark I. Smith: *José Asunción Silva. Contexto y estructura de su obra*. Bogotá, Ediciones Tercer Mundo, 1980, p. 17-18 donde se citan los versos de Caro: "¡Oh! Ya de orgullo estoy cansado, / Ya estoy cansado de razón; / ¡Déjame, en fin, que hable a tu lado / Cual habla sólo el corazón!...". Por su parte Pedro Henríquez Ureña, en sus *Estudios de versificación española*, Buenos Aires, U. de Buenos Aires, 1961, p. 242-243, diría: "Solo en uno de sus empeños de otra especie tiene Darío un precursor: en el de crear metros en que se multiplique libremente un mismo pie silábico, como en la *Salutación a Leonardo*. José Asunción Silva escribió en 1895 ó 1896 —no mucho antes de su muerte— el célebre "Nocturno", cuya base es tetrasílaba con ocasionales deslices hacia la disílaba. Probablemente, Silva precedió a Darío también en la afición al eneasílabo".

8. Mark I. Smith, ibid. p. 71. "Natural" en cuanto había asimilado todo y lo había vuelto suyo. "Natural", en el sentido moderno; es decir: con ironía.

9. José Olivio Jiménez; *Antología crítica de la poesía modernista hispanoamericana*, Madrid, Ediciones Hiperion, 1985, p. 140.

10. José Asunción Silva: *Obra Completa*, Bogotá, Banco de la República, 1965. p. 386.

11. Rafael Serrano Camargo: *Silva*, Bogotá, Ediciones Tercer Mundo, 1987. p. 76.

12. Rafael Serrano Camargo, ibid. p. 81.

13. Reproducido en Jorge Luis Arango: *Veinticuatro documentos fascimilares de la Vida Colombiana*. Sin p. de imp. Bogotá, Seguros Colombia - Banco de la Construcción y Desarrollo, 1965. Ver capítulo LXXXVI del libro de Ignacio Rodríguez Guerrero, ya citado, p. 261-268. Todo lo cual confirma las palabras de Mark I. Smith p. 19 respecto a Silva: "disfrutó de la compañía de los más insignes intelectuales del siglo XIX colombiano" y las observaciones de Carlos E. Restrepo acerca del "altísimo aprecio por el cantor del *Nocturno*" entre sus pares capitalinos y sus admiradores de provincia.

14. Ver el libro de Anna Balakian: *El movimiento simbolista*, Madrid, Guadarrama, 1969, p. 75, sobre este punto y las irradiaciones del simbolismo, en toda la literatura europea de la época.

15. José Francisco Socarrás: "A manera de introducción. La personalidad de José Asunción Silva", prólogo a la biografía de Rafael Serrano Camargo, ya citada, p. 13-53.

16. Eduardo Camacho Guizado: "José Asunción Silva", en *Historia de la literatura hispanoamericana*. Tomo II, Del neoclasicismo al modernismo. Coordinador: Luis Iñigo Madrigal. Madrid, Cátedra, 1987, p. 597-601.

LA NOVELA DE UN POETA:
Hacia una lectura DE SOBREMESA

Tres hombres conversan en una habitación recargada. Hay piano, tapices, espadas, tazas de China, divanes turcos, aguardiente de Dantzing: el mundo en una alcoba suramericana.

Uno, José Fernández, de "palidez mate" y "fino perfil árabe". El otro, Juan Rovira, de "contextura hercúlea y la fisionomía plácida". El tercero, Oscar Sáenz, de "cara enjuta y grave". Entre semana, Sáenz trabaja en un hospital. Fernández, por su parte, ha publicado dos volúmenes de versos, uno cuando niño, otro hace siete años. Ahora, desde hace dos, no produce nada, disperso entre mil actividades en su "frenesí por ampliar el campo de las experiencias de la vida" (p. 11). Arqueología, mineralogía, Tíbulo, flirts, lógica militar: tales algunos de los temas en que se distrae esta mente errática y acomodada. Sólo un rico puede hacer de tal diletantismo su razón de ser. Sólo un rico, o un poeta rico.

Severo autocrítico, sus amigos le reprochan su esterilidad: "El crítico en tí mata al poeta... tus facultades analíticas son superiores a tus fuerzas creadoras" (p. 14). El se defiende, arguyendo: ante tal apetencia vital resulta irrisorio sentarse a escribir sonetos. Sus preocupaciones son otras y, además, ¿qué razón hay? "Sólo existen para mí diez amigos íntimos que me entienden y a quienes entiendo y algunos muertos en cuya intimidad vivo" (p. 15-16).

En cambio sentir la vida: qué empresa heroica. Vivir al máximo: tal el proclamado ideal de Fernández. ¿Qué hay semejante? "Tal vez el arte que la copia... tal vez el amor que la crea". Ese también es un programa que quizás vale la pena cumplir. Pero Fernández, aunque no escriba, se sigue considerando un poeta, y el poeta no puede silenciarse del todo. Como la conciencia, el impulso creativo vuelve a rachas obligándolo a razonar su mudez: "Yo no quiero *decir* sino sugerir y para que la sugestión se produzca es preciso que el lector sea un artista" (p. 21).

Qué viejo ahora el conflicto que trasuntan tales palabras: cambiar el mundo para que me puedan leer. Convertir el mundo en un poema escrito por mí. Crearse no sólo a sí mismo y a la obra sino también a quien la complementará, dándole razón. Prever, soñar ese lector ideal, y acallar por ahora las palabras para que en su futura mente suenen mejor. Y qué novedoso entonces, sobre todo en Bogotá[1].

Esta suerte de prólogo ambientador, con sus notas de refinamiento, ocio y decadencia, nos adecúa a lo que vendrá. Nos predispone hacia una determinada atmósfera y peculiar inflexión. Relajados y benévolos, escuchamos atentos.

Las máscaras del poeta

Tres amigos charlan en una larga sobremesa. Uno, médico, le reprocha a otro, poeta, no escribir más. Este se defiende: su propósito, por ahora, es vivir. Algo, lo intuimos, que se da más como ideal esteticista que como cotidiana realidad. Es cierto que todavía siente aletear los versos en torno suyo, pero el tumulto incesante de la vida no le permite concentrarse. Ni mucho menos "escribir redondillas y cincelar sonetos".

Aquí una digresión sobre tales términos. Como se ve, es más un artista de alma que alguien que sólo escribe versos. De ahí las connotaciones de esa expresión de época: cincelar sonetos. La poesía como piedra qué labrar. Parnasiano y escultórico medallón. Figura que surge del mármol y cobra vida luego de ardua pero de algún modo distante labor. ¿Cómo compaginar entonces una tarea eminentemente física como la de cincelar con su anterior propósito de tan solo sugerir? Sugerir, cincelar. Dejar a la vez algo tan perdurable como evanescente. Que sea piedra fija y música que fluye. Movimiento y quietud. En definitiva: se trata de escribir poesía. Con un matiz peculiar en esta ocasión: aquí se trata de leer en voz alta lo escrito, incidiendo en quienes escuchan y a la vez, de algún modo, intentando medir su reacción, aun cuando esto último no resulte demasiado explícito. El aparente desdén fatigado desde el cual se nos habla es sintomático: esa pose será visible a todo lo largo de la novela y oscilará entre la convicción sincera de alguien que reflexiona sobre sí mismo, en situaciones límites, y el mordaz recorte autocrítico con el cual el propio texto, desde dentro, se nos va revelando como una empresa trunca. Un intento fallido por atrapar la carne y el espíritu a la vez. El propio autor-lector llamará a varias de sus páginas "ridículos análisis" (p. 229) y confesará, para excitar quizás más la simpatía de su auditorio, que algunos de sus capítulos más delirantes los escribió estando loco. Los amigos lo tranquilizan diciéndole que nunca estuvo más cuerdo (p. 74).

Este juego constante dentro del propio texto no nos permite olvidar, en ningún momento, que un hombre desnuda

su alma frente a un hipotético grupo de amigos, leyéndoles reveladoras páginas de su diario íntimo, que van desde el erotismo perverso hasta el amor idealizado, en un largo periplo europeo. Las páginas de un artista: quema su alma en las llamas de una redención imposible y ésta aparentemente no tuvo lugar. Ahora ya no escribe más y lo que resta son los fragmentos de un diario donde registra su fracaso y acumula todo tipo de reflexiones, literarias, médicas, sociales, históricas. Presididas, en el Viejo Mundo, por la búsqueda de una muerta que supera las edades para enloquecer a los hombres con su evasiva fugacidad. Esa Dama es de algún modo la Poesía. El MISTERIO opuesto a "eso que los hombres llaman Realidad" (p. 235).

Esta charla de sobremesa, esta lectura en voz alta, es en verdad el recuento de su única aparición, enmarcada en los ulteriores reflejos que su no-presencia suscita, entre visajes y engaños. Es además una feroz diatriba contra una época, fin de siglo, y una sociedad que redujeron al poeta a indagador perpetuo de quimeras huecas. Alguien que intenta ser a la vez y en vano un soñador y un hombre de acción. Un libertino y un místico. Un burgués acomodado y un semi-dios, libre de restricciones terrenales y dueño de su propia fantasía. Alguien que goza sufriendo, pasa de la duda a la plenitud, vive desgarrado entre la sensualidad y el remordimiento, y quiere que su impiedad sea el comienzo apenas de una nueva fe.

Pero volvamos a esa lectura que en la realidad del libro todavía no ha comenzado. Otros dos amigos, Luis Cordovez y Máxime Pérez, se unen al grupo, y Fernández, ante la nueva solicitud de Rovira, leerá en una sola noche las 200 páginas del diario. Páginas, de otra parte, que Rovira, dueño de un cafetal y encarnación del burgués con sentido común, no entenderá: se va antes de terminarlas.

¿A qué se refieren dichas páginas? "Tienen relación con el nombre de tu quinta —Villa Helena—, con un diseño de tres hojas y una mariposa que llevan impreso en oro, en la pasta blanca, varios volúmenes de tu biblioteca, y con aquel cuadro de un pintor inglés", un prerrafaelista que Rovira tampoco comprende. La escritura será entonces la encargada de relacionar lo disperso y esclarecer el enigma. Los fragmentos se volverán unidad y la vida errática del autor encontrará un motivo que justifique su existencia. La escritura como rendición de cuentas. Balance de una pérdida que al ser consignada de algún modo se redime y salva. La introspección es una autoconstatación liberadora: la sórdida experiencia, purificada por el arte, se pondrá a los pies del ideal apenas vislumbrado, aunque deje caer camafeos a su paso, luego reiteradamente soñado, y finalmente nunca conseguido. Pero lo intenso de sus padecimientos en pos suyo absolverá al pecador en busca de su Grial. La expiación, primero, en Suiza; el dolor, luego, en Londres y París, se justificarán por la intensidad de una única y resplandeciente visión, que se le apareció y lo rozó, en Ginebra, en medio de profunda crisis a la cual no era ajeno el opio. Pero no nos adelantemos.

Los otros amigos recién llegados respaldarán la petición de Rovira reclamando cada uno un tema específico. Los otros amigos, que son otros tantos *yos* del autor: conocen de antemano algunos de los incidentes que se habrán de tratar. Le piden así unos apuntes hechos en Suiza, una enfermedad nerviosa padecida en París, un cuento de año nuevo ocurrido en la misma ciudad, y a todos ellos responde Fernández con una afirmación rotunda que esclarece (para él) la incoherencia aparente —nosotros tendremos que esperar al final de la lectura para atar los cabos sueltos. "Todo eso es ELLA... dijo el escritor, como perdido en un ensueño" (p. 25). El ensueño que era ELLA (con mayúsculas): la no-existente. Así comienza a leer, por fin, fragmentos de un diario cuyo inicio se halla fechado en París el 3 de junio de 189... Termina el siglo: comienza la novela.

Aquí comienza efectivamente la novela pero las 26 páginas de prólogo que hemos glosado en detalle encierran otras varias claves orientadoras de la futura lectura. Primero la forma como Fernández duda de sí mismo como poeta, amparado en el ademán de una humildad tan obvia que ya resulta de por sí sugerente.

> "Eso es rídiculo. Poeta yo! Llamarme a mí con el mismo nombre con que los hombres han llamado a Esquilo, a Homero, al Dante, a Shakespeare, a Shelley... Qué profanación y qué error! Lo que me hizo escribir versos fue que la lectura de los grandes poetas me produjo emociones tan profundas como todas las mías; que esas emociones subsistieron por largo tiempo en mi espíritu y se impregnaron de mi sensibilidad y se convirtieron en estrofas. Uno no hace versos, los versos se hacen dentro de uno y salen" (p. 13).

Al igual que Rilke, cuando explicaba cómo los versos no son sentimientos sino experiencias, y cómo ellas afloran sólo cuando se han olvidado todos los recuerdos, aquí Fernández razona como poeta. Razona como Silva. Explica la creación literaria a partir de la tradición existente, la nueva lectura y la

recreación de lo dado. Sus palabras confirman unas recientes declaraciones de Michel Tournier:

> "La primera condición para ser escritor es ser lector. No hay ejemplos de escritores que no se hayan atiborrado, en su infancia y en su adolescencia, de libros. No existe el escritor analfabeto que, de repente, se convierta en escritor. Eso nunca se ha visto. Así, pues, es normal partir de cierta cultura libresca"[2].

El diario novela de Silva se convierte en carnet de lecturas. Ensayo libre, o serie de ensayos, que son también su poética y su reflexión: sobre lo que hace, sobre el mundo en que nació (América), sobre el que ahora vive (Europa) y el estado actual de ambos, en variados niveles, pero vistos siempre desde una óptica literaria.

Pero este diario-novela-ensayo-reflexión también es otra cosa: una parodia autobiográfica. Veamos por qué.

La afirmativa manifestación de su carácter de *no* poeta da paso a una puntillosa precisión, en solfa, sobre su propia obra. Si bien en el Olimpo personal de los grandes nombres, Esquilo, Homero, Dante, él es apenas un cero a la izquierda, en el ámbito más reducido de su idioma, el español, él es, fracasado o no, un mediador. El razonamiento, máscara que oculta otras máscaras, orgullo disfrazado de humildad, escarnio que es también un elogio indirecto, resulta elocuente. Los libros que leyó, Leopardi y Antero de Quental, por ejemplo, sólo dieron, a partir de su asimilación, insuficientes resultados en su escritura. Lo obtenido no pudo ser sino menor:

> "y mi obra maestra, los tales "Poemas de la carne", que forman parte de los "Cantos de más allá" que me han valido la admiración de los críticos del tres al cuarto, y cuatro o seis imitadores grotescos, que otra cosa son sino una tentativa mediocre por decir en nuestro idioma las sensaciones enfermizas y los sentimientos complicados que en formas perfectas expresaron en los suyos Baudelaire y Rossetti, Verlaine y Swinburne?... No, Dios mío, yo no soy poeta" (p. 14).

Los franceses e ingleses, en forma perfecta. El, una tentativa mediocre. Sus imitadores, unos imitadores grotescos. La escala parece clara e inmodificable: revela los vínculos de la dependencia y las alteraciones que sufren los mensajes enviados por la metrópoli hacia la periferia, en paulatina degradación. Pero mientras más lo recalca, menos se lo creemos. El paso súbito, sin mediaciones, entre un párrafo serio y otro irónico, nos revela la grieta existente entre los dos: parecen los mismos pero no son iguales. El primero es Silva. El otro esa parte de Silva llamada Fernández, y que termina por ser, dentro de esta ficción, su espejo deformado. Su irrisión.

En realidad Fernández, el personaje, bien puede pensar eso acerca de sus hipotéticos "Poemas de la carne", y la conjunción Silva-a-través-de-Fernández bien puede deslizar sus dudas mediante tal antifaz. A partir de una convicción —la literatura se nutre de la literatura anterior— ha dado paso a una opinión, bromista y autocrítica: la literatura que él leyó sólo dio como resultado una "tentativa mediocre".

Silva nos ha revelado así su juego. Fernández es un Silva inflado. El lado malo de Silva llevado a su máxima exageración. La caricatura de Silva realizada por sí mismo como si fuera *el otro*. El Silva que podría llegar a ser si pierde la lucidez que le permite escribir esta ficción y crear, como su esquizofrénico alter ego, este único interlocutor: Fernández, su personaje. Un Silva irónico, camuflado detrás de Fernández y Andrade y Sotomayor, que así se cura de sus excesos, sueños y vanidades, poniendo entre paréntesis su ambición, y que en tal ejercicio alcanza a deslizar, burla burlando, sus dardos más profundos y mordaces: contra sí mismo, contra la sociedad que lo vio nacer, contra el tiempo en que le tocó vivir. Como en el *Elogio de la locura* Silva se disfraza de bufón para recitar su parlamento con impunidad. ¿Quién contradice a un loco? Sólo el propio autor. Sólo quien lo creó.

Una confirmación del uso de esta máscara nos la da el propio texto, al decir:

> "Mientras más pura es la forma del ánfora más venenoso puede juzgarse el contenido; mientras más dulce el verso y la música, más aterradora la idea que entraña" (p. 179).

A lo cual añadiríamos: ¿qué puede ser más inocente que la búsqueda de una doncella inmaterial? Sólo que el camino de tal peregrinaje puede llegar a ser también un laberinto aterrador. Al aproximar ambos extremos estamos mucho más cerca de entender mejor la novela. Fernández es una parodia del Silva-dandy-poeta y como toda parodia es también una incontrovertible realidad. Gracias a su carácter de parodia podrá así mantener libre su contradictorio pensamiento, no esterilizándolo en una única verdad inmodificable. Pondrá, por ejemplo, en boca del médico inglés Rivington esta idea:

> "en lugar de pensar en ir a civilizar un país rebelde al progreso por la debilidad de la raza que lo puebla y la influencia del clima, donde la carencia de estaciones no favorece al desarrollo de la raza humana"

(p. 117), dedíquese a dirigir una fábrica en Inglaterra que no a hacer "ese papel de Próspero de Shakespeare con que usted sueña, en un país de Calibanes..." (p. 118).

Pero el país de Calibanes, "las republiquitas a la americana del centro o del sur" (p. 66) no son sólo materias primas: "las diáfanas esmeraldas de mi tierra, las luminosas esmeraldas de Muzo" (p. 52) sino también el lugar donde gracias a una dictadura conservadora a la suramericana, con feroz tirano incluido, se obtendrá el siguiente y benéfico resultado:

> "y como flor de esos progresos materiales podrá contemplar el desarrollo de un arte, de una ciencia, de una novela que tengan sabor netamente nacional y de una poesía que cante las viejas leyendas aborígenes, la gloriosa epopeya de las guerras de emancipación, las bellezas naturales y el porvenir glorioso de la tierra regenerada" (p. 70).

¿El fin justifica los medios? ¿Quién habla? ¿Silva? ¿Fernández? ¿O simplemente *el autor*? ¿Hablan en serio? ¿Hablan en broma? ¿Las dictaduras estimulan la poesía? Habla tan solo un poeta que escribió esto en su diario y ahora se lo vuelve a leer a sí mismo con el pretexto de una reunión imaginaria de amigos. Ni en serio ni en broma sino pasando de la broma a la seriedad como todo autor que hace que sus personajes vivan y cambien y mueran delante del lector y para los cuales rije su propia ética y no la del autor y mucho menos la del lector. Seres imaginarios de compleja personalidad real. Si toda novela es un retrato de la realidad también es una parodia de la misma: una mímesis creativa y una trasmutación adulterada. Una creación, con sus leyes propias. A través de ese diario, y en sentido inverso, viajaremos con Fernández a Europa, intuiremos a Silva detrás, y ampliaremos las complejas relaciones entre ellos mismos, la tercera entidad que es el autor, y la cuarta, nosotros lectores, implicados en ese diálogo de distanciamientos y aproximaciones, de espejos que revelan estrictos perfiles y brumosas siluetas. Espejo cóncavo de las palabras aplicado a una realidad que siempre se nos va. Que resulta deformada o presa en su inmodificable autenticidad.[3]

Ahora sí podemos quizás comenzar a leer *De sobremesa* oyéndosela leer a su autor: José Asunción Silva, poeta colombiano, quien ha escrito la novela de José Fernández, poeta imaginario, quien ha escrito a su vez un diario de su estadía en Europa que ahora lee en voz alta ante un grupo de amigos, nosotros incluidos. Las infinitas máscaras del poeta confluyen en esta última: la del lector. Máscara que como las de la comedia y la tragedia son a la vez anverso y reverso de un mismo rostro: el de la obra.

Lectura, escritura. Risa, llanto. Trascendencia y carnaval. Leemos lo que alguien lee en voz alta y que antes anotó en su diario todo lo cual fue redactado por un tercero que firma el libro. Libro, a su vez, impreso en la "Casa Editorial de Cromos, de Bogotá, a los veintisiete días del mes de noviembre del año de 1925, LX aniversario del nacimiento del autor", como reza textualmente el colofón, y según el cual citamos.

¿Una novela entonces de 1925? No exactamente. Más bien una novela en cuya portada se dice: *De Sobremesa, 1887-1896*". Iniciada en 1887, corregida en Caracas, perdida en el naufragio del vapor "Amerique", reconstruida en 1896, y hallada en su versión actual, sólo editada en 1925, en el escritorio del poeta José Asunción Silva en el momento de su muerte ocurrida en 1896. ¿Cómo leer entonces algo que en su portada dice 1887, en su texto 189..., en la fecha de la edición: 1925 y en su actual momento de lectura, un siglo después, 1988?

¿Cómo desmontar ese mecanismo productor de sentido que es toda novela y observar su funcionamiento? ¿Cómo mostrar las relaciones que ella establece dentro de sí misma, con su hipotético lector-auditor, y con las dos realidades que la determinan: aquella en que fue escrita, aquella en que fue publicada, y separadas ambas por un cuarto de siglo entre sí? ¿Y cómo, finalmente, juzgarla cien años después del momento en que José Fernández, con un pase casi mágico, abre un volumen *diciente* desde su propia presentación editorial?

> "Era un grueso volumen con esquineras y cerraduras de oro opaco. Sobre el fondo de azul esmalte, incrustado en el marroquí negro de la pasta, había tres hojas verdes sobre las cuales revoloteaba una mariposilla con las alas forjadas de diminutos diamantes.
> Acomodándose Fernández en el sillón, abrió el libro y después de hojearlo por largo rato leyó así a la luz de la lámpara" (p. 26).

¿Qué leyó Fernández? ¿Qué leemos nosotros? ¿Cuál sería un primer plano general y esquemático *De sobremesa*?

Plano general

1. Luego de una cena, cuatro amigos se reúnen en casa de José Fernández.
2. Critican su dispersión mental.
3. Fernández, autor de los "Primeros versos" y de los

"Cantos del Más Allá", del cual forman parte los "Poemas de la Carne", se declara *no* poeta ante la magnitud de los clásicos.

4. Sus amigos le piden que lea episodios de su diario, durante su estadía en Europa. Solicitan concretamente cuatro episodios: por qué su quinta se llama Villa Helena, una enfermedad nerviosa que tuvo en París, unas notas escritas en Suiza, y una singular noche de Año Nuevo pasada también en París. Llegan otros dos amigos. Se da comienzo a la lectura.

5. La lectura comienza con lo que prácticamente son dos ensayos. Una refutación de Max Nordau y su libro *Degeneración* y un largo recuento acerca de los *Diarios* de María Bashkirtseff, con la cual Fernández muestra una gran afinidad espiritual. Las opiniones de ella, su paso por diversas actividades, en tan corta existencia (muere tísica) quedan como paradigmas de una intesidad vital que Fernández no deja de tener presente. Literatura, pintura, escultura, música, religión, Rusia... todos esos temas son abordados en el comentario.

6. Fernández rememora sus inicios intelectuales al lado de Serrano, un maestro ecuánime. Hace hincapié en su propio contraste entre su yo intelectual y su yo sensual. Entre el mundano fatuo al lado del adorador constante del arte y la ciencia.

7. Cambio brusco: ya en Suiza, Bale, Whyl, Fernández comienza a recordar las razones de su intempestiva huida de París y puede leer despacio la carta que Emilia le ha enviado, contándole la muerte de su abuela y el signo final que ella hizo en pro de su salvación. Una cruz y unas rosas que caen.

8. Recuento detallado de su relación con la Orloff, a quien conoció oyendo las Walkirias en un palco de la Opera. La Orloff, llamada en realidad María Legendre, es una cortesana de alto vuelo a quien Fernández quiso matar víctima de un ataque de celos por sus relaciones con otra mujer. Por tal razón huyó a Suiza, creyendo haber cometido un crimen.

9. Refugiado en Whyl se recupera y hace un encendido elogio de la vida natural.

10. En tal estado se formula a sí mismo su futuro plan de vida. Este consistiría en aumentar su fortuna a través de la venta de sus minas de oro. Estudiar *in situ* el porqué del formidable desarrollo de los Estados Unidos. Recorrer su país, sobre todo las provincias, conociéndolo a fondo. Luego instalarse en la capital formando un nuevo partido político, "de civilizados que crean en la ciencia" (p. 64) y a partir de allí conquistar la presidencia gracias a la propaganda favorable de diez periódicos. Si esto no resulta será necesario apelar al plan

"a la suramericana" para redimir la nación mediante una dictadura conservadora donde sus primos ocuparían preponderante lugar. Pausa. Fernández mismo comenta: "Yo estaba loco cuando escribí esto" (p. 74). Se va Rovira. Prosigue la lectura.

11. Interlaken. El cosmopolitismo de los grandes hoteles europeos, en invierno y los personajes que los pueblan.

12. Episodio en Ginebra, con Nini Rousset, "la divetta de un teatro bufo del Boulevard".

13. Intento de matar a Nini Rousset. Ingiere opio y durante 48 horas se halla bajo sus efectos. Delirios: la muerte de la abuela. El temor a la locura. "Quería huir de la vida unas horas, no sentirla" (p. 82).

14. Episodio central. En tal estado ve a Helena y su padre. Helena, a quien llama Diotima y Beatriz, y quien lo redimirá. Son ellos el conde Roberto de Scilly y Helena de Scilly Dancourt, quienes vienen de Niza. La ve entrar cuando el lee las "Soledades" de Sully Prudhomme y al contemplarla piensa en la Helena del idilio de Tenysonn. Al retirarse, ella pierde un camafeo. Luego, en la noche, al ver su ventana abierta e iluminada, le tira unas ramas. Sin hablarse ella le responde trazando una cruz en la sombra y arrojándole un ramo de flores, "blanco como una paloma". Padre e hija abandonarán al día siguiente el hotel y no la vera más. Tal el único encuentro.

15. Ya en Londres, leyendo a Shelley y a Rossetti la recuerda. Es una criatura que se ha apoderado de su mente y que se acerca a él *sin tocar la alfombra* (p. 97). Pesadillas, depresiones, y en medio de esto la figura etérea de Helena, que parece salida de un cuadro de Fra Angélico, con orla en latín: "Manibus date lilia plenis".

16. Encuentro frustrado con una mujer, Constanza Landseer. La presencia de Helena en su interior y la existencia de un ramo de flores se opone a esa aventura venal.

17. Visita al psicólogo experimental Sir John Rivington. Con él recuerda su estadía en Londres durante un mes cuando niño, en compañía de su padre. Vivió en un hotel cerca de Regent Street, en proximidades del cual una galería de arte exhibió el cuadro que Rivington compró y ahora le muestra: es Helena. "Que vestida con el fantástico traje y el manto blanco de mis sueños, y elevando en las manos los lirios pálidos, pisaba una orla negra que estaba al pie de la pintura y sobre la cual se leía en caracteres dorados como las coronas de un cuadro bizantino, la frase "Manibus date lilia plenis" (p. 115).

El médico le corrige: "Vuelve a ver el fantasma y a soñar con lo sobrenatural" (p 116). La figura del cuadro no puede ser cronológicamente Helena. Y el recuerdo del verso latino algo proveniente de su visión infantil.

18. Plancha de anatomía moral estudiando sus ancestros. Todo parece desembocar en la locura.

19. Estudio de los prerrafaelistas. "En resumen, todo se complica dentro de mí y toma visos literarios" (p. 113). Nueva visita a Rivington. Crisis de llanto y nuevo derrumbe emocional ante el espectáculo deprimente de su clientela.

20. Cambio de escenario: París de nuevo. Visita a otro médico: Chevret. Régimen: baños calientes con bromuro. Dos versos de un soneto de Rossetti que traducidos dirían: "¡Oh, mírame la faz... Oye mi nombre / Me llamo Lo que pudo ser! Me llamo... / ¡Es tarde... me llamo... Adiós!".

21. Nueva crisis. Cae en cama. Lo visitan sus compatriotas Miranda y su hijo Vicente. Los médicos diagnostican "somnosis" o "narcolepsia". "Deme usted algo que me haga dormir o me vuelvo loco".

22. Crisis de fin de año oyendo en la calle el reloj que da las doce. Cae desvanecido al suelo.

23. Sale de dicha crisis y recibe, desde Londres, copia del cuadro, cuyo autor era J. F. Siddal.

24. Chevret, al ver el cuadro, le revela que atendió a la mujer allí representada, en Niza. Tenía 23 años y su marido, Scilly Dancourt, le regaló una fotografía, cuando ella muere de tisis. Tenía los ojos azules y sería la madre de la soñada Helena de Fernández. El marido de ella le revelará también a Chevret, en clave literaria, el porqué de la relación: Dante Gabriel Rossetti, el poeta-pintor prerrafaelista, se casó con María Isabel Leonor Sidall, "que era de la misma familia de mi mujer". Al morir María Isabel Leonor Sidall, Rossetti casi enloquece y en su ataúd colocó el manuscrito de sus poemas. El cuadro que tiene Fernández es copia del hecho por un hermano que abandonó la pintura, "un amanerado imitador de los prerrafaelistas" (p. 166). "La muerta era más hermosa todavía".

25. La búsqueda recomienza: a través del general des Zardes, para quien ella no existe. Con el profesor Mortha, a quien Scilly Dancourt le escribe sobre religiones orientales, y para quien ella es un hijo. Y con el judío Nathaniel Casseres, quien la considera sólo como una hija que aún no ha cumplido los 20 años y que recibirá la herencia de su padre a través suyo.

Ante estas múltiples versiones de un ser único, Fernández concluye con un: "¡Sólo el amor comprende!".

26. "Por ti abandonaré los planes destinados a hacer pasar mi nombre a los tiempos venideros. ¡Qué más gloria que vivir arrodillado a tus pies sintiendo la caricia de tus manos y bebiendo en tus labios la esencia misma de la vida" (p. 176). Elogio de su tierra y de una cascada y una sabana de la misma, donde sueña vivir con ella. ¿El Tequendama? ¿La sabana de Bogotá?

27. Ensayo sobre el nihilismo de su tiempo: los anarquistas, Ibsen, Zaratustra, Wagner, Gustavo Moreau.

28. Renace el sensualismo: aventura con Nelly, la norteamericana. Excurso sobre perlas y joyas.

29. Da un baile. Allí besa y concreta ulteriores citas con tres mujeres. Consuelo, la colombiana. Olga, la rubia baronesa alemana y la italiana Julia Musellaro. Se amplía así el número de sus conquistas en el Viejo Mundo, que incluyen además dos amigas inglesas: Lady Vivian, en Berlín, y Fanny Green en Roma. Larga relación con Consuelo, junto a la cual reviven recuerdos de su tierra.

30. Lo visita Camilo Monteverde, su primo hermano, quien le reprocha: "¿Qué ha sido hasta ahora tu vida?... Una cacería al pájaro azul" (p. 225).

31. Vuelve a aislarse, olvidando sus tres conquistas. En la compañía de Francisco, su criado de toda la vida, repasa su templo particular: allí donde la copia del cuadro enviado por Rivington desde Londres y el retrato de su abuela hecho por Whistler presiden el conjunto. De otra parte Mariononi, su asistente, vuelve a iniciar la búsqueda de Helena por toda Europa.

32. Nueva crisis, que dura diez días. Al volver en sí, la recuerda: paseando convalesciente vio una rama cuyas tres hojas se agrupaban igual que el camafeo de Helena, una mariposa blanca le roza la frente, y todos estos elementos se unen para debilitarlo aún más. Al apoyarse para no caer, descubre la tumba de Helena. "¿Muerta tú, Helena?... No, tú no puedes morir. Tal vez no hayas existido nunca y seas sólo un sueño luminoso de mi espíritu; pero eres un sueño más real que eso que los hombres llaman la Realidad. Lo que ellos llaman así, es sólo una máscara oscura tras de la cual se asoman y miran los ojos de sombra del misterio y tú eres el Misterio mismo" (p. 235).

33. Abandona su hotel parisiense, abandona el Viejo Mundo, y el epílogo podrían ser estas palabras: "Voy a pedirle

a vulgares ocupaciones mercantiles y al empleo incesante de mi actividad material lo que no me darían ni el amor ni el arte, el secreto para soportar la vida, que me sería imposible en el lugar donde, bajo la tierra, ha quedado una parte de mi alma" (p. 232).

"Ya murieron los dioses"

Una aclaración de Baldomero Sanín Cano, en sus conocidas Notas a las *Poesías* de Silva del año 1923 nos permite comprender mejor el anterior "Plano general" de la novela *De sobremesa.*

Dice Sanín:

"Silva había estado escribiendo febrilmente varias semanas antes de su muerte para poner en forma definitiva su novela *De sobremesa.* El manuscrito, casi terminado, consta de dos partes. La primera, que contiene rasgos suntuosos de un talento completo, encierra la sustancia de una serie de novelas cortas escritas antes de 1894, y que desaparecieron en el naufragio del *Amérique*, en 1895. La otra parte, la final, está primorosamente ejecutada. Parece obra de otro autor. La descripción de unos amores abruptos en París es inferior a la fortaleza artística de Silva. El fragmento sobre la locura y el suicidio incrustado en la novela, con otros bocetos de data anterior, fue escrito en 1892, al recibirse en Bogotá la noticia de que Maupassant se había vuelto loco. Esas reflexiones no le fueron sugeridas a Silva por el temor de perder el juicio, sino por el hecho de haberlo perdido Maupassant"[2].

Retengamos algunas palabras de Sanín Cano: *escrito febrilmente pocas semanas antes de su muerte* el manuscrito estaba *casi terminado*. Dividido en dos partes la primera encierra *la sustancia de una serie de novelas cortas*. La segunda, los amores abruptos de Fernández con Consuelo en París, parecen *obra de otro autor*. Y, finalmente el fragmento sobre la locura y el suicidio *incrustado* en la novela, *con otros bocetos de data anterior* confirman ampliamente lo que en el esquemático resumen del "Plano general" es factible percibir a simple vista: que a través del hilo conductor —la búsqueda de Helena por parte de Fernández— el autor intentó amarrar con él una variada serie de materiales que si bien esclarecen puntos de la obra, o la iluminan en forma tangencial, no pertenecen en sentido estricto al desenvolvimiento de su trama narrativa. Son incrustaciones, bocetos, sustancia de otras series anteriores que ahora quedan retomadas pero cuyas costuras, dentro del amplio tapiz, se notan con claridad. Tal lo que Jorge Zalamea llamó, al referirse al punto 10) como "El ensueño[3] político del poeta". O el 5), 18) y 27) que mantienen su carácter de ensayos independientes, ya sean literarios, sicológicos o intelectuales, en un sentido amplio. Hecha esta salvedad, fruto de cómo fue re-armada la novela luego de su pérdida, y no descuidando el hecho de que se trata de un manuscrito *casi terminado* y escrito *febrilmente* varias semanas antes de su muerte, con todo lo que allí puede haber de autobiográfico y de testamento anticipado, podemos escuchar mejor *De sobremesa*.

Ya que esta novela singular es algo más que un producto de época. Es el diario de un suramericano rico en París —un tópico proverbial[4] —que se interroga a sí mismo y a sus raíces, a través de las peripecias de su estadía en el Viejo Continente. No sobra recordar que los lugares en que transcurre, París, Londres y Ginebra, son los mismos que José Asunción Silva visitó en su única estadía europea, entre 1884 y 1886.

Es además el carnet de notas de un lector-poeta que a través de su máscara de cínico corrompido por los placeres mundanos busca salvarse mediante un ideal trascendente: el Misterio mismo, como lo recalca al final, quien se encarga de anudar, si bien de modo tenue y en el recomienzo incesante de su perpetua búsqueda los cuadros que nos ha ido ofreciendo. Como si de pronto, pasando a limpio los anteriores fragmentos, el propio autor se recriminara su olvido y dijera: Hay que volver a buscar a Helena.

Sólo que este afán de repetir la visión de una redentora ya muerta puede ser también otro engaño, la falacia última, como no deja de recordárnoslo, mostrando también la otra cara de la moneda: "ocho meses de loca continente y de estúpidos sentimentalismos, sugeridos por haber visto una muchachita anémica, estando bajo la influencia del opio" (p. 190).

Doble mirada del pòeta, Silva- Fernández, que oscila entre lo sublime y lo irrisorio, entre el "Nocturno" y las "Gotas amargas",[5] y que en el desarrollo de la endeble peripecia narrativa va insertando su breviario de estética, sus concepciones ideológicas y políticas, su aguda capacidad para recrear el tono verbal (y moral) de sus compatriotas, todo ello en medio de una profusa constelación de mujeres más o menos mundanas y de fisiólogos materialistas, como el inglés Rivington o el francés Chevret, que convierten, con sus esquemáticas simetrías de paulatinos reveladores del secreto, muchos de los capítulos del diario en análisis de dolencias o catálogo de farmacopea, del bromuro al cloral y del éter a los

gránulos de cafeína. Sin olvidar por ello las teorías psicológicas en boga, eco fiel, como lo demuestran los recuerdos de José Evangelista Manrique de 1914, de las charlas que los dos jóvenes amigos colombianos mantuvieron juntos en ese París de fin de siglo, reuniéndose una vez por semana e intercambiando la información con que un poeta ávido y un aprendiz suramericano de médico, lejos ambos de su natal Bogotá, pueden darse, con impaciente ardor[6].

Pero el atiborramiento cultural del libro, que va de la neurastenia a la hermandad prerrafaelista, de *La casa de muñecas* de Ibsen al superhombre de Nietzsche, de los versos de Dante y Rossetti a Renan y Bourget, es apenas el primer plano rutilante de un vacuo fin de siglo, con su *spleen, ennui* o *tedium vitae* sino en su convencimiento enfermizo de que todo es reversible y el alma incapaz de creer en algo "si ya murieron los dioses".

Neomisticismo de Tolstoi, teosofismo occidental, magia blanca, budismo, espiritismo, culto al yo... "asquerosas parodias, plagios de los antiguos cultos, dejais que un hijo del siglo, al agonizar este, os envuelva en una sola carcajada de desprecio y os escupa a la cara" (p. 208).

¿Era el pagano Silva-Fernández o era el católico Silva-Fernández redimido por la muerte de su abuela y la doncella incorpórea el que así hablaba? Era tan solo el autor, quien se debatía entre los restos de una fe hecha trizas y que sustentaba, con su aguda visión, los vaivenes de ese enfermo inconstante llamado Fernández que a los 26 años aspira a una totalidad renacentista de sabiduría, poder y dinero, terminando por padecer una crisis de llanto en Londres y desmayándose al pie de una tumba en París. Nada de lo cual, como no dejan de recordarlo sus amigos en Europa, era factible si no fuera por la abundancia de sus bienes. ¿Novela, entonces, de niño rico, con su deleite casi morboso por los interiores art nouveau y las cortesanas extenuantes y perversas? No, tan solo. Lo peculiar de la novela reside quizás en ese fluctuante vaivén entre la sincera convicción de sus reflexiones teóricas y el carácter espejeante y voluptuoso de sus escenas amatorias, que terminan por ser "de época" gracias al previsible convencionalismo esquemático de sus posturas, iguales siempre en la variedad de su rutina.

El caso por ejemplo de la norteamericana Nelly y el collar. La situación equívoca se resuelve mediante un probado golpe de efecto: el hombre arrodillado a sus pies es nada menos que el autor de los paganos poemas que ella leyó en su distante Estados Unidos y se aprendió de memoria... traducidos al inglés. Demasiadas coincidencias, se diría, si no fuera por la auto-burla que Silva-Fernández se hace a sí mismo, al escribir lo anterior, y enfriarlo aún más, cuando anota cómo los tales poemas, publicados en un insignificante periódico, fueron traducidos gracias a los 500 dólares que el inescrupuloso traductor, a su paso por su país, prácticamente le robó.

Con este anti-clímax la intensidad erótica parece decaer y continuamos dependientes de la dualidad habitual entre carne y espíritu, cuerpo y literatura.

La novela, como ya lo dijimos, puede verse entonces como el esfuerzo hecho, en papel y tinta, por alguien que busca objetivar sus delirios de grandeza y al verlos así registrados mide hasta qué punto son ellos irrisorios y fatuos. Fernández termina por desnudar a Silva y escarnecerlo en sus sueños más íntimos. El no hacer nada de Fernández, el abdicar, al final, de su ideal, en aras de los negocios, como el mismo Silva que apostaría todo a una última carta igualmente loca: la fábrica de baldosines con que abastecería no sólo Colombia sino todo el Caribe, muestra la indudable clarividencia del autor para verse a sí mismo, en el otro, en clave irónica. Para destruirse en ese espejo roto.

Curiosa novela, entonces, que entre las exaltaciones locas y las depresiones súbitas, mantiene, en cambio, un sustento estable de reflexiones claras: el análisis de sus orígenes, la forma de estudiar las enfermedades nerviosas, en aquella época, los contrastes entre París y Londres, el peculiar aporte de los pintores prerrafaelistas, las descripciones de su patria, ya sea de la cascada o de la tierra caliente donde pasaba sus vacaciones, y el modo tan hábil como capta y recrea, en sátira, el dejo de sus compatriotas y su endeble estructura moral, trátese de Don Mariano Miranda y su chismoso hijo Vicente como del pintoresco Rivas, que termina por entregarle su mujer a Fernández para irse con los amigos en pos de *las horizontales*. Venir a París y no dilapidar dinero en cortesanas invalidaba el viaje de cualquiera de los suramericanos ricos de la época.

Sin omitir, claro está, su agudísimo ojo para el retrato, trátese de un hotel internacional y sus huéspedes o los deshechos humanos que aguardan en una antesala de médico. Aquí se confirman, con largueza, las dotes de Silva como observador escrupuloso y prosista tenso. Más humano, quizás, que cuando se embelesa en los decorados, los catálogos de la moda o el breve discurso sobre las piedras preciosas, detrás de todo

lo cual asoma el José Asunción Silva que comerciaba con paños finos e importaba objetos artísticos en el almacén de artículos de lujo instalado por su padre, y que mantendría dicha tradición, tal como lo cuenta Pedro César Dominici, en su cuarto de hotel en Caracas.[7] Aunque su gusto nos parezca hoy un tanto alambicado, le gustaba vivir bien y quería lo mejor. Quizás por ello aspiraba a poner a los pies de la elevada poesía todo aquello que la carne, con impaciente avidez, le reclamaba de continuo, amargándolo y desencantándolo.

Desde este punto de vista, el malditismo patológico de Fernández, que arranca de Nordau, pasa por dos intentos de asesinato, incluye drogas, y termina en crisis y delirios, asomándose a los abismos de la locura, es, como todo en este primer plano aparencial, la pura superficie del otro mundo europeo, cuyos gérmenes letales, transmitidos a través de la lectura, terminarán por derrumbar a este tardío fruto de llaneros bravíos y rijosos[8].

La fiesta que da en París es buen ejemplo de dichas antinomias. La hace consciente, como no, de que con ella sólo logrará suscitar envidias en sus compatriotas y desdén entre sus invitados europeos, coagulado entre dos miradas que en definitiva le son ajenas aunque de ellas, de algún modo, dependa para verse. Por un lado farolón. Por el otro rastacuero.

Los que hayan leído el *Recurso del método* (1974) de Alejo Carpentier no dejarán de encontrar similitudes entre un *aquí* y un *allá*, un *de este lado* y un *del otro lado* del Atlántico, y sonreirá al ver cómo durante los tres meses que Fernández mantiene relaciones con Consuelo, su compatriota, el boudoir lleno de camafeos, aguafuertes de Felicien Rops y cartas geográficas, se enriquece, como el del dictador exiliado de Carpentier, con ' dos hamacas, que hice colocar entre las palmas del invernáculo", para dormir sus adúlteras siestas, luego de rasguear en una bandola "y hacer sonar en el aire de París las dejativas canciones de la tierra donde nacimos" (p. 223).

De este modo el descendiente de bárbaros llaneros termina por recobrar, en el cuerpo de la perezosa y sentimental colombiana que gracias a Dios no ha leído ningún libro, los aromas de los cuales nunca pudo desprenderse: "el café, el chocolate, las piñas, la vainilla, las esmeraldas, el oro, todo eso, que es lo mejor, viene de nuestra tierra". Quizá también allí, sumergido en ese clima de mórbida nostalgia, o de artificial invernadero, volverá a ver resurgir, ya como fantasmas sardónicos, sus planes iniciales para sacar adelante su país:

"proceder a la americana del sur y tras una guerra en que sucumban unos cuantos miles de indios infelices, hay que asaltar el poder, espada en mano y fundar una tiranía, en los primeros años apoyada en un ejército formidable y en la carencia de límites del poder y que se transformará en poco tiempo en una dictadura con su nueva constitución suficientemente elástica que permite prevenir las revueltas de forma republicana por supuesto, que son los nombres lo que les importa a los pueblos, con sus periodistas de la oposición presos cada quince días, sus destierros de los jefes contrarios, sus confiscaciones de los bienes enemigos y sus sesiones tempestuosas de las Cámaras disueltas a bayonetazos, todo el juego" (p. 65).

Juego igual a lo que Silva se pide a sí mismo a través del poeta de su canto a Bolívar: "adivina / el porvenir de luchas y de horrores / que le aguarda a América Latina", "Al pie de la estatua". Juego y lucha, horror pasivo y acción sangrienta: también eso es *De sobremesa*. Imaginar truculentos asesinatos de cortesanas para sentirse aún vivo. O rememorar.

Lo que había vivido en la guerra civil de 1885 cuando se abandonó el patrón oro y se hicieron emisiones de papel moneda de curso forzoso, arruinándose Don Ricardo Silva y su hijo, los cuales ya no podían importar mercancía ni tenían a quién vendérsela, arruinada su clientela también. Todo ello de seguro, está como trasfondo de estos párrafos amargos acerca de las incesantes revueltas de la época. De ahí la brutal reacción de Fernández: el país se halla cansado de "peroratas demagógicas" y prefiere al libertinaje la seguridad representado por "el grito de un dictador". Alguien como García Moreno en Ecuador o Cabrera en Guatemala, en una sana reacción católico-conservadora, en la cual sus primos, los Monteverde, "atléticos, brutales y fascinadores" (p. 72) ejercerán papel protagónico[9].

Recapitulación

De la sobrecargada habitación inicial, en Bogotá, a la saturada habitación final en París, con hamacas incluidas, se ha desplazado la novela. A pesar de sus formales elogios de la vida al aire libre, y de sus exaltados arrebatos en torno de los llaneros, buena parte del texto se recarga de exotismos. De interiores agobiantes. Con los nombres de tantos objetos él trata de saturar el *horror vacui* dando así una versión más modesta de una de sus más seguras fuentes de inspiración: *A Rebours* (1884) de Joris Karl Huysmans (1848-1907).

Pero la novela de Silva más que novela es, en sus inicios, páginas de un diario que oscila entre el ensayo y la meditación. La elación apasionada y algún pequeño suceso donde cuenta más el reflexionar en torno a él que la acción, casi siempre menor. Allí donde se pasa de la anotación intrascendente a las páginas de mayor y más sostenido aliento especulativo. Curiosamente la novela-diario, como hemos visto, comienza con dos largas notas de lectura en torno a dos libros, y no se despojará nunca de esta tendenciosidad literaria. Estos libros son *Degeneración* de Max Nordau y el diario de María Bashkirtseff, en dos tomos. He aquí su punto de partida: la literatura. La vida *ya* convertida en literatura e incluso censurada por haberse vuelto esa anormalidad, tal como la consideraba Nordau agrupando a todos los renovadores creativos en la misma categoría de neuróticos.

Por su parte la rusa tísica y ardiente que se siente morir a a los 23 años también queriendo ser artista y reina mundana a la vez, como Fernández, le sirve de estímulo para redactar vibrantes párrafos de compenetración con sus ideales. Otra de las incrustaciones independientes que señalaba Sanín Cano la cual, al incluirla al comienzo no deja de ser reveladora: defendiéndola, se defiende. Sólo que, con el paso del tiempo, la escisión que subyace a todo lo largo de la novela como una grieta entre lo ideal y lo real también ha afectado a esta escritora, hoy un tanto devaluada. Como dice Héctor Orjuela en su trabajo sobre "María Bashkirtseff":

> "investigaciones recientes del abundante material inédito del diario que reposa en la Biblioteca Nacional de París, revelan que la joven etérea, misteriosa y soñadora —imagen ideal forjada por la exaltación romántica de sus admiradores— fue en realidad un ser complejo, vano, egoísta y extremadamente ambicioso"[10].

Palabras estas últimas que son una adecuada descripción del propio Fernández. Pero no sólo la ambición la hacía equiparable al "richissime américain" que era Fernández en París. Ambos buscan a través de su diario no narrarnos su vida sino, al permitirnos asomar a momentos de la misma, conseguir lo que la vida no les había dado. Sugerir lo inalcanzable y nunca obtenido. Aproximarse al ideal ya sea la gloria, en el caso de la rusa, o la sobrenatural figura de Helena, en relación con *De sombremesa*. Pero lo que conviene retener, tal como lo indicó Evelyn Picon Garfield[11] es cómo el diario permite recrear "vidas de laboratorio". El diario cómo una de las múltiples formas de la polifacética ficción: al registrar mi

vida la convierto en arte. Al anotarla, al glosarla, la modifico, la rehago, la profundizo y, en definitiva, la invento. Allí se logra lo que aquí no se da. En el diario brilla, con tonos mortecinos, la exquisita y sensual decadencia que la menguada realidad de esta otra parte incumple día a día. En París —un lugar de ficción— todo resulta posible. En la periferia, trátese de Rusia o Bogotá, sólo era permitida la imaginación. El terco soñar, con sus letales efectos. Ese sueño podía convertir cualquier cosa en simple deformación. En un espejo cóncavo-convexo, aquí-allá, que concretaba o ampliaba, expandía o reducía al mínimo, exagerando y exasperando a la vez.

"Hay tanto qué hacer y la vida es tan corta" (p. 36): así escribe la rusa a quien Barrès llamó "nuestra Señora del Perpetuo Deseo", una precursora si se quiere de la *Nadja* de Breton y como lo ha visto bien Rafael H. Moreno Durán de la maga de Cortázar. María y Helena, que en el caso de Silva intercambian sus rasgos para convertirse en lo inalcanzable, en lo siempre situado *más allá*. Como en de Poe, también presente en Silva a través de Baudelaire, heroínas que deben estar muertas para poder ser amadas mejor.

Pero no hay que perder el otro ovillo de la madeja, el diferente punto de vista desde el cual se nos da todo esto: el de Don José Fernández y Andrade de Sotomayor, "el restaquoere ridículo", "el snob grotesco" (p. 45) tal como se autocalifica, intentando a través de la holgura de su posición económica, saborear todo lo que el viejo mundo le ofrece sin por ello perder sus raíces muy metidas en el barro infantil de su tierra natal.

¿Qué le brinda el Viejo Mundo? Media docena de trofeos de caza femenina, en medio de los permisivos cotos de la mundanidad. Lo cual hará que este pansensualista impaciente, este lector indiscriminado, este gozador impulsivo termine por reconocer el dolor como último placer posible e interrumpa torneos sexuales y elucubraciones afiebradas, para contarnos lo que él considera un crimen y la sentida muerte de su abuelita, quien fallece implorando su salvación. Que se consume, por así decirlo, para rescatar a su nieto tarambana de las malvadas mujeres de París:

"Benditos sean la señal de la cruz hecha por la mano de la virgen, y el ramo de rosas que caen en su noche como signo de salvación" (p. 50).

La última fantasía piadosa de su abuela, antes de expirar, será la clave de la obra, cuando se repita, trasladada al contex-

to europeo, pero lo que importa señalar es cómo el mundano por excelencia *es también* un provinciano que se enternece con sus fijaciones infantiles y *es también* un loco iracundo que intenta apuñalar, con acero de toledo demasquinado, claro está, a su amante Lelia Orloff y a su amiga Angela de Roberto, quienes plácidamente lo vuelven cornudo, entregadas a los intensos goces del lesbianismo. El macho americano burlado por dos mujeres esas sí refinadas y sabias. La sátira se torna jugosa y si Circe convertía a los hombres en cerdos la Orloff, ante la materia prima aportada por el trópico, apenas si logra acentuar en Fernández su incoherencia emocional, del mismo modo que sus lecturas de europeos sólo producen, en su caso, pálidos y deletéreos reflejos. La novela es coherente y el asesino frustrado huye y se esconde para saber, al final, que no ha hecho nada, que todo ha sido otra mistificación más, una anécdota que pulirá en su diario para leérsela luego a los amigos no tan impresionables (el caso de Rovira) en su distante ciudad natal[12].

Al aislarse en una escondida cabaña de los Alpes y recobrar las alegrías de la vida al aire libre, no hace otra cosa que mostrar, por contraste, la clausura mórbida y opiacea de los departamentos parisinos, en que recaerá hasta el final. Su atavismo era ese enclaustramiento: el de quien habitaba un mundo cerrado y sin posible horizonte. Una recaída, en Ginebra, con nuevo intento de asesinato y consumo de opio, parece conducirlo, con Nerval, a la puerta de marfil y cuerno de la visión: Helena. El resto de la novela, buscándola sin encontrarla, resaltando determinismos geográficos y traumas ancestrales, drogas y enfermedades que de algún modo explicarían e incluso justificarían su locura, no sobrepasan ese esquema de artista estéril, interesado en telepatía, fuerzas síquicas, sugestiones a larga distancia, fobias y manías. Ese artista, el lado oscuro de Silva, que tanto se nos parece al lado oscuro de Rilke revelado en las memorias de Lou Andrea Salome, tituladas *Mirada retrospectiva*. Ese artista, que cuando no creaba, se enfermaba o recurría a las parlanchinas mesas del espiritismo, como Víctor Hugo. O que si no se iba como el propio Rilke o como Silva, en espíritu, a visitar a Tolstoi, creyendo encontrar allí una salida a la crisis que no dejaba de acecharlos, por todos lados: la de un "fin de siglo". Silva no dejó de reconocer, con justicia, el desértico escenario en que le había tocado crear. A través de Fernández habla de "este siglo dejativo y triste, en que hasta el placer se mide y se tasa" (p.216). Y lo reitera, en infinidad de ocasiones: "Lo sublime ha huido de la tierra" (p. 207). "Tú estás vacío, oh cielo hacia donde suben las oraciones y los sacrificios". Ese yermo espiritual tendrá un reverso de esterilidad carnal: nadie seduce a nadie. Es la idea de placer lo que nos seduce. El placer que *De sobremesa* trata de atrapar con su escritura y que finalmente se evapora en la vana persecusión de Helena, tan solo una palabra, las palabras de José Fernández al concluir la lectura. Entre los cigarrillos de Oriente y la atenuada luz de las pantallas de encajes antiguos, entre las tazas de china y los frascos de cristal tallado, "entre la transparencia del aguardiente de Dantzing", sólo flotan átomos de oro que "se agitaban luminosos, bailando una ronda, fantástica como un cuento de hadas" (p. 235). La ronda infantil que Silva siempre quiso reconstruir con sus versos y ese trágico cuento de hadas que es su novela, persiguiendo a la imposible Helena y registrando, en su diario, los fugaces restos de una estrella que se marchita. Ese átomo de oro, la poesía, que brilla más cuando la luz se extingue. Con razón su poema "Crepúsculo" también concluye así: "¡Fantásticos cuentos de duendes y hadas / que pobláis los sueños confusos del niño, / el tiempo os sepulta por siempre en el alma / y el hombre os evoca, con hondo cariño!". Silva, poesía-prosa, es siempre el mismo. ¿O distinto?

Notas

1. Lector ideal, que bien puede ser humano o impersonal, y que como corroboran dos conocidos poemas de Silva sólo responderá, como signo de la época, con la incomprensión o el silencio. "Un poema" concluirá así: "Le mostré mi poema a un crítico estupendo... / Y lo leyó seis veces y me dijo... "¡No entiendo!". Por su parte, en "La respuesta de la tierra" los grandes interrogantes metafísicos —"¿Qué somos? ¿A dónde vamos? ¿Por qué hasta aquí vinimos?" que formula el poeta "lírico, grandioso y sibilino" sólo hallarán este mutismo: "La Tierra, como siempre, displicente y callada, / al gran poeta lírico no le contestó nada".

Para el rastreo de esta problemática, que bien puede datarse a partir de 1857, con la aparición de *Les fleurs du mal*, de Baudelaire, ver Anna Balakian: *El movimiento simbolista*, Madrid, Guadarrama, 1969.

2. Esa "cierta cultura libresca" que ya hemos mencionado al hablar de "Intimidades" y sobre la cual Silva no dejará de ironizar en sus "Gotas amargas", prescritas precisamente, en su "Avant-propos", como antídotos contra los "poemas / llenos de lágrimas" y "todas las sensiblerías / semi-románticas". Ese juego irónico también actúa como motor *De sobremesa*: aquí también todo lo vemos a través de "Lentes ajenos": mediante la literatura, la pintura, la cultura en general y estamos tentados, como Silva al final de dicho poema, de repetir sus propias palabras, aplicándoselas a Fernández: "Al través de los libros amó siempre / mi amigo Juan de Dios, / y tengo presunciones de que nunca / supo lo que es amor". La entrevista de Kadhim Jihad con Michel Tournier apareció en "Culturas" No. 145, suplemento semanal de "Diario 16". Madrid, enero 16 de 1988, p. 1-3.

3. Esa realidad que Silva, como auténtico artista que era, nunca dejó de intentar capturar con rigor. Así lo expresa en la "Carta abierta" que antecede a sus dos pictóricas "Transposiciones": "sigo yo leyendo mis poetas y tratando de dominar las frases indóciles para hacer que sugieran los aspectos precisos de la Realidad y las formas vagas del Sueño". Sueño y Realidad, precisión y vaguedad: tal es *De sobremesa*, también.

4. Puede consultarse, para comparar, el primer capítulo del libro de David Viñas: *Literatura argentina y realidad política,* Buenos Aires, Centro Editor de América Latina, 1982, referente a "La mirada a Europa: Del viaje colonial al viaje estético", sobre todo lo relacionado con "El viaje estético" y "Torre de márfil y descendencia estética", p. 54-63.

5. Y que fue siempre muy consciente, a nivel estético y vital, de tal polaridad, entre analogía e ironía. Quizás donde ella se razona de modo exhaustivo sea en su prosa "La protesta de la musa": la musa que abandona al poeta por su propensión a fijarse sólo en el lado oscuro y digno de sátira de la vida: vilezas y errores, miserias y debilidades, "las faltas y los vicios de los hombres". Pero que un breve aforismo de sus "Suspiros" también resume de este modo:

"Aún siendo poeta y haciendo el poema maravilloso, no podría hablar de otro suspiro... del suspiro que viene a todos los pechos humanos cuando comparan la felicidad obtenida, el sabor conocido, el paisaje visto, el amor feliz, con las felicidades que soñaron, que no se realizan jamás, que no ofrece nunca la realidad, y que todos nos forjamos en inútiles ensueños".

6. Juan Evangelista Manrique: "José Asunción Silva, Recuerdos íntimos", *La Revista de América,* París, vol. I, No. 20, enero 1914, p. 28-41.

7. Véase sobre todo su "Glosa", en el capítulo que le dedica a Silva en su libro *Tronos vacantes, arte y crítica*, Buenos Aires, Librería "La Facultad", 1924, p. 35-48.

8. Otro de los leit-motiv de Silva como cuando en su poema a Bolívar, "Al pie de la estatua", prefiere fijarse en "las graves decepciones", "las pequeñeces / de míseras pasiones", "el ensueño más grande hecho pedazos", concluyendo con un severo juicio: "¡No será nuestra enclenque / generación menguada / la que ose entrar al épico palenque / a cantar nuestras glorias! / ¡Oh siglo que declinas: te falta el sentimiento de lo grande"!

9. Ver al respecto la charla de Daniel Arias Argáez: "Recuerdos de José Asunción Silva", *Bolívar* Bogotá, Vol. V, noviembre-diciembre 1951, p. 939-964. Y el libro de Enrique de Narváez: *Los mochuelos*, recuerdos de 1877-1878, Bogotá, 4a edición, Caja de Crédito Agrario, 1973, 260 p., referentes a esa singular guerrilla "conservadora-revolucionaria" algunos de cuyos generales impresionaron tanto a Silva.

10. "María Bashkirtseff: Nuestra Señora del Perpetuo Deseo", en *"De sobremesa" y otros estudios sobre José Asunción Silva,* Bogotá, Instituto Caro y Cuervo, Serie "La granada entreabierta", No. 14, 1976, p. 60.

11. Los trabajos de Evelyn Picón Garfield y Rafael H. Moreno Durán constituyen las más recientes y sugestivas lecturas *De sobremesa*. El primero: *"De sobremesa*: J. A. Silva: el diario íntimo y la mujer prerrafaelista", está incluido en *Nuevos asedios al modernismo*. Editor: Iván Schulman. Madrid, Taurus, 1987, p. 262-281. El de Moreno Durán: "La poesía en *De sobremesa*", en *La poesía tiene la palabra*, revista Casa Silva, Bogotá, No. 1, Enero 1988, p. 50-64.

12. Sobre el Bogotá de Silva siguen siendo decisivas las *Notas* de Sanín Cano ya citadas sobre todo la referente a "La muerte": "La capital de Colombia es uno de los ambientes más propicios a la locura. Todas las circunstancias de la vida cuotidiana conspiran a hacer caer al individuo en las asechanzas de la idea fija". Y la anécdota sobre la joven checa: *"¿Est-ce qu'il y a beaucoup d' aliénes dans votre pays?"*.

Una descripción reciente y pormenorizada del Bogotá de 1886, en el momento de la aparición pública de los primeros versos de Silva en "La lira nueva", es la de Santiago Londoño V.: "La lira nueva y su época", *Boletín Cultural y Bibliográfico*, Bogotá, Banco de la República, Vol. XXIII, No. 9, 1986, p. 44-60.

Ver también el libro de Mark I. Smith: *José Asunción Silva. Contexto y estructura de su obra*. Bogotá, Ediciones Tercer Mundo, 1980. 118 p., sobre todo los capítulos II: "Arte y burguesía: Silva en el ambiente bogotano", III: "La poética de Silva" y VI: *"De Sobremesa* y la dialéctica del alma y la razón", donde se afirma: "No cabe duda de que *De sobremesa* mantiene aún cierta energía, cierta vitalidad psicológica que hace falta en muchas obras formalmente más cumplidas. Efectivamente una consideración detenida de la obra sugiere que su poder extraño proviene no de las bellezas intermitentes de su prosa labrada sino de la tensión intelectual y emocional generada por la dialéctica que Silva establece entre el mundo material y el mundo del espíritu. La novela nos presenta el retrato conmovedor de un hombre paralizado por su odio al materialismo y por la imposibilidad de asirse al ideal perdido" (p. 105), debatiéndose entre el pragmatismo, la salud mental, Londres, y lo mejor del idealismo, la poesía, París. Smith concluye su juicio así: "A pesar de sus varias virtudes, la novela no logra por fin sintetizar las varias influencias sufridas en una obra nueva y homogénea" (p. 97).

Por su parte Rafael Maya, en el capítulo VII de su libro *Los orígenes del modernismo en Colombia*, Bogotá, Biblioteca de Autores Contemporáneos, 1961, p. 81-93 da esta caracterización de la novela:

> "*De Sobremesa* carece de plan exterior y es zurcido de relatos cortos, de incidentes, de episodios, de los cuales es centro y protagonista un tal José Fernández que, como tantas veces se ha dicho, parece un retrato estilizado de Silva, así como también su caricatura, o bien la deformación desmesurada de su perfil espiritual. Ese personaje le da unidad bastante artificial a la novela. Es Silva y no lo es. Parece que Silva, en ocasiones, aspira a identificarse con su protagonista, y que, en otras, desea ofrecerlo como una figura objetiva, extraña a su vida y a sus aspiraciones. Y en ese juego alterno de acercamiento y de distancia, respecto del modelo, que es el propio autor, se prolonga la novela, sin que lleguemos a conclusiones ciertas. No hay duda de que Silva creó a José Fernández para objetivar su propia y contradictoria sicología. El gran sueño frustrado del poeta iba a cobrar vida espléndida por medio de la creación artística. *De Sobremesa* es la novela de la evasión y de la compensación".

Hace diez años, en 1978, preparando junto con Santiago Mutis un volumen de 850 páginas titulado *José Asunción Silva: Poesía y prosa* (Bogotá, Instituto Colombiano de Cultura, Biblioteca Básica Colombiana, No. 40, 1979) pudimos recopilar una sección final que cubría 44 textos sobre Silva[1]. La nota de presentación decía: Dichos textos, que van desde 1908 hasta nuestros días, comprenden prólogos, notas críticas, testimonios, poemas y recuerdos dedicados o relacionados con Silva, los cuales seguramente contribuirán a enriquecer la visión del poeta y su obra.

Ahora, al preparar este nuevo volumen sobre Silva, advertí cómo a lo largo de esta década había acumulado variado y diferente material sobre Silva que permite precisar mejor, a través de ejemplos concretos, el proceso de recepción de Silva durante casi un siglo y en diversos países. Hay muestras aquí provenientes de lectores y críticos de España, Italia, Perú, Chile, Bolivia, Estados Unidos, Puerto Rico, Cuba, Venezuela y varios argentinos.

En este caso desde la polémica nota de presentación de Calixto Oyuela en su *Antología poética hispanoamericana* (5 vol., 1919-1920) en la cual se refiere despectivamente al "Nocturno" hablando de sus "inmotivadas y ridículas repeticiones de tartamudo" y cuyo mérito poético, literales palabras: "no me parece tan relevante como suponen críticos muy distinguidos", hasta otros aportes, algunos mucho más comprensivos y agudos y otros menos informados. Tal el caso de un Manual argentino de Literatura del año 1977 que desarrolla "punto por punto el programa oficial de ingreso a las universidades nacionales" y en el cual las *Gotas amargas* se convierten en unas mucho más truculentas *Gotas de sangre* y donde el destino de Silva, como no, hubiese sido distinto si distinta hubiese sido su vida. Así el trío de inventores de las mencionadas *Gotas de sangre* afirman:

"El error de Silva fue llevar el nuevo almacigo (de la nueva conversión estética aprendida en su "brevísimo viaje a Europa") a la Colombia de fines del siglo pasado. Chile o Argentina, más internacionales, cosmopolitas, menos adheridas a una tradición aristocrática o académica, estaban más preparados, o, por lo menos, eran más indiferentes a esos cambios literarios: Colombia, y especialmente la cerrada Bogotá recibieron las innovaciones del poeta con una piedra en cada mano" (M. C. Rodríguez / M. Pierini / O. Castellucci,

Literatura, 2, Buenos Aires, Ediciones Investigación y Docencia, 1977, p. 38).

Por lo menos no podemos reprocharle a los autores incoherencias de estilo: de la sangre a las piedras hay un único pensamiento avanzando sin mayores pudores. Sólo que estos incidentes revelan los altibajos de una lectura y los avatares de la educación en nuestra América Latina, a través de esos instrumentos socializadores o divulgadores de la poesía como podrían ser los textos escolares o las antologías. El solo repaso de los índices de estas últimas certifica, sin lugar a dudas, que es José Asunción Silva el poeta colombiano más leído y divulgado, en todas partes. Con razón Carlos García Prada, utilizando una expresión de Juan Ramón Jiménez, habló de Silva como del bogotano universal.

Es por ello mismo que el material que ahora se reúne se publica íntegro, sin rectificaciones o correcciones, a pie de página. Lo que interesa es ver la forma en que se han desenvuelto las lecturas en torno a Silva. Un caso ilustrativo es, por ejemplo, el del venezolano Pedro César Dominici (1872-1954) cuyo florido artículo inicial, aparecido en el suplemento español del *Times* de Londres, después de la 1ra. guerra, fue matizado, ya en 1924 y en su edición en libro, por una más ajustada glosa, que aporta reales datos de interés para conocer a Silva en su estadía en Caracas. Pero las primeras páginas eran la forma como se veía a Silva en la primera década de nuestro siglo, al lado de Martí y Darío, Nervo y Pérez Bonalde, Rodó, Almafuerte, Sarmiento, Montalvo, Herrera y Reissig o Valdelomar, en el índice del volumen de Dominici, un hombre, según Picón Salas, que no logra alcanzar la maestría de sus modelos decadentes —Pierre Louys o D' Annunzio— "y se queda en la palidez de la copia". Esa pálida copia reflejaba así muy pálidamente a Silva quien, sin embargo, al aparecer realmente en el texto nos resulta mucho más llamativo que el floripondio verbal que Dominici ha acumulado a su alrededor, con enlutados cisnes y demás zarandejas. Pero así, y en un ademán que pervive hasta Arturo Capdevilla, en 1944, era como se leía a Silva. Como se entendía y ambientaba la poesía. ¿Por qué ignorarlo hoy en día?

Por ello este material complementario, tanto en sus huecos como en sus protuberancias, en sus aciertos reales como en su buena voluntad generalizada, demuestra hasta qué punto también la lectura es parte de la obra que contemplamos. Como lo que otros ojos pusieron sobre ella aún es brillo o

pátina. Enriquecimiento o mugre. No sólo las lecturas. También los equívocos, las incomprensiones, las polémicas. Torres Rioseco, el crítico chileno, confiesa: "por muchos años mantuve un obstinado silencio frente a la actividad intensa de la literatura colombiana". ¿La causa? "El celo patriótico de don Laureano Gómez". Los tres tiempos de esta polémica en torno a Silva demuestran que los dos contendores, desde posiciones opuestas, se hallaban interesados en el mismo problema. El mismo problema que aún nos concierne: por qué surgió Silva en medio de la sociedad bogotana de la época.

Por ello ya no resulta posible intentar lecturas "inocentes" o "virginales" de Silva a pesar de que su poesía se proponga restituir un tiempo único al margen de cronologías. Como primera prueba hay que atravesar entonces la selva de papel impreso en torno suyo para arribar al bosque encantado de su poesía. Allí donde la lectura de estos textos, de 1900 a hoy en día nos confirma en el modo como se continúa leyendo a Silva. Desde el artículo de Pedro González Blanco, rescatado por Fogelquist, de octubre de 1900, artículo donde se reproducía por primera vez en España el "Nocturno", hasta el fascículo de noviembre de 1987 editado en la Argentina y que incluye a José Asunción Silva dentro de la serie "Los grandes poetas", destinados todos ellos a ser consumidos en kioscos, supermercados y estaciones de subte, lo único cierto es que su voz continúa convocando tantas miradas en torno suyo. Es bien sabido cómo la industria editorial o la industria académica pueden aplanar cualquier creación bajo la inerte rutina de su molicie: textos que copian otros textos. Ediciones que roban y fotocopian otras ediciones. Pero estos trabajos, no publicados ni en general reproducidos en Colombia, desde su aparición, salvo las páginas de Arias Argáez, y que no se hallan incluidos ni en la mencionada edición de Silva del año 1979 ni tampoco en la muy útil compilación de Fernando Charry Lara: *José Asunción Silva: Vida y Creación* (Bogotá, Procultura, 1985),[2] donde se reúnen otros 45 trabajos sobre Silva, y muchos de los cuales incluso no se hallan ni siquiera registrados en las bibliografías habituales sobre Silva, contribuyen, como pólipos en torno a un coral, a matizar la diversificada riqueza de una obra impar de nuestras letras. Son también una secuencia de lo que ha sido la crítica literaria entre nosotros en América Latina, de periodistas a profesores, de poetas a verdaderos críticos, espesando el humus de nuestra cultura. Cultivando un ámbito propicio. Que puede ir, como diría el propio Silva en "Día de difuntos", del "entusiasmo" al "desgaire", pero que termina por unificarse en un mismo motivo: el de la importancia de la obra de Silva. Un cambio de ritmo, leve y si se quiere imperceptible, pero que modificó no sólo la literatura sino también el mundo en que se vivía[3]. Aquí, y en otros países. Sus palabras renovaron el español con nuevos matices. Con sensibilidad y hondura. Su obra, vivida, sentida, pensada, escrita, había devenido creación única. Ya nada la cambiaría. Estas varias lecturas, asediándola desde tan contrapuestas perspectivas, lo confirman.

Notas

1. Reproduzco la relación de los 44 comentarios y estudios sobre José Asunción Silva allí incluidos, a título de complemento informativo:

Mutis Durán, Santiago y Cobo Borda, J. G., *José Asunción Silva, Poesía y prosa,* con 44 textos sobre el autor. Edición a cargo de Santiago Mutis Durán y J. G. Cobo Borda. Bogotá, Colcultura, 1979.
Comentarios y estudios sobre José Asunción Silva: Miguel de Unamuno, *José Asunción Silva;* Eduardo Castillo, *Los precursores del modernismo;* Jorge Zalamea, *Una novela de José Asunción Silva;* Armando Solano, *José Asunción Silva;* Baldomero Sanín Cano, *Una consagración;* Rufino Blanco Fombona, *José Asunción Silva (1865-1896);* Alcides Arguedas, *La muerte de José Asunción Silva;* Emilio Cuervo Márquez, *José Asunción Silva, su vida y su obra;* Baldomero Sanín Cano, *Recuerdos de J. A. Silva;* Juan Ramón Jiménez, *José Asunción Silva;* Warren Carrier, *Baudelaire y Silva;* Juan Lozano y Lozano, *José Asunción Silva;* Camilo de Brigard Silva, *El infortunio comercial de Silva;* Eduardo Mendoza Varela, *José Asunción Silva;* Rafael Maya, *Mi José Asunción Silva;* Max Grillo, *Recuerdo de José Asunción Silva;* Pablo Neruda, *Silva en la sombra;* Pablo Emilio Coll, *El recuerdo;* Baldomero Sanín Cano, *Notas a la obra de Silva;* Daniel Arias Argáez, *La última noche de José Asunción Silva;* Guillermo Valencia, *José Asunción Silva;* Fernando de la Vega, *Silva en Cartagena;* Donald F. Fogelquist, *José Asunción Silva y Heinrich Heine;* Luis Alberto Sánchez, *La idea de la muerte en José Asunción Silva;* José Umaña Bernal, *En busca de José Asunción Silva;* Tomás Carrasquilla, *Por el poeta;* Alfonso Reyes, *El llanto de América;* Donald McGrady, *Una caricatura literaria de José Asunción Silva;* Juan Loveluck, *'De sobremesa', novela desconocida del modernismo;* Jaime Jaramillo Escobar, *¿Qué valores tiene Silva para las nuevas generaciones?;* Camilo de Brigard Silva, *Silva en Caracas;* Hernando Téllez, *¿Qué hacemos con Silva?;* Eduardo Castillo, *Dos palabras acerca de Silva; "De sobremesa";* Amado Nervo, *José Asunción Silva;* José Juan Tablada, *José Asunción Silva;* Publio González Rodas, *Orígenes del modernismo en Colombia: Sanín Cano, Silva y Darío;* J. G. Cobo Borda, *Silva vuelto a visitar; Documentos: Una carta de Rafael Pombo; muerte de Elvira Silva; Naufragio.*

2. He aquí la relación de los trabajos que contiene la compilación de Fernando Charry Lara:

Contenido: Nota previa, por F. Ch. L.; Emilio Cuervo Márquez, *José Asunción Silva, su vida y su obra;* Juan Evangelista Manrique, *José Asunción Silva (Recuerdos íntimos);* Carlos García Prada, *Silva: medio familiar y social:* Alberto Miramón, *El alborear intelectual de José Asunción Silva;* Mark I. Smith, *Arte y burguesía, Silva en el ambiente bogotano;* Juan Ramón Jiménez, *José Asunción Silva* (1896); Juan José Tablada, *Máscaras: Asunción Silva;* Pedro Emilio Coll, *El recuerdo;* Carlos Arturo Caparroso, *Papeles y primeras ediciones;* C. M. Bowra, *El experimento creativo: José Asunción Silva;* Miguel de Unamuno, *José Asunción Silva;* Rafael Maya, *José Asunción Silva, el poeta y el prosista;* Bernardo Gicovate, *José Asunción Silva y la decadencia europea;* Juan Carlos Ghiano, *José Asunción Silva en su centenario;* Ludwig Schrader, *Las impresiones sensoriales y los elementos sinestésicos en la obra de José Asunción Silva: Influencias francesas e italianas;* Jerónimo Pablo González Martín, *José Asunción Silva y Gustavo Adolfo Becquer: un paralelo;* Warren Carrier, *Baudelaire y Silva;* Donald F. Fogelquist, *José Asunción Silva y Heinrich Heine;* Nalsy D. Ewing, *Giacomo Leopardi y José Asunción Silva: sus teorías poéticas;* Leland W. Cross, *Poe y Silva: unas palabras de disensión;* Arturo Torres Rioseco, *Las teorías poéticas de Poe y el caso de Silva;* James J. Alstrum, *Las "Gotas amargas" de Silva y la poesía de Luis Carlos López;* Baldomero Sanín Cano, *Notas a la obra de Silva;* Rufino Blanco Fombona, *Silva y Rubén;* Alfredo A. Roggiano, *José Asunción Silva y la obsesión de lo imposible;* Andrés Holguín, *El sentido del misterio en Silva;* Iván A. Schulman, *Tiempo e imagen en la poesía de José Asunción Silva;* Eduardo Camacho Guizado, *El "Nocturno"; Nota sobre la métrica silviana;* Evelyn Picon Garfield, *La musicalidad en la poesía de José Asunción Silva;* Eduardo Crema, *El poeta de los contrastes: naturaleza y ambiente en Silva;* Betty Tyree Osiek, *Técnicas estilísticas de su poesía;* Homero Castillo, *Función del tiempo en "Los maderos de San Juan";* Rosalinda J. Schwantz, *En busca de Silva;* Rita Goldberg, *El silencio en la poesía de José Asunción Silva;* Robert Anderson, *Naturaleza, música y misterio: teoría poética de José Asunción Silva;* Eduardo Sarmiento, *Un aspecto de la obra de Silva;* Fernando Charry Lara, *Divagación sobre Silva;* Jorge Zalamea, *Una novela de José Asunción Silva;* Rafael Gutiérrez Girardot, *"De sobremesa": El arte en la sociedad burguesa moderna;* Clara F. Fortún, *La prosa artística de José Asunción Silva;* Héctor H. Orjuela, *J. K. Huysmans, María Bashkirtseff y Silva;* Juan Loveluck, *"De sobremesa", novela desconocida del modernismo;* George O. Shanzer, *Lo "MOD" del modernismo: "De sobremesa";* Ferninad V. Contino, *Preciosismo y decadentismo en "De sobremesa" de José Asunción Silva.*

3. "(Como se sabe, el "Nocturno" está constituido por un pie de cuatro sílabas que se multiplica según las necesidades del ritmo interior del poema y no sujeto a una forma exterior prefijada, como toda la poesía anterior. En esto consiste su gran novedad y su primerísima importancia en la historia de la poesía en lengua española", Eduardo Camacho Guizado, prólogo a *José Asunción Silva: Poesía y prosa,* Bogotá, El Ancora Editores, 1986, p. 32-33.

Quienes conocieron a Silva

JOSE ASUNCION SILVA
(Recuerdos íntimos)

Juan Evangelista Manrique

Cuando se tiene la convicción de que se está ya caminando en el vestíbulo de la tumba, el espíritu se inclina mucho más fácilmente a los deleites de la evocación del pasado que a la contemplación de un porvenir que, seguramente, nada tendrá qué hacer con nostros. Apenas si los prodigios del presente, despertando nuestra admiración embotada, nos obligan a preguntarnos a dónde llegará la humanidad en su marcha continua hacia el progreso; pero nuestra imaginación se vuelve reacia a los entusiasmos sinceros y se resiste a vagar por los campos que cada nuevo descubrimiento abre a las especulaciones del espíritu y a las realidades de la práctica. Sentimos que la vida ya se nos acaba e instintivamente anhelamos volverla a vivir con las mismas luchas, inflamadas por los mismos ideales, comulgando con las mismas almas y acariciando las mismas ilusiones que han constituido el fondo de nuestra existencia. Siempre se ha dicho y con razón, que se goza mucho más volviendo a leer un autor de los que contribuyeron a formar nuestra mentalidad que leyendo un libro moderno, como es mucho más placentero departir con un amigo de la juventud que con un conocido de ayer.

Ocasión muy placentera para evocar una página de mi pasado es la que me ofrece la *Revista de América,* invitándome a escribir unas cuartillas sobre mis recuerdos personales relativos a un amigo de mi infancia y de mi juventud, cuyo nombre figura por derecho propio, entre los poetas de genio auténtico cuya fama está ya consagrada por la perduración de su nombre en los países de habla castellana, cuatro lustros después de su muerte trágica.

Extraño a los secretos del arte de escribir, no aspiro sino a ser sincero, procurando con la sencillez del estilo, despojado de toda gala literaria, que los lectores de la *Revista de América* puedan apreciar mejor las dolorosas circunstancias en que le tocó vivir al malogrado José Asunción Silva.

Primogénito de una numerosa familia, bello como un Apolo, precozmente inteligente, Silva fue un niño consentido por todos los miembros de su familia. Su padre, D. Ricardo Silva, hombre muy ilustrado y que gustaba dedicar sus ocios al cultivo de las letras, se miraba en él, y lo trató desde niño como a su amigo más íntimo. Su casa era un centro refinado de la tradicional cultura bogotana, que frecuentaban todos los hombres de letras de la época, como los Pombos (Don Manuel y Don Rafael), Jorge Isaacs, Vergara y Vergara, Carrasquilla, Marroquín, Camacho Roldán y cien más. Y la exquisita cultura y la imponente belleza tropical de su madre, Doña Vicenta Gómez de Silva, atraían a sus salones a lo más escogido de la sociedad bogotana. En ese medio de cultura refinada, acariciado, mimado y admirado por todos, pasó Silva los primeros años de su vida. En una escuelita mixta aprendió a leer en pocos meses y desde entonces adquirió la pasión de la lectura y se propuso dar cuenta y razón de cuantos libros oía hablar en su casa y hasta retener en su prodigiosa memoria capítulos enteros de muchos de ellos.

Con el objeto de metodizar los estudios y de moderar esa fiebre de lectura que perjudicaba la salud del niño y le hacía dejar atrás los estudios de la enseñanza secundaria, tan necesarios en todos los casos, resolvió su padre matricularlo como alumno semiexterno en el acreditado colegio de Don Luis M. Cuervo, hermano mayor del ilustre Don Rufino. Allí lo veíamos los alumnos a las horas de las clases y lo mirábamos con ese recelo particular que a los estudiantes inspira todo privilegio: la corrección de su vestido, su belleza, su peinado, el aseo de sus libros y cuadernos y la pulcritud de su lenguaje, hacían un fuerte contraste con nuestra pobreza y nuestra indumentaria bohemianas, con nuestro lenguaje libre y nuestros precoces ademanes de hombres ya hechos a todos los secretos de la vida. Pasaba Silva entre nosotros por un orgulloso, pero un orgulloso superior, cuyo aprovechamiento y seriedad nos tenían desesperados. Recuerdo, como si todavía lo estuviera sintiendo, el despecho que experimenté, cuando en una sabatina del curso de inglés en que me creía el más fuerte, resulté vencido por el «niño bonito», como lo llamábamos los que nos sentíamos ser «estudiantes de veras».

A pesar de haberse ganado la buena voluntad de todos sus maestros, no fue largo el tiempo que duró en aquel colegio el elegante niño. La mezcla completamente democrática de todas las clases sociales en las filas de los alumnos, tan útil para hacer del colegio el verdadero exponente de la patria en que se tiene que vivir y luchar, no cuadraban bien con las ideas aristocráticas que predominaban en su casa, ni con los sentimientos estéticos del niño. De allí pasó a un colegio que recientemente se había fundado, con la mira de reunir en su claustro a la juventud privilegiada por su cuna o por su

fortuna, el cual, naturalmente fracasó a los dos o tres años de existencia, haciendo naufragar las aptitudes de no pocos de los jóvenes, que cayeron en ese centro de frivolidad y de farsa, del cual se salvó Silva, gracias a su talento y a su sed insaciable por la buena lectura.

Cerrado ese colegio, después de un ruidoso proceso, no entró a ninguno otro el joven Silva, quien quiso acompañar a su padre en sus trabajos de comercio, dedicando a la lectura los momentos que le dejaban libres sus nuevas ocupaciones. No formó, pues, Silva su mentalidad, ni orientó su sensibilidad en el medio escolar, como lo hicimos todos sus contemporáneos, sino que se educó por su propio esfuerzo y asimiló solo, en sus largas lecturas nocturnas, ese tesoro de erudición literaria y filosófica que se alcanza a vislumbrar en muchas de sus composiciones.

La circunstancia de haber muerto en la tierna edad tres de sus hermanos, redujo a dos los hermanos de José Asunción, con lo cual se aumentó el consentimiento de sus padres y la más dulce intimidad con la hermana que le seguía, la incomparablemente bella Elvira, cuya repentina muerte ejerció, como se verá luego, influencia decisiva en la suerte del poeta.

Narro todos estos detalles, para que se vea que Silva pasó bruscamente de niño a hombre, que se formó departiendo, como de igual a igual, con su padre y con los amigos de su padre y que, en la edad en que las más ardientes preocupaciones para sus contemporáneos eran los juegos deportivos, un paseo al Tequendama o unos amores fáciles, para Silva era el curso de la Bolsa o el precio de los mercados de Manchester.

Por poseer un juicio y un discernimiento superior a su edad, por la suficiencia y la seriedad con que trataba de las cuestiones más intrincadas y difíciles y quizá por el don natural que tenía en grado sobresaliente de imitar física e intelectualmente a cualquier persona, con sólo haberla visto una vez, se granjeó entre nosotros la fama de pedante y pretencioso, calificativos casi siempre aplicados por la envidia o por la incomprensión de los hombres, a los seres privilegiados. Nada más sincero, ni que mejor describa las fases del desarrollo intelectual de Silva, que las palabras con que éste empieza el famoso fragmento «De Sobremesa», que se encontró en su escritorio después de su muerte: «*Un cultivo intelectual emprendido sin método y con locas pretensiones al universalismo, un cultivo intelectual que ha venido a parar en la falta de toda fe, en la burla de toda valla humana, en una ardiente curiosidad del mal, en el deseo de hacer todas las experiencias de la vida, completó la obra de las otras influencias...»*

Después de varios años de incomunicación, me encontré con Silva en París, allá por los años de 1883 y 84. Había venido con su padre en viaje de negocios, pero para él, el más importante vino a ser el esfuerzo permanente para asimilar todo lo que veía y oía a su alrededor. Silva, siempre ameno e interesante en su conversación, se tornó en fastidioso y monótono, durante los primeros días de su residencia en la Ciudad Luz. Cansaba a su interlocutor con preguntas, con apreciaciones intencionadas, con verdaderos sondeos espirituales que le permitieran averiguar la orientación mental de su interlocutor, lo que hacía que mis amigos esquivaran su compañía, no así yo, que siempre le tuve gran cariño y le profesé sincera admiración.

Fue entonces cuando tuve ocasión de hacer más íntimas mis relaciones con José Asunción y comprender toda la incoherente revolución que hervía en su portentoso cerebro. Como mis estudios no me permitían acompañarlo en sus paseos de turista, convinimos en comer juntos el viernes de cada semana. Nunca faltó a la cita; me esperaba siempre en mi cuarto, leyendo el libro que encontraba sobre mi mesa de trabajo, el que versaba sobre medicina por la cual mostraba siempre gran curiosidad. A pocas vueltas, después de ponernos en marcha, procuraba hacer versar nuestra conversación sobre algún tema de fisiología o de neuropatología que yo procuraba rehuir para obligarlo a enseñarme lo que sólo con él podía aprender sobre el autor a la moda o la primera representación del Francés o de la Porte San Martín, sobre el último cuento de *Gil Blas*, en donde entonces escribían Guy de Maupassant y Catulle Mendes, o sobre sus impresiones de los monumentos que hubiera visitado en la semana o del acontecimiento del día, pues siempre era original su concepto, profundo su dictamen e inesperada su conclusión. Aquella comida era para nosotros el banquete hebdomadario en el cual, con el apetito y buen humor de nuestros diez y nueve años, apelábamos a la experiencia del *maitre-d'hotel* para que nos dirigiese al través de la interminable lista, en la elección de los platos más refinados y suculentos. Movidos ambos por la curiosidad y por la glotonería, aprendimos en pocas sesiones los secretos gustativos del caviar y de las ranas, del pato a la ruanesa y de

las truchas que exigíamos que nos las presentasen vivas para que luego las inmolasen en nuestro honor. Rociábamos nuestros platos con añejos vinos de esos de botellas acostadas, cubiertas con incrustaciones de tierra y de telas de araña, que aun cuando hayan sido embotelladas la víspera, imponen con su indumentaria y sugestionan al consumidor. La conversación de mi compañero era la música de nuestro casto festín, que se prolongaba hasta altas horas de la noche, sin haber sido seguido nunca del complemento obligado de esa clase de entretenimiento entre estudiantes de nuestra edad.

Cansado una vez de oirlo hablar de sus poetas favoritos, resolví hacerle una superchería que en mi concepto ejerció alguna influencia en su mentalidad. Leía yo entonces, «Los Recuerdos de Juventud» de Renan y por añadidura era en aquella época uno de los contados del barrio que se atrevían a ponderar el genio de Alfredo de Musset, cuyas obras guardaba bajo llave, para evitarme la sonrisa compasiva de mis amigos. Una tarde, me pareció mi amigo dominado por no sé qué de intransigente o de dogmático, que hacía contraste con la habitual ductilidad de su carácter. Entusiasmado por los descubrimientos de Ramón y Cajal sobre la estructura del sistema nervioso, parecía como fascinado con un maremagnum de teorías materialistas tendientes a hacer del hombre un ente únicamente destinado a recibir impresiones que la neurona educada debía trasformar en actos o en sensaciones voluptuosas; la vida debía consistir en la esteriorización de las sensaciones que la neurona elabora bajo la influencia de las excitaciones que le comunican sus fibras largas encargadas de recoger en el medio ambiente toda impresión capaz de despertar una sensación o de trasformarse en un acto, y el hombre, según la teoría que se forzaba Silva en esbozar, quedaba reducido a la categoría de un piano que no puede dar más notas que las que le hizo el fabricante y que cuando más, alcanzaría darles más o menos fuerza, según el arte de que dispusiera el ejecutante. Sarah Bernhardt, me decía, no dejará jamás de ser Margarita Gauthier, cualquiera que sea el papel que le destine el dramaturgo. No me sentía capaz de seguir a mi amigo en estas elucubraciones que, aun cuando se rozaban mucho con la especialidad de mis estudios, me inspiraban cierta instintiva repugnancia que siempre he sentido de conversar con los profanos sobre asuntos de medicina y biología, y para desviar a mi interlocutor de su apasionante tema resolví espetarle todo lo que había podido asimilar y hacer casi mío, en «Las Confesiones de un Hijo del Siglo» y en la obra de Renan.

—Pena me causa, le dije, el verte devanar los sesos por acomodar a una teoría exclusiva todos los fenómenos de la naturaleza y me contraría más ver que cada ocho días es distinta la concepción del ser y del no ser, la que te preocupa. Si vivieras en esta colmena del Barrio Latino llegarías a convencerte fácilmente de que la juventud actual evoluciona hacia el más plácido eclecticismo. Con Janet, el profesor del Colegio de Francia, creemos que en el fondo de toda teoría puede haber una fracción de verdad. Aquí no tienen ya curso las afirmaciones absolutas y mucho menos las inapelables negaciones. En las ciencias, en las artes, en política como en filosofía, aceptamos la relatividad de las verdades y creemos que el secreto del progreso futuro estriba todo en ese estado psicológico de la generación actual. Me le manifesté irónico y escéptico al apreciar las paradojas de Schopenhauer, a quien Silva llamaba «el Maestro», piadoso, compasivo y romántico en todas las cuestiones relacionadas con el amor, y como corolario obligado de mi idealismo, me le descubrí con una alma completamente mística, haciéndole ver que, verdaderos o falsos los ideales religiosos habían orientado siempre la marcha de la humanidad, consolándola en sus desgracias y engrandeciéndola en sus triunfos. Caridad, sensualismo, epicurianismo, realismo, de todo tenemos un poco, y hasta de los números de Pitágoras retenemos lo suficiente para saber cuándo nos sobra un franco para pagar la entrada en Bullier.

Silva me escuchaba atento, clavando sus ojos en los míos, con un gesto admirativo que le era característico. —¿De dónde habéis sacado, me dijo al fin, todas esas cosas? ¿Cuándo Beclard, Sappey, Magendie, o Claudio Bernard, que son los autores que veo sobre tu mesa, han dicho nada que se parezca a ese revoltillo que tienes en la cabeza?

—No, mi amigo, le repliqué, nada de eso puede estar en mis libros porque los autores, especialmente los didácticos, casi siempre redactan sus libros con la preocupación de servir determinado sistema o de imponer determinada teoría, y nosotros, a quienes nos ha tocado en suerte estudiar en este período de transición, los que principiamos nuestra carrera aceptando la infalibilidad de Lamarck sobre la generación espontánea con todas sus consecuencias materialistas y la vemos hoy arruinada por los descubrimientos de Pasteur, los que después de leer el libro tratamos de cerca al autor, llegamos pronto a convencernos de que una cosa es lo que aprendemos en los libros y otras las rectificaciones que a diario hacemos con nuestro constante comercio con profesores y

estudiantes consagrados juntos a pensar en los mismos problemas y a repetir las mismas experiencias. Eso es lo que yo llamo el ambiente escolar y lo que considero indispensable para lograr una educación verdaderamente universitaria y refractaria a todos los absolutismos.

Desde aquella noche, Silva me prometió luchar por atenuar todas sus intransigencias que él consideraba atávicas, y así debió de ser, porque poco tiempo después, ya no me hablaba sino de los clásicos antiguos y modernos y pronto tropezó con Renán, el maestro del estilo y de la irónica misantropía, en donde pudo descubrir la farsa «del médico», como me llamaba habitualmente.

Mucho aprovechó Silva durante su corto paseo por Europa. Surtió su librería, se dio cuenta objetiva del movimiento moderno, exaltó su gusto artístico y regresó a su país lleno de ilusiones y de buenos propósitos que el andar del tiempo y la incomprensión del público y los desgraciados acontecimientos políticos ocurridos en Colombia en aquella época, se encargaron de desbaratar uno a uno.

La guerra civil de 1885, que mantuvo incomunicada durante quince meses la capital de Colombia con el exterior y la imposición del papel moneda de curso forzoso, como único signo de cambio, produjeron en el comercio colombiano una tremenda crisis de la cual muy pocos escaparon. Los intereses de la familia Silva, que estaban íntimamente vinculados al buen crédito de su jefe Don Ricardo, fueron de los más comprometidos, de tal suerte que al morir éste en 1888, Silva lo que heredó fue una verdadera quiebra y el deber de sostener su familia en el mismo pie en que la había tenido su padre.

Con valor y tenacidad incomparables, Silva afrontó la lucha, reanimó los negocios de su padre, obtuvo plazos, aumentó las ventas en su almacén, en fin, se movió por todos los caminos que su talento le mostraba como vías de salvación, pero todo fue en vano: el papel moneda depreciado y juguete del agio, burlaba todas sus previsiones y hacía nulos todos sus esfuerzos. Poco a poco la situación se hizo insostenible, iniciándose para el aristocrático poeta una era de empresas descabelladas, de ensayos, de tanteos que no terminaron sino con su muerte.

Esta monótona relación mostrará a mis lectores las condiciones en que vivió el autor del *Nocturno* y del *Día de Difuntos*, pero no podrá decirles cuándo ni cómo encontró el poeta tiempo, en medio de su corta y atormentada existencia, para componer sus poesías.

Cuando más complicada estaba la situación de los negocios de Silva, le asestó la fortuna el golpe más cruel de todos los que tenía recibidos. Su hermana, que era al mismo tiempo su amiga y confidente, a cuya belleza sólo sus virtudes le eran comparables, muere casi repentinamente, en una mañana de enero, en que se había levantado al despuntar del alba, para ver el planeta Venus que, en esa época del año, es muy visible en Bogotá y emite una deslumbrante luz diamantina. Extática en la contemplación del lucero, cayó la gentil doncella con la marmórea palidez de la angina de pecho que había de matarla dos días después. De tan rudo golpe no pudo reponerse el poeta, quien amaba a su hermana con ternura infinita y admiraba su portentosa belleza con sentimiento de artista.

Apenas expiró la encantadora Elvira, su hermano llamó a uno de sus amigos, mi hermano mayor, hizo salir de la cámara mortuoria a toda la familia y se encerró con él, a contemplar a su Venus dormida, haciéndole homenajes, como cubrirla de lirios y de rosas y saturarla de riquísimos perfumes, lo que atribuyeron a paganismo los que jamás pudieron conocer las exquisiteces del corazón de Silva.

Desde entonces, la vida principió a hacerse pesada para el poeta, quien no volvió a tener otro paseo favorito que el del cementerio, a altas horas de la noche, a visitar la tumba de su muerta. Fue en esas excursiones melancólicas cuando compuso El Nocturno III:

¡Oh, las sombras de los cuerpos que se juntan con las sombras de las almas!
¡Oh, las sombras que se buscan en las noches de tristezas y de lágrimas!...

Agobiado por la sincera tristeza y cansado de luchar en faenas comerciales cada día más desgraciadas, obtuvo el nombramiento de Secretario de la Legación de Colombia en Caracas a donde llevaba la ilusión de poder editar una colección de sus poesías, la mayor parte inéditas, en las prensas de «El Cojo» de aquella capital; pero la fatalidad que por todas partes lo perseguía, le obligó a regresar prontamente a su patria, con tan mala fortuna que el buque en que venía naufragó en las costas colombianas, perdiendo Silva en el siniestro su equipaje, con todos los manuscritos que tenía reunidos para su libro, entre ellos una colección de sonetos que él llamaba «sus joyas», y de los cuales no había dejado copia ni en Bogotá ni en Caracas.

Tal cúmulo de desgracias no dejó de aumentar la emotividad de Silva quien, como todos los neurasténicos, principió a

abrigar temores sobre su salud, a perder el sueño y a consultar médicos en busca de medicamentos hipnóticos y antiespasmódicos que le procurasen un sueño y una calma que seguramente no podría obtener sino con la realización de los ideales que en vano había buscado en su constante y precoz lucha contra la adversidad. Amaba departir con el Doctor Vargas Vega, insigne pensador, fisiólogo y psicólogo profundo, quien le quería entrañablemente y procuraba en sus conversaciones sugestionar a su joven amigo y distraerle de sus preocupaciones morbosas, suscitándole problemas filosóficos o refiriéndole anécdotas llenas de aticismo, de esas que hacen pensar y reír a un mismo tiempo. A este grande hombre, educador de las más brillantes generaciones de colombianos, fue a quien Silva llamó, con gran propiedad, su «confesor laico».

Con frecuencia me buscaba en mi oficina y su consulta terminaba siempre con una amena conversación que mis quehaceres me obligaban a interrumpir a mi pesar. Un día, el 23 de mayo de 1896, vino como de costumbre a consultarme. Al entrar a mi despacho se inclinó, sacudiendo con la mano su bella cabellera. «Mira esto, me dijo, yo no puedo seguir viviendo con esta caspa. Esto es repugnante, es horrible; ¿no saben ustedes todavía con qué se cura esta inmundicia? O ¿están esperando a que el químico Pasteur se ocupe de nosotros, y los enseñe a curarnos?» No te preocupes, hombre; eso no es nada, le dije; te voy a prescribir una loción que te ha de salvar de la calvicie prematura, y procedí a escribirle una receta con la esperanza de acortar la consulta. «Ya la práctica te está volviendo empírico, querido médico, me replicó, pues veo con pesar que quieres despacharme con unto que pudo servirle a Doña Fulana, que es una obesa anquilosada por vegetar sin vivir, y que para mí puede ser un depilatorio.» Ante tan justa reconvención, volví en mí, y me propuse examinar a mi amigo, como si fuera la primera vez que nos veíamos. Fue entonces cuando me preguntó si era cierto que la percusión permitía establecer, con cierta precisión, la forma y las dimensiones del corazón, y me suplicó que hiciera sobre él la demostración. Me presté gustoso a satisfacerlo y con un lápiz dermográfico tracé sobre el pecho del poeta toda la zona mate de la región precordial. Le aseguré que estaba normal ese órgano, y para dar más seguridad a mi afirmación, le dije que la punta del corazón no estaba desviada. Abrió entonces fuertemente los ojos y me preguntó en dónde quedaba la punta del corazón. Aquí, le dije, trazándole en el sitio una cruz con el lápiz que tenía en la mano.

Complacido se despidió de mí ese día, después de haberse hecho examinar como si se tratara de una póliza de seguro de la vida ¡Era nuestra última entrevista!... Por la mañana del domingo 24 de mayo, se encontró a Silva, muerto entre su cama, abrazado de un revólver de grueso calibre, con la cara sonriente y pálida y una herida en la punta del corazón y junto a la cabecera un libro de D'Annunzio: «El Triunfo de la Muerte».

Bastó que el incomprendido en vida muriera, para que sus compatriotas le comprendieran. Hasta la víspera de su muerte alcanzaban a contarse con los dedos de la mano las personas que reconocieran su genio y su talento. Su muerte reveló a sus contemporáneos que Silva era un genio superior a su medio y a su tiempo, una frondosa planta tropical trasplantada en la congelada estepa, que se marchita y se muere por falta de medio adecuado a su desarrollo.

Dr. J. E. MANRIQUE.

De la **Revista de América,** París, año III, Vol. I, No. XX, enero de 1914, p. 28-41.

RECUERDOS DE JOSE ASUNCION SILVA

Daniel Arias Argáez

Debido tan sólo a la insistencia, tan gentil como tenaz, de la señorita Teresa Cuervo Borda, de la señora Sophy Pizano de Ortiz y de las demás personas que las han acompañado en la organización de la apoteosis cincuentenaria de José Asunción Silva, me atrevo a tomar parte en estas manifestaciones, escudado en mi fiel cariño y en mi ilimitada admiración por el inmortal autor del *Nocturno*. No ostento más títulos que el ser contemporáneo y amigo del poeta, circunstancias que han alegado los promotores de estas veladas, quienes estiman que no resultaría inconducente para sus propósitos el que hablara alguno de cuantos siguieron de cerca la vida social de Silva, sus buenas épocas y sus tiempos de torturas y afanes hasta dejar su cuerpo helado en la apartada fosa del cementerio.

Además, ha contribuido para inclinarme ante los deseos de los organizadores el hecho de que José Asunción solía invitarme a las lecturas literarias que en su casa hacía y también me recitaba frecuentemente versos que escribía y que casi nunca publicaba, como más adelante habrá de verse.

Es, pues, en mi condición de anciano como vengo a este sitio, no a hacer un estudio de la personalidad literaria de Silva, ni a repetir una biografía por todos conocida y que está consignada en obras de mérito que han venido publicándose en esta medida centuria; vengo a hacer algunas breves rectificaciones y a relatar el origen de algunas de sus composiciones, tanto en prosa como en verso.

¿Qué podría agregar yo a lo mucho, y en ocasiones muy bueno, que han expuesto autores extranjeros y colombianos de primera categoría? No es posible que mis observaciones y análisis pudieran parangonarse con las de Rémy de Gourmont, Valera, Blanco Fombona, Villaespesa, Arguedas, García Calderón, Pablo Emilio Coll, Goltberg, Zamacois, Unamuno, Rioseco, Thomas Walsh, Webster Browning y muchos otros. ¿Y qué decir, si intentara completar los trabajos de Sanín Cano, Gómez Restrepo, Valencia, García Ortiz, Bayona Posada, Emilio Cuervo, Luis López de Mesa, Raimundo Rivas, Rafael Maya, Alberto Miramón, Roberto Liévano y algunos más insignes compatriotas que iré nombrando en estos apuntes?

Temeridad sería intentar siquiera añadir algo de valía a estudios ventajosamente conocidos y que bajo muchos aspectos han agotado la materia.

Desde hace varios años he dicho públicamente, y ahora me complazco en repetirlo una vez más, que debe hacerse un acopio de las producciones del gran aeda bogotano para tener de presente todo el material que se necesita para cuando aparezca el crítico definitivo que indudablemente hará el análisis psicológico y el estudio literario que exigen autor tan maravilloso y obra tan intensa y magnífica.

Acorde con los postulados que acabo de enunciar, no intento en esta oportunidad ocuparme de las poesías y prosas fundamentales de la fama continental del indudable precursor de las escuelas poéticas de habla hispana.

Supongo que el distinguido auditorio que ocupa esta sala está enterado de las capitales bellezas de inspiración y de factura que se encuentran en los más famosos poemas de Silva, tales como el *Nocturno, Luz de Luna, Muertos, Vejeces* (la más estimada por su autor), *Día de Difuntos, Los Maderos de San Juan*, y otras que no enumero por evitarme la tarea de copiar casi íntegro el índice del *Libro de Versos*.

Quiero ocuparme hoy de lo que pudiéramos llamar los trabajos menores del gran poeta, de los que hizo en sus primeros años, de aquellos a los cuales no les dio ni mediana importancia, puesto que no aparecen en el índice definitivo de su obra poética, que es la comprendida en la edición en facsímil que acaba de publicarse y que es la única que el inimitable lirida hubiera llevado a las prensas en sus últimos días.

Parece una paradoja, un extraño contrasentido esto de sacar a la luz lo que menos vale de la obra de un poeta de cuya apoteosis se está tratando. Con todo, yo persisto en mi intento, pues de cuanto llevo dicho se deduce que en la producción infantil de Silva se adivinan las alas que empiezan a emplumarse, los vuelos poderosos del águila caudal, y porque, repito, el conocimiento de todo cuanto produjo quien señaló derroteros y fundó escuelas, será de grande utilidad para el biógrafo y analista que ha de llegar.

Sin completa unidad de plan y pretermitiendo en ocasiones el orden cronológico, paso a llenar mi anunciado cometido, ilusionado con la idea de que pueda interesar un poco a quienes me dispensan el honor de escucharme.

En el mes de junio de 1898 salió a la luz el primer número de la memorable *Revista Ilustrada*, del distinguido artista y escritor Pedro Carlos Manrique. Esa fecha debe marcarse con piedra blanca en los fastos de las artes gráficas colombianas, porque en las páginas de tal *Revista* se hizo práctico en el país el entonces nuevo arte del fotograbado. Todos los periodistas y escritores deben profesar reconocimiento profundo y deberían rendir homenaje a quien tan amplios horizontes abrió para ensanche y ornato de la publicidad: el nombre olvidado de Pedro Carlos Manrique, por derecho de conquista y por fuero de justicia, debe conservarse al lado de los de Alberto Urdaneta y Antonio Rodríguez, iniciadores y propulsores del grabado en madera en esa publicación ejemplar que se llamó el *Papel Periódico Ilustrado*.

En las tres primeras ediciones de la *Revista Ilustrada* de Manrique, que fue la que entre nosotros introdujo el método tipográfico que causó una revolución en el arte de Gutenberg, di a la estampa varias poesías infantiles e inéditas de Silva que elegí en un pequeño libro manuscrito que el director del periódico me facilitó con ese objeto. El librito aquel estaba escrito de puño y letra de su autor; se llamaba *Intimidades* y pertenecía a la señora Paca Martín de Salgar. Presenté al público lector las desconocidas poesías, haciéndolas preceder de las palabras que a la letra copio:

"Todas estas estrofas de niño que por lo infantiles son puras y por lo puras son dignas de ella. B. s. p. José Asunción Silva".

Precedida de esta bella dedicatoria, hecha a una de nuestras damas más distinguidas, hemos tenido el gusto de admirar la colección inédita de los primeros versos del infortunado poeta Silva.

Como de día en día se acrecienta el interés que ha despertado el desarrollo y la vida literaria de aquella inteligencia poderosa, creemos proporcionar un justo agrado a nuestros lectores dando a la estampa algunas de las poesías que constituyen la primera manera de quien fue más tarde insuperable artista y verdadero señor del verso. Todas estas composiciones, escritas entre los doce y los veinte años, harían la reputación literaria de cualquier escritor, pero en Silva son apenas las crisálidas de las adorables rimas que nos legó más tarde. En *Infancia* se delinea una de sus mejores poesías, y *La Ventana* es precursora de las *Cosas Viejas*, aquel florón incomparable de la corona poética de su autor.

Nos proponemos dar a conocer varias de estas poesías inéditas que reflejan el alma de Silva antes de su viaje a Europa, antes de recibir la influencia inmediata de la literatura que privaba entonces en Francia, la cual dejó profundas huellas en sus últimas producciones.

Con estas publicaciones queremos ayudar a la tarea del crítico que en no lejano día, como es de justicia, estudiará a Silva en sus múltiples fases y hará el análisis psicológico de aquel ser tan excepcional como desgraciado.

Hice conocer entonces la *Primera Comunión, Infancia, Idilio, La Ventana, Ultima Despedida, Notas Perdidas* y *Oración*. Todas esas composiciones fueron recibidas con marcada admiración, como es parte a probarlo el infinito número de reproducciones que de todo Sur América llegaron a la mesa de la redacción de la revista que las publicó.

Las poesías mencionadas, así como las admirables *Crisálidas, El Alma de la Rosa* y algunas que vieron la luz en *El Liberal* que redactaba Alirio Díaz Guerra (otro compatriota ilustre como Manrique y también injustamente olvidado), pertenecen a la época en que Silva escribía bajo la innegable influencia de Becquer, punto en el cual están conformes cuantos han estudiado con detenimiento y sano criterio la obra literaria del autor del *Libro de Versos*.

Consecuente con el ofrecimiento que hice al comenzar esta insulsa charla, voy a tener el gusto de leer dos composiciones que pertenecen a esa primera etapa de la carrera de Silva y que son poco menos que desconocidas, pues no figuran en colecciones ni en antologías:

CONVENIO

¿Vas a cantar tristezas? —dijo la Musa,
Entonces yo me vuelvo para allá arriba,
Descansar quiero ahora de tantas lágrimas;
Hoy he llorado tanto que estoy rendida,
Iré contigo un rato, pero si quieres
Que nos vayamos solos a la campiña
A mirar los espacios por entre ramas
Y a oír qué cosas nuevas cantan las brisas,
Me hablan tanto de penas y de cipreses
Que se han ido muy lejos mis alegrías,
Quiero coger miosotys en las riberas;
Si me das mariposas te daré rimas.
Forjaremos estrofas cuando la tarde
Llene el valle de vagas melancolías;
Yo sé de varios sitios llenos de helechos
y de musgos verdosos donde hay poesía;
Pero tú me prometes no conversarme
De horrores y de dudas, de rotas liras,
De tristezas sin causas y de cansancios
Y de odio a la existencia y hojas marchitas...
Sí, vámonos, al campo, donde la savia,
Como el poder de un beso, bulle y palpita;
A buscar nidos llenos en los zarzales:
¡Si me das mariposas te daré rimas!

PASEO

Están los grupos alegres
Al pie de las altas rocas,
Humo grisoso se eleva
Del boscaje entre las frondas,
Y junto a los viejos árboles
Están cocinando ahora.

Vienen olores de campo
De la llanura espaciosa;
Carcajadas a los labios
Y manos a las bandolas,
Y del bambuco resuena
La música melancólica,
Y como el humo que sube
Van a perderse las notas,
¡Alegres para el que ríe
Y tristes para el que llora!

Las servilletas tendidas
Sobre la yerba reposan
Del piquete campesino
Con los platos y las copas.
Rayos de franca alegría
Ojos y labios coloran,
Alegres manos ligeras
Se confunden y se tocan,
Y las parejas se mueven
Del césped sobre la alfombra,
Y las palabras sonríen,
Y las palabras rebosan,
Mientras suena del bambuco
La música melancólica,
Y con el humo que sube
Van a perderse las notas,
¡Alegres para el que ríe
Y tristes para el que llora!...

He visto publicadas una infinidad de poesías que se atribuyen a esa primera época de la producción de Silva y que seguramente no pertenecen al acervo infantil del gran portalira. Esas mixtificaciones se explican por el deseo de llamar la atención de ciertos editores inescrupulosos; pero lo que sí llama seriamente es que un escritor tan sutil e inteligente como mi admirado amigo y colega Alberto Miramón, en su excelente estudio sobre Silva, le hubiera dado cabida a unos versos intitulados *A ti* y que no pudieron salir nunca de la pluma del delicado autor de *Vejeces*. Aquella composición, mutatis mutandis, pertenece al poeta bolivarense Diógenes A. Arrieta y se encuentra en el tomo de las poesías de dicho escritor, bajo el nombre de ¡*Lejos, Lejos*!, y es por completo extraña a la manera peculiar de Silva de todos los tiempos.

Dice Arrieta en la edición de sus versos, hecha en 1880, lo siguiente:

Ocúltame tus ojos,
De luto está vestida,
Sembrada está de abrojos
La senda de mi vida,
Sin luz y sin placer...

No quiero tus sonrisas,
No quiero tus miradas;
Memorias son cenizas,
Y llamas apagadas
Se vuelven a encender.

Cuando se haga la edición completa y definitiva de los versos de Silva, es necesario tener segura la autenticidad de las obras y rechazar lo apócrifo, lo que no resulte documentadamente verdadero.

Ya que de ediciones se trata, no creo inoportuno anotar que Silva soñaba para sus versos una muy lujosa hecha en París por Alfonso Lemerre, o una inglesa, al estilo de las de Ealter Partter, nítida, severa y elegante, tirada en papel blanco y con una tinta de intenso negror. Las ediciones burdas que ruedan por el comercio plagadas de errores, de ilustraciones baratas y ridículas, entremezcladas con fragmentos en prosa, hubieran hecho vibrar de indignación la sensibilidad del aristocrático esteta y refinado artista que había en José Asunción Silva.

En cuanto a traducciones, no estará fuera de lugar hablar de ellas, por pertenecer a esta primera etapa las pocas que se conocen. Baste decir que en el *Papel Periódico Ilustrado* aparecieron y fueron muy apreciadas las de *Las Golondrinas* de Béranger, otra de Mauricio de Guerin y la denominada *Realidad* de Víctor Hugo. Bastantes años después se publicó una de Lord Tennyson. Silva me manifestó en alguna oportunidad que él había traducido varias composiciones, más o menos extensas, para el libro que editó don José María Rivas Groot con el título de *Víctor Hugo en América*; que dichas poesías se habían extraviado sin ser incluidas en la obra nombrada y que sus originales nunca volvieron a manos del traductor.

En cuanto a las traducciones en prosa no se tiene noticia más que de las de Anatole France, que hizo para la Biblioteca

Popular de Jorge Roa, y dos cuentos de Paul Margueritte, intitulados *El Aderezo* y *Pataguya,* trabajos que me dio para la sección literaria del *Heraldo* de José Joaquín Pérez, con la terminante notificación de que al reproducirse tales cuentos en el periódico no debería figurar para nada su nombre.

Mi primer recuerdo personal de Silva y de sus hermanos Elvira y Guillermo, se confunde con las percepciones más lejanas de mi ya tan distante niñez: nuestras familias cultivaron relaciones desde tiempos bien remotos, y me sería imposible precisar cuándo los conocí. Se destaca en mi memoria la figura de José Asunción —más de un lustro mayor que yo— cuando de una edad que llegaría a los doce años causaba la envidia de párvulos inocentones y escolares inquietos al presentarse con su vestido de terciopelo traído de Europa y cortado sobre medidas, sus guantes de cabritilla siempre calzados, sus zapatillas de charol, sus flotantes corbatas de raso, su reloj de plata, pendiente de bellísima leontina de oro, y sobre todo (detalle único entre los niños de esos tiempos) su cartera de marfil, en la cual guardaba tarjetas de visita litografiadas, que bajo cubierta de fino papel timbrado enviaba en los días de cumpleaños a los amigos de su casa. Otra remembranza posterior en unos cuantos años, a la visión anterior, me permite reproducir con la imaginación una solemne repartición de premios del Liceo de la Infancia, verificada en la capilla del Hospicio de esta ciudad, cuando José Asunción, apuesto y elegantemente acicalado, subió a la tribuna de los alumnos y recitó, en medio de estruendosos aplausos, un largo trozo del *Moro Expósito*, la descripción del incendio del palacio de Ruy Velásquez, obra de aquel famoso don Angel de Saavedra, Duque de Rivas, el gran poeta romántico que llenó con su fama las naciones del habla hispana en la mitad del siglo XIX.

En el año de 1884 se cumplió para Silva el más grande de los anhelos de su vida, pues se embarcó para Europa pleno de esperanzas y de ilusiones. Viajó dos años por Francia, Inglaterra y Suiza, radicándose en París, meta suprema de sus aspiraciones y entusiasmo. En la Ciudad Luz se relacionó con escritores de renombre; visitó constantemente las grandes casas editoriales, las librerías de lujo y los puestos en que vendían ediciones raras y curiosas; concurrió a la Sorbona, a las salas más reputadas de conferencias, a los mejores teatros y museos, a los salones del Congreso, a las sesiones públicas de la Academia Francesa, a las aulas de medicina, y bajo las góticas bóvedas de Nuestra Señora de París, escuchó a los más elocuentes oradores sagrados de Francia.

No hay noticia exacta y minuciosa de las andanzas de Silva en la capital del mundo, pero del interesante artículo que escribió el eminente doctor Juan Evangelista Manrique, para una revista parisiense, se deduce que la insaciable curiosidad de José Asunción se extendió a diversas actividades del espíritu y que su poderosa inteligencia asimiló conocimientos en muchísimos ramos de la ciencia y del arte. Puede afirmarse, sin lugar a contradicción, que Silva aprovechó aquellos días como sólo podrían hacerlo otros en una docena de años de estudio y consagración.

Antes de su regreso a la patria hizo Silva provisión de las últimas obras que por entonces se publicaron y de las que antes había elegido para ensanchar la excelente biblioteca paterna, en la cual había adquirido, merced a su constante estudio, esa erudición sorprendente de que solía hacer gala y que tanto le sirvió como preparación para asimilar los nuevos conocimientos que día por día iba adquiriendo en su afán por verlo y conocerlo todo.

Esa permanencia en Europa, observa Emilio Cuervo Márquez, "fue decisiva para marcar rumbo preciso a su inspiración. Más lejos aún: ella despertó en el joven poeta bogotano una sed de aspiraciones difíciles de realizar con mediana fortuna, que no había de apagarse ya".

Silva se vino entonces con un enorme equipaje de libros de Oscar Wilde, de Eca de Queiroz, de Schopenhauer, de su adorada rusa María Bashkirtseff, de Baudelaire, de Verlaine, de Barrés, de Renán, de Maupassant, de Lecomte de Lisle, de Taine, de su predilecto Anatole France y de muchos otros de los surgidos a la expiración de la época romántica.

También las nuevas ideas, los modernos anhelos y las altas concepciones científicas vinieron almacenadas en la mente y en el corazón del bogotano que retornó a su hogar.

Silva no solamente trajo libros y conocimientos profusos sino que no olvidó, antes de emprender camino, visitar a Poole y a Tremlet en Londres, y a Costa, Doucet, Gelot y otros muchos en París: las maletas de cuero inglés con cerraduras de plata guardaron cuidadosamente los productos de todos esos proveedores de los hombres elegantes de Europa.

Al regreso, el desequilibrio entre Silva y su medio estaba consumado. El ambiente comenzó a asfixiarlo. El escenario era muy estrecho para tan eminente actor.

Al paso del dandy letrado surgían sonrisas disimuladas, miradas burlonas de inteligencia y toses impertinentes.

Los lectores adocenados y los escritorzuelos de pacotilla, adoradores de los ídolos literarios que se estaban derrumbando, pretendieron que se les quería deslumbrar con nombres de poetas y de libros exóticos, desconocidos y sin ninguna importancia; y los currutacos de la Calle Real, estupefactos y envidiosos, miraban sorprendidos esas levitas de corte impecable y esos relucientes sombreros de pelo con los ocho reflejos de ordenanza.

Se abrió entonces para Silva lo que han llamado la segunda etapa de su producción literaria, que se marcó con la aparición de la *Lira Nueva*, antología que trae ocho poesías de su nueva manera, en la cual todavía se echa de ver la influencia de Becquer.

En aquella época formuló Silva los cánones esenciales de sus nuevos rumbos en los versos magníficos que denominó *Ars* y que principian:

> ¡El verso es vaso santo! Poned en él tan sólo
> un pensamiento puro,
> en cuyo fondo bullan hirvientes las imágenes
> como burbujas de oro de un viejo vino oscuro.

A esa misma época pertenece la siguiente estrofa que permanece inédita y que encontré de puño y letra de José Asunción en un álbum del poeta manizaleño Samuel Velásquez:

> Cuando hagas una estrofa, hazla tan rara,
> que sirva luego al porvenir de ejemplo,
> con perfiles de mármol de Carrara
> y solideces de frontón de templo.

Silva no profesaba admiración por casi ninguno de los poetas colombianos de su tiempo, y sólo se salvaban del desdén con que los miraba, Caro, Isaacs, Pombo y Fallón, entre los viejos; y Gómez Restrepo, Casas y Rivas Frade, en el círculo de los jóvenes. Del mismo modo a él no le interesaba en lo más mínimo el concepto que sobre sus producciones hubiera formado el grueso público, ya que las ocultaba para el vulgo y las mostraba únicamente al restricto grupo de amigos que más tarde lanzaron a la publicidad las obras maestras que su autor conservaba inéditas y que después de su muerte lo pusieron a la cabeza de los poetas jóvenes de América.

El poeta esquivaba para el público las exquisiteces de su alma, seguro de que su oculto ideal no sería comprendido.

En confirmación de los conceptos emitidos pueden recordarse las siguientes frases, que destaco del primoroso estudio que sobre Silva acaba de publicar Roberto Liévano:

"—¿Para qué quiere usted versos míos? —solía decir el poeta a don Jerónimo de Argáez cuando éste solicitaba su colaboración para *El Telegrama*—. Y luego agregaba:

—Para complacer a nuestro público hay que ofrecerle versos de Juan de Dios Peza".

La siguiente observación, que también trae el mismo Liévano en su alabado trabajo, colabora a sacar válido lo que vengo sosteniendo:

«Cuando a la muerte de Elvira el coro de cantores de entonces irrumpió en lacrimosas elegías, refiérese que Silva exclamó: "Tan sólo Isaacs es digno de cantarla"».

Como la anota Emilio Cuervo Márquez en la aplaudida conferencia que dictó en la Sorbona, Silva sentía el vacío en su alrededor, que era extraño en su propia ciudad, que nada le interesaba lo que constituía el motivo de vivir de sus paisanos y que su incomprensión jamás logró quitarle el sueño.

Es muy cierto que José Asunción jamás gustó de las multitudes; lo exasperaban las charlas frívolas en los corrillos callejeros, en las antecámaras de ciertas oficinas, reputando burdos y plebeyos los gracejos que se lanzaban en los vestíbulos de los clubes, a los cuales nunca quiso pertenecer, porque todo eso era contrario a su modo de ser y afectaba su fina sensibilidad.

∽

Terminada la funesta revolución de 1885, que tan graves quebrantos ocasionó a la República, y enderezado el país por un nuevo orden constitucional, el movimiento social de Bogotá, presa del marasmo y del duelo, parecía triste y aletargado, lamentando las miserias y pesares que la infausta revuelta había ocasionado. Mas como todo pasa y las reacciones siempre se imponen, para principios de 1887 comenzó a delinearse una actividad inusitada, y los salones del gran mundo principiaron a abrirse para alivio de cuantos estaban ávidos de saraos y diversiones.

Uno de los primeros que determinaron regresar a las épocas pretéritas, que ya estaban casi olvidadas, fue ese ilustre extranjero que se llamó don Leo S. Kopp, a quien tanto le debe Colombia en los campos mercantiles e industriales. En efecto, en mayo del año enunciado el caballeroso señor Kopp inició una gran temporada de festejos con un suntuoso baile que ofreció a sus amistades en la elegante mansión que habitaba en la calle 16 de esta ciudad.

Se acostumbraba por aquellos tiempos que los cronistas hicieran extensas y detalladas revistas de las reuniones que se efectuaban. Voy a reproducir un trozo pertinente al motivo de esta lectura, debido a una escritor que firmaba Humberto de Lagardère y que no era otro que el gallardo Enrique Villar, primo de José Asunción Silva y de su bellísima hermana Elvira:

"Un vestíbulo adornado con las banderas alemana y colombiana y profusamente alumbrado, daba entrada a los salones de baile. El principal, establecido en el patio, bajo un elegante y artístico toldo, estaba adornado con arte exquisito y especial gusto".

El cronista detalla minuciosamente todas las dependencias de la casa, dedica frases galantes a cada una de las señoritas concurrentes y termina esa parte de su revista con las siguientes palabras:

"Y ahora, quién tuviera la pluma de Víctor Hugo para describir la visión que tuvimos ante nuestros ojos, durante aquellas horas de placer; quién pudiera decir cómo es de bella, quién pudiera pintar sus ojos, en donde una inmensidad titila. Es imposible; si la fantasía de los que sueñan ideales pudiese dar vida a las vagas siluetas de sus creaciones, quizá pudiera describirse a Elvira Silva.

No la soñó más bella Praxiteles
Para labrarla en mármol de Carrara,
No la encontró Van Dyck en sus pinceles,
No la mirara Venus cara a cara".

Más adelante insiste Lagardère en alabar la obra del arquitecto que colocó tan artística como sólidamente el hermoso toldo que cubría el patio, convirtiéndolo en salón principal del edificio; describe después el comedor, en donde al lado de los anfitriones se refugiaron los invitados en las últimas horas de la inolvidable fiesta; por allí retozaba la musa juguetona de Jorge Pombo, quien dirigiéndose a su amigo Leopoldo Montejo, le dijo:

Brindemos, caro Leopoldo,
por realizar el deseo
De que nuestro amigo Leo
No quite jamás el toldo.

Hubo muchos aplausos, improvisaciones y vocerío hasta que, muy solicitado, José Asunción Silva, levantando en alto una copa de champaña, dijo:

De los rosados labios de hermosas bogotanas
Siempre propicio el cielo los votos escuchó;
Hoy esos votos vagos no son quimeras vanas,
Que todas ellas quieren y miran como hermanas
A la que de esta fiesta las horas les brindó.
Como una flor de mayo la dicha fugaz pasa...
Puesto que reina ahora franca alegría aquí,
La copa de champaña que el labio fresco abrasa
Tomemos, de la dueña y el dueño de la casa,
Por las tranquilas horas de un porvenir feliz.

Me he permitido esta no corta digresión, tal vez improcedente en una charla como la actual, con el fin de relatar la ocasión y el ambiente en que Silva hizo la única improvisación de su vida: él era enemigo acérrimo de los *improntus*, pues siempre pulía y repulía sus producciones, como orfebre refinadísimo que era, y además porque estimaba que lo improvisado no era ni noble, ni artístico, ni perdurable.

En los años comprendidos entre el regreso de Europa y su viaje como diplomático a Caracas, se hallaba Silva en la plenitud de su talento y alejado de toda comunicación con la masa hostil de sus paisanos, que lo ridiculizaban y no querían comprenderlo. Se refugió más que nunca en su mundo interior, en el afecto de los suyos, en el cultivo de los libros, en una intensa producción literaria.

Durante aquel período de su vida un grupo de amigos y sinceros admiradores del poeta nos reuníamos en casa de éste para escuchar las primicias de algunos de sus versos y de sus escritos en prosa: a esas tertulias, que se desarrollaban en un ambiente de lujo y elegancia que otros han descrito, asistían generalmente Sanín Cano, Emilio Cuervo Márquez, Roberto Suárez, Evaristo Rivas Groot, Clímaco Soto Borda, Isaacs Arias Argáez, mi hermano, y yo.

Fiel al propósito que enuncié al dar comienzo a esta insulsa charla, y temeroso de fastidiar a quienes me escuchan, me abstengo de expresar mucho de lo que sé acerca de la génesis de los grandes poemas de esa época, tales como el inmortal *Nocturno, Luz de Luna, Un Poema, Los Maderos de San Juan, Crepúsculo* y el *Día de Difuntos*, esa magnífica obra que tanto ha dado qué decir a los críticos.

Dentro de ese tiempo se inició en el espíritu de Silva una crisis religiosa que hubo de traducirse en fervor practicante. Muchas veces fue entonces el poeta a recibir la comunión

en la misa mayor de la Basílica bogotana. Nítidamente recuerdo los comentarios y epigramas que se hicieron cuando, acompañado por don Guillermo Uribe, entró Silva a la misa solemne de nuestra gran Catedral a acercarse espectacularmente a la sagrada mesa.

Del archivo literario de don Arturo Malo O'Leary he retirado la siguiente poesía, tal vez inédita, y que para mi concepto corresponde a esta época de la vida de su autor:

> ¡Señor! ¡Mirad las almas que en busca de lo eterno
> en el amor humano se detuvieron locas,
> cruzar, como las sombras del Dante en el infierno,
> unidas de los brazos y unidas de las bocas!
>
> ¡Oh Padre! Perdonadlos por el martirio santo
> del Salvador Divino, del Gólgota en la cumbre.
> Haced que se conviertan los gritos en un canto
> y que una luz remota su largo viaje alumbre.
>
> Y dadnos fuerza ¡oh Padre! para cruzar la vida,
> para luchar de lleno por la contraria suerte,
> para domar, severos, la carne corrompida,
> ¡para esperar, tranquilos las sombras de la muerte!

Algunos de los que conocieron en su oportunidad toda la obra literaria de Silva, han conceptuado que sus escritos en prosa eran superiores a sus versos. Yo no compartí entonces aquellas opiniones, y ahora, perdidos definitivamente en un naufragio los originales, no es posible llegar a la misma conclusión sin otros elementos de juicio que la novela *De Sobremesa*, que fue la única que reconstruyó a su regreso de Caracas, y los artículos sueltos de que pasaré a ocuparme.

"*De sobremesa* es una novela de composición defectuosa, de análisis arbitrario y de verdad apenas sugestiva", según la autorizada opinión de Sanín Cano. Más que novela, ha sido, anota otro crítico, el desarrollo de un *diario íntimo* de Silva, en el cual pueden apreciarse sus impresiones, reflejo legítimo de las inquietudes de su espíritu, y en el cual llegan a descubrirse muchas de las zozobras y problemas que lo asediaban: allí es donde puede avalorarse el espíritu complicado y la inteligencia sutil del autor, pues es un documento biográfico indirecto de la mayor importancia, rico en detalles para estudiarlo y analizarlo. Las otras novelas de la serie que yo recuerde son *Ensayo de Perfumería y Del Agua Mansa*...

Si la prosa *De Sobremesa*, reconstruida, es muy inferior a la que desapareció en el naufragio, en cambio, como anota

Rafael Maya, es una obra importantísima, mucho más que los versos, como clave autobiográfica del poeta.

En el tomo 23 de las "Ediciones Colombia" aparecen recopilados todos los escritos en prosa del malogrado Silva que se dieron a la publicidad durante su vida y que forman un tomo de bastante interés que obtuvo en su época un éxito franco y resonante.

Es bien sabido que esas importantes "Ediciones Colombia" estaban dirigidas por el talentoso y erudito Germán Arciniegas, Ministro de Educación hoy, a contentamiento unánime de los colombianos.

Muchas y muy importantes obras literarias e históricas ha producido Arciniegas antes y después de aquella edición, por lo cual no amenguo en nada su prestigio, hoy continental, al reclamar como mío el modesto trabajo de compilación que yo efectué para darlo a los vientos de la publicidad en su famoso repertorio.

Pacientemente recogí en periódicos, revistas y antologías los escritos que figuran en el libro indicado para formar el volumen que se había planeado.

Acogido el material que yo tenía y llevado a las cajas de la imprenta, Arciniegas determinó hacer un viaje relámpago a Medellín, ofreciéndome regresar al cabo de dos o tres días, para que corrigiéramos conjuntamente las pruebas y agregáramos las páginas que iban a ser necesarias, eligiéndolas entre los mejores trozos conocidos de *De Sobremesa*. Empero, el hombre pone y Dios dispone, y Arciniegas determinó embarcarse "en el piélago azul de la ilusión", y dejándome solo para la presentación oportuna del libro, adoptó la rápida determinación de manejar el timón de la nave que lo condujo al puerto de la dicha, de que afortunadamente disfruta.

Al sentirme abandonado por el hábil director de la colección, y viendo la necesidad de que saliera a la luz el esperado volumen de Silva, determiné completar con algunas prosas entresacadas de la novela inédita, y que eran ya conocidas por los admiradores del poeta, algunos fragmentos que completaran el número de páginas que tenían derecho a exigir los suscriptores de la compilación de Arciniegas. Es indudable que si éste hubiera estado presente, la selección hubiera sido más atinada y atrayente; empero, las circunstancias me determinaron a dar cumplimiento al trabajo, echando sobre mis flacos hombros la alabanza o el vituperio que merezca.

Con posterioridad a esa presentación de las áureas prosas de Silva, han aparecido varias cartas de inmensa importancia

para el estudio del artista que las redactó; y tanto con ellas como con muchas otras que se asegura permanecen inéditas, debería formarse un epistolario que contribuiría en grado eminente a quien, como ya lo he repetido más de una vez, deba analizar todos los matices y modalidades del espíritu de selección del gran escritor.

Los tres hermanos Urdaneta, Alejandro, Carlos y Alberto, fueron grandes señores del alto mundo social bogotano, cultivadores de extensos terrenos y ágiles cazadores que semejaban centauros cuando cabalgaban en potros salvajes y perseguían venados o reses hoscas y bravías.

Esos tres ejemplares humanos, de varonil y hermosa presencia, parecían señores feudales, castellanos de horca y cuchillo trasplantados a las fértiles dehesas de la sabana o a las breñas escarpadas de nuestras tierras montañosas.

A Silva le impresionaban sobremanera esos tipos tan extraños en nuestro medio, y le sorprendía el fastuoso Alejandro, el que fue a Francia a trocar enormes cargamentos del precioso grano que cultivó en Tena, por joyas riquísimas, vajillas de Sèvres, gobelinos legítimos, bronces, estatuas y lienzos magníficos, escopetas extraordinarias, cajas de cubiertos de oro, coches reales, libros en ediciones famosas, ilustrados a mano; en fin, cuanto puede soñar la loca fantasía en artículos de *confort* y de lujo. Admiraba en don Carlos la varonil y marcial figura de antiguo mariscal de Francia, la hercúlea fuerza física, su destreza en el manejo de las armas de fuego, su valor personal y los ardides de guerra que empleaba en nuestras contiendas civiles por los páramos inclementes de *Mochuelo*, con su legendario escuadrón, y finalmente el desprendimiento que mostraba al lanzarse a la lucha con su vida y cuantiosos intereses en defensa de la causa que él creía justa y patriótica.

Alberto, el menos adicto a las faenas campestres y a los goces cinegéticos, era el elegante artista que tanto se distinguió por sus sonados viajes al exterior, por las proezas donjuanescas de su vida, por sus lienzos históricos de Jiménez de Quesada y Balboa, por sus geniales caricaturas y, ante todo, por haber fundado nuestra Escuela de Bellas Artes y por haber sostenido durante varios años ese monumento histórico que bautizó con el nombre de *Papel Periódico Ilustrado*, repertorio admirable de estudios, artículos de crítica y de literatura salidos de las primeras plumas de los hombres de valía de todos los partidos.

Estos grandes señores, que tanto deslumbraron la imaginación de Silva, le sirvieron en gran manera para animar algunos de los tipos y cincelar ciertos caracteres que figuraban en las novelas que, por desgracia para las letras colombianas, se perdieron en el naufragio del *Amérique*. Con elementos que de estos caballeros tomaba, solía animar a sus personajes y darles una vida efectiva, real y brillante; sorprendía posturas, gestos, actitudes, extravagancias, vicios y virtudes, y con su gran talento descriptivo colocaba sus héroes en la atmósfera novelesca en que se agitaban sus modelos. No se trataba de un romance de clave, al estilo de *Pax*; no; Silva no copiaba ni caricatureaba a nadie; únicamente se aprovechaba de rasgos y perfiles, de observaciones psicológicas acertadas y de algunos otros componentes acopiados para embellecer sus creaciones.

Para mí tengo, porque así creo recordarlo, que la página *De Sobremesa* que voy a leer no pertenece a esta novela y supongo que al reconstruirla su autor la incrustó en ella rememorando esas bellas líneas que pertenecen a otro de sus trabajos y que, juzgando dicha página, con razón muy bella, no quiso que se quedara definitivamente perdida.

He aquí el pasaje a que me vengo refiriendo y que, me permito repetirlo, pertenece, con algunas variaciones, a otra de las novelas del autor del *Nocturno:*

Oye: en la tierra que me vio nacer hay un río caudaloso que se precipita en raudo salto desde las alturas de la altiplanicie fría hasta el fondo del cálido valle donde el sol calienta los follajes y dora los frutos de una flora para ti desconocida. Las cataratas del Niágara, profanadas por los ferrocarriles y por la canallería humana que va a divertirse en los hoteles que las rodean, son un lugar grotesco cerca de la majestad del templo del agreste sitio, donde cae, en sábana de espumas, atronando los ecos de las montañas seculares, el raudal poderoso. Cortada a pico sobre el abismo, donde la niebla se irisa y resplandecen las aguas a la salida del sol, álzase ingente y rígida roca de basalto. Aquella roca es el lindero de una de mis posesiones. Sobre ella construiré para ti un palacio que revista por fuera el aspecto de renegrido castillo feudal, con sus fosos, sus puentes levadizos y sus elevados torreones envueltos en verdeoscura yedra y grisosos musgos y que en el interior guarde los tesoros de arte que poseo y que animarás tú con tu presencia. Viviremos, cuando la vida de Europa te canse y quieras pedir impresiones nuevas a los grandiosos horizontes de las llanuras y a las cordilleras de mi patria, en aquel nido de águilas que por dentro será un nido de palomas blancas, lleno de susurros y de caricias. Habrá mañanas de sol en que nos verán pasar cabalgando en una pareja de caballos árabes, por los caminos que se extienden en la sabana, y los rudos campesinos se arrodillarán al verte, creyendo que eres un ángel, cuando claves en sus cuerpos, deformados por las rústicas faenas, la resplandeciente mirada de tus

pupilas; habrá noches en que en el aire perfumado del cuarto, donde humea el té rubio en las tazas de China y alumbra el suntuoso mobiliario la luz de las lámparas, atenuada por pantallas de encaje, vibren las frases sublimes de una sonata de Beethoven, arrancada por tus pálidas manos al teclado sonoro, y en que, desfalleciente de emoción contenida, te levantes del piano para contemplar desde el balcón de piedra la catarata iluminada por la luna. Apoyarás entonces la cabeza en mi hombro, me envolverán tus rizos castaños de la destrenzada cabellera, volverás hacia los míos tus radiosos ojos azules, y la palidez sobrenatural de tu semblante, la mortal palidez exangüe de tus mejillas y de tu frente se sonrosará bajo los besos de mis labios.

La escena, que aparece en otras de las novelas perdidas y en la que describe los últimos momentos del artista pecador arrepentido, cuando el Nuncio de Su Santidad le lleva en solemne procesión la Sagrada Forma al lecho del dolor, constituye un trozo inimitable de la literatura castellana, lleno de patetismo, de unción y de grandeza, algo de lo que raras veces se escribe y que una vez conocido no puede olvidarse jamás. ¡Lástima grande que esas sublimes hojas, desgraciadas como su autor, hubieran caído a deshacerse entre las aguas amargas del mar del Caribe!

En los primeros días del año de 1890 se produjo en la apacible y melancólica ciudad de Bogotá una formidable conmoción, ocasionada por un folleto satírico que era esperado con malévolas intenciones por muchos y con temores fundados por otros que sospechaban que serían víctimas de las invectivas del mordaz humorista que lo tenía anunciado.

Aquello cayó como una de esas bombas atómicas, que entonces no podían ni sospecharse remotamente por los más ilusos e imaginativos. Desde los tiempos ya lejanos de la circulación de *El Alacrán* o de los *Camafeos* de ese gran versificador que se llamó Joaquín Pablo Posada, no se había registrado estremecimiento semejante, debido a la aparición de una obra satírica: se trataba nada menos que de la edición de los *Retratos Instantáneos* de Francisco de Paula Carrasquilla, precedidos de un prólogo debido a la pluma de Edmundo Cervantes, otro inteligente humorista que firmó su trabajo con el pseudónimo de *Eduardo*.

Carrasquilla, espíritu burlón y sarcástico, era un escritor epigramático muy conocido en los círculos literarios y sociales de la capital por su picante agudeza, por su claro ingenio, por su ruda ironía y por la enorme facilidad que tenía para encontrarle a todo la faz risible y ridícula. Había publicado una colección de epigramas salpicados de sutileza y de sal y era apreciado por ciertos artículos en prosa, de índole cómica, algunos de los cuales aparecieron en el *Papel Periódico Ilustrado*. Además había redactado algunos periodiquillos efímeros, pletóricos de gracejos, equívocos y juegos de palabras que obtenían regocijada aceptación; solía además comentar los sucesos que se presentaban, componiendo fáciles estrofas que volaban de boca en boca y que eran admirable manjar para los bogotanos solapados y socarrones que gozaban con la salsa que se les ponía a las debilidades humanas.

Los *Retratos Instantáneos* se difundieron rápidamente por todos los ámbitos de la ciudad; la copiosa edición se agotó en pocas horas, y muchos de los que se sintieron aludidos, así como los amigos y familiares de ellos, se lanzaron a las calles centrales de Bogotá, armados los unos de villanos garrotes, los otros de sus más fuertes y nudosos bastones, y no pocos salieron con pistolas o revólveres al cinto.

El poeta burlón, acorralado, se refugió en su casa, a puerta cerrada, y sólo pudo salir a preparar un rápido viaje al exterior, rodeado de individuos que lo defendían sirviéndole de guardaespaldas, entre los cuales sobresalía —caso curiosísimo— el general Ignacio Soto (alias *El cojo*), uno de los más sangrientamente injuriados en el cuaderno del humorista.

Carrasquilla no tuvo los arrestos que en casos semejantes mostraron esos terribles duelistas y espadachines que redactaron *El Alacrán*, quienes siempre estuvieron listos para sostener sus actitudes y para recoger cuantos guantes se les lanzaran.

Carrasquilla, atemorizado, salió ocultamente del país, pues la vida se le había hecho imposible, y extrañándose de la patria, se amparó por largos años en los países de Centro América.

Como era de esperarse, la prensa se desencadenó en improperios e invectivas contra el autor del libelo, y aparecieron editoriales, notas, remitidos y versos candentes azotándolo. Las hojas sueltas, que por entonces se estilaban mucho, surgieron multiplicándose a porfía; eran fijadas en los muros de las esquinas más concurridas en las calles centrales y se repartían gratuitamente por los cafés y cantinas.

De toda aquella literatura agresiva y vengadora no quedó casi nada que merezca recordarse, fuera de un artículo, que fue muy alabado, debido a ese gran caballero y estilista eximio que llevaba el nombre de Teodoro Valenzuela. La balumba de

insultos y ruindades, que formaba un negro caos impenetrable, fue disipada por un rayo luminoso que puso fin a esa noche de sombras y culminó con la aparición de *La Protesta de la Musa* de José Asunción Silva, quien llevó tal artículo a la *Revista Literaria* de Isidoro Laverde Amaya, poniendo así fin a la avalancha que se había desencadenado. Ese trabajo, que debería figurar en todas las antologías colombianas, es una obra maestra de composición y de estilo, una joya de arte que me permito recomendar muy especialmente a quienes no hayan tenido la felicidad de leerla.

Varios días después de un almuerzo lujoso servido en un elegante *chalet*, vecino de la población de Funza, remitió Silva a la inspirada artista y gran señora doña Rosa Ponce de Portocarrero esa deliciosa carta abierta, en la cual le incluyó las dos *Transcripciones* portentosas, denominadas *Al Carbón* y *Pastel*, que son dos trabajos de orfebrería realizados por un artífice soberbio.

Antes de dejar de ocuparme de las prosas que he contemplado rápidamente y que he mirado a vuelo de avión, no quiero omitir ese artículo dedicado al doctor Rafael Núñez, con el cual quiso y logró Silva superar a uno que sobre igual tema publicó Rubén Darío.

En 1887 murió ese ático e inteligente costumbrista que ilustró el nombre de Ricardo Silva, y dos años más tarde descendió también a la tumba su bellísima y espiritual hija Elvira, llenando de dolor y de angustia a la sociedad entera, que veía en ellos los más auténticos y refinados exponentes de la cultura y de la aristocracia bogotanas. En ambas ocasiones acompañé muy de cerca a José Asunción y pude darme exacta cuenta de su gran corazón y de su pesar incomparable.

La mala situación que acongojaba al país, las emisiones de billetes de curso forzoso, los temores continuos de movimientos revolucionarios y la baja marcada de nuestro principal artículo de exportación, causaron una violenta crisis general que, como era natural, complicó seriamente los negocios de Silva, quien ya no pudo remediar la quiebra que había heredado y se vio en la necesidad de entregar todos sus haberes a los acreedores y de buscar el apoyo oficial en alguna forma. A pesar de mis estrechas relaciones con José Asunción, jamás me hizo la más leve confidencia al respecto, ni me dejó comprender el pésimo estado de su situación económica, que por conductos extraños vine a conocer más tarde.

En 1894 don Miguel Antonio Caro, a la sazón Presidente de la República, lo nombró Secretario de nuestra Legación en Caracas, puesto que aceptó y que inmediatamente se apresuró a desempeñar.

De su estadía en la capital venezolana no conozco más detalles que los que figuran en las cartas que el nuevo diplomático dirigió a su familia y a los más íntimos de sus amigos, que lo eran Baldomero Sanín Cano y Emilio Cuervo Márquez.

Sé que la permanencia de Silva en Caracas fue agradable y movida, pues descansó de las complicaciones y afanes que en los últimos días lo asediaron aquí; y sé también que, alternando con diplomáticos, escritores y personas de la más alta posición social, se llevó la gran vida por algunos meses, siendo aplaudido y admirado en todos esos altos círculos que frecuentaba.

La fatalidad, que no cesaba de asechar al Secretario de nuestra Legación en Venezuela, lo sedujo esta vez, haciéndole entrever negocios magníficos en Colombia, fáciles combinaciones basadas en las oscilaciones de cambio sobre el exterior, y haciéndole reputar como muy sencilla la fundación en Bogotá de una fábrica de baldosines y cementos, igual a la que en esos momentos producía caudalosas utilidades en la ciudad de Avila.

Deslumbrado el soñador con tan risueñas perspectivas, solicitó y obtuvo un permiso de nuestra Cancillería para venir por unos días a su tierra. El *fatum* implacable que lo espiaba y lo seguía, lo llevó de la mano hasta ponerlo a bordo del *Amérique*, el barco que se fue a pique poco antes de llegar a las costas de Colombia.

En relación con el naufragio del vapor *Amérique* y del salvamento de las víctimas de tan grave siniestro, se han forjado innumerables y contradictorias leyendas, pues gran cantidad de personas, tanto del interior como del litoral, aseguran haberlo presenciado y haberse puesto en comunicación con Silva y con Gómez Carrillo, que fueron los personajes centrales del pavoroso desastre.

Emilio Cuervo Márquez, en la notable conferencia que he citado en más de una ocasión, se expresa así:

En La Guaira se embarcó en el vapor *Amérique*, llevando consigo los manuscritos de los *Cuentos Negros*; mas ocurrió que el barco hizo naufragio al segundo día de navegación, no lejos de las costas colombianas. En el siniestro, que afectó hondamente su sistema nervioso, Silva perdió con su equipaje los originales de sus novelas cortas, que luego no tuvo ocasión de rehacer. Recogido por un velero regresó a

Caracas. Pero ya sus ojos —escribe Pedro Emilio Coll— no parecían contemplar los mismos horizontes luminosos, y hasta en su traje mismo se notaba como un desgaire de las apariencias mundanas. Sus barbas descuidadas y enflaquecido rostro eran los de un asceta.

No había de qué extrañarse: Silva no venía de una jira de placer ni acababa de salir de casa de su sastre.

Tanto Cuervo como Pablo Emilio Coll sufren una inexplicable equivocación, porque es sabido por todos que Silva no regresó a Caracas sino que siguió directamente de Barranquilla a Bogotá.

Después de haber analizado las diversas versiones que he conocido, he llegado a la conclusión de que es la más verosímil y correcta la que me envió Aurelio de Castro, el incomparable cronista *Tableau*, en una epístola que me dirigió con ocasión de un opúsculo que escribí hace algunos años. El fragmento de carta que voy a reproducir está redactado con toda la elegancia y agilidad que en sus obras empleaba ese espíritu sutil y simpático que tantas páginas amenas escribió y que ha sido también injustamente olvidado por quienes estiman que el pasado vale muy poca cosa. He aquí las palabras de *Tableau*, de las cuales, por no dañar el hilo del discurso, no he suprimido algunas frases tan cariñosas como inmerecidas que me dedicó:

Conocí a José Asunción Silva en muy extrañas circunstancias. Era en 1895 y acababa yo de regresar de Europa con todos los humos de un Encargado de Negocios de veintisiete años, acreditado en la Corte de Su Majestad italiana.

El general Reyes, que iba para Enciso a abrirse a cañonazos las puertas de la popularidad, me ofreció un puesto en su Estado Mayor. Yo, que usaba entonces permanentemente una rosa blanca en el ojal de la americana, encontré que me resultaba demasiado fuerte cambiar los salones del Palacio Arioli por las abruptas breñas de Santander. Me limité en aquella "emergencia ensangrentada" a poner en manos de un general "legitimista" cierta comunicación oficial cuando resonaban todavía las últimas descargas del combate de Baranoa. ¡Ah! Hice algo más: le escribí el parte detallado al general indicado, no sin colocarme, con enternecedora modestia, en el segundo puesto entre los vencedores.

Estaba circulando en hojas volantes tal parte, cuando un mal día, creo que del mes de marzo, amaneció encallado, casi en la desembocadura del río Magdalena, el trasatlántico francés *Amérique*. Encontré más en consonancia con mi modo de ser salvarles la vida a algunos extranjeros que matar compatriotas, y al efecto, me hice discernir el título de representante del Gobierno en todo lo relacionado con la salvación de los tripulantes y el pasaje del navío perdido. Algún día referiré con detalles todo lo que se hizo para llegar al resultado feliz que se obtuvo. Entre los náufragos estaban José Asunción Silva y Enrique Gómez Carrillo. Al primero lo recibí en la calcinada playa batida por el vendaval huracanado y por el furioso oleaje de la mar colérica. Estaba demacrado, casi moribundo. El terror, el hambre, la sed, y sobre todo, el dolor que le causaba la pérdida de un baúl que contenía "lo mejor de mi obra", como él decía, le habían quebrantado de modo cruel. Vestía camisa de seda crema sin botones y pantalón de franela blanca a rayas carmelitas. En los pies, desposeídos de calcetines, llevaba pantuflas de tafilete. Tenía el cabello en desorden y la barba galileica como endurecida por el aire salino que la azotó durante más de setenta horas de mortales angustias.

Traje a los náufragos en tren expreso a Barranquilla. En la estación férrea había una banda militar que por orden del general Francisco J. Palacio nos recibió, a los acordes de la Marsellesa.

—¡Qué daño tan grande me produce esta música!— me dijo Silva. Allí encontramos a Chonchón Suárez, hermano de don Roberto y, según creo, pariente del insigne poeta. La esposa de Chonchón, doña Teresa Díaz Granados de Suárez, recibió al náufrago con cariñosa solicitud, y sin pérdida de un segundo le condujo al cuarto que le tenía preparado.

—Quiero dormir —decía Silva— para olvidar la espantosa pesadilla que me ha atormentado durante tantas horas insomnes.

Durmió dos noches y un día, sin más interrupciones que las momentáneas en que sus huéspedes le obligaban a tomar algunas tazas de caldo.

José Asunción Silva permaneció cinco o seis días en esta ciudad, y fui siempre su compañero asiduo. Contrariando a Chonchón Suárez me di el lujo espiritual de arreglar al poeta innovador todo lo necesario para continuar su viaje hasta esa capital. Aquí adquirió ropas; pero, sin duda por algo que podría llamarse coquetería del infortunio, adoptó en el vestido uno como descuido elegante y sugestivo.

Han pasado muchos años, pero el deslizarse del tiempo no ha logrado borrar de mi memoria el recuerdo de aquella faz hermosa y dulce y de aquella voz cadenciosa y lenta. Desgraciadamente, las sensaciones agradables sobre toda ponderación que su presencia y su acento producían, se neutralizaban en parte por el efecto que causaban los resplandores siniestros que relampagueaban en sus pupilas, grandes y expresivas. ¿Eran naturales en ellas tales llamaradas? ¿Las había prendido el horror dantesco del prolongado peligro que le amenazó entre las ondas embravecidas y el cielo inclemente? No lo sé, porque ni le había conocido antes de la catástrofe ni volví a verle después, corresponde al grupo de hombres de selección como tú, que conocieron íntimamente a Silva, establecer qué influjo tuvieron las trágicas horas del *Amérique* en la tragedia final, inexplicable ahora como nunca lo fue, después de los detalles que ha ofrecido a las generaciones presentes y a la posteridad tu pluma, que posee las galanuras de tu estilo y la caballerosidad que exiges en el historiador.

Y ahora, mi querido Daniel, un consejo para terminar, un consejo de amigo de la historia alta y de las letras galanas: dedícate a escribir varias obras por el estilo de *Perfiles de Antaño*. Harías con ello un

inmenso bien a Colombia, que es el país que menos conoce a sus hombres.

≋

Vencido el tiempo de su licencia para venir a Bogotá, resolvió Silva no regresar a Caracas, y recibió un nombramiento de Encargado de Negocios en uno de los países de Centro América, colocación que rehusó para entregarse febrilmente a uno de los negocios que había planeado y que creía que le porporcionaría la holgura y felicidad que ansiaba y que nunca podría conseguir.

Se decidió por fundar una fábrica de baldosines y cementos, como las que había visto funcionar en Caracas con tanto éxito. Al efecto, organizó una compañía por acciones para emprender la especulación, compró las maquinarias y sustancias que tenía un español llamado José Oliva, quien no pudo desarrollar esa empresa por escasez de recursos y quien más tarde fundó una peluquería que por muchos años funcionó en la calle de San Miguel de esta ciudad.

Armado de esos elementos, de los conocimientos prácticos que adquirió en Venezuela y de las obras industriales de consulta que pidió a Europa y que ávidamente estudió, se lanzó a la lucha, se alejó de los libros y determinó ser, ante todo, un hombre práctico.

A pesar de los grandes esfuerzos, de la consagración absoluta al trabajo, de la búsqueda y aplicación de las materias primas y de hacer las más exquisitas gestiones para fundar la fábrica principal y las sucursales en varias ciudades de Colombia, el resultado no favoreció los inauditos y constantes esfuerzos que hizo el poeta-diplomático, convertido en un laborador enérgico y tenaz, dispuesto a desafiarlo todo en pro de su empeño.

Los anhelados baldosines no aparecieron en la lujosísima oficina de la empresa, sita en el segundo piso de la actual joyería de Bauer. Los accionistas comenzaron a alarmarse, y como no veían ni remotas las utilidades que el soñador había forjado, se negaron a suscribir nuevos instalamentos, y la fatalidad por otra vez se atravesó implacable y feroz en el camino del autor del *Nocturno*.

Por esos días —dice Emilio Cuervo Márquez— se vio a Silva en caballejo de no mucho brío recorrer las calles de la ciudad, en dirección del sitio en donde funcionaría la nueva fábrica. Dios me perdone si todavía pienso que José Asunción quería así dar a entender públicamente que renegaba de libros de caballería y que había ya entrado en el rebaño de la burguesía. El, que se había burlado de los hombres prácticos, quiso ahora ser hombre práctico y sustituir la llave de oro que hasta entonces le había abierto la puerta de un mundo donde no hay desilusiones, con la de una caja de hierro. ¡Vano empeño! No se improvisa el hombre práctico, como no se improvisa el poeta.

Siento no estar de acuerdo con Cuervo Márquez y con otras personas que aún evocan esos tiempos, al afirmar que Silva vagaba desanimado, triste y mal equipado para dirigirse a los sitios que su nuevo oficio le imponía. No; Silva para esos menesteres tenía dos magníficos caballos, y como en todas las cosas de su vida, los llevaba lujosamente aparejados, con galápagos de Camille, magníficas bridas y tapaojos de hermosa apariencia. En cuanto a la indumentaria del jinete, iba siempre elegantemente ataviado, con inmaculado sombrero de jipijapa, espléndidas ruanas, ricos pañuelos de seda al cuello y valiosos zamarros de legítimo cuero de león. José Asunción, en todo, trataba de igualar a lo mejor, intentaba imitar a los de la Torre y a los Urdaneta, cuando estos elegantes hacendados cabalgaban por las calles de la ciudad exhibiendo sus apuestas figuras y sus habilidades hípicas.

Pueden contarse por docenas las entrevistas que he tenido con reporteros y poetas, admiradores entusiastas del famoso artista, que, conocedores de los vínculos de amistad que me unieron a Silva, se han mostrado ansiosos por conocer cuantos detalles pudiera yo rememorar de aquella breve e interesantísima existencia. Después de indagar acerca de los últimos días del poeta y de las posibles causas de su fatal determinación, todos, unánimemente, han exteriorizado una febril curiosidad por enterarse de su vida sentimental y amatoria.

Punto delicado es este que nunca he podido contestar a fondo, como es obvio, y que revelaré a mis oyentes, valiéndome de las palabras que se hallan consignadas en algunas de las encuestas que, tomadas al vuelo, se hallan reproducidas en artículos fugaces recogidos por los diarios.

De una conversación que sostuve en 1927 con Eduardo Castillo, el refinado aeda y erudito crítico, tomo lo siguiente:

—¿Fue Silva muy afortunado en amores?
—Muchísimo —responde el señor Arias Argáez, sonriendo imperceptiblemente—. Las mujeres lo amaban por su belleza apolínea, por su elegancia y su distinción suprema.
Llegando de un salto al colmo de la indiscreción, le pregunto a mi

entrevistado, sin esperanza, eso sí, de que responda a mi interrogación:

—¿Quiénes fueron las más conocidas Musas del poeta?

Pero el señor Arias Argáez se niega a cometer una infidencia. Y no tengo más remedio que pasar a otro asunto.

—¿Conoció usted algún proyecto matrimonial de Silva?

—Si él lo concibió, su discreción exquisita impidió que trascendiera. En cambio, muchas hermosas damas fueron cortejadas por él.

—En la vida amatoria de Silva ¿qué episodio interesante se destaca?

—José Asunción, que jamás fue misógino, era aficionado a las galantes aventuras. Naturalmente, caballero y artista, las recataba de una malsana curiosidad. Pero un incidente fortuito levantó en alguna ocasión la punta del velo. Ocurrió un incendio, que por fortuna no tuvo mayores consecuencias, en una casa situada en la calle 19, algunos pasos abajo del sitio en donde hoy se levanta la estatua de don Miguel Antonio Caro. Acudió la policía y, como era lógico, llegaron los vecinos. Para apresurar el salvamento fue preciso forzar la puerta de un local contiguo. Allí, los ojos asombrados encontraron divanes muelles, alfombras riquísimas, refinadas obras de arte, retratos femeninos con apasionadas dedicatorias... Era la *garzonière* de José Asunción.

Liévano olvidó agregar que en una finísima cortina, colocada ad-hoc, eran anotadas ciertas visitas por medio de brillantes mariposas de Muzo que en ellas fijaba la mano aristocrática del poeta.

Antes de concluir estas revelaciones, y sabedor, tanto como Tomás Rueda Vargas, de ciertas intimidades que conocía debidamente el famoso descriptor de la Sabana de Bogotá, quiero hacer mías las palabras que el inimitable escritor trazó en uno de sus artículos:

Sólo a una (muerta ya) amó Silva: mujer inteligente, extraordinariamente cultivada, sin el menor asomo de pedantería, gran dama de belleza tranquila, de carácter precioso y firme; ella comprendió sus versos, apreció en su justo valor el poder de su mente, gustó de su conversación un tanto afectada pero extraordinariamente ágil e intensa... Mas ella tampoco llegó al amor; cuando fue tiempo de amar, su mano buscó un varón iletrado pero fuerte, en el sentido en que las mujeres de ayer, de hoy y de mañana sienten, o mejor dicho, presienten la fuerza del hombre.

Al pie de la *Estatua* fue el canto del cisne, fue la última nota que lanzó quien, al decir de Blanco Fombona, fijó el hito supremo de la lírica castellana.

Esa obra soberbia y magnífica fue escrita en Caracas, y su autor la dedicó a la ciudad que fue cuna del más grande de los hijos de América.

En 1895, en una recepción que ofreció el Ministro de Venezuela en Bogotá, en alguna efemérides bolivariana, Silva declamó tal composición en medio de un concurso numerosísimo que apretujado en los estrechos salones de la Legación, apenas pudo oír a medias los versos del poeta. Por otra parte, la gente moza, que pululaba por corredores y pasillos, sólo aspiraba a que finalizara la recitación y rompiera la orquesta para comenzar a rendirle culto a Terpsícore.

Años más tarde, como sucedió con casi todas las creaciones de Silva, tanto Guillermo Valencia como Cornelio Hispano realzaron como era debido obra tan soprendente, llegando hasta equipararla nada menos que con la grande *Oda a la Estatua del Libertador* del eximio don Miguel Antonio Caro.

Las *Gotas Amargas*, licor diabólico, dulce y amargo, según ha dicho cierto crítico, fueron escritas para la cartera de sus amigos y forman un conjunto especial y único que no tuvo, no tiene —y ojalá no tenga nunca— imitadores que las deslustren y aplebeyen.

Según observa Sanín Cano, esas poesías, en ediciones manuscritas, llenas de errores de copistas, iban de mano en mano y se posaban con frecuencia en las de aquellos que buscaban allí la nota lúbrica, más bien que los caudales del pensamiento y las bellezas que encerraban. Y Carlos Arturo Caparroso anota que esos versos, de honda ironía, son la más sostenida tónica de un estado de alma. Versos de áspero realismo, de descontento, sarcásticos, que a más de recordar algo de Baudelaire, traen también a la memoria, como lo insinúa Gómez Restrepo, el recuerdo de Bartrina. El docto e inteligente crítico que vengo de nombrar al registrar las concomitancias que existen entre Silva y el autor de *Algo*, agrega, como lo repite Miramón en su aplaudido libro:

> Pero el influjo de Bartrina en Silva, conviene decirlo muy claro, ha de entenderse, no como una similitud de estilo —fácil predio donde las mediocridades hacen su agosto—, sino como una concordancia intelectual de dos seres que tras dispares experiencias, en latitudes física y espiritualmente diferentes, alcanzan conclusiones que nosotros no sólo no compartimos, sino que tenemos por erradas desde la solidez de nuestra ortodoxia.

Por ahí corre como Silva una composición que ha sido reproducida por muchísimos periódicos, tanto del país como del extranjero, y que han clasificado entre las *Gotas Amargas*. Dice así:

¿Que por qué no publico versos
en revistas de actualidad,
que en lugar de correr dispersos
halagaran mi vanidad?

Los pareceres son diversos;
así, pues, con fina bondad
perdono a esos labios perversos
su exquisita malignidad.

Temo mucho que coleccionen
mis poemas, que me coronen
en una velada teatral;

y que me dedique algún diario
el suplemento literario
de su edición dominical.

Es necesario precaverse contra esas mixtificaciones, como ya lo manifesté antes, y hoy puedo declarar a ciencia cierta que el pseudo-soneto que acabo de leer, y al que no se le puede negar cierto mérito de asimilación, no es más que una travesura del poeta Delio Seraville, quien así me lo dijo en más de una ocasión.

Silva era un gran conocedor del idioma castellano, pues en la biblioteca paterna se había nutrido con el estudio de los clásicos, y siempre respetó los cánones de la lengua, no obstante el continuo trato que tuvo con los libros franceses. Solía hacer citas del siglo de oro, y en todas sus poesías puede admirarse el léxico correcto y puede apreciarse que ensayó nuevas combinaciones y trató de simplificar la sintaxis.

En las estrofas de las *Gotas Amargas* hay metros que sorprenden y deslumbran; aunque siempre ostentan el buen decir, el ritmo, la rima y la música que distinguen al legítimo verso castellano.

Por todas estas condiciones estimo que tanto por el fondo como por la forma de esta colección de poesías debe hacerse de ellas un estudio completo por un verdadero experto que las analice hondamente.

El jueves próximo se cumplirán cincuenta años del infausto día en que doña Vicenta Gómez de Silva y su hija Julia invitaron a su mesa munífica a un limitado número de amigos de su intimidad para ofrecerles uno de aquellos refrescos o colaciones que a la sazón se estilaban y los cuales se servían entre las ocho y las nueve de la noche. La reunión, como ya lo describí detalladamente en un escrito, fue animada y alegre, y José Asunción se mostró decidor y festivo como en sus mejores tiempos. Pasadas las once de la noche se alejó el grupo de invitados, agradecidos de las atenciones de que habían sido objeto en ese hogar, siempre acogedor y hospitalario. Los dueños de casa, indiferentes y tranquilos, se retiraron, como de ordinario, a sus respectivas habitaciones.

A la mañana del día siguiente la negra liberta que les servía entró a la alcoba de su amo y lo halló muerto en su lecho. Nadie había escuchado la detonación del revólver viejo con que se había matado y que estaba junto al cadáver.

No son para relatadas las escenas dramáticas y patéticas que se fueron sucediendo a medida que la madre y la hermana, los parientes y el extenso círculo de los amigos se fueron enterando del pavoroso acontecimiento.

El gran poeta Eduardo Castillo, quien me sometió a un detallado interrogatorio sobre estos particulares, me preguntó si yo creía premeditado el suicidio, a lo cual respondí más o menos con estas palabras:

—Silva no tenía nada de romántico, no lo atormentaba la "llaga sentimental" y no había sido capaz de matarse por misantropía o cansancio de la vida, como cualquier Werther de pacotilla. Ya sabe usted que poco antes de su muerte se hizo dibujar por el doctor Juan Evangelista Manrique, sobre la piel del pecho, la zona cardíaca. Además hay otro hecho revelador: la absoluta tranquilidad, el pulso firme con que se hizo el disparo mortal. Al irresoluto, al asustado, le tiembla la mano en el momento supremo, y casi siempre se hiere desmañadamente, quedando, por eso, en actitud convulsa y desordenada. Pero Silva quiso ser bello aún en la muerte, y por eso se disparó serenamente para que su muerte fuese instantánea. Yo lo vi muerto, sobre su lecho, y no pude sorprender en su faz ni la más leve contracción. Parecía dormido...

En cuanto a ciertas versiones absurdas y pestilentes, que he dejado en varias ocasiones completamente destruidas, no quiero ahora ni rememorarlas más que para decir, en honor de Colombia, que tales leyendas infames no surgieron en nuestro ambiente sino que vinieron del exterior, como ciertas epidemias que son menos nocivas que las calumnias infundadas y la difamación gratuita: afortunadamente entre nosotros no hay seres tan viles que prohijen tan infames especies.

En una correspondencia de Silva, que en un artículo de la *Revista de América* acaba de publicar su sobrino, el doctor

 Camilo de Brigard, y en el talonario de la última chequera de Silva, está clara, sencilla y nítida la clave del drama.

De **Revista Bolívar,** Bogotá, Vol. V, noviembre-diciembre, 1951, p. 939

JOSE ASUNCION SILVA

Pedro César Dominici

El Arte es una Aristocracia... Si en la Naturaleza todo es distinto, y se procrea en cierto afán de jerarquías infinitas, perpetuamente renovadas al calor del sol, bajo la voluntad avasalladora de una Fuerza suprema, inmutable y oculta: ¿cómo ha de constituir excepción el hombre, cumbre de esa perfectibilidad secular, ungido por ella al más alto destino y al mayor realce? Y si la parte material prevalece y se perpetúa bajo disciplina heredada de perfecciones sucesivas: ¿cómo no han de existir en la parte espiritual jerarquías supremas, constituyentes del más noble imperio de grandeza creado en los preclaros dominios de la Humanidad y de la Historia? Aristocracia donde la humildad del origen trátase de igual a igual con la nobleza de la sangre; donde la imperfección física codéase con la más pura euritmia de belleza; y en cuyos palacios esplendentes no hay óbices de razas, de religión o de costumbres, de dogmas, colores y escuelas: porque en ellos caben en admirable emulación, verdaderas o ficticias, inconcusas o ilusorias, todas las fuerzas renovadoras del Pensamiento humano. Refiérome a la Aristocracia de la Inteligencia, sobre cuyo estrado Esopo el feo es superior al bello Adonis, y el plebeyo Sócrates al omnipotente Alejandro. Y arrastra púrpura la fealdad ante la hermosura avergonzada. Y ciñe corona de oro el primogénito de la partera ateniense, en tanto inclínase respetuoso el hijo de Filipo...

Extrañando estaréis que no hable de la Ciencia al avanzar que el Arte es Aristocracia. Pero al encomiar en lo que debo a la otra rama, complemento de toda nobleza intelectual, sería tarea dificultosa en muchos casos, separar la Ciencia del Arte, sobre todo cuando nos referimos a la Filosofía y sus hermanas; al prurito de hondas meditaciones creadoras; o al violento deseo de expresarlas y manifestarlas por medio del verbo, primer lazo propíncuo en que se unen en instintivo anhelo las Ciencias y las Bellas Artes.

Atreveríame, sin embargo, a confesar, en osada y quizás reprensible paradoja, que el Arte es lo ingénito en el hombre; vive en maravillosa intuición en nosotros, y con nosotros muere; y que la Ciencia es cosa exterior y permanente, ajena a nuestro propio albedrío, lejana de nuestro espíritu. La Ciencia: son los hechos. El sabio escudriña, y encuentra lo que ya existía de antemano en el espacio y en el tiempo, en el tesoro inexhausto de la Naturaleza, analizando, con obsesión firmísima, fenómenos y gérmenes. El sabio es, en realidad, el genuino deshacedor de la ignorancia. Pero no os alarméis, ni os llaméis a enojos, si atrévome a sugerir que han existido sabios sin talento, descubridores insignes por obra de la constancia y el carácter, equivalentes en las lides intelectuales a aquellos héroes connotados que ganaron laureles por la sola acción del Acaso, cuando toda esperanza de vencer había sido abandonada, y la derrota mostraba en las huestes taciturnas su hosco rostro de tragedia. Podría sintetizar, con otra paradoja audaz, el propio fondo de mi meditación, al afirmar que con el último hombre habría fenecido el Arte —¡Oh cruel y malhadada hipótesis!— mientras que la Ciencia, en el planeta despoblado, continuaría existiendo...

La sola enunciación de Arte aristocrático, evoca de manera espontánea el nombre glorioso de José Asunción Silva. El célebre poeta colombiano surge en nuestra Literatura con la majestad hierática del cisne sobre las aguas de un lago, en la penumbra indecisa de la noche cercana: sombra elegante y suave que se aleja rítmica y turgente, dejando en los que le contemplan la visión de algo grande que pasó, y el misterio de los seres predestinados a las magnas obras. Noble visión de belleza frágil y efímera, cuya estela contemplamos poseído de vago fervor taumatúrgico; y cuya luz difúndese sobre las glaucas aguas con los tenues y dorados reflejos de una aureola...

Tal vez el enigma de su suicidio, a la edad de treinta años, sugestione y prepare el ánimo a esa visión de ensueño. Porque nada emociona tanto como aquel despojo voluntario de la vida en edad temprana, cuando sólo primicias de juventud y gloria ofrecíanse, como intensas rosas fragantes, al noble numen del poeta. ¿Qué mórbida inquietud condújole con mano trémula al abismo? ¿Qué voz engañosa hablóle de más perfectas existencias? ¿Qué instinto, curiosidad, espanto, duende o demonio, guió el plomo perverso hacia aquel casto corazón de hombre? ¿Amor, esperanza, honor, desilusión, locura? ¿Visión de aurora o de tinieblas?

Ninguna de las versiones explicativas del suicidio de Silva, ilumina, a mi entender, la verdadera causa de la tragedia. Ni los que han llegado a los lindes del ridículo, insinuando la

pasión amorosa por su hermana del más puro forjador de rimas de nuestra América, basados en el símil poético de su *Nocturno* —joya inapreciable— de "las sombras enlazadas"... Ni quienes lo explican por dificultades económicas, o por contrariedades del medio ambiente. Pero, ¿necesita acaso aquello explicación alguna? ¿Quién de nosotros, los que nutrimos nuestro espíritu con el deleitoso manjar de la Literatura francesa de 1896 —año de la muerte de Silva— enervadora y enfermiza, con delicioso sabor a opio y a morfina, dominados por el anhelo de gustar sensaciones extrañas, y la vaga inquietud de poseer en permanente realidad idealismos informes, no sintió alguna vez la honda tristeza del vivir, el tedio insano o la amargura de un inexplicado abatimiento; y soñó con la muerte como con la augusta novia de un desposorio liberador?...

José Asunción Silva había venido al mundo en plena aptitud para ser devorado por el ciego impulso del morir. Sensitivo y tímido, con toda la apariencia del hombre frívolo, obligado por la casta social a que pertenecía a ocuparse de lo insubstancial y nimio; no supo adquirir ninguna de las grandes pasiones que atan a la vida, y sostienen en la rudeza de las luchas cuotidianas y en la preparación del porvenir; contrastando la superficialidad de su existencia mundanal con el cultivo de su jardín interior, y su sed de sabiduría insatisfecha; pero sin la fe del visionario y del artista; sin oír en su escepticismo sonriente, que era ya el disfraz del monstruo destinado a devorarle, el canto arrullador de la vocación portentosa que en él gemía, en exquisita inconsciencia, como en el nido abrupto los pájaros del bosque solitario...

Cualquiera explicación que pretendamos dar a semejante instante de demencia; un hecho insólito permanece tristemente impasible en su hermetismo romancesco: el suicidio de José Asunción Silva fue acto de incalculable trascendencia para las Bellas Letras españolas. A poeta de tal alcurnia no le sustituye otro poeta. Las cuerdas de su lira continúan rotas, sin manos que las pulsen ni plectro que las haga vibrar. Y la importancia de su muerte se comprende cuando nos detenemos a observar que un cuarto de siglo después de su desaparición, aquí estamos, discutiéndole y honrándole, con la intensa emoción de un reciente y extraordinario suceso infausto.

Fue Silva artista del verso. No pertence él a esos cantores torrenciales, frondosos e inagotables, que viven en perpetua floración de rimas, trovas y endechas, repitiendo incansables las mismas imágenes y los mismos tópicos; ni perteneció al grupo de orfebres, constantes limadores de cosas pequeñas, pálidas y endebles de tanto pulimento; sino que unió en armonía perfecta la forma bella con la intensidad de pensamiento. Sus versos poseen la hermosura que seduce; pulcros y diáfanos de formas; con cierta novedad encantadora que atrae extrañamente. Pero el fuego de las ideas arde en ellos, y asciende entre perfumes, con suave calor que adormece, como la mirra vaporosa del ánfora bajo el peristilo de un templo antiguo; elevándonos en noble inquietud vinculada con fuerte y fecunda iniciación. Porque lo más extraño de la Musa de este poeta-artista es que domina por el pensamiento y que, bajo la apariencia de frivolidad, cual si sólo le preocupase la forma externa del Verso —vaso cincelado o pomo labrado— nos domina por la fuerza de la expresión mental y por la huella turbadora de una profunda ideología.

Como el único tomo de sus *Poesías*, José Asunción Silva ha sido proclamado maestro por las nuevas generaciones. Lo cual viene a comprobar que en Arte sólo lo selecto impera y ejerce predominio en la visión lejana del futuro.

No debemos, sin embargo, someternos al Hado adverso del Destino de José Asunción Silva. Y al considerarle como a uno de los más gloriosos descendientes de la raza de Apolo, que llevose parte de una grandeza que a todos nos pertenecía, es justo que saludemos al poeta suicida con las palabras del Canto virgiliano ante una promesa que no llegó a realizarse íntegramente... *¡Tu Marcellus eris!...* [1]

Glosa

José Asunción Silva llegó a Caracas a fines de 1894, con el cargo de primer secretario de la Legación de Colombia. Su figura esbelta y aristocrática, un tanto inclinada al andar, con cierta actitud indolente; su elegancia algo afectada unida a cierta timidez de modales; sus levitas grises y chalecos polícromos, le hicieron conocer pronto de las gentes; ejerciéndose en él aquel admirable espíritu, célebre entre los caraqueños, de dar motes o señalar con apodos a las personas distinguidas; ya por contraste, basando el sobrenombre en una cualidad de que carecían; por defecto moral o imperfección física; o simplemente por recuerdo de algún hecho público o privado en el que el aludido o sus parientes habían actuado de protagonis-

tas. A nuestro poeta le llamaron los caraqueños "la Casta Susana"... No había intención malévola al llamarle así *sotto voce*, porque Silva, de negra barba nazarena y voz varonil, en nada recordaba a la honesta señora del episodio bíblico; pero en su aspecto exterior, y en sus gestos habituales, revelábase aquella femenilidad que era sólo el reflejo que caracteriza a los niños mimados y educados entre mujeres, a quienes se reprende con caricias y se baña, peina y perfuma muchas veces al día. Su vida en Caracas, entregado a la monotonía social diplomática, apenas podía solazarse espiritualmente con alguna visita a la Academia de la Lengua, o al Salón Azul de "Cosmópolis". Mostrábanse hostiles en la Academia a su manera de versificar, calificándola de absurda e impropia de la tradición castiza. Lo cual solía hacer decir a Silva, cuando estaba entre jóvenes, que "su revolución" consistía en imitar la métrica de las Fábulas de Iriarte... Ignoro si José Asunción Silva tenía perfecta conciencia de la obra reformadora que había emprendido; pero escuchaba sonriente sin discutirlas, opiniones adversas, sin que pudiésemos afirmar que iba guiado por exceso de modestia o por exceso de orgullo. Construía su obra y la ofrecía al público, como el escultor la estatua, dejándola enclavada en el jardín o en la plaza, y alejándose, sin interesarle ya lo que de ésta se pensase, para contemplarla muy de lejos como el esbozo de otro artista... Experimentó sincera sorpresa cuando encontró en torno de nuestra Revista "Cosmópolis" un núcleo bastante numeroso de escritores incipientes, que le acogieron con entusiasmo, saludándole como a noble y alto cantor de la Belleza... Su célebre "Nocturno", que había visto la luz tímidamente en una hoja periodística de la provincia Colombiana, fue lanzado a América en nuestras páginas; y discutido y comentado por nuestro grupo en los diarios, creándole de súbito al poeta, inesperado auge en los centros sociales; del cual debió gozar Silva con callada fruición: en aquella mezcla de frivolidad y elevación intensa que formaba el fondo de su alma... Los versos raros del "Nocturno" sirvieron de pretexto para críticas de escritores, plebeyos de espíritu, que repetían por doquier el extraño "leimotiv": "y eran una sola sombra larga, — y eran una sola sombra larga, — y eran una sola sombra larga. — Mas no faltaban, ni entre aquellos mismos de la diatriba emponzoñada, quienes enmudeciesen al paso del poeta, recordando la sugestión profunda del canto de: "a mi lado, lentamente, contra mí ceñida toda, muda y pálida, — como si un presentimiento de amarguras infinitas, — hasta el más secreto fondo de las fibras te agitara,

— por la senda florecida que atraviesa la llanura, — caminabas; — y la luna llena — por los cielos azulosos, infinitos y profundos esparcía su luz blanca; — y tu sombra, — fina y lánguida, — y mi sombra, — por los rayos de la luna proyectada, sobre las arenas tristes, — de la senda se juntaban"...

En dos ocasiones fuimos invitados Pedro Emilio Coll y yo, por el poeta, a visitarle en el lujoso cuarto que habitaba en el hotel Saint Amand, ornamentado por él con pequeños detalles de exotismo placentero; algunos *bibelots*, —el vocablo estaba en plena moda en aquella época de parisiano encanto,— había rosas semimarchitas en alta copa de cristal. Bebimos café, y nos obsequió con cigarrillos egipcios de boquilla dorada. Ni Coll ni yo fumábamos. Es posible que ni Silva mismo fumase. Pero aquello era de buen gusto; y no teniendo *hatchis* ni ámbar, nos forjaba ilusión, aislándonos hacia noble ambiente literario. Silva vivía por y sobre los libros, es decir, cultivaba su jardín interior entre las frondas del *modernismo* francés de Teófilo Gautier, a quien imitó en su poesía "ARS": "El verso es vaso santo; poned en él tan solo — un pensamiento puro — en cuyo fondo bullan hirvientes las imágenes, — como burbujas de oro de un viejo vino oscuro"; de Mallarmé, en su hermetismo sugerente; de Verlaine, en su cálida melancolía escéptica y sedienta de nuevos sonidos... Percibíase cierta preparación escénica para nuestra visita. Pero era innegable que, si José Asunción Silva hubiese podido, habría edificado linda mansión en donde hospedar amigos, y propender al culto del Arte, por el convencimiento de aristocracias sugeridas entre escritores y artistas de elección. Silva nos leyó fragmentos de una novela en la que el personaje principal analizaba constantemente sus sensaciones; de una psicología intensa, pero con sencillez de estilo; en marcado contraste entre las sensaciones que estudiaba, voluntariamente raras y sutiles, y la forma de prosa sin eufemismos ni bellezas de léxico. No recuerdo el plan de la obra, ni lo que intentaba desarrollar el autor; pero es indudable que aspiraba a escribir *algo extraño*; algún conflicto enfermizo de su fuero interior; alguna tragedia del dolor inspirada, quizás, en aquel párrafo subjetivo de una de las escasas páginas de prosa que nos legó el poeta...: "... el suspiro que viene a todos los pechos humanos cuando comparan la felicidad obtenida, el sabor conocido, el paisaje visto, el amor feliz, con las felicidades que soñaron, que no se realizan jamás, que no ofrece nunca la realidad, y que todos nos forjamos en inútiles ensueños". También nos leyó Silva estrofas del soberbio canto titulado

"Al pie de la estatua" de Bolívar, dedicado a Caracas, que comenzaba: "Con majestad de semidiós, cansado — por un combate rudo — y expresión de mortal melancolía — álzase el bronce mudo, — que el combate del tiempo desafía, — sobre el marmóreo pedestal que ostenta, — de las libres naciones el escudo". Al final, ya para despedirnos, casi de madrugada, Silva nos recitó muchas de sus "Gotas amargas", algunas de las cuales no han sido publicadas, porque el poeta las sabía de memoria, negándose a copiarlas para que no viesen la luz pública. Las recitaba con mirar malicioso, deseando sorprender el efecto que producían en el oyente. Eran dignas de figurar entre las que sus amigos de Colombia lograron coleccionar, pues no estaban entre los papeles de Silva, dignas de "Lentes ajenos", "Cápsulas", "Psicoterapéutica", "Zoospermos" o "Egalité"..., casi populares en nuestra América; "El pobre Juan de Dios, tras de los éxtasis — del amor de Aniceta fue infeliz — Pasó tres meses de amarguras graves — y tras lento sufrir — se curó con Copaiba y con las cápsulas de Sándalo Midy... Enamorado luego de la histérica Luisa — Rubia sentimental, se enflaqueció, se fue poniendo tísico, — y al año y medio o más se curó con bromuro, y con las cápsulas — de éter de Clertán. — Luego, desencantado de la vida — filósofo sutil, — a Leopardi leyó y a Schopenhauer — y en un rato de esplín — se curó para siempre con las cápsulas — de plomo de un fusil"... O aquellas que terminan: "Juan Lanas, el mozo de esquina — es absolutamente igual — al emperador de la China — los dos son un mismo animal"... Notas breves y escépticas, exentas de sensualismo, y en el fondo, moralizadoras, resultaban sus "Gotas amargas"; desencanto de aquel fino espíritu, que desdeñó los vicios, y supo sonreír piadosamente ante la vida; porque sabía que en sus propias manos estaba el despojarse libremente de ella...

De cortos meses fue la permanencia en Caracas del primer secretario de Legación, embarcándose con licencia a bordo del transatlántico "Amérique", que, sorprendido por una tormenta, estrellose contra las rocas frente al puerto de Barranquilla. Silva perdió allí sus novelas y poesías inéditas; y llegó a Bogotá con esa nueva tristeza, que, no obstante, fue la menor de sus preocupaciones, en el afán de reconstruir la antigua fortuna de la familia, mermada por los últimos malos negocios de su padre. Nuevos dolores debía encontrar al contacto con la realidad, en el empeño que le guiaba: la quiebra de la casa comercial, el desvanecimiento de un proyecto que llevaba de Caracas —creo que se trataba de explotar

cierta tierra colombiana, arcilla o greda, propia para cerámi-
ca— y su orgullo sereno, exacerbado por la complacencia con
que los bogotanos comentaban sus tristezas. Mil nimios detalles
inadvertidos para sus amigos, fueron creando el núcleo invisible, de la tragedia cercana... Silva se aislaba cada vez más...
Buscaba en los libros lo que los hombres le negaban. Y al
contemplarse a sí mismo solo y desconocido en su patria y en
su hogar, era, como el ciego extraviado, prolongando la vista
en el extremo del báculo que hacia el abismo le llamaba...

En la mañana del domingo 24 de mayo de 1896, mientras su familia estaba en misa, José Asunción Silva, elegantemente vestido, acostóse en el lecho, y disparóse un tiro en el
corazón... Que fue aquel, acto premeditado, acariciado quizás
semanas enteras, lo prueba el haberse hecho pintar por su
médico el sitio exacto que el corazón ocupaba en el organismo
humano, y su exacta conformación. Y lo atestigua su obra
poética, de dulce escepticismo sonriente, desdeñoso e
irónico...

Hace siete años, en plena conflagración europea, nos
encontramos en el Claridge Hotel de Londres, Baldomero
Sanín Cano y yo. Asistíamos al banquete en honor de un
audaz empresario de negocios de nuestra América. Hablábase
de proyectos fabulosos, de millones de libras esterlinas, de
buques colosales, de oro y de petróleo... Infatigables sucedían-
se los oradores con aquella facundia infinita que poseen los
ingleses en ese género de oratoria, en la cual superan en mucho
a los latinos; pudiendo afirmarse que de cien comensales,
noventa toman la palabra. Elogiábase la fuerza del dinero, el
porvenir de las industrias, el predominio del comercio, levan-
tábanse planes formidables de dominación y riquezas... Al
finalizar el banquete pude acercarme al amigo de José Asunción Silva. Y hablamos, también incansablemente, del poeta y
de su obra, de su vida y de su muerte... El tema de la poesía de
Silva era, en aquel ambiente ardoroso de ambiciones desenca-
denadas, como el perfume lejano, el hálito fragante que pene-
trase por la ventana entreabierta de un jardín contiguo... A
veces interrumpíamos para estrechar alguna mano que se nos
tendía, mientras alguien nos insinuaba al oído por cuántos
millones podía girar aquella mano. Y luego continuaba nuestro frescor de primavera... Más tarde, pedimos nuestros abri-
gos... Y continuamos nuestra charla, marchando, *de frac*,
paso a paso, por la ciudad en tinieblas, víctima de la guerra;
sin que un sólo momento viniese a nuestros labios la más leve
alusión al banquete que nos había reunido... Continuábamos

hablando de Silva con obsesión tranquila, como de algo natural y placentero, como si hablásemos de los canales de Brujas o de las góndolas de Venecia bajo un fulgor de luna...

Todas las leyendas sobre el motivo del suicidio de Silva son vanas e infundadas. La pasión de amor por su hermana Elvira ha sido inventada por quienes juzgan que no se puede ser artista genial sin lacras qué ocultar, y que las leyendas, para engrandecer, deben de ser forjadas con cieno... Mal pudo influir la muerte de Elvira en el suicidio del poeta, cuando Silva puso fin a sus días seis años después de la muerte de Elvira... Y, apartando la monstruosidad de la invención: Os imagináis a Romeo suicidándose seis años después de la muerte de Julieta?...[2]

El mismo Silva tuvo empeño en manifestar que no creía en ese género de muertes cuando dice en su "Idilio": "Ella le idolatraba y él la adoraba — ¿se casaron a fin? — No señor, ella se casó con otro. — ¿Y murió de sufrir? — No señor, de un aborto. — Y el pobre aquel infeliz. — ¿Le puso a la vida fin?... — No señor, se casó seis meses antes — del matrimonio de ella, y es feliz"...

Tampoco es cierto que Silva hubiese sido impelido a despojarse de la vida por la sugestión del libro de D'Annunzio "El triunfo de la Muerte", ni que fuese hallado sobre su mesa abierto. Su ilustración era vastísima, conociendo toda la gama moderna del lirismo romántico de toda suerte de suicidas, para impresionarle las tristezas sensuales del personaje del novelista italiano. La verdad es que el poeta estaba preparando un estudio sobre Leonardo da Vinci, y encontráronse en la alcoba algunos libros que trataban del eximio artista del Renacimiento, una de las más fecundas energías vitales que ha producido la especie humana, y en cuyo estudio mal podía vislumbrar el poeta colombiano desengaños ni debilidades... La idea del suicidio gime en éxtasis sonriente desde su infancia, en el alma de José Asunción Silva, y palpita armoniosa en el dulce arrullo de sus versos... Porque más cercana yace la idea de una muerte voluntaria bajo el agua glauca del lago, que en el río torrencial, o sobre el mar impetuoso. Ante éstos persiste en nosotros el instinto de defensa y de lucha, mientras ante el agua dormida nos invade la extraña sensación de un largo sueño reparador... Bella agua dormida fue la obra poética de Silva, lago manso y doliente, poblado de ocultos peligros, bajo cuyas ondas su alma meditabunda y cautelosa debía sucumbir...

De **Tronos Vacantes. Arte y Crítica.** Buenos Aires, Librería "La Facultad", 1924, p. 35-48.

1. No pertenece Silva a los que conquistaron fama con el suicidio. Como en el caso de Espronceda, su muerte no agrega un ápice a su gloria... No puede decirse lo mismo de poetas de tercer orden como Manuel Acuña, hoy célebre por haberse despojado de la vida de los 24 años en un pretendido desengaño de amor, que no lo fue; puesto que la Rosario del Nocturno le estaba aguardando en la reja cuando supo la noticia; y en la familia del poeta sus dos hermanos se habían suicidado antes que él...

2. Elvira Silva murió el 6 de enero de 1891.

Medellín, 28 de junio de 1919.
Señor don Horacio Botero Isaza.
P.
Distinguido señor y amigo:

Le estoy muy reconocido por el obsequio de su estudio relativo a José Asunción Silva, y por la deferente dedicatoria con que viene.

Usted ha escrito con el corazón y el cerebro, y las letras patrias deben agradecer su esfuerzo generoso.

Como no es baladí nada de lo que se relacione con el egregio poeta, deseo noticiarlo de algunas reminiscencias personales; alguna de ellas contiene una completa rectificación a un juicio suyo, proferido seguramente por no conocer ciertos pormenores de lugar, tiempo y personas; juicio de Ud., de que participó Unamuno, por lo cual a él también alcanza la rectificación.

Refiriéndose a la poesía de Silva titulada «Respuesta de la Tierra», dice Ud.

> «Guillermo Valencia, cuya autoridad acato, pero con quien no estoy en este particular acorde, ha dicho que el poeta de que habla Silva en estos versos no es él mismo, lo cual a mi parecer no es acertado... Lo segundo me hace pensar, entre otras cosas, que el clarividente payanés no entendió el poema, o que para él es risible y cómico hasta el drama más emocionante y desgarrador».

Pues ha de saber Ud., estimado señor y amigo, que el clarividente payanés tiene razón. Luego lo veremos.

Hice mi primer viaje a Bogotá al comenzar el mes de marzo de 1894. Yo no conocía personalmente a Baldomero Sanín Cano, pero había sostenido con él una correspondencia literaria, en que el Maestro me iniciaba en el culto de que él ha sido Pontífice; acabado de llegar, el 6 de aquel marzo recibí un telegrama de Sanín Cano fechado en Chapinero, en que me decía:

«¿Tendrá Ud. la amabilidad de comer conmigo mañana, en el Club Calle Real, a la seis? —Estará José A. Silva».

Puedo dar a Ud. estos detalles porque conservo el telegrama.

—¿Que si yo, oscuro provinciano, iría a conocer al padre de la crítica y al portalira colombianos? —Claro que iría.

Leo con frecuencia, tratándose de Silva, que fue incomprendido y despreciado por sus contemporáneos. No sé en qué se funda ese juicio; de lo que si puedo responder es de que los que en provincia nos interesábamos en ese tiempo por las cosas literarias, teníamos verdadera veneración, para no decir adoración, por Silva, y mezclábamos su nombre con los de Darío, Verlaine, y D'Annunzio que empezaban a tener inmensa boga; y que entre los cultores de la literatura a quienes traté en Bogotá en 1894, Gómez Restrepo, Holguín y Caro, Max Grillo, Tirado Macías, Soto Borda, Jorge Pombo, Alejandro Vega, Roberto Suárez... y muchos más, encontré igual, altísimo aprecio por el cantor del *Nocturno*.

Imagínese, pues, con qué entusiasmo aceptaría la llamativa invitación. El 7 de marzo, a las seis de la tarde, —una tarde limpia y de mucha luz— me desmonté del viejo tranvía, en Chapinero, en la oficina de la Gerencia donde trabajaba Sanín Cano.

Avancé, positivamente emocionado, a la puerta de la oficina, donde me esperaban dos caballeros: robusto el uno, bajo de estatura, de ojillos maliciosos y de sonrisa inquietante; alto el otro, de estatura mayor que la ordinaria, ligeramente encorvado de espaldas, muy blanco, barba y cabello negros, muy negros, y aquella cerrada y ondulosa; ojos grandes, redondos y sigularmente expresivos, por donde entraba la vida y salía el alma: era un hombre hermoso con belleza que oscilaba entre griega y nazarena.

El pequeño, de mirada inquieta, se adelantó y con amable brevedad, preguntó:

—¿Restrepo?

—Sí; ¿y usted?

—Sanín Cano. Nos abrazamos como viejos amigos, y luego en tono amistoso presentó al efebo:

—José Asunción.

Algo tembloroso, di la mano al egregio poeta, y le dije:

—Uno de mis grandes anhelos al venir a Bogotá, era conocer a usted don José Asunción.

Con la actitud más familiar y de menos *pose* me colocó la mano en el hombro, y contestó:

—Oiga, Carlos; yo soy José Asunción, sin añadijos.

Entré con los dos Maestros a la oficina de Sanín Cano, en la que había un estante lleno de libros en idiomas conocidos y desconocidos. Nos sentamos, y el crítico habló con erudición y profundidad de la literatura escandinava, que estudiaba en esos días, y acabó haciendo una original apología de Maeter-

linck, a quien admiraba de modo especial. El poeta habló hermosamente de Verlaine y de Mallarmé; y al fin, Crítico y Poeta se engolfaron en una disertación acerca del periodismo en Francia, llena de actualidad y de interés.

A eso de las siete salimos a comer en el precitado «Club de la Calle Real», que resultó ser una fonda u hotelucho de pueblo, de modesta apariencia, dirigido por una honorable familia Cristancho, y donde se comía muy bien y limpiamente. Los dos grandes intelectuales lo frecuentaban, por la excelencia de los manjares y por la apacibilidad del ambiente.

El Club ocupaba una de las primeras casas del poblado, al entrar a Chapinero por la calle del Tranvía que —como se sabe— es la prolongación de la Calle Real de Bogotá: de aquí el pomposo nombre.

Pero antes de llegar, nos dijo Silva:

—Permítanme un momento; voy a reclamar un encargo.

Y entró a un pequeño almacén, de los que llaman de *ropaza*, habló con el dueño; y éste le entregó una ruana finísima. Vi que Silva pagó por ella ocho pesos; y como sabía que el bolsillo del poeta estaba muy escaso, y como extrañara que él, *arbiter elegantiae*, se hiciera a tal indumentaria, le pregunté para qué compraba ruana y a tan alto precio.

—Ahora me ha dado por los paseos higiénicos, contestó. A las cinco de la mañana me levanto en Bogotá, vengo a pie a Chapinero y regreso inmediatamente a la ciudad. Lo más cómodo contra el frío es una *ruana,* y como no me gusta lo ordinario, encargué ésta especial a Boyacá.

(Ya ve el amigo y Dr. Tomás Rueda Vargas que su famosa *ruana* tiene una ascendencia aristocrática, apolínea).

Llegados a la mesa del comedor, Silva ocupó la cabecera y yo me senté frente a Sanín Cano. A la hora del café (no hubo licores) rogué al poeta que nos recitara algo de lo suyo, y le indiqué *Gotas amargas.* Así lo hizo, con voz ténue, de intimidad; suave, dulce y de excelentes modulaciones.

Sanín Cano le sugirió el *Nocturno.* Aquella poesía maravillosa tenía en los labios —qué digo, en el alma de su autor— una sugestión, un encanto subyugador, indescriptible. Después lo he oído recitar muy bien, lo he releído cien veces, y el poema me resulta pálido.

A la postre (y aquí llega la rectificación, señor don Horacio) Silva se dirigió a mí, preguntándome:

—Ha leído usted algo de... (no lo nombro porque aún vive).

—Poco, le contesté.

—Pues a ese señor, replicó Silva, le ha dado la *chifladura* panteista, y vive hablando con todos los elementos y con todos los astros. Con ese motivo, hice los siguientes versos.

Y nos recitó «La Respuesta de la Tierra».

Era de ver la sonrisa despectiva, y de oír la pausada y mordiente ironía con que Silva subrayaba los dos versos finales:

«La Tierra, como siempre, displicente y callada, —al gran poeta lírico no le contestó nada».

Este rasgo sí es, pues, por declaración expresa de Silva, risible y cómico, como lo entendió Guillermo Valencia.

Después de comer volvimos a la oficina de Sanín Cano, donde Silva, acercándose al estante, cogió un tomo de versos de Verlaine y, refiriéndose a la traducción que yo había hecho de la poesía *A un beso* de Burns, me dijo:

—Tradúzcame eso; y me señaló la que lleva por título *Mujer y gata*.

Tomé el libro y me lo llevé; pero no me atreví a hacer la traducción para el autor del *Nocturno*.

En el último tranvía volví a la ciudad con el poeta; Sanín Cano se quedó en su oficina. El, arrebujado en su fina ruana boyacense, que sentaba a su cuerpo como la capa al de un senador romano; y yo, saboreando las exquisiteces de la velada inolvidable.

Después nos vimos con frecuencia. La última ocasión fue paseándonos en el atrio de la Catedral. El fumaba cigarrillos de seguida, en una boquilla de ámbar que manejaba nerviosamente en uno de los bolsillos superiores del chaleco; dedicó esa noche a hablarme maravillosamente de Antioquia, tierra natal de su madre, y del proyecto que tenía de venir a Medellín, a desarrollar un negocio de baldosas que entonces lo preocupaba.

Habla usted, don Horacio, y hablan los demás admiradores del bardo, del monumento que, en justicia, le debe la nación.

¿Conoce usted el proyecto de Tobón Mejía?

Alguna vez aludí a él en Colombia, y ahora insisto para afirmar que Tobón Mejía, poeta del cincel, interpretó magistralmente el espíritu de este atormentado emperador de la rima.

Suyo atto.,

(*Colombia,* Medellín, 2 de julio de 1919).

JOSÉ A. SILVA

POESÍAS

Barcelona   MCMVIII

PRÓLOGO DE
D. MIGUEL DE UNAMUNO

La recepción de la obra de Silva:
Quince lecturas

LA RECEPCION DE SILVA EN ESPAÑA

Donald F. Fogelquist

En mayo de 1891 apareció en *La España Moderna* un artículo del crítico catalán Antonio Rubio y Lluch titulado «Poetas colombianos». Era, en realidad, un ensayo sobre Miguel Antonio Caro, aunque se ocupaba también, de manera sumaria, de otros escritores colombianos. Al referirse a los escritores contemporáneos más dignos de conocerse, nombra el autor a Ricardo Silva[1], «cuyos cuadros de costumbres recuerdan con gusto todos los colombianos, y José Asunción Silva, joven aún[2], que se proponía no ha muchos años publicar en Europa sus poesías». No vuelve Rubio y Lluch a mencionar al poeta ni se detiene para comentar sus poemas. Después de esta lacónica presentación al público español, no se oyó hablar más de José Asunción Silva hasta los albores del nuevo siglo. Ni en España ni en Hispanoamérica era conocido.

La alusión a la intención de Silva de publicar sus poesías en Europa carecería de importancia si no fuera por lo que evoca de las circunstancias que ensombrecieron la vida del poeta. No llegó nunca a ver publicado un libro de sus poemas, ni en Europa ni en América. Naufragó el vapor en que iban manuscritos suyos que reunían gran parte de lo que había escrito. La obra se perdió, y Silva nunca se animó a rehacerla. En su propio medio vivía mal entendido y poco apreciado. Le faltaban el apoyo y el estímulo necesarios para emprender la difícil, si no imposible, tarea de salvar del olvido lo que el mar se había tragado.

Silva fue el primero de los modernistas americanos en hacer su aprendizaje literario en París. José Martí, por cierto, se adelantó a Silva, pero debido a su postura literaria independiente, la experiencia parisiense no significó en su desarrollo literario lo mismo que en el de los otros modernistas de América[3]. Silva llegó a París en 1884; año y medio después volvía a Bogotá, con una cultura literaria grandemente ampliada, y una cantidad de libros de sus autores europeos predilectos, la mayoría de ellos franceses. Aunque conoció otros países europeos —Inglaterra y Suiza—, su itinerario no abarcó España. Volvió a América sin haber pisado tierra española. No hizo más viajes a Europa.

La muerte de Silva, ocurrida en 1896, año del fallecimiento de Verlaine, pasó inadvertida en España y poco menos que inadvertida en su Bogotá nativa. Sólo hacia 1900 comenzaban algunos de los nuevos poetas peninsulares —Villaespesa y Jiménez notablemente— a leer a Silva y a descubrir en las pocas poesías del colombiano que habían llegado a sus manos un espíritu afín, la expresión de una inquietud muy parecida a la que sentían ellos. Fue Pedro González Blanco[4] quien, en un artículo sobre Silva en *Unión Ibero-Americana*, presentó por primera vez al poeta colombiano ante el público español. Comienza el crítico por retratar al poeta; luego comenta su obra. Del extenso comentario, son éstos los detalles más interesantes:

«Alto, enjuto de carnes, cargados los ojos, como si sobre sus párpados anidase el ensueño de dos siglos, y el continente todo de uno de esos poetas que produjo el romanticismo de 1830, era el americano Silva.

Muy poco conocido en América, totalmente desconocido en España, es seguramente en su fragmentaria labor uno de los más grandes poetas contemporáneos...

Engendrado en aquella noche triste en que su alma blanca, atormentada por el espanto siniestro del no ser, se atrevió a hablarnos de sus íntimas exquisiteces, a contarnos en el silencio de su propia vida el amor tranquilo y sosegado, como las mansas aguas que serpentean por las veredas de juncos y a mover en silenciosa danza los pálidos esqueletos de las verdades humanas, ha dejado un *Nocturno* que no puede compararse con nada de lo hasta ahora escrito...

Quebranta la métrica y compone en estrofas inverosímiles por no ahogar la idea. El ritmo interior es en esta composición poética insuperable.

Yo no conozco a nadie que en la manera de hacer pueda compararse con Silva; acaso en el pensar sea su alma gemela de la de Rodembach, el poeta del silencio...»[5].

A ninguno de los poetas hispanoamericanos de aquella época se le tributó mayor elogio en España. Pero lo que daba al artículo una importancia capital era el poema mismo, que se reproducía completo; era la primera vez que el «Nocturno» aparecía en una revista española.

El poema y el artículo tuvieron resonancia inmediata, pues fueron recogidos por *La España Moderna*, que publicó, a su vez, un ensayo sobre los dos en su número de diciembre de 1900. Se citaba también en este artículo el poema entero y parte de lo que había escrito Pedro González Blanco en *Unión Ibero-Americana*. Resumiendo sus impresiones del «Noctur-

no», decía Fernando Araujo, el autor, «que produce realmente con sus repeticiones, sus extraños versos de cadencioso ritmo interior y su poderosa inspiración el calofrío que se siente al contacto del genio».

Durante varios años fue el «Nocturno», salvo en algunos casos excepcionales, el único poema de Silva que se conocía y se leía en España. No aparecían otros poemas suyos en las publicaciones peninsulares. Pero si la escasa difusión de su obra impedía que fuera conocida y apreciada por el gran público, esta misma limitación resultaba ventajosa para Silva en otro sentido. El «Nocturno» representaba su poesía madura, lo mejor de su obra. Sucedía entonces que se juzgaba a Silva no por sus primeros balbuceos en verso, sino por la más fina e intensa expresión de su genio poético. A pesar de la nimia circulación de sus poesías, el «Nocturno» alcanzó entre los poetas mismos una celebridad notoria, pues era la síntesis ideal de la inquietud de su época, el canto inefable y universal de toda una generación de americanos y españoles. Fue imitado por muchos poetas en América y en España, sin que llegara a producirse otro poema digno de compararse con él. En la primra época de Juan Ramón Jiménez, la de *Ninfeas* y *Almas de violeta*, ambos publicados en 1900, se perciben ecos inconfundibles del «Nocturno». Sirvan de ejemplo algunos versos de un poema de *Ninfeas* dedicado a Francisco A. de Icaza y titulado «Paisaje del corazón», que remedan el ritmo y hasta cierto punto el sentimiento del «Nocturno»:

¡Cuánta bruma! ¡Cuánta sombra!
cierra, cierra,
los cristales... ¡siento frío por el alma...![6]

En la poesía de Gabriel y Galán, otro cultivador del modernismo en España, es muy marcada la influencia del «Nocturno» de Silva. En varias de sus composiciones, como han señalado Max Henríquez Ureña y otros, se imita el ritmo, el lenguaje y hasta el sentimiento del «Nocturno»[7]. Si se examinara detenidamente la producción poética de los tres primeros lustros del siglo XX en España y en Hispanoamérica, se descubrirían innumerables composiciones que deben su origen al «Nocturno» o que se sirvieron de él como modelo. Ningún poeta de la época modernista acertó como Silva a adaptar el ritmo del verso al sentimiento del cual nace el poema. Era un canto cuyo arte consistía en no parecer arte, sino espontáneo y melódico fluir de una honda y pura corriente de emoción. Era un poema que en realidad no se podía contrahacer ni imitar con éxito. El metro, de base tetrasilábica, acentuada en la tercera sílaba, parecía muy sencillo y adaptable a una variedad de composiciones, pero cuando se ensayaba en otras, nunca dejaba de anunciar su carácter de mercancía usada que quería pasar por nueva; sólo servía para destacar la unicidad del poema de Silva. Otros versos empleados por los modernistas —el eneasílabo, el soneto alejandrino, el dodecasílabo, etc.— podían repetirse a voluntad sin que el poema pareciera calco o falsificación, pero no el metro completamente original del «Nocturno». Los pesados desaciertos de Chocano, si no hubiera otros, bastarían para confirmar el hecho.

En su testimonio de lo que debían a Silva los poetas españoles de principios del siglo XX, declaró Francisco Villaespesa que el poeta colombiano «fue una revelación» no solamente para él y para Juan Ramón Jiménez, sino también para Eduardo Marquina, Antonio y Manuel Machado, Antonio de Zayas, Ramón Godoy, Pedro de Répide y Emilio Carrere[8]. Una década después de su muerte comenzaba a disiparse definitivamente la oscuridad en que habían permanecido el nombre y la obra de Silva. Los críticos, que rompieron por fin el silencio, colmaron a Silva de honores que le fueron negados durante su vida. En el espacio de cinco meses aparecieron en *Unión Ibero-Americana* dos artículos que constituían una especie de apoteosis de Silva, ambos escritos por colombianos. Decía A. Quijano Torres, con profusión de superlativos:

«Silva, el más alto, el más avanzado, el más genial, el más sugestivo, el más trascendental, el menos comprendido y el más musical de nuestros poetas; el que con sutileza de crepuscular miraje penetró en las tristezas de la vida y alumbró los escombros de sueños y esperanzas que todos llevamos en lo más hondo del alma; el que abatió los resplandores en la hondura fatal del imposible, y besando con sus labios de apóstol y contemplando con sus ojos de vidente las bocas abiertas de sus propias heridas, armonizó su lira por la modalidad de sus dolores y poniéndosela, así templada, sobre el pecho, la hizo trizas, se rompió el corazón y se durmió en un sueño armonioso y lumíneo, en el cementerio abandonado y florecido donde duermen en mi tierra los suicidas»[9].

El segundo artículo hablaba de Silva con menos lirismo pero no menos conciencia de su valor como poeta. Era de Alfredo Gómez Jaime, poeta americanista y modernista, que

concedía a Silva «el puesto preferente entre los poetas vivificadores de la expresión y del sentimiento». Recordaba el asombro y la incomprensión manifiesta en la reacción del público americano ante el «Nocturno»:

«Cuando el inmortal «Nocturno» de José Asunción Silva apareció por primera vez en los diarios de América, ¡qué estupefacción la de la mayoría de los lectores! Aquello de las repeticiones de la «sombra larga, muy larga» [10] les pareció tan insólito, tan extraño, que más de una carcajada cerril surgió de los labios no hechos para gustar la miel. Muy pocos comprendieron el alto sentido poético de aquella dolorosa elegía hondamente expresada» [11].

Cejador y Frauca, que por lo común estaba poco dispuesto a admitir como literatura las novedades poéticas que procedían de América, veía en Silva al más original de los «precursores» del modernismo. Hablaba con evidente respeto del poeta y de su «Nocturno»: «Silva fue el más original, alzando una verdadera enseña con su «Nocturno», que tenemos todos a mano en *La corte de los poetas*». De sus palabras se colige que para 1907 el «Nocturno» ya era uno de los poemas predilectos de los lectores españoles. Sin embargo, no era posible todavía en España, ni en América, adquirir un libro de las poesías de Silva. La publicación de éstas tardó hasta 1908 en realizarse. En ese año salió en Barcelona la primera edición, prologada por Unamuno:

«Comentar a Silva —decía Unamuno en su prólogo— es algo así como ir diciendo a un auditorio de las sinfonías de Beethoven lo que va pasando según las notas resbalan a sus oídos. Cada cual vierte en ellas sus propios pensares, quereres y sentires.

Lo primero, ¿qué dice Silva? Silva no puede decirse que diga cosa alguna; Silva canta. Y ¿qué canta? He aquí una pregunta que no es fácil contestar desde luego. Silva canta como un pájaro triste, que siente el advenimiento de la muerte a la hora en que se acuesta el sol» [12].

Lo que atraía a Unamuno en la poesía de Silva no era el pensamiento, sino el sentimiento. Los pensamientos —puros, como pedía Silva en «Ars», su manifiesto estético— se diluían en la música interior; eran «un mero soporte de sentimientos», decía el maestro de Salamanca. Sostenía que Silva fue el iniciador de las nuevas tendencias que habían surgido en la poesía hispanoamericana y en la española y que era su más eximio cultivador. Después de Silva fueron degradándose los «tonos» y «aires» que él había introducido.

No cabe duda de que eran sinceras las palabras de Unamuno, pero es posible que hubiera en ellas alguna intención de poner en tela de juicio a Rubén Darío. No hubiera sido posible que leyera Darío este dictamen sobre el modernismo sin sentir el escozor de ver menoscabado su propio prestigio:

«No sé bien qué es eso de los modernistas y el modernismo, pues llaman así a cosas tan diversas y hasta opuestas entre sí, que no hay modo de reducirlas a una común categoría. No sé lo que es el modernismo literario, pero en muchos de los llamados modernistas, en los más de ellos, encuentro cosas que encontré antes en Silva. Sólo que en Silva me deleitan y en ellos me hastían y me enfadan» [13].

Constituía el prólogo de Unamuno un ensayo crítico y biográfico de alguna extensión, en que comentaba la obra y la vida de Silva y el medio en que se crió, pero sin pormenorizar en cuestiones técnicas. En su reacción frente a las poesías del bogotano obraba más su emoción que su intelecto. «Las inquietudes las cantó como un niño», decía, y no cabía mayor elogio, pues para él no podía ser poeta el que no tuviera corazón de niño y mirada infantil, que «a fuerza de pureza, penetra a las entrañas de las cosas pasaderas y de las permanentes».

La publicación de las poesías de Silva fue un acontecimiento que no pudo Amado Nervo dejar pasar inadvertido. Era un admirador del colombiano, y hasta cierto punto su deudor. Se parecían en algunos de sus temas, en la sencillez de su lenguaje, y más que nada, en su honda angustia metafísica, mitigada algo en Nervo por su cristianismo. Nervo celebraba la aparición de una edición de Silva, aunque ésta fuera tardía y mal presentada, lo cual motivó varias alusiones irónicas del poeta mejicano. En su reseña del libro no ocultaba tampoco la mala impresión que le habían causado ciertas palabras del prólogo de Unamuno.

«Hoy, doce años después de su muerte —decía Nervo—, aparecen por primera vez coleccionadas sus poesías, con el inevitable prólogo de Unamuno, dos dibujos a pluma de Antonio Utrillo, algunos versos por lo general mediocres, de jóvenes colombianos en su honor... y muchas erratas de imprenta» [14].

Refería Nervo muy brevemente las circunstancias que movieron a Silva a suicidarse, pero su preocupación inmediata era la de protestar contra los descuidos de los editores y de ajustar cuentas con Unamuno:

«... y para que nada faltara a su desdicha, hoy sale a luz una colección de sus versos y algunas prosas incompletas, mal corregidas, con un prólogo en que Unamuno afirma que «Silva canta como un pájaro» (exactamente como un grillo)[15] y que «en sus cantos no puede decirse que Silva dice cosa alguna». (¿Habrá leído mi sabio amigo de Salamanca los versos de Silva?)»[16].

En los ensayos que sobre Silva se habían escrito hasta la fecha, se comentaba casi exclusivamente el «Nocturno», pero Nervo daba a entender que su poema predilecto de la obra de Silva era «Vejeces». Decía que lo sabía de memoria, y como si se propusiera demostrarlo, citaba el poema entero. El ensayo era una especie de vagabundeo sentimental y anecdótico, de poca sustancia crítica, en el cual se insistía tanto en el vergonzoso desaliño de la edición como en el mérito del poeta. El párrafo siguiente resume lo fundamental:

«A pesar de las erratas de imprenta y de lo incompleto de la obra, esta resulta admirable. Es una joya mal montada, mal pulida, que hubiera contristado al poeta; pero una joya, en fin, de las de más quilates de América. Pocas veces la voz misteriosa de la poesía... ha tenido aciertos tan grandes, ha dado con expresiones tan perfectas»[17].

Poco después de la publicación de las poesías de Silva apareció en *La Lectura* una reseña del libro, hecha por el crítico español Enrique Díez-Canedo. Como él mismo había cultivado con éxito la poesía, su valoración de Silva se apoyaba en su doble autoridad de poeta y crítico. Veía en los poemas de Silva rasgos que recordaban a Bartrina. Aunque no puntualizaba, aludía, sin duda, a la ironía que se asomaba a menudo en Silva y era esencial en Bartrina. En Silva había sentimiento; en Bartrina, sólo cerebro. El colombiano —decía Díez-Canedo— era artista, Bartrina no. Concedía a Silva un lugar de preeminencia entre los poetas de América:

«De haber vivido José Asunción Silva, Rubén Darío tendría hoy en América un rival digno de él. No lo es Lugones, el grande, porque su inspiración es muy otra; pero en Silva estaban ya iniciados, como en germen, los temas que Rubén Darío con perfecta originalidad y con soberano arte había de desenvolver. Tenía además la ternura que falta en la obra del cantor de *Prosas profanas*. Esas cuatro composiciones reunidas ahora bajo el título común de «Infancia», y sobre todo *Crepúsculo* y *Los maderos de San Juan*, tienen un encanto nuevo y único»[18].

Descubría Díez-Canedo en el libro de Silva «puras joyas de arte», entre las cuales merecían incluirse «Ars», «Vejeces» y algunas otras composiciones[19]. Pero el «Nocturno» era «el mayor título de gloria de Silva». Recordaban este poema y tres o cuatro más «el espíritu romántico, misterioso y turbulento de Schumann». Aparte del «Nocturno», la forma de las poesías de Silva ofrecía poca novedad. Acusaba Díez-Canedo a José Santos Chocano de haber «usado y abusado» de la forma y repeticiones del «Nocturno». Concluyendo su reseña, decía que la obra de Silva resistía bien el tiempo y que las muchas innovaciones introducidas después de su muerte no habían disminuido su prestigio.

El juicio formado sobre la primera edición de Silva no había de variar en lo escencial en revisiones posteriores de la obra del poeta colombiano. Para 1910, ya ocupaba Silva un lugar eminente y seguro en el parnaso hispánico, siendo venerado no menos en España que en Hispanoamérica. Nadie le tachaba de decadente o afrancesado. Silva se había asimilado influencias variadas —francesas, alemanas, norteamericanas, inglesas—, pero sin alejarse de la fina sencillez y la sinceridad emocional que le habían atraído primero en su maestro Bécquer. Si no hubiera escrito más que su «Nocturno», hubiera alcanzado la inmortalidad literaria en el mundo hispánico. Ningún poema de la época modernista quedó grabado tan profundamente en la sensibilidad de los pueblos de habla española como esa «poesía escrita casi no escrita, escrita en el aire con el dedo», como decía Juan Ramón Jiménez casi medio siglo después de la composición del «Nocturno» único y universal.

De **Españoles de América y Americanos de España**. Madrid, Editorial Gredos, 1968. p. 279-289.

Notas

1. Padre del poeta.
2. Tenía entonces veinticinco años.
3. Después de terminar sus estudios universitarios en España, en 1874, Martí hizo su primer viaje a París. Volvió a Francia en 1879.
4. Hermano de Andrés González Blanco, e igual que él, crítico literario.
5. 30 de octubre de 1900.
6. Graciela Nemes señala las semejanzas entre el «Nocturno» y otro poema de Jiménez joven, «Las amantes del miserable». Llega a la conclusión siguiente: «Es lógico asumir que Juan Ramón conocía el poema del hispanoamericano para la fecha (1899) en que escribió el suyo, o si no, que imitaba a algunos de los muchos imitadores de Silva, a Villaespesa quizá, *avant-garde* del modernismo hispanoame-

ricano en España» (*Vida y obra de Juan Ramón Jiménez*, Madrid, Editorial Gredos, 1957, página 46). Aunque el «Nocturno» no se había publicado todavía en España, es posible que Jiménez lo leyera en alguna revista hispanoamericana de las que Villaespesa le había mandado. Muy pocos imitadores tenía Silva en España en 1899, tal vez ninguno.

7. Véase *Breve historia del modernismo*, págs. 136-137.

8. Citado por Alberto Miramón, *José Asunción Silva*, Bogotá, 1937, página 173.

9. «Colombia literaria», *Unión Ibero-Americana*, julio de 1907, página 32.

10. Gómez Jaime cita erróneamente a Silva.

11. «Colombia y su literatura», *Unión Ibero-Americana*, diciembre de 1907, pág. 32.

12. José Asunción Silva, *Poesías y Prosas*, «Prólogo» de Miguel de Unamuno (Montevideo, Claudio García y Cía., s. f., pág. 9).

13. *Ibid.*, pág. 10.

14. Nervo, *Obras completas*, pág. 386.

15. Con estas palabras tergiversa Nervo algo la interpretación que daba Unamuno a la obra de Silva, tal vez para desquitarse por las palabras desdeñosas con las que su «sabio amigo» se había referido a los modernistas.

16. *Obras completas*, pág. 386.

17. *Ibid.*

18. *La Lectura*, t. II, 1909, págs. 295-296.

19. A Díez-Canedo le parecía «amorosamente editado» el libro de Silva, no «desastrosamente», como insistía Nervo.

JOSE ASUNCION SILVA

Calixto Oyuela

Representa este malogrado poeta la tendencia *modernista* en el parnaso colombiano contemporáneo, y fue sin duda el más poderosamente dotado de cuantos en América y en España la siguieron. Pagó tributo a ciertas puerilidades y amaneramientos de la escuela, como en las inmotivadas y ridículas repeticiones de tartamudo de su *Nocturno* (cuyo mérito poético, por otra parte, no me parece tan relevante como suponen críticos muy distinguidos); pero hay en él una sinceridad y virilidad de sentimiento, un calor de emoción, muy superiores a los de su familia literaria. Su pesimismo, su hondo tedio y desencanto de la vida, no son actitudes retóricas, sino amargor real y substancial de su espíritu, que le llevó, como a Larra, a poner violento fin a sus días a los treinta años. No pudo, por ello, llegar al pleno desarrollo de su gran talento poético, que acaso él hubiera acabado por divorciar de toda extravagancia a la moda. Inducen a creerlo así su casticismo y tradicionalismo formal, el vigor de su espíritu y la riqueza de contenido, que es el mejor antídoto contra el ansia de retóricas novedades. Su composición *Al pie de la estatua*, está escrita en hermosos versos de corte clásico, sin excentricidades de pensamiento ni de expresión; y en otras más características suyas, como *El día de difuntos* y *Psicopatía*, nada hay que parezca rebuscamiento, ni pueril rebeldía; ni sutilezas de estilo: todo es grave, fuerte, patético. «Hubo aquí evolución —dice acertadamente Antonio Gómez Restrepo— no ruptura con la tradición. Silva es un poeta de pura estirpe castellana, por la calidad del lenguaje y del estilo, por su respeto a la métrica tradicional, por la diafanidad del pensamiento, por la armonía de las proporciones. Pero dice en versos perfectos cosas antes no oídas; nos trasmite impresiones nuevas y sutiles; pone en sus paisajes matices suaves y evanescentes, que ningún parentesco guardan con los colores tradicionales de la poesía española; da a sus versos una música exquisita y penetrante; produce, en suma, como todo grande artista, un *frisson nouveau*».

Silva nació en Bogotá el 27 de noviembre de 1865. El mal rumbo de sus negocios y la muerte de su queridísima hermana Elvira determinaron en su espíritu, poco en armonía con la vida, la resolución que le llevó a suicidarse, el 24 de mayo de 1896.

Hay varias ediciones póstumas de sus *Poesías*. La mejor es la que lleva el subtítulo de *Edición definitiva*, hecha por la Sociedad de ediciones Louis-Michaud; París-Buenos Aires, sin fecha.

De notas a la **Antología poética Hispano-Americana** (5 vol. 1919-1920) Buenos Aires, Angel Estrada. Reproducidas en *Poetas Hispanoamericanos*, 2 vol., Buenos Aires, Academia Argentina de Letras, 1950, p. 92-93.

JOSE ASUNCION SILVA
1865-1896

Federico de Onís

Colombiano. Excelentemente dotado para la vida —bello, rico, elegante, gran señor en todo—, el exceso de sensibilidad, de vida interior, de ansia de goces superiores, trajeron consigo la inadaptación, la insatisfacción, el cansancio cósmico y al fin la muerte por la propia mano pegándose un tiro en el corazón. Su vida fracasada está teñida de noble grandeza; porque su fracaso no viene de debilidad y limitación, sino de la intensidad y la amplitud inabarcables de la aspiración y la simpatía con las cosas. La desgracia externa le acosó: se arruinó, murió su amada hermana, su obra se perdió en un naufragio en 1895. Ante el derrumbamiento interno y externo, ante la muerte misma voluntaria, mantuvo siempre una serenidad irónica, elegante y profunda. Su organismo llegó a ser —como ha dicho Sanín Cano— «la más delicada y exquisita máquina de sufrir».

Los restos de su poesía, recogidos después de su muerte en un volumen, bastan para darle un lugar único en la poesía hispanoamericana. Hay en su obra un fondo de influencia clásica y de Bécquer y Campoamor; pero a través de sus lecturas y de sus viajes —estuvo en Francia, en Inglaterra, en Suiza— su ávido espíritu recogió las ideas, las inquietudes y las tendencias artísticas del mundo en su tiempo. Llegó a conocer a Verlaine, Mallarmé y D'Annunzio y a los novelistas y pensadores, sobre todo franceses, de aquel tiempo; pero su parentesco mayor se encuentra en los post-románticos Heine, Poe, Baudelaire, Bécquer, Campoamor. El mismo es un post-romántico, y por esa razón el más típico de los creadores del nuevo lirismo romántico, subjetivo, melancólico, hiperestésico, trascendentalmente pesimista, que constituye la fuerza más característica del modernismo. En sus pocas poesías, de rara intensidad sentimental, hay gran variedad de temas entonces nuevos, que fueron patrimonio común de la poesía posterior.

De **Antología de la poesía española e hispanoamericana** (1882-1932). Reimpresión: Nueva York, Las Américas Publishing, 1961.

JOSE ASUNCION SILVA POETA DE LA SOMBRA[1]
(1865-1896)

Concha Meléndez

Santa Fe de Bogotá

1. *Cielo y sabana.* El conquistador letrado Gonzalo Jiménez de Quesada, viajó casi un año antes de ver, desde el Alto del Roble, la portentosa sabana de Bogotá. Trescientas millas de largo, por cincuenta de ancho, levantan a nueve mil pies de altura, su monotonía de tierras heladas. Sembradas en la llanura al pie de sus dos montes, el Guadalupe y el Monserrate, Bogotá es, en la imaginación de De Fontenay, la Bella Durmiente encontrada después de temibles resistencias. Llueve en todas las estaciones: los verdes y grises no alteran su matiz con perceptibles cambios. La perspectiva vasta se limita con montes desnudos, limpiamente dibujados en el aire aterido. El cielo recoge el gris de la sabana y lo bate a menudo en nubes de más intenso gris. Una llovizna tenue, afilada, acentúa a veces la monotonía desesperante.

Conservamos un párrafo de bella prosa, donde el mismo José Asunción Silva describió el ambiente sabanero a una joven checa, investigadora de patologías raciales. Su descripción impresionista acusa las aficiones pictóricas evidentes en la niñez de Silva y no desarrolladas después:

> El ambiente es frío. El aire muy delgado. El cielo de una pureza desconcertante. A veinte o treinta kilómetros de distancia, el perfil de las montañas destaca con brutal nitidez, como en las sombras chinescas. Debajo de esa luz el color se vuelve una cosa interna. Los tonos suaves se alternan con los breves, los tonos vivos se cambian por los medios tonos, bajo ese influjo poderoso. Ni el negro ni el blanco resiste a la luz. El negro toma inmediatamente apariencias de verde; el blanco se desfigura bajo los motivos del gris.[2]

2. *La ciudad anclada.* Tendida en su difícil aislamiento, Santa Fe de Bogotá era, en 1882, una ciudad inmóvil, de austera fisonomía arquitectónica, de catolicidad dominante, sumergida en sí misma, como una ciudad castellana del Siglo XVII. Las vibraciones internacionales no lograron trepar la altiplanicie; los dos clasicismos, el del Siglo de Oro y el setecentista alternaban en contemporaneidad hostil con el romanticismo, de Núñez de Arce y el retoricismo de Quintana. Dos

preocupaciones graves habían hecho asiento en la ciudad: la lingüística, representada por Rufino José Cuervo y Miguel Antonio Caro —vigías del decoro en el decir— y la científica: astronomía y ciencias naturales cimentadas en el ejemplo de Mutis y Caldas.

Dos viajeros argentinos dejaron impresiones de su visita a Bogotá en 1882: Miguel Cané y Martín García Mérou. Cané, observador agudo, pinta la ciudad de calles estrechas, toscamente pavimentada; las casas bajas con balcones saledizos, y severas fachadas de enormes puertas; el arroyo que desciende de la montaña cruzando la ciudad "con eterno ruido monótono, triste y adormecedor." Las noches bogotanas, alumbradas por faroles escasos, eran silenciosas; silencio sólo interrumpido por la serenata que algún galán llevaba frente a balcones cerrados: la *Serenata* de Schubert o el Preludio de *Traviata*. Sin parques ni grandes plazas, las gentes se reunían en el atrio de la Catedral, al cual llamaban el Altozano. La arquitectura colonial de la ciudad, no alcanzó el esplendor de México o Lima. Muchas iglesias, sin embargo, hacen coro a la Catedral de mediocre apariencia: La Tercera, Las Nieves, Las Aguas, Santa Clara, esta última de rico artesonado mozárabe. Aunque se construyeron amplias casonas de bellos patios interiores, pocas alcanzaron la suntuosidad del palacio de los Marqueses de San Jorge. Y éste resulta humilde si se compara con el de Torre Tagle de Lima o el de Iturbide en México.

La vida se reconcentraba en los interiores: reuniones sociales en casa de familias prominentes o tertulias literarias, llamadas allí mosaicos, celebradas en casa de alguno de los afiliados.

Las impresiones de Mérou son menos cargadas de lo negativo, aunque señala también la falta de comodidades, la tristeza, el hermetismo de la ciudad. Todavía Blair Niles, al visitar Bogotá en 1924, encuentra muy sencillo su vivir andino; insiste en el catolicismo acentuado, le sorprende al salir de una fiesta en el *Anglo-American Club*, cruzando la plaza bajo luces eléctricas, una gran cruz de plata llevada en alto; el sonido de una campanilla, un sacerdote envuelto en su túnica de blanco encaje; un grupo de enlutados. Era el Viático: a su paso todos caían de rodillas sobre el suelo mojado por reciente lluvia.

Cané y Mérou tardaron un mes en llegar a Bogotá desde Caracas: navegaron ocho días en el Magdalena, subieron en mula el altiplano durante dos días y llegaron a Bogotá en coche después de seis horas de viaje. Ir a Bogotá desde la costa

era, dice Miramón, casi tan difícil como un viaje a la luna. Santa Fe de Bogotá era una ciudad anclada en la cuenca vacía de lo que debió ser lago inmenso; sellada por su escudo colonial, donde un águila negra en campo de oro es justo emblema de melancolía.

3. *Savia antioqueña.* Doña Vicenta Goméz Diago, madre del poeta, era de la provincia de Antioquia, región colombiana de gentes enérgicas, poseídas de acometividad vital y de un sentido clarísimo de las realidades humanas. En el Primer Congreso de la Enseñanza de Literatura Hispanoamericana celebrado en México, oí disertar al Dr. Carlos García Prada a propósito del poeta Gutiérrez y González, sobre el carácter antioqueño, modalidad de fuertes contornos dentro de la sicología colombiana. Economía, austeridad, reciedumbre y belleza se fundieron en Vicentica, como la llamó su hijo tiernamente, haciendo de ella la mujer combativa, contrapeso de las fantasías de D. Ricardo Silva.

4. En la ciudad hermética que he descrito, el hogar de D. Ricardo Silva era una anomalía. Don Ricardo puso a sus aficiones de artista, de escritor admirado por su costumbrismo ameno, fondo adecuadísimo.

Muebles preciosamente tallados, finas vajillas, vitrinas adornadas con objetos de arte; todas las invenciones de última hora del lujo europeo, se reunían en aquella casa, regidas por la discreción y el buen gusto. Don Ricardo y doña Vicenta abrían sus salones en fiestas sociales, en tertulias literarias, y hasta en ocasionales conspiraciones políticas. Esa atmósfera de refinada modernidad, contrastando con la vetustez externa del ambiente, explica muchos matices del arte de José Asunción Silva; abona, además, el dramático choque entre el poeta y su medio.

Se inicia este choque desde la niñez. José Asunción fue uno de esos niños precozmente graves, cuyos padres no tratan de hacer vivir en la forma alegre y sana que hoy es esencia de la pedagogía aplicada a la niñez. Cuenta Sanín Cano, uno de los admiradores leales de Silva, como antes fue su mejor amigo, que don Demetrio Paredes llegó de visita a casa de don Ricardo y tuvo unos instantes de conversación con el niño antes de que salieran los padres al salón. Lo patético de aquel niño sin niñez, conmovió la austeridad de don Demetrio quien aconsejó a su pequeño oyente subir tejados, trepar árboles, buscar nidos, mover querellas a los perros y a los gatos. El niño tomó el consejo con seria ingenuidad: el mismo día lo encontró su madre en la parte más alta de la casa, tratando de levantar una piedra enorme para tirarla sobre unos gorriones que buscaban alimento en el patio.

No se sabe con exactitud, cuál fue la institución primaria donde aprendió a leer. Pero sí existe el testimonio de su pasión por los libros de cuentos tan pronto pudo leerlos. Esta pasión es característica de muchas infancias y no valdría la pena apuntarla si el poeta no hubiera hecho más adelante de aquellos cuentos, materia poética.

Fue matriculado después en el colegio de Don Luis María Cuervo, hermano del ilustre don Rufino. Los alumnos de este colegio pertenecían en gran parte a hogares pobres. El niño bello, pulcro, inteligentísimo, recibió el primer apodo de la serie con que lo bautizaría la incomprensiva torpeza; *el niño bonito.* Hostigado en su orgullo, fue inscrito en otro colegio específicamente fundado para la *élite* de la ciudad. Pero allí también José Asunción se señala por superior, por su original postura ante las cosas, y tampoco fue simpático a sus compañeros. Para ellos fue *José Presunción*; una herida más profunda que la primera agravó la tristeza de su infancia: no era cuestión de matiz social, sino algo más irremediable lo que sugería los antagonismos.

Estudia breve espacio en el Liceo de la Infancia que dirigía el presbítero don Tomás Escobar, donde gana una medalla "obtenida por concurso", según su biógrafo.

De este Colegio, el adolescente sale para ayudar a don Ricardo en sus negocios: actúa de secretario y atiende a los compradores; escucha las tertulias de los visitantes de su padre. Al terminar su faena, lee desde las cinco de la tarde hasta la hora de cenar. Su avidez era insaciable, su curiosidad de saber le mantiene en continua fiebre intelectiva. Pero sus lecturas son desordenadas y a pesar de su gran talento y facilidad asimiladora, José Asunción sintió muchas veces con amargura la falta de disciplinas serias en este momento de formación. Por entonces Sanín Cano era ya su amigo íntimo; le traducía pasajes de libros alemanes, mientras Silva se iniciaba en la lectura de los románticos franceses y traducía *Las Golondrinas* de Béranger, la *Imitación* de Guerin y *Realidad* de Hugo. Su amigo le da a conocer también a Nietzsche.

Así se limita el vivir del adolescente entre Mercurio y Apolo. El dios del comercio le espolea hacia la realidad de los negocios, le instiga a la lucha por la adquisición del oro necesario para cimentar poderes materiales. Apolo le deslumbra con la visión de la belleza; le educa en el bello ademán mesurado con que vestirá sus interiores congojas.

En el instante en que Silva se prepara de este modo para su iniciación literaria, tres figuras resaltan en Colombia, tres hombres que inspiran en Silva devoción: Jorge Isaacs, Miguel Antonio Caro y Rafael Núñez. Isaacs le dio el ejemplo de su contenido romanticismo, de su artística asimilación de módulos que otros estropearon con su mal gusto. En Miguel Antonio Caro, admiró el sereno gesto de humanista; en Rafael Núñez la melancolía surgente de la duda metafísica, de un escepticismo elegante.

5. *Viaje a Europa.* En 1884, llamado por don Antonio María Silva, su tío, José Asunción va a París a estudiar. Al llegar encuentra que don Antonio María ha muerto. Don Ricardo Silva no permite que su hijo vuelva a Bogotá sin aprovechar las ventajas de este viaje y durante un año el poeta se da a todos los goces del arte y del amor. Su amigo el doctor Juan Evangelista Manrique le describe en este período, apasionado de Schopenhauer, lector de todas las teorías filosóficas y artísticas, y de las especulaciones científicas, en una parábola febril que empezaba en Maurice Barrès y terminaba en los descubrimientos de Ramón y Cajal sobre el sistema nervioso. Formaba, mientras tanto, una lujosa colección de libros de pensadores y artistas y absorbía del ambiente en museos y teatros el complemento visual de toda cultura honda. Practicó intensamente aquel año su desmedida aspiración tal como la pusiera en boca del personaje de la novela *De Sobremesa*: Vivir la vida: sentir, saber y poder, hasta los extremos de la posibilidad. Una visita a Londres amplió más su visión. Particularmente le apasionó en aquella ciudad, el movimiento prerrafaelista estudiado intensamente hasta hacerlo motivo predominante en su única novela. El paso por Suiza enriqueció aún más su cosmopolitismo: el desajuste descrito desde los comienzos de su vida se hace ahora incurable.

6. *El conflicto de José Fernández.* En 1896 don Hernando Villa urgió a Silva para que reconstruyera seis novelas perdidas en el naufragio del *Amérique*, cuando Silva regresó de Venezuela. El poeta complació a su amigo reconstruyendo *De Sobremesa.* La novela es para el conocimiento de un instante de crisis en nuestra literatura y en nuestra sensibilidad, tan importante como las *Confesiones de un hijo del siglo* de Alfredo de Musset, para la literatura francesa.

Silva vierte en el protagonista de su novela, José Fernández, su propia alma, su conflicto dramático que será el conflicto —nunca tan doloroso como en el bogotano— de todos los que en Hispanoamérica vivieron bajo la ráfaga cosmopolita que entre nosotros denominamos Modernismo. Como señalé en la lección pasada, el gran heraldo de ese momento fue Martí; mas como también demuestra la obra martiana, la red de deberes en que el cubano tejió su vivir, el impulso apostólico que le convierte en extrahumana energía, le salvan del pesimismo, mientras que su fuerte personalidad transforma la cultura europea en savia americana. Martí anuncia el cosmopolitismo en nuestra América y logra al mismo tiempo una obra personalísima, independiente en sus esencias criollas, de lo europeo. De ese modo es precursor también de nuestra época nacional, en la clasificación del peruano Mariátegui, es decir, la época de autoctonía que recién comenzamos.

José Fernández no tuvo los acerados frenos de Martí: su avidez intelectual le lleva por todos los caminos del arte y de la ciencia; ante el hierro de la vida, no sabe poner ningún soporte ético; su aspiración de goces supremos no halla nunca la satisfacción soñada.

Vive en París en máxima tensión del "saber, poder, y sentir" lema del mismo Silva, perseguidor, como su personaje, de una Helena prerrafaelista a través de la cual le miraron "los ojos de sombra del misterio."

8. *Mujeres imaginarias y reales.* En esta novela de técnica sencilla —José Fernández lee su *Diario* de sobremesa a cuatro amigos— se resumen todas las lecturas literarias y filosóficas de Silva, sus conocimientos de música y pintura, —en lo pictórico sorprende la información extensa y el seguro juicio— su epicureísmo elegante, su mundana experiencia.

Dos elementos se entrecruzan en el libro: los desmedidos sueños de José Fernández aficionado de todas las ciencias y todas las artes, sueños que desembocan en un proyecto civilizador, una utópica transformación de Colombia, realizada con la ayuda de todos los recursos mecánicos y sociológicos conocidos entonces, y una serie de retratos femeninos, ante los cuales Fernández revela diferentes facetas de su personalidad.

Encabeza la galería de estos retratos, una mujer real, muerta ya a los veinticuatro años cuando Silva lee el *Diario* donde cuenta su vida: María Bashkirtseff. El libro dedicado por Maurice Barrès a la joven artista rusa, *La leyenda de una cosmopolita*, acabó de hacer de la Bashkirtseff un tema apasionante, un verdadero culto para muchos escritores y aficionados a las letras. En Hispanoamérica tuvo también María Bashkirtseff cálidos admiradores: José Asunción fue el más ardiente de ellos. Ni Rubén Darío, ni Amado Nervo, devotos

también de la artista, llegaron a confesar como José Asunción:

> Hay frases del Diario de la rusa que traducen tan sinceramente mis emociones, mis ambiciones, mis sueños, mi vida entera, que no habría podido jamás encontrar yo mismo fórmulas más netas para anotar mis impresiones.

Ni Ofelia, ni Julieta, ni Evangelina, ni María la de Isaacs, le parecieron más ideales que "la maravillosa criatura" ansiosa de ver, tener, abrazar y besar toda belleza y todo misterio.

Con el tema de María Bashkirtseff, Silva desarrolla otro de polémica: las afirmaciones de Max Nordau en su libro *Degeneración.* Nordau había indignado a los amantes del simbolismo y del prerrafaelismo tachando de degenerados a los artistas más gloriosos de fin de siglo: Maeterlinck, Verlaine, Rossetti, la Bashkirtseff son para Nordau casos de exaltación morbosa o de delirio de grandezas.

Como Díaz Rodríguez en sus ensayos *Camino de Perfección*, Silva en *De Sobremesa* defiende a los artistas injuriados, compara a Nordau con un "esquimal miope, paseándose por un museo de Apolos gloriosos y de Venus inmortalmente bellas." "Sus rudas manos tudescas", añade, "no pudieron coger en su vuelo la mariposa de luz que fue María Bashkirtseff."

Helena de Scilly, figura imaginaria fruto de los entusiasmos prerrafaelistas del autor, ocupa en la novela mayor espacio que las otras; es la aspiración a la belleza pura, al triunfo del espíritu sobre la carne. Es también el misterio, el símbolo de la perfección buscada con angustia, vista una sola vez y perdida después de la muerte.

María Legéndre es la bella flor de vicio, decadente y frágil en contraste con la ideal pureza de Helena; Nelly de New Port, la norteamericana fuerte como Diana cazadora, en quien el poeta descubre un inesperado pozo sentimental; Consuelo Rivas, la molicie criolla conquistada con la simulación de románticas adoraciones "alma con olor a montaña y a nido de rosas".

Leyendo *De Sobremesa* se nos aclaran muchos espacios antes oscuros en el arte de Silva y sentimos hasta qué extremo fue cierta "esa hambre de certidumbres, esa sed de lo absoluto y de lo supremo" clave de la desesperación en que naufraga el poeta.

9. *Elvira y la estrella.* De sus dos hermanas, Elvira y Julia, Silva tuvo apasionada predilección por la primera. En

ella vio florecer un ejemplar espléndido de belleza femenina admirado con devoción de esteta. Pero Elvira Silva poseía también una inteligencia clarísima, una afición a las artes que hacían de ella la confidente más comprensiva de su hermano.

Sobre la belleza de Elvira escribieron alabanzas Jorge Isaacs, Rafael Pombo, Antonio Gómez Restrepo. Retrospectivamente, en 1926, la describe Gómez Restrepo en su estudio *La literatura colombiana en el Siglo XIX*. Ediciones Colombia, Bogotá, 1926. p. 102-103:

> Era su cuerpo vaso de alabrastro al través del cual irradiaba la luz de un alma casta, inteligente y noble. Tenían sus formas una corrección clásica: su porte era de diosa. Pero las líneas griegas de su rostro, el óvalo perfecto y la blancura mate de su tez, se animaban con el extraordinario fulgor de sus grandes ojos rasgados, en cuyos negros abismos brillaban puntos de oro. En su boca suavemente modelada retozaba la gracia andaluza y cuando hablaba, su voz tenía inflexiones acariciadoras. Su figura translúcida, vaga todavía por los horizontes de la Sabana, proyectando a la luz de la luna, esa "sombra larga" y doliente que se prolonga de las estrofas del *Nocturno*.

Veinte años tenía Elvira cuando se va del mundo el día seis de enero de 1891. El modo de su muerte es más poético que cualquiera de las *Metamorfosis* ovidianas. En el cielo nuboso de la sabana luce Venus durante los ortos de diciembre, más limpio y fascinador su diamante. En aquel diciembre, se comentaba en Bogotá la esplendidez del astro al anunciar la madrugada. Elvira quiso verlo, se levantó cubriéndose apenas con túnica leve y contempló desde su balcón la estrella radiante en el silencio. Venus miró ofendida la belleza terrenal, compitiendo sin proponérselo con su divina belleza. Y la castigó, hiriéndole el pecho con el más agudo y luminoso de sus rayos. La ciencia nada pudo hacer para salvar a la niña agonizante. Venus bañó pronto su tumba con vengativa luz.

Rafael Pombo, la voz poética más sincera del instante en Colombia, cantó en unas estrofas el encuentro fatal de Elvira y la estrella;

> Venus, del cielo la vestal más bella,
> extremó su belleza una mañana.
> Prendada Elvira de su excelsa hermana,
> madrugó alegre a embelesarse en ella.
>
> Alumbrándose al par mujer y estrella,
> la celeste a la par miró a la humana.
> ¡Y ah! el rayo helado de la muerte mana,
> del ósculo de luz con que la sella.

Antes de morir, Elvira quiso ver a su prometido, su primo Julio Villar Gómez "hombre de varonil y gallarda figura", en el decir de Miramón.

En compañía de este joven, José Asunción cerró las puertas del cuarto de Elvira para ungir el cadáver de perfumes y coronar la bella cabeza de rosas blancas: "las níveas rosas entre negros bucles" del poema de Jorge Isaacs.

10. ¿Cómo surgió la leyenda impura, el innoble intento de enturbiar la fuente casta, de una de las ocasiones en que se da entre nosotros el milagro de la lírica verdadera?

El error comienza con el primer ordenador de los poemas de Silva para la edición publicada en Barcelona en 1908.[3] Comenzando por el título, los originales de Silva sufren alteraciones —bien intencionadas quizás— pero torpes dentro de las normas de buen gusto regidoras en la creación del poeta. Se cambia el título ideado por Silva *El libro de versos* por el más común de *Poesías.* Y lo que es más grave, se ordenan en serie, bajo el título de *Nocturnos,* tres composiciones de índole diversa, cuya colocación en el libro, según consta por el título de los manuscritos, correspondía a otras secciones de la obra. El titulado Nocturno I, fue una poesía de la serie *Gotas Amargas.* Es el poema que comienza, "Oh dulce niña pálida". El Dr. Daniel Arias Argáez, asegura habérselo oído leer a José Asunción en la sección apuntada.

El poema que se inicia con las palabras: "Poeta, di paso" también se ha titulado *Nocturno.* Fue escrito tres años antes de la muerte de Elvira y el original facsímil publicado por la revista *Universidad,* de Bogotá, revela que el título dado esta vez por el autor a su poesía no fue *Nocturno* sino *Ronda.*

El origen de la leyenda torpemente comenzada, se define en la edición de Barcelona de 1908. Dos grabados que hubieran obtenido de Silva indignada reprobación, ilustran el libro. En uno de ellos "dos figuras humanas en actitud de besarse" desvían hacia lo morboso, el cauce ideal del *Nocturno.*

11. La crítica sin escrúpulos se apoderó de la sugestión insana. Un escritor de prestigio indudable —Rufino Blanco Fombona— la recogió con ligereza impropia de su cultura y desinteresado amor por lo nuestro evidente en otras ocasiones.

Los testimonios reivindicadores son abundantes y seguros. Entre ellos es definitivo el del Dr. Arias Argáez, quien afirma lo verdadero de la admiración de Silva, el artista, por la belleza de su hermana, pero añade que se trataba de un culto "fraternal, acendrado, y puro". Pero es D. Baldomero Sanín Cano, el amigo íntimo del poeta, quien desecha con noble ira las últimas sombras. Recuerdo la explicación que me dio mientras almorzábamos él, mi hermana y yo en un restaurante de Buenos Aires. La sustancia de sus palabras puede resumirse así: "José Asunción amó a su hermana con el natural enardecimiento de un hermano cariñoso y sensitivo. La muerte de Elvira le hundió en un dolor inmenso, mas purísimo: el dolor de toda alma que pierde un ser de su propia sangre, uno de esos seres a quienes nos ligamos, además, por afinidades profundas, a quienes por eso nos inclinamos con más ternura que a otros, en el cuadro familiar".

12. *Silva en Caracas.* En 1887 había muerto D. Ricardo Silva. El poeta sintió como deber natural varonilmente afrontado, la responsabilidad de mantener el brillo tradicional de su casa. Mas si Mercurio vuelve a proponerle caminos viables, su ineptitud de soñador fue más poderosa que sus intenciones. El derrumbe de la fortuna, ya bastante comprometida en los últimos tiempos, ocurre por fin. José Asunción busca entonces un asidero más amable al dios de la luz: decide ser diplomático. Doña Vicenta consigue el nombramiento para Secretario de Legación en Caracas. Y en 1894 está bajo la cambiante sombra del Avila, recibiendo gozoso el homenaje de las gentes de más valía en la literatura venezolana de entonces.

Le precedió el *Nocturno* publicado por primera vez en *La Lectura* de Cartagena en 1894. Pedro Emilio Coll cuenta en ese mismo año la impresión deslumbrante causada por el poema cuando se leyó en la redacción de *Cosmópolis*, en los jóvenes del grupo literario a que él pertenecía. El coro juvenil va a saludar al poeta al Hotel S. Amand. Estaba Silva entonces en el ápice de su desenvolvimiento físico y literario. La hermosa cabeza de fino perfil árabe, los cabellos y la barba negrísimos acentuando el blanco del rostro; las manos finas y nerviosas, eran los rasgos más atrayentes de su figura. Vestido de negro hasta los pies, con una gardenia en el ojal, fijó en el grupo juvenil que llegaba los ojos de mirada nazarena. Pedro Emilio Coll recuerda los detalles, decidores más que las palabras, de su carácter. La llama del té alumbraba sobre la mesa el retrato de Elvira. Libros, pomos de esencia, cigarrillos egipcios, pétalos marchitos, eran alusiones expresivas de su intimidad.

En junio de 1895 ya estaba José Asunción de vuelta en Bogotá. Su gratitud a Venezuela se expresa en un canto, *Al pie de la estatua*, donde salvando las sirtes de toda "epopeya de

bronce" compone una oda serena, inspirada más en la obra de arte del escultor que en el hombre histórico, suavizados los tonos épicos con las risas y los juegos de los niños descritos al pie del monumento. Silva amó a Bolívar más en las derrotas soportadas sin debilidades empequeñecedoras; le comprendió mejor en la interpretación del artista, en el monumento que se levanta en la plaza caraqueña, "con majestad de semidiós y expresión de mortal melancolía".

13. *Definición de su poética.* La poética de Silva es, ante todo, esa cualidad tan difícil en la América española de su instante, lograda en la oda a Bolívar: el decoro, el justo equilibrio formal, como llegados a través de un bosque de eucaliptos. Las vastas lecturas del poeta, su afición por lo raro, sus predilecciones literarias: Bécquer, Leopardi, Antero de Quental, Baudelaire, Edgar Poe —no sobrecargan su poesía de alusiones mitológicas, de reminiscencias demasiado abultadas, del prestado brillo de temas y ademanes que no pudieron evitar los mejores maestros del Modernismo. La lírica del Silva, cernida a través de tamices muy personales, es una lección de dignidad y honradez poéticas. Las influencias en él operan del único modo válido: tiñéndose del matiz particular, tomando la voz auténtica del que vibra a su estímulo. Bécquer y Poe, siguen siendo a mi ver, los reguladores de esta trayectoria lírica. Miramón subraya la influencia de Bartrina, la más difícil prueba de la magia transformadora del colombiano quien saca de tan prosaicos orígenes, algunas de sus mejores *Gotas amargas*. En la métrica del *Día de difuntos* el mismo crítico ha señalado el influjo del *Canto de la campana* de Schiller. Pero sobre toda sugestión extraña, abonada sutilmente por la cultura —integrada en lo que al arte se refiere— del poeta, está la creación permanente; diafanidad y finura, cualidades que amó Silva hasta limitar con ella su mundo poético.

14. *El Nocturno.* La concepción del *Nocturno* nació impensadamente mientras la familia de Silva se había retirado, durante el luto por Elvira, a la casa de campo de la sabana. La melancolía sabanera es espesa en la noche. El silencio de aquellas soledades sólo se interrumpe por el espaciado ladrar de perros distantes o la presencia sonora de las ranas en los charcos. La luna asciende aclarando el ramaje alto de los eucaliptos y la frente ancha de la planicie. El poeta camina solo por el sendero donde tantas veces caminó antes acompañado de su hermana. La proyección de su sombra en la senda le hace pensar en la ocasión en que ambos comentaron cómo

se fundían sus dos sombras en una sola en ese mismo camino alumbrado por la luna.

La forma del *Nocturno* es la aportación más importante de Silva al Modernismo. Pedro Henríquez Ureña —*La versificación irregular en la poesía castellana*— p. 287-288, dice refiriéndose a ella: "es posible que Silva haya encontrado la sugestión de este metro en la traducción de *El cuervo* de Poe hecha por el venezolano Pérez Bonalde entre 1875 y 1890:

> Una fosca negra noche, trabajando en mi aposento.

Arturo Torres Rioseco en su libro *Precursores del modernismo*, sugiere el ritmo de la leyenda de Bécquer *Rayo de luna*: "Una noche de verano, templada, llena de perfumes y de rumores apacibles, y con una luna blanca y serena, en mitad de un cielo azul luminoso y transparente".

No hay duda de que el ritmo becqueriano atraviesa con estremecimiento entrañable la poética de Silva y que el directo y natural vocabulario del andaluz, su manera de "crear atmósfera" son asimilados por él. Pero, en cuanto a la forma métrica él mismo dejó aclarada su procedencia al decir un día a Sanín Cano refiriéndose irónico, a los buscadores de enigmas críticos:

> ¡Si supieran de dónde he sacado la idea de usar este metro! Nada menos que de aquella fábula de Iriarte que empieza:
>
> A una mona
> muy taimada
> dijo un día
> cierta urraca.

Nuevo ejemplo, como en la influencia de Bartrina, en que el poeta transforma carbón en diamante. La norma métrica del *Nocturno* es el disílabo: multiplicándose en versos de ocho, doce, dieciséis, logra una armónica irregularidad que no es el versolibrismo francés ni el de Whitman, sino una musical combinación rítmica muy grata a nuestros oídos de hispanoamericanos. El procedimiento aprendido por los poetas que siguieron —Valencia, Darío, Chocano— se adaptó a la multiplicación de pies diferentes —tres sílabas en *Marcha triunfal*, cinco en algunos poemas de Chocano.

El *Nocturno* es un poema a base de contraste resuelto en paralelismo. La hermana se evoca en el recuerdo de dos noches: noche tropical, húmeda, alumbrada por luces oscilantes de luciérnagas, la primera. Elvira agitada por presentimientos sombríos, camina por el sendero de la sabana donde

cae la luz filtrándose a través de los árboles erguidos, rumorosos. El plenilunio aclara los cielos profundos. En ese instante, las dos sombras se juntan, formando una sola.

La otra noche se describe en contraste dramático. El poeta va solo. Elvira ha muerto. Sombra, tiempo y distancia, ponen insalvables muros entre ella y el que vive aún. Sólo Novalis, en circunstancias parecidas, expresó igual desconsuelo metafísico:

> Esta noche
> solo; el alma
>
> llena de las infinitas amarguras y agonías de tu muerte,
> separado de ti misma por el tiempo, por la tumba y la distancia
>
> por el infinito negro
> donde nuestra voz no alcanza.

La conciencia de ese infinito le aterra siempre. Ruidos agoreros: perros ladrando a la luna, chillidos de ranas, precipitan el escalofrío de lo sobrenatural. Adivina el poeta una presencia invisible, recuerda las mejillas, las manos, las sienes, pálidas de la muerta, como la vio por última vez. El escéptico concluye que es el frío de la nada penetrándole. Pero entonces sucede lo sobrenatural. Como en la noche tibia de primavera, una sombra esbelta y ágil se acerca, marcha al lado de la sombra del poeta, hasta que las dos se funden en una.

Las imágenes de este *Nocturno* son pobres. Su eficacia está en el contenido emocional, en la carga lírica transfiguradora de las palabras comunes; en la creación artística que trasplanta la desolación de la sabana a esta zona poética con sus arenas tristes, sus cielos profundos, su monotonía tenaz.

Tampoco es la adjetivación motivo raro en el poema. Con frecuencia van en parejas los adjetivos, completando con un matiz sugeridor el segundo, la intención del primero: "sombra nupcial y húmeda"; "sombra fina y lánguida", "sombra muda y pálida". La abundancia de vocablos esdrújulos puntúa el ritmo lento, sembrado de pausas.

La repetición aprendida en Poe es otro recurso: repetición de versos y palabras. El nombre *frío* repetido cinco veces es característico para estudiar los efectos de la repetición en avance que va de la muerte al sepulcro, de ahí a la nada, al escepticismo total. Las dos exclamaciones,

> ¡Oh las sombras de los cuerpos que se juntan con las sombras de las almas!
> ¡Oh las sombras que se buscan en las noches de tristezas y de lágrimas!

terminan en sentido cabal el bello poema. Noche negra a pesar de la luna que brilla, porque es la tiniebla interior, es la congoja íntima, la que ha realizado el milagro haciendo volver la ágil sombra de la muerta.

15. *Lázaro.* Silva gana con el *Nocturno* su título definitivo de poeta de la sombra. Y en verdad lo fue más que otro alguno: poeta de la sombra del misterio de la muerte, y de la angustia filosófica.

Modelo de concentrada angustia, es el poema *Lázaro* donde se resuelve el problema de la concisión profunda. Silva, mientras viaja de Venezuela a Colombia en el *Amérique*, en enero de 1895, se encontró en medio de una tempestad frente a las costas de su país. El *Amérique* naufraga: el poeta, después de torturas indescriptibles se salva en un bote con otros pasajeros, entre los cuales estaba Enrique Gómez Carrillo.

No sólo volvía de la muerte Silva al pisar tierra; veía morir también importantes proyectos literarios, pues en el naufragio perdió los manuscritos de varias novelas y la colección de *Cuentos negros*, muy admirados por quienes los leyeron en los originales.

Su sensación de resucitado, vertida en la historia de Lázaro, es el motivo de la primera estrofa; evocación de una escena de tremendo dramatismo en la diáfana manera de sobriedad sin énfasis que es su norma.

La segunda estrofa, es la fusión del poeta con la personalidad de Lázaro; su autobiográfico desconsuelo, cuando reanudaba su vida entre los suyos, frente al porvenir de ruina material e incomprensión, piensa que la muerte en el naufragio hubiera sido un bien.

16. *Otros poemas.* De los simbolistas, Silva aprendió los efectos imprecisos, la aspiración a lo musical, y sobre todo sus procedimientos sugeridores:

Es que yo, dice José Fernández, no quiero decir sino sugerir, y para que la sugestión se produzca es preciso que el lector sea un artista. La mitad de la obra de arte está en el verso, en la estatua o en el cuadro, la otra en el cerebro del que ve, oye y sueña. (*De Sobremesa*, p. 21).

Midnight Dreams es el poema donde a mi ver, se cumple mejor ese canon. En soledad, en el instante de duermevela, llegan los sueños de otras épocas: glorias, esperanzas, alegrías no vividas. El silencio se vuelve grave, la péndola del reloj se detiene. Es que ahora llega la fragancia de un olor olvidado. Caras perdidas en la muerte, voces lejanas, sueños en fin, se

acercan deslizándose en el aire, le ven dormir, y se hunden otra vez en la sombra.

La respuesta de la tierra es la interrogación dolorosa del analista, "el sentimiento trágico de la vida" que angustió a Unamuno; el poema que acerca el fino arte del colombiano a la prometeica contienda del autor de *Salmos*. Cuando Unamuno escribió esos salmos, no sabía que en América, un poeta que él habría de admirar, traduciría en estos versos su misma angustia:

> ¿Por qué la vida inútil y triste recibimos?
> ¿Por qué nacemos, madre, dime por qué morimos?
> ¿Hay un oasis húmedo después de estos desiertos?

Cuenta Gómez Restrepo (Repertorio Americano, Vol. I, No. 2) que Silva escribió este poema para burlarse de la chifladura panteísta de un poeta de su tiempo. Como suele ocurrir en estos casos, detrás de la burla se vela una angustia personal.

Ars es el Arte poética de Silva. Quería el verso purificado de escoria; engastado en imágenes "como burbujas de oro". Romántico en su estética, Silva quiere también que el verso tenga su raíz en lo humano: desilusiones, recuerdos felices, todo lo bello del vivir que él define como "nardos empapados de gotas de rocío", deben animar la poesía, pero reducidos a esencias, el "bálsamo supremo" que es lo poético. Hoy volvemos del arte deshumanizado, y en el neorromanticismo contemporáneo, la estética de Silva se actualiza aunque temas y formas sean otros.

La poesía de Silva tuvo otros matices: temas de infancia, no infantiles, entre los cuales *Los maderos de San Juan*, adapta el folklore al poema culto de manera moderna; procedimiento no imitado después por los modernistas y que aprovechan en nuestro tiempo poetas como Lorca y Alberti.

Hay también en su libro ardientes poemas galantes que van desde el contenido erotismo de *Oración* a la sensualidad desbordada de *Oh dulce niña pálida*. Y dos motivos más: ironía desengañada y escepticismo filosófico. Es aquí donde Bartrina y hasta Campoamor dan mal ejemplo de prosaísmo. *Filosofías, Zoospermos, Idilio, Psicopatía* encuadran en esas dos últimas facetas del arte de Silva.

17. *La derrota de Apolo.* Mientras sufría el desconsuelo de Lázaro, el poeta tuvo que escuchar la voz de Mercurio, quien le hostigaba a una nueva aventura para rehacer la

riqueza perdida. Silva había visitado fábricas de baldosines en Caracas y concibió el proyecto de montar una en Bogotá. Abrió una lujosa oficina; gastó considerables sumas en anuncios, consiguió algunos socios. Mas el negocio fracasó lamentablemente. Fue entonces que el apasionado de Da Vinci, el contemplador de la *Primavera de Botticelli* que señoreaba su gabinete de estudio, sintió la derrota definitiva. Apolo esta vez nada pudo para salvar a su discípulo, de la venganza de su rival, el dios intrigante y cruel. Silva fue a visitar a su viejo amigo, el doctor Juan Evangelista Manrique. Mientras era examinado hizo que el médico le señalara, trazando una cruz con lápiz, el sitio exacto de la punta del corazón. A la mañana siguiente fue encontrado muerto sobre su lecho. Aunque el *Triunfo de la muerte* de D'Annunzio se encontró sobre su mesa de noche junto con un libro de medicina y un número de la revista *Cosmópolis*, su muerte no fue impulso nacido de lecturas. Nada de teatral en esa muerte, en que ni siquiera imitó el suicidio romántico: "levantarse la tapa de los sesos". Federico de Onís ha escrito el mejor comentario que he leído de esa muerte con la generosidad y segura visión que hacen de sus juicios, medallas intachables:

> Su vida fracasada está teñida de noble grandeza; porque su fracaso no viene de debilidad y limitación, sino de la intensidad y la amplitud inabarcables, de su aspiración y la simpatía con las cosas... Ante el derrumbamiento interno y externo, ante la muerte misma voluntaria, mantuvo siempre una serenidad irónica, elegante y profunda.[4]

De **Figuración de Puerto Rico y otros estudios.** San Juan de Puerto Rico, Instituto de Cultura Puertorriqueña, 1958, p. 131-146.

Notas

1. Este estudio y los tres que siguen sobre González Prada, Alfonso Reyes, y Sabat Ercasty, son lecciones incluidas en un curso de Literatura hispanoamericana ofrecido en el Ateneo de Puerto Rico en 1938. Forman parte de un libro que nunca se publicó y los incluyo aquí para complacer a algunos de mis discípulos que así me lo pidieron.

2. Citado por Alberto Miramón en *José Asunción Silva. Ensayo biográfico con documentos inéditos.* Bogotá, Imprenta Nacional, 1937.

3. Ver el prólogo de B. Sanín Cano a *Poesías* edición definitiva. Santiago de Chile. E. Cóndor, s. a.

4. *Antología de la poesía española e hispanoamericana.* Madrid. Publicaciones de la Revista de Filología Española, 1934, p. 79.

EL PAISAJE EN LA POESIA DE JOSE EUSTASIO RIVERA Y JOSE ASUNCION SILVA

Carlos García Prada

En la Introducción a nuestra *Antología de líricos colombianos* (1936-37), al discutir la índole de la poesía de Colombia, variada y romántica en sus aspectos esenciales, dijimos que allí existen varios *climas estéticos* que corresponden a sus climas geográficos, y que tan interesante fenómeno se comprende bien cuando se estudian con cuidado los lugares donde nacieron y pasaron la adolescencia los líricos colombianos más originales y se relacionan con las obras poéticas en que expresaron su actitud vital y su ideal aspiración.

Nuestra tesis ha merecido juicios críticos diversos, favorables y benévolos unos, adversos y festivos los más...

Se ha dicho que nosotros, de brazo con los poetas colombianos, nos hemos ido por el mundo de las maravillas, dejando a un lado el criterio objetivista, sobrio y discreto que debe guiar toda discusión científica y seria; y se sigue afirmando que el poeta José Asunción Silva, por ejemplo, «nada tiene de colombiano», si se compara su obra con la de José Eustasio Rivera, que «sí lo es en todo sentido», por haberse inspirado en su propio ambiente, «cosa que ni hizo aquél sino a medias» ¡y de cuando en cuando!...

Por haberse dicho semejantes cosas, volvemos hoy sobre el tema, con la esperanza de persuadir y convencer a los incrédulos, si tal fuere posible; concretándonos al *caso* de estos dos poetas, y dejando para otra ocasión lo que conviene al considerar la poesía de Guillermo Valencia y la de quienes mejor encarnan otros *climas* estéticos distintos, si bien no tan diferenciados.

José Eustasio Rivera nació en Neiva (1889) capital del Departamento del Huila, y allí creció y recibió su primera educación, Neiva era entonces, y es todavía, una villa sin historia, que fundaron hace siglos gentes de buena estirpe castellana, en un valle ardiente —estuche de arcanos silencios—, que anida entre las formidables estribaciones de las cordilleras Central y Oriental del Ande Colombiano. Una villa de calles angostas, de casas bajas y blancas de tejados rojizos y pardos, de plazuelas umbrías y de templos y conventos apacibles... Una villa señoril y orgullosa donde no sucede nada, porque sus hijos, sencillos y castizos, viven y mueren sin protestas, libres de inquietudes metafísicas, robustos y alegres unos, secos y palúdicos los otros, y casi todos primitivos y muy apegados a la tierra que los nutre... Una villa soñadora que abanican mil palmeras cuchicheantes y que arrullan las aguas lentas y poderosas del río de la Magdalena... Una villa medio embrujada, cuyo destino «nunca profanos ojos leyeron», según lo afirma su poeta.

El Valle de Neiva, cubierto de extensos pajonales y de selvas milenarias, está rodeado de majestuosas y arrebatadas montañas, y anegado por las aguas del Magdalena. Es un valle típicamente tropical, que envuelven las nieblas mañaneras, se enciende en luces y colores durante la canícula, y luego se aduerme bajo cielos tachonados de estrellas en las quietas noches opalinas. Es un mundo completo en miniatura, primordial y salvaje, hermoso y escondido...

Y en él pasó su niñez y su primera juventud Rivera, el hombre sano, fuerte, sereno, justo y generoso, el poeta que expresó su visión trágicamente bella de la vida y de las cosas, logrando identificar su obra y su existencia como pocos.

Muy temprano se inició Rivera en la vida literaria, con la publicación de dos odas, una a España, «altísima y muy noble» —como lo dijo don Miguel de Unamuno—, y otra a Ricaurte, héroe de San Mateo, «de sello profundamente autóctono» —según la opinión de don Guillermo Valencia. Empero, con ser tan afortunadas las dos odas, el poeta soltó la trompa lírico-épica, se internó en el ambiente natío, y nos dio *Tierra de promisión*, obra de grande originalidad y hermosura, en sonetos que se han clasificado de «parnasianos», aunque sólo lo son en apariencia... Y, más tarde, nos dio *La vorágine*, novela poemática de honda americanidad, que tanta fama ha logrado por el mundo.

Neiva, su valle, el río, las montañas, la selva, y los miles de seres que allí pululan y luchan por conservar su existencia devorando la de sus prójimos, he ahí los temas de *Tierra de promisión* que el poeta amó y temió y que él sacó de la naturaleza ambiente, con la cual estuvo en contacto directo —de persona y de intuición—, durante los primeros veinte años de su vida malograda, ora como muchacho aventurero, como pescador y como cazador de fieras y de imágenes, ora como artista enamorado de las formas y de las fuerzas que las agitan y dominan...

En la villa de Neiva, por exceso de blancura, en muros y empedrados, y por exceso de luz, el aire caldeado es puro y transparente, y casi todo es diáfano y espectral... Allí la mente humana aprehende las imágenes vivas y fugaces de las cosas, que no las ideas que ellas encarnan, y esas imágenes, como sueños perdidos, se mueren al nacer...

El Valle, con sus pajonales esmeraldinos a veces, dorados otras, y sus selvas inmensas, reúne en el lecho del Magdalena las aguas de muchos ríos y arroyos que se descuelgan de las montañas, juguetones, y que luego sosiegan su curso al ofrendarlas al Gran Río.

Y el Magdalena, que «tiene la virtud de vincular geográficamente la tierra de Colombia», según lo apunta López de Mesa, guarda «el sino mismo de la raza, sus quehaceres cuotidianos, la callada elación de sus anhelos y la insipiente espiral de su cultura».

«A esos bosques de las riberas y a ese curso anchuroso y sereno del Magno Río cubre un cielo de insondables lejanías: en su gradación de distancias, hacen las nubes una perspectiva de infinito... Ahí es alto el zenit, lila ensoñador el azul celeste, alcázares remotos las nubes de amianto con reborde suave de violeta, gualda o carmesíes, otras más distantes y aun más ligeras, en rizos alargados como plumas de avestruz, que navegan en un horizonte abierto a proyecciones siderales calladamente luminosas»... Allí el alma del hombre «se cierne en vislumbres de eternidad, crece con la infinitud de las rutas espaciales ensanchada y diafanizada como una conciencia vagarosa de la luz que avanza y se diluye, cual un preludio armonioso de la esencia divina»...

¡Son los bosques del trópico!...

Inmensos, apretados, profundos, llenos de encrucijadas y acechanzas. Arboles gigantescos, frondosos y recios los más, esbeltos y flexibles los otros, y casi todos cubiertos de orquídeas, musgos, lianas y bejucos: son las *ceibas* tremendas, los *búcaros* de flores encarnadas, los *pindos* maravillosos, los *guáimaros* acogedores, los *yarumos* de plateadas hojas enormes, los *cedros y caobas,* majestuosos, los *tachuelos*, los *balsos* de maderas más ligeras que el corcho, y tantos más, y las palmeras, *chontas, mararayes* de frutos carmesíes, *macanas* de durísimo tronco, *corozos*, cocoteros, datileras, y más, y más... Son las selvas, —cárceles de verdura incomparable, con sus ciénagas de aguas dormidas, y sus moradores: miríadas de fieras, jaguares, pumas, dantas, osos, venados, caimanes, y miríadas de insectos de caprichosas formas y colores, venenosos unos, delicados y amigos otros, y los reptiles amenazadores...

¡Y más allá, las montañas!... ¡Dos cordilleras soberbias, apocalípticas, con sus innúmeros cerros y picos, agrios y desnudos, sus valles, mesetas, gargantas y vertientes, y sus volcanes, el *Sumapaz,* la *Fragua,* el *Miraflores,* el *Puracé,* el *Soratá* y el *Huila,* emperador, que miden de nueve mil a dieciocho mil pies de altura sobre el nivel del mar!

¡Y todo ello, valle, río, selvas y montañas, bajo la luz cambiante del sol del trópico fecundo!

Allí nació y creció Rivera, el poeta hermano de los vegetales. No nos extrañemos si en su obra, de tan acentuado colorismo dramático, no hallamos ideas ni sistemas filosóficos, sino imágenes y masas en movimiento, grávidas de presentimientos y de anhelos vagos, confusos... En *Tierra de promisión,* cada soneto es un cuadro completo, de amplias perspectivas, que, en sus versos alejandrinos y endecasílabos, encierra un aspecto de la vida del valle tropical, y, a menudo, el alma misma de Rivera, noble y cristiana magüer su lírico panteísmo primitivo.

> Soy un grávido río, y a la luz meridiana
> Ruedo bajo los ámbitos reflejando el paisaje;
> Y en el hondo murmullo de mi audaz oleaje
> Se oye la voz solemne de la Selva lejana.
>   Flota el sol entre el nimbo de mi espuma liviana;
> Y peinando en los vientos el sonoro plumaje,
> En las tardes un águila triunfadora y salvaje,
> Vuela sobre mis tumbos encendidos en grana.
>   Turbio de pesadumbre y anchuroso y profundo,
> Al pasar ante el monte que en las nubes descuella
> Con mi trueno espumante sus contornos inundo;
>   Y después, remansado bajo plácidas frondas,
> Purifico mis aguas esperando una estrella
> Que vendrá de los cielos a bogar en mis ondas.

Así se inicia el poema, *Tierra de promisión.* ¿Se trata de un soneto parnasiano, objetivo, impersonal? No lo creemos. El poeta ha hecho del río un símbolo identificándolo con su propio ser: en los demás sonetos, y luego en *La Vorágine,* el tema se desenvuelve en toda su amplitud, y sin tropiezos. Los versos de Rivera, sonoros y coloristas, no sólo describen, sino que interpretan —urnas de lírico afán—, el paisaje y los elementos que lo forman, en sí mismos y en su incesante lucha por la existencia:

En un bloque saliente de la audaz cordillera
El cóndor soberano los jaguares devora;
Y olvidando la presa, las alturas explora
Con sus ojos de un vivo resplandor de lumbrera.

Entre locos planetas ha girado en la esfera;
Vencedor de los vientos, lo abrillanta la aurora,
Y al llenar el espacio con su cauda sonora
Quema el sol los encajes de su heroica gorguera.

Recordando en la roca los silencios supremos,
Se levanta al empuje colosal de sus remos;
Zumban ráfagas sordas en las nubes distantes,

Y violando el misterio que en el éter se encierra,
Llega al sol, y al tenderle los plumones triunfantes
Va corriendo una sombra sobre toda la tierra!

En la tórrida playa, sanguinario y astuto,
Mueve un tigre el espanto de sus garras de acero;
Ya venció a la jauría pertinaz, y al arquero
Reta con un gruñido enigmático y bruto.

Manchas de oro, vivaces, entre manchas de luto,
En su felpa ondulante dan un brillo ligero;
Magnetiza las frondas con el ojo hechicero,
Y su cola es más ágil y su hijar más enjuto.

Tras las verdes palmichas, distendiendo su brazo,
Templa el indio desnudo la vibrante correa,
Y se quejan las brisas al pasar el flechazo...

Ruge el tigre arrastrando las sangrientas entrañas,
Agoniza, y al verlo que yacente se orea,
Baja el sol, como un buitre, por las altas montañas!

Atropellados, por la pampa suelta,
Los raudos potros en febril disputa,
Hacen silbar sobre la sorda ruta
Los huracanes en su crin revuelta.

Atrás dejando la llanura envuelta
En polvo, alargan la cerviz enjuta,
Y a su carrera retumbante y bruta
Cimbran los pindos y la palma esbelta.

Ya cuando cruzan el austral peñasco,
Vibra un relincho por las altas rocas:
Entonces paran el triunfante casco,

Resoplan, roncos, ante el sol violento,
Y alzando en grupo las cabezas locas
Oyen llegar el retrasado viento.

Con pausados vaivenes refrescando el estío,
La palmera engalana la silente llanura;
Y en su lánguido ensueño, solitaria, murmura
Ante el sol moribundo sus congojas al río...
    Encendida en el lampo que arrebola el vacío,
Presintiendo las sombras, desfallece en la altura;
Y sus flecos suspiran un rumor de ternura
Cuando vienen las garzas por el cielo sombrío.
    Naufragada en la niebla, sobre el turbio paisaje
La estremecen los besos de la brisa errabunda;
Y al morir en sus frondas el lejano celaje,
    Se abandona al silencio de las noches más bellas,
Y en el diáfano azogue de la linfa profunda
Resplandece cargada de racimos de estrellas.

Cantadora sencilla de una gran pesadumbre,
Entre ocultos follajes, la paloma torcaz
Acongoja las selvas con su blanda quejumbre,
Picoteando arrayanas y pepitas de agraz.
    Arrurrúuuu... canta viendo la primera vislumbre;
Y después, por las tardes, al reflejo fugaz,
En la copa del guáimaro que domina la cumbre
Ve llenarse las lomas de silencio y de paz.
    Entreabiertas las alas que la luz tornasola,
Se entristece, la pobre, de encontrarse tan sola;
Y esponjando el plumaje como leve capuz,
    Al impulso materno de sus tiernas entrañas,
Amorosa se pone a arrullar las montañas...
Y se duermen los montes... ¡Y se apaga la luz!

Así, en estilo personalísimo, que ni siquiera evita lo que podríamos llamar el *autoplagio*, continúa el poema, enérgico, y libre a veces, otras recatado y blando, como corresponde no sólo a los temas favoritos de Rivera, sino a su propio temperamento poderoso, áspero y dinámico, e ingenuo y equilibrado a un mismo tiempo... Todo en *Tierra de promisión* es color y es drama, como en *La vorágine*. Rivera es el poeta del trópico. ¿Y José Asunción Silva?

El atediado y sensitivo poeta de los *Nocturnos*, sin ser nada «tropical», es colombianísimo como el que más... Sólo que su *clima* estético, colombiano como el de Rivera, es bien diferente, como lo hemos de ver.

Dejemos el Valle de Neiva, su río, su selva, y su vida trágicamente bella. Ascendamos hasta llegar a la Sabana de Bogotá, que está a ocho mil setecientos pies de altura sobre el nivel del mar. ¡Qué cambio tan extraordinario, tan increíble!... El Valle y la Sabana, y Neiva y Bogotá, son mundos diferentes, casi contradictorios.

Reclinada al pie de las faldas de los montes que por el Oriente flanquean la Sabana, está Bogotá, capital de la República, la ciudad donde nació, en 1865, José Asunción Silva, y donde pasó su juventud de aristócrata culto y estudioso, y le puso fin a su vida atormentada a los treinta y un años de edad. Era entonces Bogotá —que ha cambiado mucho, modernizándose—, una ciudad silenciosa íntima y discreta, de severas casonas coloniales, de calles largas, rectas y estrechas, cubiertas de polvo durante las sequías y de lodo en las largas estaciones de las lluvias. Una ciudad gris, cautiva de sí misma, alejada de las rutas del mar y del comercio, habitada por gentes de rancia estirpe española, que vestían siempre de negro y eran amigas de la cortesía, de la elegancia en la fabla y en el ademán, chapadas a la antigua, locuaces, discretamente irónicas, y enamoradas, sin saberlo quizás, de la soledad y de la muerte... Una ciudad aburrida, fría y húmeda, azotada de cuando en cuando por aguaceros y granizadas horripilantes, y a menudo herida en el alma por nieblas y lloviznas, y por los gélidos vientos que soplan de los desolados y foscos páramos vecinos... Un ciudad ensimismada, espiritual, que de continuo se entregaba a la inefable voluptuosidad del recuerdo, de la *saudade* y la agonía... Una ciudad universitaria y monástica, cuyas clases cultas no sólo regían la vida misma de Colombia, sino que ponían en ella un ritmo de sosiego, de temperancia y de mística elación...

La Sabana, antes fondo de un lago andino desaparecido y asiento de la antigua civilización chibcha, desaparecida también, es una dilatada meseta plana, monótona, cubierta de árboles de escaso follaje, al Norte, y al Occidente, escueta y solitaria... Habitan la Sabana gentes mestizas, rubicundas, terrosas, herméticas, y acaso fantasmales que se envuelven en *ruanas* o *ponchos* oscuros de pliegues misteriosos, y sus tierras las surca el río Funza, pobrísimo de aguas si se compara con el Magdalena... Un río amarillento, cenagoso, manso, callado, melancólico, que gira y se repliega en meandros caprichosos mientras corre por la Sabana, y que más allá, se precipita hacia las tierras bajas, en poderoso alarde de fuerza y de gracia profunda, alada y musical, en el grandioso Salto del Tequendama, que adoraron los indios y que cantan los poetas...

¿Selvas y fieras y luchas trágicas en la Sabana?

No las había, ni las hay... La Sabana está casi toda cultivada, y dividida en parcelas, y por lo mismo es como una *colcha loca...* con sus cuadros de legumbres y hortalizas, de maíz, de trigo, de patatas... y sus dehesas de buen ganado manso, ¡importado de Holanda y de Inglaterra!...

Casi podría decirse que nada «tropical» se encuentra en aquellos contornos... Esparcidos acá y acullá, se ven caseríos y pueblos pajizos, y *ranchos* indígenas, casucas pardas y humildes de purísimas líneas que se esconden entre los *arbolocos* de esbeltos troncos huecos y ramaje verdeoscuro, entre los sauces llorones, o entre los eucaliptos de follaje que, si lo estremecen las brisas de la noche, tiene susurros agoreros, o bajo las copas frailunas de los pinos y cipreses importados de España, como lo fueron los eucaliptos de Australia...

¿Fieras y aves salvajes, de mil colores y formas, en la Sabana?

No las había en tiempos de Silva, ni las hay ahora... Allí apenas algún conejillo de Indias salta medroso por ahí, muy rara vez; en los sauces y eucaliptos andan los gorriones y las palomas; en las aguas del Funza buscan escaso alimento los patos que vienen de los Estados Unidos y el Canadá y van de viaje a la Argentina y al Brasil, y en sus riberas mansas chillan los grillos y las ranas...

Y como la Sabana, sobria y sencilla, está a gran altura y rodeada de páramos, su firmamento está casi siempre gris, o celeste pálido; y el aire que la envuelve, quieto y frío, enrarecido, es como el de México —muerte de cielo —agonía de ángel—, y se carga de una tristeza infinita que penetra las almas de los hombres.

No hay colores vivos en este mundo de las alturas andinas. Allí todo se entumece entre gasas impalpables de gris melancolía... Así les sucede aun a los verdes suaves de los pastos y a los dorados de los trigales maduros... Y por eso, el ambiente de la meseta, como tan bien lo dice López de Mesa, le «imprime al espíritu un ritmo evanescente de intimidad lírica y asordinado escepticismo».

En ese ambiente nació y pasó su juventud José Asunción Silva, el fino, el exquisito, el culto, el estudioso, el inteligente poeta cuyo espíritu tuvo ese ritmo evanescente de intimidad lírica y asordinado escepticismo...

Como Rivera, y sin ser paisajista, fue Silva fiel al ambiente en que vivió, y en él buscó el *motivo* primordial en qué ejercitar su honda inspiración. Si se examina con esmero su obra poética —escrita muy a conciencia, calculada, depurada y eminentemente artística—, no se hallará en ella tema alguno que no esté en perfecta armonía con ese ambiente, y esto, a

pesar de que Silva fue un gran lector de las literaturas extranjeras, de las cuales, naturalmente, alguna influencia tenía que recibir. Apenas si en un poema, *Muertos*, escrito en París, nos habla del «otoño», y en *Nocturno*, de la «muerta primavera», bien por tener la frase un valor simbólico, o porque en Bogotá se dice que su clima es de «primavera», aun sin serlo... Pero no culpemos a los bogotanos, porque... ¡es tan dulce vivir de ilusiones!

José Asunción Silva, que no fue filósofo aunque sí vivió de inquietudes metafísicas y sintió profundamente la preocupación del misterio, fue poeta simbolista de romántica inspiración y de estética muy firme y definida. Ni fue místico, en el sentido estricto de la palabra, ni halló encanto poético en el presente de la vida y de las cosas. Se remontó al pasado, lo pobló de imágenes borrosas —como las nieblas y lloviznas *sabaneras*— y de ternuras inefables, y convirtió el mundo bogotano en un mustio jardín de símbolos que sugieren apenas, sin definirlos, los complejos estados de conciencia que le son característicos y aun peculiares. Es el poeta puro, melodioso creador de sugerencias, siempre fiel a su ambiente y a su raza. *Crisálidas, Serenata, Vejeces, Día de difuntos* y sus maravillosos *Nocturnos*, son poemas todos de raigambre espiritual bogotana, colombiana...

Se ha dicho que *Día de difuntos* es una imitación de *Bells*, el poema de Poe, a quien Silva conocía y admiraba. Lo sería en cuanto a algunas aliteraciones y onomatopeyas... En cuanto a su contenido estético, ¡imposible!

> La luz vaga... Opaco el día...
> La llovizna cae y moja
> Con sus hilos penetrantes la ciudad desierta y fría;
> Por el aire, tenebrosa, ignorada mano arroja
> Un opaco velo, de letal melancolía,
> Y no hay nadie que en lo íntimo no se aquiete y se recoja
> Al mirar las nieblas grises de la atmósfera sombría,
> Y al oír en las alturas
> Melancólicas y oscuras
> Los acentos dejativos
> Y tristísimos e inciertos
> Con que suenan las campanas,
> Las campanas plañideras
> Que les hablan a los vivos
> De los muertos.

Y continúa el poema, inquietante, doloroso... Y quien haya estado en Bogotá el dos de noviembre que todos los años la Iglesia y el pueblo le dedican a los muertos, en plena estación de las lluvias, ese día en que las campanas de más de sesenta templos doblan sin cesar y llenan con sus quejas el aire frío y húmedo, jamás podría decir que el poema carece de fidelidad al ambiente en que se escribió. ¿Y qué del Nocturno de Elvira, que tan conocido es, por expresar un alto valor universal? Oigámoslo:

>   Una noche,
> Una noche toda llena de murmullos, de perfumes y de músicas
>   [de alas;
>   Una noche
> En que ardían en la sombra nupcial y húmeda las luciérnagas
>   [fantásticas;
>
> A mi lado, lentamente, contra mí ceñida toda, muda y pálida,
> Como si un presentimiento de amarguras infinitas
> Hasta el más secreto fondo de las fibras te agitara,
> Por la senda florecida que atraviesa la llanura
>   Caminabas;
>   Y la luna llena
> Por los cielos azulosos, infinitos y profundos, esparcía su luz
>   [blanca.
>   Y tu sombra,
>   Fina y lánguida,
>   Y mi sombra,
> Por los rayos de la luna proyectadas,
>   Sobre las arenas tristes
>   De la senda se juntaban,
>   Y eran una,
>   Y eran una,
> Y eran una sola sombra larga,
> Y eran una sola sombra larga,
>   Y eran una sola sombra larga...

>   Esta noche
>   Solo; el alma
> Llena de las infinitas amarguras y agonías de tu muerte,
> Separado de ti misma por el tiempo, por la tumba y la dis-
>   [tancia.
>   Por el infinito negro
>   Donde nuestra voz no alcanza,
>   Mudo y solo
>   Por la senda caminaba...
> Y se oían los ladridos de los perros a la luna,
>   A la luna pálida,
>   Y el chirrido
>   De las ranas...
> Sentí frío. Era el frío que tenían en tu alcoba
> Tus mejillas y tus sienes y tus manos adoradas,

230

Entre las blancuras níveas
De las mortuorias sábanas.
Era el frío del sepulcro, era el hielo de la muerte,
Era el frío de la nada.

Y mi sombra
Por los rayos de la luna proyectada,
Iba sola,
Iba sola,
Iba sola por la estepa solitaria;
Y tu sombra, esbelta y ágil,
Fina y lánguida,
Como en esa noche tibia de la muerta primavera,
Como en esa noche llena de murmullos, de perfumes y de
[músicas de alas,
Se acercó y marchó con ella,
Se acercó y marchó con ella,
Se acercó y marchó con ella... ¡Oh las sombras enlazadas!
¡Oh las sombras de los cuerpos que se juntan con las sombras
[de las almas!
¡Oh las sombras que se buscan en las noches de tristezas y
[de lágrimas!...

En este admirable poema, de ritmos de «musicales timbres», ora cortos, ora largos, y siempre de gran fluidez, las imágenes son imprecisas, como los conceptos, y todo es íntimo, evanescente, misterioso... ¡En su movimiento —de profundo y sutil dramatismo—, se siente algo así como el vuelo de dos aves, unánime y sosegado al comienzo, angustiado y trémulo cuando una de ellas cae herida por la muerte, y lento, muy lento..., fatigado, al final, cuando la otra se estremece apenas en el dolor y el abandono, sola en medio del negro silencio de la nada impenetrable! ¡Es poesía pura, que nada dice y que todo lo sugiere, y que, en su inefable simbolismo, bien podría considerarse como el angustiado grito discreto de un hombre que ha perdido, no ya a la mujer amada, sino su propio ideal religioso!...

El *Nocturno* —tan *fin de siècle*— ha ganado admiradores en todo el mundo. ¿Es un poema bogotano, colombiano? ¡Claro que sí! Su universalismo no borra ni destruye su colombianidad, antes bien la revela en toda su humanidad. Por lo demás, preguntádselo a un bogotano, o a un *sabanero*, y todos os lo dirán: ¡Nadie que haya vivido y sentido la Sabana y penetrado su alma, puede hoy transitarla en las horas de la noche sin que a su memoria no vengan los ritmos del *Nocturno*, y sin que sus labios no musiten sus versos que tan asombrosamente la interpretan![1]

De **Letras Hispanoamericanas.** Ensayos de simpatía. 1ra. serie Madrid, Ediciones Iberoamericanas, 1963. p. 134-150.

1. En HISPANIA, Palo Alto, Cal., 1940.

JOSE ASUNCION SILVA, EL ARISTOCRATA
Arturo Capdevila

Que lo supieran o que no los contemporáneos (los cuales rara vez se enteran de algo que importe), José Asunción Silva se levantó para la poesía, como el lucero que anuncia la mañana, en los todavía grises cielos literarios de América. Es el que sabe lo por venir. Es el que enseña lo que habrá de ser. Todo esto. No dejó más, sin embargo, que un sólo libro de versos, unas páginas de prosa, y una biografía que se cuenta en dos palabras: nacer en el seno de familia acomodada de Bogotá en el año de 1865; crecer en aquel ambiente modesto; realizar un viaje a Europa; iniciar su verdadera educación en Inglaterra y Francia; volver muy distinto y cambiado a su patria; dedicarse allí al comercio, afrontando una situación nada plácida, al borde de la bancarrota; sufrir del tedium vitae, en medio de cien pequeñeces provincianas que interrumpe una breve misión diplomática en Venezuela, mientras como para sí solo hace versos; y un día, en la plenitud de la vida y de la realización artística, un voluntario pistoletazo y la muerte.

De su prosa, por desdicha, no conocemos lo superior. Se considera que lo mejor de su obra de prosista se lo tragó el mar cuando el naufragio del *Amérique* en que él viajaba. Lo más interesante de su mundo interior, lo más digno de ser estudiado de aquel su corazón en perenne conflicto con la realidad vernácula pereció para nosotros en aquella hora infausta. Se recuerdan algunos de los títulos de sus novelas cortas que en la ocasión se perdieron: *Del agua mansa,* y *Un ensayo de perfumería*. ¡Novelas, sin duda alguna, confidenciales, que pensaba reunir bajo el título común de *Cuentos Negros*; y las cuales acaso hubieran debido llevar por epígrafe estas palabras de una carta suya! "¡Ah! Vivir la vida... Eso es lo que quiero. Sentir todo lo que se puede sentir, saber todo lo que se puede saber, poder todo lo que es dado poder...".

Como para señalar algo muy esencial en este raro destino nos informa Sanín Cano que desde niño tuvo trato con las hadas el poeta. Leía y releía los cuentos de Grimm y de Andersen. Hasta hombre los leyó. Pero nunca fue niño, nos añade este su íntimo conocedor. *Usted no parece un niño*, le decían. Y, en efecto, ¡qué había de serlo!...

Más tarde, sin embargo, como artista, se refugiaría en los infantiles recuerdos; recuerdos llenos de sustos, de apariciones, de sutiles terrores; pero casi dulces terrores en su melancolía vagarosa. Como aquí se verá:

> Los niños cansados suspenden los juegos.
> De la calle vienen extraños ruidos.
> En estos momentos, en todos los cuartos,
> se van despertando los duendes dormidos.

Y todos los amables duendes se le aparecen: Rin Rin Renacuajo, Ratoncito Pérez, el Gato con Botas, Caperucita, el Lobo, Cenicienta; todos los personajes "de los tenebrosos cuentos infantiles"; cuentos viejos, remotos, que, nacidos en la lejana antigüedad de "los potentes Arios primitivos" han llegado hasta nuestras razas enclenques, como un hálito de la pasada salud.

En estos cuentos de un hechizo inefable está la poesía toda de la vida y su misterio.

> Cuentos que repiten sencillas nodrizas
> muy paso a los niños cuando no se duermen,
> y que en sí atesoran del sueño poético
> el íntimo encanto, la esencia y el germen.

El esteta máximo de América lo ha dicho; tomémoslo como un dogma. En los cuentos que escuchamos en la infancia está el germen de la vida poética. Por eso suele él volver los ojos al tiempo ido. Y va al pasado. Pero no para resucitarlo. Lo viejo, lo caduco, lo que fue y está muerto, lo atrae, sí; pero él, a poco, lo abandona tan viejo, tan caduco, tan acabado y tan muerto como lo halló. Se limita pues, a comprobar que esas cosas pertenecen al mundo de lo fenecido, y allá las deja con un romanticismo reposado y conforme. Si buscó en ellas refugio, se equivocó. Y resucitarlas, ni pensarlo. Marca el óbito como un cura obituario y nada más.

Su único refugio, ya que no el amor, ya que no la fe, ya que no el trabajo, será el arte. Y se acerca al verso, mientras más solo se siente, lo mismo que el sacerdote alza sus manos al cáliz del altar.

> El verso es vaso santo; poned en él tan sólo
> un pensamiento puro.

Ni en la contemplación del cielo halla refugio. Estrellas y nebulosas giran y arden muy lejos "en el infinito que aterra". Son las constelaciones que hace miles de años adoraron los

magos, y en cuya adoración se consolaron. El apenas si acierta a preguntarles:

> ¡Estrellas, luces pensativas!
> ¡Estrellas, pupilas inciertas!
> ¿Por qué os calláis, si es que estáis vivas,
> y por qué alumbráis si estáis muertas?

En cuanto a las humanas criaturas..., dejarlo en paz. En tratándose de ciertas cosas:

> Juan Lanas, el mozo de esquina,
> es absolutamente igual
> al Emperador de la China:
> los dos son un mismo animal.

Aun sabía cosas peores; todas aquellas acerbas conclusiones que fue dejando caer en sus lamentables *Gotas Amargas*. Lázaro devuelto a la vida por el Salvador, yerra entre las tumbas cuatro lunas después, envidiando a los muertos. La tierra gira, ignorando su propio secreto. En todo caso la tierra es "displicente y callada". Pero ¿cómo fue que se curó el pobre Juan de Dios del grave desengaño de la vida? Pues muy sencillamente:

> Se curó para siempre con las cápsulas
> de plomo de un fusil.

¿Cómo vivir?

> Si quieres vivir muchos años
> y gozar de salud cabal,
> ten desde niño desengaños,
> practica el bien, espera el mal.

Resumen: preferible es quedarse zoospermo que ser hombre.

Nada de esto, por consiguiente, le servirá de amparo. Y Dios tampoco, porque no cree. O peor: es agnóstico. Así, él pondrá toda su alma en el arte. Esta es su religión, para el arte vivirá. En la poesía que titula precisamente *Un poema*, y en que todo es doctrina, lo advertiremos, no en una actitud combativa (los estetas no combaten), pero sí en una actitud heroica —estoica, diremos mejor— ante la incomprensión de los mejores. El poeta hizo su poema tal como lo forjó su ensueño, de arte nuevo y supremo, llamando "a todos los ritmos con un conjuro mágico"; tal, que "los ritmos indóciles" se acercaron. Y "de metros y de formas se presentó la corte".

Tascando frenos áureos, bajo las riendas frágiles,
cruzaron los tercetos, como corceles ágiles;
y abriéndose ancho paso por entre aquella grey,
vestido de oro y púrpura llegó el soneto rey.

Todo esto aconteció, y cien milagros más en que fue logrando la frase de oro, la música extraña, la luz un poco vaga, un olor de heliotropo, un color de amatista. ¿Y qué sucedió finalmente?

Le leí, mi poema a un crítico estupendo...
Lo leyó cuatro veces, y me dijo: ¡No entiendo!

No importa (por el contrario: conviene) que el estupendo crítico no entienda. Esta es la piedra de toque; ello lo que prueba, para el caso, que tiempos nuevos se levantan, para cuya propiciación Silva hace falta.

De un modo o de otro, José Asunción Silva es el esteta; el que todo lo lee y examina, el que todo lo aclara, el que descubre o redescubre los ritmos justos; el que, parecido a uno de aquellos orfebres que conoció la Provenza, prepara los nuevos moldes y vehículos de la emoción. Es así como llega a ser un artífice incomparable y un erudito de la sensibilidad; hasta que momento viene en que ha de nacer el más perfecto de los nocturnos que la poesía castellana conoce: el que bien se ha dado en llamar *Nocturno Mayor*, aquel de la sola *sombra larga*.

Con tal obra maestra contribuyó aquel hierofante del Arte a educar para la poesía española esa composición de nuevo tipo —el nocturno—, cuya remota fuente se halla en los oficios religiosos de la noche. De este manso nido, en efecto, alzó su agitado vuelo el ave de alma tempestuosa de los nocturnos de Chopin, que es —me parece— de donde proceden, por transmutación, los nocturnos poéticos, no de las vagas serenatas de los enamorados, como suele admitirse.

José Asunción Silva, desde la misteriosísima sombra de su *Nocturno* es el lucero anunciador de un nuevo día. Ahora bien: cuando esto sucede es que un hombre solar está por comenzar su jornada. Ese hombre solar estaba justamente por iniciarla. Ya lo sabe el lector. Se llamaba Rubén Darío.

Pero volvamos al *Nocturno* y por el camino de su sombra lleguemos a la tiniebla del poeta suicida. El caso es que el 24 de mayo de 1896 se eliminaba José Asunción Silva. ¿Por qué? Acuña, el infortunado cantor de México, dejó un nocturno —el célebre a Rosario— por despedida del mundo. Silva

dejaba también una composición de igual carácter lírico, llena de signos de adiós.

No es éste su único nocturno. Fue autor de tres más, incluido el que tituló *Ronda*, y no *Nocturno*, como se bautizó después. Queremos señalar este, que empieza:

> Poeta, dí paso
> los furtivos besos...

¿Está ahí la clave del *Nocturno Mayor* y acaso el de la tragedia misma? En él se recuerdan las citas de amor del vate con una melancólica niña de veinte años, de cabellos dorados, que muy luego murió:

> Tú, mustia, yerta y pálida entre la negra seda...
> La llama de los cirios temblaba y se movía.
> Perfumaba la atmósfera un olor de reseda.
> Un crucifijo pálido los brazos extendía,
> y estaba helada y cárdena tu boca que fue mía.

La verdad es que la anécdota bien pudiera ser la misma. Sin embargo, en un caso nos hallamos en la tierra, mientras que en el otro, todo es lejanía, Más Allá y lontananza del espíritu. Desde el primer renglón el sortilegio se consuma, como en preventivo acorde beethoveniano:

> Una noche,
> una noche toda llena de murmullos, de perfumes y de músicas
> [de alas...
> una noche
> en que ardían en la sombra nupcial y húmeda las luciérnagas
> [fantásticas...

Y ya no estamos en este mundo.

Ahora bien, ¿esconde esa composición maravillosa y patética la clave del suicidio? Allí se habla de una mujer. Dos veces se habla de una mujer. De ella viva en la primera parte. De ella muerta, en la segunda.

¿Quién era? ¿Tenía novia acaso José Asunción Silva? ¿Miraba siquiera en la sala de un teatro a alguna niña en particular? Si alguna vez lo hizo fue para celebrar en abstracto la belleza de alguna amiga, o bien la de Elvira su hermana. De modo que si a nadie amaba (y ya sabemos que Sanín Cano ha confirmado en lo más absoluto de lo absurdo la hipótesis de una transgresión repulsiva), si ello fue así ¿quién era aquella que caminó con él una noche lentamente, toda ceñida contra él?

A mi lado lentamente, contra mí ceñida toda, muda y pálida,
como si un presentimiento de amarguras infinitas
hasta el más secreto fondo de las fibras te agitara
por la senda florecida que atraviesa la llanura caminabas

La intimidad del contacto (contra mí ceñida toda) hace pensar en lasciva fiebre. Pero no. Ella se ciñe toda, muda y pálida. Y el miedo es capaz de todo eso también: el miedo; porque ella se ciñe así con presentimientos de amargura infinita y terror. Un ángel podría, acometido de súbito presentimiento semejante, ceñirse de igual manera a un pecho amigo. O sea que sin horror moral para nadie, convienen los amigos de Silva en que la niña que marcha con él por la senda de la estepa en el *Nocturno*, es Elvira, su hermana, que presiente estremecida su próximo fin.

¿Y la muerta? La muerta, lógicamente, es también Elvira. Es su fantasma el que llega. Es su sombra fina y lánguida esa que se le aproxima, es su impalpable sombra, la que marcha con él de nuevo en supremo contacto.

¡Cuántas veces no la lloró! Y en verso. Con esos versos que Isaacs, el autor de María, le dedicó traspasado. Versos que se le graban en la memoria. Versos que repite siempre. Por ejemplo:

Todo a la vida y a la luz despierta...
¡Ay! Sólo tú, dormida para siempre,
y para siempre muerta!

O bien aquellos otros en que se interroga qué será sin ella de aquel su hogar; qué pasará:

En ese hogar, de tus encantos nido,
donde pasan las horas,
lentas, cual las de dicha voladoras,
y en que todo es dolor porque te has ido.

Sanín Cano lo ha explicado para siempre.

"En estos días azarosos Silva vivía en el campo. Paseaba sólo de noche por un camino que en vida de su hermana solía frecuentar con ella. Era una vereda alta, tajada en un barranco. Arriba se veía la colina enhiesta. Abajo, y a lo lejos, se extendía la sabana uniforme vestida de trigos secos, consonancia de una desolación incomparable. Cuando la luna llena salía por los cerros en las primeras horas de la noche, proyectaba como espectros sobre la llanura solitaria las sombras de los que pasaban por el camino, entre la luz plenilunar. Silva había recorrido esa vereda con su hermana frecuentemente y

se había entretenido con ésta en contemplar sus sombras deformadas y evanescentes sobre el silencio inexpresivo de la sabana. Recorriendo ese camino, después de muerta su hermana, a solas o en compañía de un amigo predispuesto por su natural a la tristeza y al silencio, perseguían a Silva los recuerdos de Elvira. Ese dolor irrefrenable es el que han venido a fijar en líneas inmortales las exquisitas cadencias del *Nocturno*. La desnuda emoción del abandono de los hombres une sus acordes a la amargura del recuerdo. Tal es la historia de esa poesía. Sobre ella ha edificado la gente indiferente una novela d'Annunzio".

Sin duda. Pero un fantasma no es fácil nunca de identificar. Acaso, en cambio, sea nada difícil de sustituir. Acerca de esta segunda parte del *Nocturno* hay una sospecha; una sospecha literaria, no infundada, respecto de que algo de esto ha pasado: la insinuación que apunta Cuervo-Márquez en su valioso ensayo (*José Asunción Silva: su vida y su obra, Amsterdam, 1935*), cuando dice que "si a la fuerza debiéramos poner un nombre de mujer a la inspiradora del *Nocturno*", este nombre debería ser el de María Bashkirtseff, la encantadora rusa de quien Silva fue tan apasionado lector.

En su novela *De sobremesa* consta, en labios del protagonista, aquella devoción exaltada: llámala allí maravillosa criatura, la más ideal y conmovedora por él conocida en las letras. El *Diario* famoso de María Bashkirtseff le parece "espejo fiel de su propia conciencia y de su sensibilidad exacerbada". Y añade la confesión de que "no habría podido jamás encontrar fórmulas más netas que las de ella para anotar sus impresiones". Pasó ebria de deseos y virginal, juntamente. "¡Nuestra Señora del Perpetuo Deseo!".

Había leído toda la obra de la Rusa, el Colombiano. Su sabana se confunde con la estepa. Es de notar en su estudio sobre Tolstoi este renglón: "Las estepas desoladas por las sombras nocturnas". ¿No parece un rasgo de la composición que nos ocupa?

Reconoce Silva en su artículo *Dos libros*, que lo absorbía la lectura del *Diario* de María, ese diario del alma de "la dulcísima rusa, muerta en París de genio y de tisis a los veinticuatro años, en un hotel..." Casi lo sentimos suspirar: ¡Oh, si yo hubiese llegado a tiempo! Entonces él y ella habrían sido felices; tal vez desesperadamente felices. En fin: dulcísima rusa, aquélla, de un alma que fue "una mariposa de luz" y no como lo quiso Max Nordau "una degenerada, tocada de locura moral... de exaltación erótica morbosa".

No sólo leyó y meditó esa biografía apasionante, sino cuanto acerca de su autora iba apareciendo; así el estudio de Barres. Pero no lo satisfacen a este nuevo y tan raro enamorado las evocaciones del escritor francés. El la ve de otro modo. Cree, incluso, que es el único que acierta a verla como fue. ¿Es un hechizo? ¿Es un embrujamiento lo que pasa con él? En detenido silencio la evoca. Son páginas de una sinceridad perfecta. En un momento dado, imagina a María bajo el cielo de la noche en que "la luz de la luna se filtraba por allí e inundaba la penumbra de su sortilegio pacificador".

A los años hace de ambas muertas —de Elvira y de María— una sola. Esto infiero. Trabaja su corazón soñador y doliente con parecida angustia y afines sueños frustrados. De ambas —que al cabo hacen una sola imagen maravillosa— vino a quedar separado "por el tiempo, por la tumba y la distancia" y aun

> por el infinito negro
> donde nuestra voz no alcanza.

"¿Por qué morir así, a los veinticuatro años, antes de vivir y cuando quiere vivir?" Se sumerge el poeta en la consideración dolorida de este hecho; y aplicando consejos de San Ignacio, el mayor de los psicólogos, hace la debida "composición de lugar" para mejor evocarla. Así es como logra sentir todo su refinado encanto... Ciertamente no conoce la historia literaria caso igual de exaltación admirativa ni comunicación más sutil entre un poeta y una muerta. Allá en París, va a visitar su tumba, le lleva flores, lee y relee su *Diario*. Su exaltación llega al amor, y bien está que se confiese un fanático de la dulcísima eslava.

Y una noche..., no esa noche "llena de murmullos, de perfumes y de música de alas", sino aquella otra en que flotaba tétrico el recuerdo de Elvira en la desolación del hermano; aquella noche en que por la misma estepa de la otra vez iba solo el poeta —noche en que "se oían los ladridos de los perros a la luna"—, aquel fantasma se le acercó a su sombra. Sí. Ciertamente,

> se acercó y marchó con ella.
> ¡Oh, las sombras enlazadas!
> ¡Oh, las sombras de los cuerpos que se juntan
> con las sombras de las almas!
> ¡Oh, las sombras que se buscan en las noches
> de tristezas y de lágrimas!

Grito de dolor abstracto llama Cuervo-Márquez a esta composición. Y en efecto lo es. Pero también sollozo. Y música. Sobre todo, música, entre melancólicas ráfagas del Más Allá. Toda esa atmósfera misteriosa, tan familiar para él, es la que impera en el *Nocturno*.

Pero con haber estado la sensibilidad de Silva desde la infancia, tan cerca de lo misterioso, tan impregnada del aliento y aroma de lo enigmático, no supo llegar su alma al gran Misterio. No acertó a salir de los misterios menores y aun se demoró entre los que podríamos llamar menudos: que también los hay. Y estos misterios menores son como un mar de los Sargazos para la navegación de vela de la vida. No dejan navegar. Van atajando y aprisionando la nave. Pues realmente sólo el gran Misterio es el mar abierto y libre, donde sopla ancho y poderoso el viento —digo el viento de Dios—, que sabe convertir los velámenes en conquistadoras alas.

Enigma serio en el destino de tan alto poeta, no alcanzar el gran Misterio: ver despertar a tantos duendes dormidos y no ver despierto a Dios. Pero cada uno tiene su religión. La suya fue la del Arte. Y ésta no conoció en América, creyente más puro que él.

Prólogo a **J. A. Silva: Poesías completas y sus mejores páginas en prosa.** Buenos Aires, Editorial Elevación, 1944, pp. 9-22.

JOSE ASUNCION SILVA

Roberto F. Giusti

Hace medio siglo, el 24 de mayo de 1896, un caballero bogotano de treinta años, si no miente la fe de bautismo, de profesión comerciante y ocasionalmente diplomático, se disparaba un tiro en el corazón. Era de familia de abolengo, había sido rico, de joven había viajado por Europa, de donde trajo hábitos y maneras de "dandy", y cultivaba las letras como las había cultivado su padre, cuya lujosa tienda heredó, pero en quiebra. El padre, don Ricardo Silva, vinculado a los más ilustres literatos colombianos, a los que ofrecía en su casa hospitalaria y amena tertulia, fue autor de celebrados artículos de costumbres; el hijo, José Asunción, figuraba ya desde los veinte años entre los poetas publicados en 1886 en *La Lira Nueva*, colección de poesía de una joven generación representada por talentos como Carlos Arturo Torres, José Rivas Groot, Antonio José Restrepo, José Joaquín Casas, Ismael Enrique Arciniegas, Diego Uribe, Joaquín González Camargo, el más tarde popularísimo Julio Flórez, y otros varios que no han sido olvidados en las letras colombianas.

A José Asunción Silva la gloria no debía llegarle sino después de muerto, cosa por lo demás corriente. Sus poesías, no muchas, y dispersas además la mayoría en periódicos, revistas y álbumes, cuando no conocidas sino por los íntimos, no habían trascendido de los círculos literarios, en los cuales era diversamente estimado; sólo el triunfo del modernismo y el juicio histórico-crítico de la posteridad las elevaron al eminente lugar en que hoy las contempla la admiración de un continente. Desde el fatal balazo, lo primero que surgió en torno del hombre y del poeta fue la tenebrosa leyenda: los años, al hacer la luz en esa vida rara y atormentada, esclarecían la obra desigual.

En ese esclarecimiento, tratándose de tal vida y tal muerte, no podía faltar la acostumbrada técnica de la psiquiatría. Para explicar el suicidio no hay pliegue de la existencia del poeta que no haya sido hurgado, ni antecedente hereditario en donde la curiosidad de los biógrafos no encontrara una causa. No sé que todavía se haya hecho un buceo psicoanalítico del "caso clínico", con su análisis de complejos y resentimientos, donde no podrá faltar la resurrección de la leyenda del incesto; pero no desesperemos, que todo se andará. Sin

duda el ansia de placeres del abuelo paterno, las locuras del tío
abuelo, el suicidio de un tío segundo, el sensualismo gozador
del padre, hasta la contraria frialdad de la madre, son o
pueden ser todas contribuciones útiles, si no para explicar
íntima y sustancialmente una obra poética, para condicio-
narla, o por lo menos para ilustrar la biografía moral del
autor, a fin de que aquélla no aparezca suspendida en el aire
sin raíces vitales. No desestimo, pues, ninguna noticia sobre
las influencias físicas, sociales o psicológicas que determinaron la formación de la personalidad de José Asunción Silva
(acopiadas en mayor abundancia que en ningún otro libro, en
el ensayo biográfico que publicó en 1937 Alberto Miramón),
pero yo quiero desentenderme un poco, como tengo por hábi-
to crítico, del hombre que sorprendía a amigos y extraños con
sus singularidades y extravagancias, o con las maneras y trajes
importados de Europa y tenidos por insolentes en la pacata
sociedad bogotana de fines del siglo, chocaba a los colegas con
cierta ostentosa presunción (la cual dio origen a un intencio-
nado *calembour* con su segundo nombre de pila), y dejó estupefactos a todos con su bien premeditado suicidio, ejecutado
con aristocrática elegancia dannunziana. Prefiero leer a través
de la obra, en el corazón atormentado que se hurtaba a la
auscultación de los más íntimos, y observar qué ritmo y
vibración emocional dieron al verso los latidos de ese corazón.
El objeto de nuestra admiración es la obra. Ella —el mundo de
sus ideas, imágenes y sentimientos— es por consiguiente el
objeto de nuestro examen. Colombianos y poetas ha habido
muchos, y grandes; colombianos y neuróticos, probablemente
también; pero un solo José Asunción Silva.

Dicen que él escribió a los diez años la poesía titulada
Primera comunión. Presumo que el texto infantil haya sido
retocado para su publicación posterior. De no ser así, Silva
fue, más que un poeta precoz, un poeta precozmente maduro.
Esta poesía es inequívocamente becqueriana por el acento y la
factura; pero, si bien la línea del pensamiento se quiebra con
cierta impericia al llegar a la imagen final, ésta, la de los viejos
santos que en los lienzos

> de oscura vaga tinta,
> bajo el polvo de siglos que los cubre,
> mudos se sonreían

muestra, si no es reminiscencia, una seguridad de trazo y
pincel, nada comunes en los artistas de diez años, aunque
predestinados.

Nació, pues, José Asunción Silva, como otros compañeros suyos de *La Lira Nueva*, bajo el signo de Bécquer. Bécquer y Núñez de Arce eran las dos influencias dominantes, sobre los jóvenes de su generación. Quizás la perspicacia muy aguda de uno de esos críticos que ven o pretenden ver debajo del agua analogías imprecisas e influencias remotas, se atrevería a señalar en la poesía de Silva también un vago recuerdo de la atmósfera de religiosidad y misterio evocada en *Tristezas* por Núñez de Arce.

Bajo la influencia dominante de Bécquer siguió escribiendo el adolescente hasta que su pesimismo natural descubrió la voz que expresaba tal estado de alma con desahogo más adecuado a los gustos estridentes de la juventud. Era la voz llamativa del catalán Joaquín Bartrina, cuya musa, más ingeniosa que inspirada, suele descender a humoradas de coplero de almanaque, como le ocurría a Campoamor, de cuyo escepticismo burgués el de Bartrina parece ser la exageración nihilista. No evitó siempre el escollo de la trivialidad José Asunción Silva, cuando compuso la breve serie de las *Gotas amargas*, mantenidas inéditas hasta después de su muerte. El nebuloso espiritualismo de la adolescencia se había desvanecido, haciendo sitio a otros sentimientos. El muchacho aficionado a leer libros de filosofía y medicina e imbuido de las doctrinas materialistas entonces en boga, el lector de Schopenhauer y Leopardi, tempranamente pesimista, encontró una nueva fuente de inspiración en el poeta de *Algo*. La actitud de Silva era antirromántica; quizás lo fuera menos el sentimiento inspirador. ¿Cuál era en efecto el que dictaba las *Gotas amargas*? Aspiraciones idealistas tan altas que no se satisfacían ni con la adocenada literatura en que agonizaba el romanticismo, retrasado en tierras de América, ni con la vida provinciana aburguesada y gazmoña. El también, como el filósofo de su composición "Psicopatía", está enfermo del mal de pensar,

> que ataca rara vez a las mujeres
> y pocas a los hombres...

dice Silva.

Lo han envenenado las muchas lecturas, la crítica de todas las ideas y todas las ilusiones. Ya no le sonríe la naturaleza en flor ni la fiesta del mundo. O limpiarse de ideas el cerebro, arrojándose al vórtice de la vida activa, o resignarse a sufrir hasta el ataúd. Bien se ve que a Silva la vida lo seduce con sus promesas; que él quisiera encerrar su universo en los goces del amor; pero ha medido la vanidad y caducidad de todo cuanto hacemos y alcanzamos, y carente de fe religiosa, su escepticismo solamente descansa en la idea de la muerte. Este es el retornelo obsesivo de casi todas las composiciones que escribió después de los veinte años. No hay modo de curarse del mal de vivir sino con una cápsula de plomo, como le ocurre a Juan de Dios, su doble, filósofo sutil, desencantado de la vida. El amor, el placer, la riqueza traen solamente males y disgustos; el arte es recompensado con la indiferencia y el olvido; la fe no ofrece más que dudosas esperanzas; la razón corroe hasta la confianza en uno mismo; toda actitud, incluso la de no obrar, como la del yogui reconcentrado en su inerte soledad, es fuente de pesares y angustias. Eso leemos en la composición que tituló "Filosofías", feroz elenco de negaciones, suma y compendio del pesimismo absoluto y desesperado que envenena cada una de sus *Gotas amargas*.

Estas quince composiciones son un desafío sarcástico lanzado contra todas las esperanzas, creencias e ideales humanos por ese perseguidor de imposibles, que dudaba de todo. El pintó su dolencia en otra composición titulada "El mal del siglo",

> ...el mismo mal de Werther,
> de Rolla, de Manfredo y de Leopardi;
> un cansancio de todo, un absoluto
> desprecio por lo humano..., un incesante
> renegar de lo vil de la existencia
> digno de mi maestro Schopenhauer,
> un malestar profundo que se aumenta
> con todas las torturas del análisis...

Que ésta no era una postura lo certificó su muerte voluntaria y temprana. ¿Cuál conclusión más verdadera de una auténtica filosofía pesimista que el suicidio?

Si se comparan las *Gotas amargas* con *Algo*, la breve colección que hizo popular a Bartrina, muerto también él a los treinta años, aparte de la precedencia cronológica del catalán, en nuestra lengua, en este género de poesía corrosiva, impregnada de acre humorismo, el colombiano lo aventaja en naturalidad y gracia expresiva, variedad y agilidad de versificación, novedad de asuntos, y también, en vuelo lírico, siquiera por momentos.

Pero el poeta a quien la posteridad recuerda y ama no es ése. Su gloria se asienta sobre media docena de composiciones que, con unas pocas más de su pluma, son lujo de las antologías. Creía Silva en muchas más cosas de las que su insatisfacción hacíale maldecir o burlarse. Su corazón no era una charca fangosa y árida. Era sensible a la poesía de la naturaleza y del hogar, y desbordaba con las lágrimas que trae el recuerdo de las horas felices, lágrimas que enternecen sus más bellos poemas. Particularmente enternecíale la añoranza de los días infantiles. "Los maderos de San Juan", con la representación del niño que se balancea en las rodillas cansadas de la abuela, no es en la poesía de Silva la casualidad de una hora de nostalgia "de seres y de cosas que nunca volverán". Las "esencias fantásticas y añejas" con que el pasado perfumaba sus ensueños, también bañan aquella admirable evocación titulada "Vejeces", pintura exquisita de la casona donde "las cosas viejas, tristes, desteñidas, sin voz y sin color" le cuentan sus secretos. Los personajes de los cuentos infantiles, Rin Rin Renacuajo —creación folklórica de su compatriota el gran poeta Rafael Pombo—, el Ratoncito Pérez, el Gato con Botas, Caperucita y Cenicienta, vuelven a poblar en su memoria la alcoba en sombras, alumbrada apenas por la lámpara tibia encendida junto a la cuna donde él oyó de niño aquellos relatos: tesoro y fuente de ensueños poéticos confesados en su cariñosa evocación. No fue la sola vez que cantó a estos seres inmortales de la epopeya tragicómica que hace felices a los niños, a pesar de la desaprobación de los pedagogos modernísimos, quienes piden, como Mr. Gradgrind en *Tiempos difíciles* de Dickens, hechos, hechos, hechos... Quizás exageró el maestro Sanín Cano cuando sostuvo que a Silva le faltó la experiencia rosada de la infancia, en cuyos juegos nunca habría participado, si bien admitió que tuvo trato con las hadas, leyendo los cuentos de Grimm y de Andersen. Sea como sea, literarios o no —y yo no excluyo el eco de las horas realmente vividas— "los plácidos recuerdos de la infancia" asediaban al poeta. Una vez más el encanto de las cosas que el tiempo y la distancia embellecen aquieta sus horas de amargura en la linda poesía titulada "Infancia", poblada también ella por los héroes de los cuentos infantiles.

Así vemos a este escarnecedor de virtudes, creencias e ilusiones postrarse emocionado ante la cuna inocente de los niños y las sonrisas de las abuelas inclinadas maternalmente sobre las cabecitas de aquéllos, y al burlador convertirse en uno de los más tiernos poetas de la infancia que han escrito en castellano.

Complacerse con los recuerdos de la niñez, con la frecuentación del pasado, cuando el sentimiento se convierte en estado dominante del espíritu también es un modo de padecer la obsesión de la muerte. Lloramos la caducidad, la fugacidad de cuanto existe, acabamos por dar —como avisa Jorge Manrique— lo no venido por pasado, y por sentir el sabor de ceniza de todas nuestras experiencias y esperanzas. Esto le ocurría a José Asunción Silva.

La muerte está presente en todas sus imaginaciones. Está en el verso de cada hoja que él vuelve del libro de la vida. En el recto del folio, una dicha fugaz, una ilusión, un instante de placer; del otro lado, la muerte. La bellísima composición que empieza: "¡Poeta! dí paso los furtivos besos!"... arbitrariamente rotulada "Nocturno" por algunos antologistas, lleva en el manuscrito original el título de "Ronda". ¿Ronda o corro de qué? ¿de las horas que pasan? Primero, la casta entrega en la alcoba sombría de la selva, fugitivamente alumbrada por la luna; después, la posesión en la alcoba de espesa tapicería, a la luz incierta de la lámpara; después, la pobre niña, "mustia, yerta y pálida" entre la negra seda del ataúd... El mismo sentimiento de contraste está expresado en el magnífico "Nocturno" que ha cimentado la gloria de Silva. Aquí la protagonista es Elvira, la hermana del poeta, fallecida a los veinte años, purísimamente evocada en la casta elegía, en la hora en que ambos paseaban de noche en el silencio de la sabana por una alta vereda tajada en un barranco, en la hacienda heredada, según el testimonio fidedigno de Baldomero Sanín Cano.

Permítaseme una digresión a propósito del "Nocturno". El ilustre crítico colombiano y estrecho amigo de Silva, con su precisa aclaración sobre el origen de la poesía asestó un golpe de muerte a la leyenda de los amores incestuosos del poeta con su hermana, novela de D'Annunzio, como escribió el amigo, edificada sobre la verídica historia. Y ya ha quedado también establecido que el pretendido nocturno al cual antes me referí, ficción o verdad de una pasión carnal cuya protagonista muere, fue escrito un año antes de la repentina muerte de Elvira.

El poeta vuelve a recorrer la misma alta vereda, solo y mudo, poseído del horrible sentimiento de lo irremediable, aprisionado por el hielo de la muerte, por el frío de la nada, y, como todos recuerdan, la sombra de Elvira nuevamente se

enlaza con la suya, la sombra del alma se junta con la sombra del cuerpo, y ambas forman una sola sombra larga...

¿Qué es lo que ha vuelto a él a través del tiempo, la tumba y la distancia? Nada más que la memoria de la dicha fugaz. Como Mácbeth lo grita antes de morir, la vida es una sombra, un histrión que pasa por el teatro y a quien después se olvida, la vana y ruidosa fábula de un necio. No fue Mácbeth el primero que lo dijo con esas o parecidas palabras, ni será el último. Tal era la filosofía de José Asunción Silva. El satírico de *Gotas amargas* contemplaba principalmente al histrión, escuchaba la cháchara del necio; el lírico del "Nocturno" se veía nada más que sombra, aunque vivo, enlazado con la sombra de la hermana, proyectado sobre la infinita negrura de la estepa de la vida.

¡Ah!, pero la tumba no detiene el paso de los hombres, parándolos a su borde a recordar y soñar como hacen los poetas! La caravana sigue la marcha. La muerte de José Asunción Silva es más muerte aún, porque se lleva hasta el recuerdo de los que fueron. Los hombres olvidan. La huida del tiempo lo borra todo. En la poesía titulada "Día de difuntos", en la música grave de los bronces que tocan a muerto, ríe la voz escéptica de la vida en la otra campana que marca las horas y con cada hora un olvido. Esta idea del olvido lo persigue. "Luz de luna" también tiene por asunto la muerte. Preludia las dulces cadencias del "Nocturno", pero contempla la vida con el mordiente escepticismo del "Día de difuntos". El himno de amor en la estancia plateada por la luna, contrasta con el cuadro de olvido y abandono en el salón en fiesta; la magia de los suspiros y de los besos apasionados la deshace la pirueta heiniana de una frase de frívola olvidadiza...

Tal es la filosofía de la vida que yo leo en la obra del poeta colombiano, llegada a nosotros fragmentaria, dispersa y con cronología insegura. Porque conviene recordar que las poesías de José Asunción Silva, recogidas en la primera edición, y unas pocas más publicadas después, no son sino una parte de las que tenía ordenadas y perdió en el naufragio de *L'Amérique*, frente a la costa colombiana, en enero de 1895, de regreso de su corta estada en Caracas, como secretario de legación. A propósito de este siniestro, no creo que particularmente el naufragio, o la muerte de Elvira, producida seis años antes, o la pérdida de su fortuna, privación a la cual ya se había conformado Silva, hayan sido los motivos reales del suicidio.

Pesares, desengaños, ausencias definitivas, las abrumadoras deudas, todas son causas concurrentes para determinar la resolución en un cerebro predispuesto; pero él murió porque la idea de la muerte ya la llevaba obsesiva dentro de sí desde largos años. Sin ser nada aficionado a los juegos de vocablo conceptistas, diré en este caso, repitiendo a Unamuno, que Silva "murió de muerte".

Repetidas veces el poeta se confesó en sus páginas en prosa. Lo hizo principalmente en la narración "De sobremesa", reconstrucción incompleta de partes de los *Cuentos negros*, perdidos en el naufragio, hecha a pedido de los amigos, y, para dejarles a modo de legado una plancha de anatomía moral de su yo atormentado y contradictorio, compuesta al modo del *André Cornélis* de Bourget, novela que él admiraba. Porque en esa época privaba el culto del yo entre los lectores fascinados por Barrès, entonces en el auge de su fama. No cabe duda que en el José Fernández que se confiesa en aquella especie de diario íntimo, puso Silva lo más sustancial de sí mismo, lo que era, lo que odiaba ser, lo que temía ser, lo que deseaba ser. Todos sus biógrafos y críticos se han valido de esa fingida autobiografía para comprenderlo mejor. Yo no me decido a separar renglones sueltos de esas bellísimas páginas, que ruedan, descuartizadas, y con títulos caprichosos, por las antologías, para ofrecerlos como glosa y explicación de la vida interior del poeta, pues todas ellas me parecen significativas. Hay que leerlas enteras, sin perder palabra, para conocer la rara cultura —abarcadora de letras y artes, de los grandes escritores antiguos y de todos los modernos—, la curiosidad insaciable, la inteligencia sutil, la sensibilidad exquisita hasta lo enfermizo, el exasperado idealismo de ese poeta, que no lo fue en menor grado en prosa, obra de artífice la suya, varia y centellante, a un tiempo lírica, pictórica y musical.

En ese soliloquio vive el Silva verdadero y profundo, como vive todo grande autor en su obra y en sus meditaciones, y no en las contingencias baladíes de la existencia cotidiana, donde el juicio vulgar no puede comprender que no se deje morir de hambre ni huya al desierto el contemplativo que escucha la música de las esferas y ría alguna vez el pesimista que lleva la muerte en el alma.

Miremos ahora más de cerca la poesía de Silva, es decir el arte con que él nos comunicó su yo verdadero y profundo, ya que la poesía es ante todo expresión. Lo que dijo Jorge Manrique había sido dicho infinitas veces de diferentes modos: el suyo propio ha cavado en la memoria de los hombres más

hondo surco que otros. El pesimismo de Silva no es una invención personal como no lo son el dolor de los hombres, su perpetua desilusión y sus inútiles preguntas a los cielos mudos; pero el "Nocturno", el "Día de difuntos" y "Vejeces" son momentos inolvidables de la poesía americana. Considerado formalmente, hay en Silva dos poetas: uno, que se mueve dentro del círculo de la poesía española más difundida de fines del siglo pasado, y otro, innovador, informado de las corrientes literarias europeas contemporáneas, y precursor de aquel amplio y complejo movimiento llamado el Modernismo, que tuvo su portaestandarte en Darío. La anécdota, más tarde tan aborrecida en la poesía, es el armazón de sus mejores composiciones. El poeta no podía sustraerse a las influencias dominantes en la lírica americana cuando empezó a escribir. La composición titulada "Don Juan de Covadonga", dialogada al modo de las *Doloras*, prosaica como éstas y como éstas desencantada, no podría negar la ascendencia directa. La influencia de Bécquer —analogías de ideas y ritmos y el uso del asonante en los pares— es inequívoca en las composiciones juveniles. De la de Bartrina ya hablé. Son las mismas influencias que encontramos en Darío, en los libros anteriores a *Azul*, y en otros poetas modernistas que luego tomarían por sendas muy diversas.

Pero la estada de Silva durante dos años en Europa, en París y en Londres, desde los dieciocho a los veinte, y las abundantes lecturas de los poetas franceses e ingleses, naturalmente atraído por los parnasianos y simbolistas en boga, abrieron nuevos rumbos a su arte. Una influencia manifiesta en su poesía es la de Edgar Poe. La proyección del poeta de *El Cuervo* sobre la literatura universal, alcanzando a polos opuestos como los de Mallarmé y Páscoli, es tan dilatada que no nos sorprenderá notar su extraño reflejo en el poeta colombiano, ávido de experiencias y sensaciones nuevas. En el mismo decenio en que Silva empezaba a escribir, Poe era descubierto en los círculos literarios del continente más selectos y curiosos de novedades. En la Argentina se lo leía, imitaba y traducía. Esto hizo Leopoldo Díaz, decano de nuestros poetas vivientes. El venezolano Pérez Bonalde publicaba en 1887 la versión más difundida de *El Cuervo*, pero no fue la primera de traductores americanos. En Cuba, Poe sugería imágenes y estados de espíritu a Julián del Casal, y en México, a Gutiérrez Nájera. Con excepción de Martí, en todos los precursores del modernismo más notorios se escucha la voz lejana o vecina de Poe, también presente después en Darío, Lugones, Amado Nervo, Jaimes Freyre y Herrera y Reissig.

En la obra de Silva la crítica ha rastreado esa presencia hasta en las huellas más dudosas. En un interesante libro donde estudia pacientemente la influencia del poeta norteamericano en la literatura de lengua española, el profesor John Eugene Englekirk reúne y examina las observaciones críticas hechas al respecto. Poco queda por decir[1].

Aseguran que Silva sabía de memoria a Poe en inglés y se deleitaba recitándolo. Sin disputarle a "Día de difuntos" sus caracteres originales —el desarrollo del pensamiento propio y la atmósfera poética creada por esa llovizna de otoño bogotano— parece cierta la influencia de *The Bells* en ciertas ideas, tal la de las campanas que marcan el tiempo, y muy especialmente en la polirritmia, las repeticiones, paralelismos y aliteraciones. Sanín Cano, a cuyas sobrias y sustanciosas anotaciones siempre hay que volver tratando de Silva, después de celebrar "la pureza con que esta poesía guarda la entonación irónica y tierna al mismo tiempo, en consonancia armoniosa del sentimiento con la forma", cree que el autor debió de inspirarse para el ritmo imitativo más directamente en *La canción de la campana* de Schiller, de quien Poe a su vez imitó el pensamiento general. Llamo la atención sobre esta inesperada y autorizada discrepancia con la opinión hasta hoy unánime y que parece más verdadera, porque ha sido explicada y razonada en una ponderada nota dejada caer al pie de página en la biografía escrita por Alberto Miramón.

La sugestión de Poe —particularmente de "Ulalume" y "Annabel Lee"—, se advierte asimismo en el célebre "Nocturno"; no más que la sugestión. Ese último hito de la armonía verbal en la poesía americana bastaría para cimentar la gloria de Silva. ¡Qué cosa más simple y aparentemente fácil ese ritmo de pies cuadrisílabos y ocasionalmente bisílabos, armoniosamente ligados en amplias cláusulas líricas, y qué mágico poder expresivo logró con él el poeta! La experiencia métrica fue fecunda en la poesía modernista (como otras suyas) y marca una iniciación, por más que tal vez le fuera sugerida por ciertos ritmos de *El Cuervo*, en la traducción de Pérez Bonalde, que Silva pudo leer en 1892, reproducida en *El Cojo Ilustrado* de Caracas. Sonriendo él decía que ese pie lo había hallado en el fabulista Iriarte. Ciertamente está; pero ¿quién le infundió al cuerpo silábico inánime el alma inmortal? Con mucha verdad dice Carlos García Prada, uno de los críticos que con más ahínco y devoción han estudiado a Silva: "En el *Nocturno* todo es o el fruto de una prodigiosa intuición, estética, o el de un cálculo inefable".

Los más bellos poemas de Silva son para ser dichos en voz baja, apenas susurrados. "¡Poeta, dí paso los furtivos besos!" Otra vez él habla "Al oído del lector". En "Vejeces" las cosas de antaño cuentan su historia "paso, casi al oído". Al oído también será, "quedo, en secreto, muy paso", cómo le confesará su amorosa entrega en el sueño la "dulce niña pálida" de una de sus más lindas poesías. No debe levantarse la voz al recitarlas, como no lo hacía él cuando se las leía confidencialmente a los íntimos, pues se desvanecería su encanto. Poesía lunar como la de Poe, pide recogimiento y silencio. A este género pertenece el "Nocturno", cuyo efecto de insondable melancolía, de irrealidad y misterio, de levedad incorpórea no pretenderé interpretar en una impresión aproximativa.

Un crítico argentino ilustre, que fue mi maestro, osó llamar tartamudos estos versos en los cuales el poeta aprisionó los murmullos y la música de alas de la noche sabanera. Y sin embargo admiraba a Silva, a su modo. ¡Nuevo lastimoso ejemplo de cómo las generaciones son sordas a la voz de las que les suceden! ¿También serían tartamudos los versos de Poe?

En el "Nocturno" y en unas pocas composiciones más, Silva dio la real medida de lo que prometía su talento. Porque no nos engañemos: la pérdida de sus papeles y sobre todo su muerte temprana nos privaron de los frutos que ya maduraban en los nuevos surcos abiertos a este refinado cultivador. Dije que su cultura era rara y rica. Hay quien asegura que nadie la tuvo mayor en su círculo bogotano, no obstante haber sido de excepción singularísima ese grupo de jóvenes —entre ellos Sanín Cano y Guillermo Valencia— quienes conocían no solamente las novedades francesas, mas también las inglesas, alemanas, escandinavas y rusas, antes de que éstas se difundieran en España y en el propio París, como ocurrió con Nietzsche y con Brandes. Silva no ignoraba a los precursores del Parnaso, Gautier, Leconte de Lisle, Banville, ni a los parnasianos, ni tampoco a Mallarmé, Verlaine y demás iniciadores del decadentismo. En su prosa, lo mismo que en sus versos, pueden estudiarse los experimentos y ensayos de aquéllos. No desdeñaba seguirlos en sus imitadores americanos. En *Azul* le sedujeron las trasposiciones pictóricas, y no se le ocultó a Darío que "el grande y admirable colombiano", como él lo llamó, lo había imitado. Ofreció Silva estas trasposiciones a una innominada pintora, no sé si real o fingida, acompañándolas de una deliciosa carta que no estaría fuera de lugar en el *Epistolario de Fadrique Méndes*, por el señorío espiritual que juega en ella. Muy fin de siglo, esa carta recoge los refinamientos del gusto y las exquisitas vibraciones estéticas que irradiaban de la obra de los cuentistas y poetas parnasianos y simbolistas, de los *chroniqueurs* del "boulevard", de los prerrafaelistas ingleses, de las novelas de Wilde y D'Annunzio.

Me referí anteriormente a la confesión en prosa titulada *De sobremesa*, que ilustra su vida, su sensibilidad extremadamente exquisita y vibrante, sus embriagueces artísticas, sus terrores, sus negaciones, sus aspiraciones estéticas. Mucho menos recordado es el prólogo que él escribió para un poema becqueriano de su amigo Federico Rivas Frade, y por eso me parece bien transcribir un fragmento significativo. Dice así:

"...Todos esos poetas son espíritus delicadísimos y complicados, a quienes su misma delicadeza enfermiza ahuyenta de las realidades brutales de la vida e imposibilita para encontrar en los amores fáciles y en las felicidades sencillas la satisfacción de sus deseos; a quienes lastiman a cada paso las piedras del camino y las durezas de los hombres, y que se refugian en sus sueños. Débiles para la lucha de los sexos, que es el amor, son vencidos en ella; soñadores de felicidades eternas exigen de este sentimiento voluble una duración infinita; rinden un culto casi místico al Femenino Eterno, y cuando vuelven de su éxtasis, encuentran a la mujer que los fascinó con la elegancia del porte, con la belleza de las formas, con el perfume sutil que de ella emanaba, con la dulzura de los largos besos, y a quien idolatraron de rodillas, inferior a sus sueños mismos, que se han desvanecido al ponerse en contacto con la realidad. Cuando el éxtasis pasa, dicen tristemente: "todo lo que se acaba es corto". Entonces esas almas se enamoran de la Naturaleza, se pierden en ella, como por un panteísmo extraño; sienten la agonía de los bosques, ennegrecidos por el otoño; vuelan con la hojarasca en los crepúsculos rojizos, flotan en la niebla de las hondonadas, se detienen a meditar junto a las tumbas viejas, donde no hay una piedra que diga el nombre del muerto; junto a las ruinas llenas de yedra y de recuerdos, que los tranquilizan hablándoles de la fugacidad de lo humano; se dejan fascinar por el brillo fantástico de las constelaciones en las noches trasparentes; sienten una angustia inexplicable frente a lo infinito del mar, prestan oído a todas las voces de la tierra, como deseosos de sorprender los secretos eternos; y como aquélla no les dice la última palabra, como la tierra no les habla como madre, sino que se calla como la Esfinge antigua (recuérdese su poesía titulada "La respuesta de la tierra"), se refugian en el Arte, y encierran en

poesías cortas, llenas de sugestiones profundas, un infinito de pensamientos dolorosos".

Hablaba indudablemente de sí mismo, al estilo romántico. Encerrar un infinito de pensamientos dolorosos en poesías cortas, procuró él en un desesperado anhelo de perfección, sentimiento cuya intensidad permite medir a los grandes artistas.

El Arte fue la última Thule de este navegante insomne en busca de tierra firme en el océano fantasmal por donde erraba su alma: "Soñaba antes —se lee en *De sobremesa*—, y sueño todavía a veces, en adueñarme de las formas, en forjar estrofas que sugieran mil cosas oscuras que siento bullir dentro de mí mismo..."

Iguales aspiraciones encerró en "La voz de las cosas", en las estrofas de "Ars", y con mayor precisión en la composición titulada "Un poema", en donde definió su estética.

El poeta conjura a los ritmos,

> y los ritmos indóciles vinieron acercándose,
> juntándose en las sombras, huyéndose y buscándose;
> ritmos sonoros, ritmos potentes, ritmos graves...

¿Negaremos que muchas veces los ritmos acudieron a su mágico conjuro?

Y más adelante, en unos versos que no sorprendería encontrar en *Prosas Profanas*, dice:

> ...Junté sílabas dulces, como el sabor de un beso,
> bordé las frases de oro, les di música extraña
> como de mandolinas que un laúd acompaña;
> dejé en una luz vaga las hondas lejanías
> llenas de nieblas húmedas y de melancolías,
> y por el fondo oscuro, como en mundana fiesta,
> cruzan ágiles máscaras al compás de la orquesta,
> envueltas en palabras que ocultan como un velo,
> y con caretas negras de raso y terciopelo,
> cruzar hice en el fondo las vagas sugestiones
> de sentimientos místicos y humanas tentaciones...

Como buen lector de Poe, Verlaine y Mallarmé, sabía cuánto alcanza a sugerir la sola música del verso; y el valor de lo indeciso en la sugestión poética. ¿No hallamos esos efectos en la orquestación en sordina y en las imágenes desvanecientes del "Nocturno", en las rimas e imágenes insistentes como un *leit-motiv* wagneriano de "Ronda": labios de seda, roja seda, negra seda, consonando con el "olor de reseda" que es el halo que envuelve viva y muerta a la amada?

Y prosigue el poeta:

Complacido en mis versos, con orgullo de artista,
les di olor de heliotropo y color de amatista...

Obsérvese: perfumes raros, fulgores de gemas.

Codicioso de sensaciones, en cada una de las cuales le parecía absorber "toda la vida, todo lo mejor de la vida" (así habla el fingido héroe de *De sobremesa*), lector fervoroso de Baudelaire, admirador de Swinburne, Silva no desdeña ninguna de ellas como elemento poético. Aunque prefiera las sombras, el matiz y los colores borrosos y desvanecidos, cuando se lo proponía era un admirable colorista. Así lo vemos en muchos pasajes de su prosa y lo confirmamos en aquel brillante soneto, de estirpe parnasiana, que se titula "Paisaje tropical". Su finísimo sentido musical ya lo conocemos. Su poesía está poblada de notas, de sonidos, de susurros, de bisbiseos. El olfato le presta imágenes sensoriales de extraordinaria eficacia poética. La noche del "Nocturno" está llena de murmullos, de *perfumes* y de músicas de alas; el olor de reseda es obsesivo en la "Ronda"; en sus sueños le llegan fragancias indecisas; los armarios guardan aromas secretos; la carne de las mujeres anida tibio aroma en sus pliegues y las flores dan al aire su aromado aliento.

Un análisis estilístico más minucioso y técnico nos permitiría observar hasta qué extremos el poeta hizo tesoro de las experiencias sensoriales acumuladas en el posromanticismo por los parnasianos y los decadentes, destellos de piedras preciosas, morbideces y suavidades, juegos de luces, tonalidades inciertas, contrastes, sinestesias de sonidos y colores, de sonidos e impresiones táctiles, sensaciones todas convertidas por él, en el pequeño ramo de sus mejores poesías, en rasgos evocativos, tanto del mundo exterior como de su honda intimidad.

Y esto lo logró Silva en una lengua que, no obstante su modernidad, se mantiene dentro de la tradición de pureza idiomática que es orgullo y decoro de las letras colombianas y de sus maestros insignes. Es castizo sin ser rancio. Su sintaxis es ágil y briosa. En sus versos quedan insignificantes rastros del lenguaje poético del cual en su tiempo los escritores jóvenes empezaban a despojarse como de anacrónicas vestiduras.

El posibilismo histórico, la "ucronía", es un juego inteligente y divertido de adivinación, en el cual no es posible saber, por su propia índole, si hay manera de acertar alguna vez.

Avizores críticos han interrogado a la Esfinge a propósito de Silva, y ésta les ha dicho que "si hubiera vivido más, es probable que le hubiera disputado a Darío el cetro de la poesía modernista, no sólo de América, sino de España" (Antonio Gómez Restrepo); o dicho de otro modo: "quizás habría sido su Pontífice mayor" (Carlos García Prada).

Yo acepto el fallo del destino.

Siempre he percibido una contradicción en el sentir de quienes se indignan contra la sociedad que empuja al suicidio o condena a muerte temprana a los jóvenes poetas inadaptados, pero la cubren de vejámenes cuando les concede el goce de la ancianidad, cargados de títulos y honores. ¿Qué dirían de José Asunción Silva, embajador y académico, divorciado, con el desarrollo de su gran talento poético, "de toda extravagancia de la moda", como lo auguraba Calixto Oyuela? ¿Qué dirían de Martí, si llega a presidente de la República; qué de Florencio Sánchez, aliviando en la vejez el hambre bohemia con los suculentos derechos de autor? Si Rimbaud hubiera muerto a los veinte años, ¿sospecharíamos su prosaico fin en las factorías abisinias? Es tan fugaz nuestro paso sobre la tierra, al cabo monta tan poco haber sido rey o mendigo, que dejemos al buen Dios, el cual todo lo sabe y provee, asignarle a cada uno su efímero papel. Hónrese, pues, Colombia, con este poeta maldito y sacrificado, a quien costó sacar del cementerio de los suicidas, así como se honra con sus ponderados e ilustres escritores clasicistas, con sus gramáticos eminentes, con sus populares poetas y novelistas románticos, con sus agudos ensayistas y críticos. Si José Asunción Silva no agregó una cuerda a la lira, le arrancó al menos en el "Nocturno" acordes y sollozos no escuchados hasta él en la música de la poesía americana.

De **Siglos, Escuelas, Autores.** Buenos Aires, Editorial Problemas, 1946, pp. 371-389.

1945

Notas

1. *Edgar Allan Poe in Hispanic Literature.* Instituto de las Españas en los Estados Unidos, New York, 1934.

JOSE ASUNCION SILVA
(Bogotá, 27 de noviembre 1865 - 24 de mayo 1896)

Luis Alberto Sánchez

Alberto Miramón, en su bello y documentado libro *José Asunción Silva* (Bogotá, 1939), realiza una proeza biográfica, al ofrecernos un retrato animado de quien sobrellevó una existencia a pura luz interior: *el caballero de los Nocturnos*, como podría denominarse a José Asunción Silva. Desde su nacimiento (en la capital de Colombia, el 27 de noviembre de 1865), hasta su voluntaria muerte (en la misma ciudad, el 24 de mayo de 1896) creció en desatinadas empresas e irrealizables sueños cuyo legado fue una tentación ineludible a la muerte, de que no se pudo librar aunque fue de los que menos jactancia hizo de su deseo, y menos se complugó en referirnos de qué suerte le iba germinando en el pecho el desgano de seguir viviendo. Que eso, y no amor al misterio, es lo que ocurrió con Silva: más bien inamistoso para con la vida que amistoso de la muerte.

Sin embargo, Miramón contaba a su favor con ciertos espejismos y leyendas de los cuales podría abastecerse la más exigente fantasía. Unos pintaban a Silva como misógino, otros como Don Juan, otros enamorado de un ser innombrable, otros *dandy* insolente, otros coleccionador de bibelots, otros neurasténico intolerable. De todo eso, y más, hubo en la compleja personalidad del poeta, pero sobre todo, decidida, irrevocable e insilenciable pasión por el arte. De él se alimentó y a él entregó sus últimas voluntades. Por él sobrevive a su peripecia mortal[1].

Según sabemos, Silva, hijo del escritor costumbrista y acaudalado comerciante don Ricardo Silva, y de doña Vicenta Gómez, hizo sus primeras letras en el Colegio de don Luis María Cuervo, hermano del célebre filólogo y gramático don Rufino. Muy joven, en la *Revista Nueva* inició la publicación de versos y prosas de corte moderno, que causaron profunda sensación en el académico ambiente bogotano. Cuenta Arias Argáez, su compañero de infancia, que a los doce años José Asunción despertaba la envidia de sus condiscípulos por sus vestidos de terciopelo, importados de Europa; sus guantes de cabritilla; "sus zapatillas de charol, sus flotantes corbatas de raso, su reloj de plata pendiente de bellísima leontina de oro y, sobre todo (detalle único entre los niños de esos tiempos) su cartera de marfil, en la cual guardaba tarjetas de visita litografiadas, que, bajo cubiertas de fino papel timbrado, enviaba en los días de cumpleaños a los amigos de su casa". ¿Cabe más exacta pintura de un aprendiz de dandy? Este retrato es corroborado ampliamente por otro de Sanín que fue también su amigo; dice así:

> La tragedia de su vida se cuenta en dos palabras: en su cuna recibió el beso de todas las hadas y la bendición del genio. Creció en el ápice de la ventura, en la mejor sociedad bogotana, donde su padre era ejemplo para los malos y modelo para los excelentes. No sintió la vida mientras fue niño. Al ponerse en contacto con ella, divisó en vastas perspectivas la humillación y el desastre... Era hermoso, genial, hombre de mundo, bondadoso por temperamento, caritativo, afable, dulce, incapaz de dañar a nadie, necesariamente inhábil para bajar al circo donde las fieras no saben apreciar estas cualidades.

A los dieciocho años, en 1884, Silva viajó a Europa. Residió principalmente en París, pero también recorrió Inglaterra y Suiza. Eran los días en que triunfaban los "decadentes". Wilde alcanzaba su esplendor. Surgía Anatole France; Verlaine se hallaba en su apogeo. Al regresar a Bogotá, el exquisito José Asunción traía algunas mercancías exóticas para la tienda de don Ricardo, y una biblioteca de títulos inhallables en el mercado local. Los autores favoritos de su juventud —única estación de su vida— eran Wilde, Eca de Queiroz, Schopenhauer, María Bashkirtseff, Baudelaire, Verlaine, Renan, Leconte de Lisle, Taine, "su predilecto Anatole France" (dice Arias); no se menciona a D'Annunzio ni a Nietzsche; sin embargo, pienso que no pudieron estar ausentes, salvo que su conocimiento fuese posterior. También leyó mucho a Barrés, cuya nombradía comienza poco más tarde. Si uno examina las poesías de Silva encontrará en ellas una curiosa mezcla de todos estos elementos.

A través de las propias obras de Silva descubrimos que fue lector de Fichte, Hegel y Spencer, de Shakespeare y Leopardi, de Lamartine y Flaubert, de Goethe y Zola. Si uno analiza este conjunto de autores se sorprende de que coincidan tanto las fuentes inspiradoras de Silva con las de su coterráneo Guillermo Valencia, de quien, sin embargo, discrepa fundamentalmente en las ideas centrales, aunque coincida en el origen aristocrático y la actitud señorial y estética. Desde luego, el "dandy-poeta" fracasó al querer ser comerciante. Despreciaba el medio ambiente. Había adoptado ya la pose de un *poète maudit*: no sospechaba hasta qué punto iría a llegar en tal camino.

Don Ricardo Silva falleció casi repentinamente en 1887. José Asunción se hizo cargo del negocio. Tenía ante sí mil dificultades. La situación distaba mucho de ser confortable. El choque con la realidad amenazó el equilibrio del cuasi inédito poeta. A los veinticinco años ya le señalaban en la calle llamándole loco; algunos comentaban su atribuida misoginia. En realidad, la ruina de los Silva tenía su raíz en la espantosa tormenta política que agitó al país en esos años. No se reponía Silva de sus penas, cuando el 11 de enero de 1891 (o el 6 de enero de 1892, según Arguedas) falleció a los veintidós años su hermana Elvira, una de las más bellas mujeres de Bogotá, la más tierna de las hermanas. Su último deseo fue ver a su novio llamado Julio. Arias Argáez, que acompañó entonces a José Asunción, cuenta que el poeta quedó anonadado: él también nos refiere que había cedido sus bienes a sus acreedores, sin queja de ninguna especie. Miramón atribuye parte de la ruina a los excéntricos gustos del mal comerciante que había en el gran poeta. Al morir Elvira, cuentan que José Asunción dijo: "Tan solo Isaacs es digno de cantarla".

Roberto Liévano refiere que el poeta hizo ungir el cadáver de perfumes y lo cubrió de flores: muy en su papel[2].

No obstante, vivían a la sazón otros grandes escritores colombianos, Miguel Antonio Caro, Rafael Pombo, Diego Fallón (a quien Silva dedica uno de sus cantos), Antonio Gómez Restrepo, José J. Casas. ¿Por qué pensó en Isaacs? ¿Por la ternura de *María*? ¡Qué ocultas reminiscencias, qué coincidencia extraña entre los dos enamorados de la niñez y de la muerte! El hecho es que Isaacs cantó a la muerte de Elvira Silva, ¡y con qué acento!

Para consolarse de sus congojas, Silva reunía en su aún lujosa mansión a gentes como Sanín Cano, Emilio Cuervo Márquez, Clímaco Soto Borda, Evaristo Rivas Groot, los Arias Argáez. Una intempestiva crisis religiosa conmovió en ese período a Silva: para resolverla, comulgó públicamente en la catedral bogotana en compañía de Guillermo Uribe: ¡ruidosa eucaristía!

A esa misma época pertenecen sus ensayos en prosa, entre ellos las novelas *De sobremesa* (especie de diario íntimo), *Ensayo de perfumería, Del agua mansa...*, *Cuentos negros*. Todo pereció en el naufragio del vapor "Amérique", cuando regresaba a la patria, después de un año de permanencia en Caracas: sólo atinó a reconstruir la primera, reimpresa por Carlos García Prada.

El presidente y académico Caro había nombrado a Silva secretario de la Legación de Colombia en la capital de Venezuela. Su correspondencia con Sanín y con Cuervo Márquez fue asidua. Uno de los modelos que Silva tuvo en mente para escribir entonces gran parte de sus prosas fue un tal Alejandro Urdaneta, acaudalado joven, rumboso y fantasioso como José Asunción, el cual gastó una fortuna en comprar porcelanas y bibelots en Francia; también usó a los hermanos de Alejandro, llamados Carlos (un Hércules tropical) y Alberto (pintor y crítico). En el fragmento *De sobremesa* que se conserva se ve que Silva amaba hacer comparaciones con sonatas de Beethoven, porcelanas chinas, "suntuoso mobiliario", pantalla de encaje: todo el atavío modernista: sólo faltan allí rimas de Rubén: ya vendrían.

Silva regresó, usando de licencia, a Bogotá. En el mismo buque viajaba Gómez Carrillo, joven y ya ruidoso autor entonces, el cual volvía a su patria. El "Amérique" zozobró a la vista de Barranquilla. Silva perdió todos sus manuscritos. Prosiguió a Bogotá. Finalizaba 1895. Como no quisiera regresar a Caracas, le nombraron a la Legación de Centroamérica, pero él andaba entusiasmado con el proyecto de fletar una empresa productora de baldosines y cemento. El propio poeta recorría las casas de comercio bogotanas, a caballo, ofreciendo su mercancía, que jamás estuvo a punto por falta de capitales. Desde luego, el jinete vendedor deslumbraba por la elegancia de sus trajes.

Usaba una barba corta y rizada; sus maneras eran pulidas. Las mujeres le amaban, pese a la maledicencia nacida de la envidia de los hombres. Arias cuenta que en un incendio ocurrido en la calle 19, en Bogotá, se descubrió que se trataba de la *garçonnière* de Silva. El fuego consumió finas alfombras, lindos brocados, lámparas de lujo y... retratos de hermosas mujeres con dedicatorias comprometedoras. Naturalmente, el dedicado era José Asunción. Además, se quemó una curiosa colección de mariposas, prendidas a la cortina con sendos nombres femeninos, que era como el poeta perpetuaba el recuerdo de sus horas de amor silencioso y egoísta.

En 1895, Silva declamó *Al pie de la estatua*, en honor a Bolívar durante una fiesta de la Legación de Venezuela: discutible homenaje. Si añadimos que sus después famosos poemas de *Gotas amargas* circulaban manuscritos, sujetos a las mutilaciones y transformaciones de los lectores, sin que pudiesen ir a la imprenta, por gravitación del medio y decisión del autor,

se verá que la fortuna seguía siendo esquiva al sin embargo sonriente y desdeñoso poeta.

Ya corría 1896 —el año de *Prosas profanas*—. Silva visitó a principios de mayo a su amigo el doctor Juan Evangelista Manrique y, con un pretexto cualquiera, obtuvo de él que le dibujara con exactitud, sobre la camisa, el lugar y contorno del corazón. No erraría el tiro. La noche del 23 de mayo doña Vicenta Gómez, viuda de Silva, y su hija Julia ofrecieron una cena en su casa. José Asunción se lució ingenioso y alegre. A las once de la noche se retiraron todos a sus alcobas. Por la mañana del 24, la negra Liberta llamó a la puerta retardadamente cerrada de José Asunción: lanzó un solo y espantoso grito al descubrirlo yerto. "Yo le vi muerto sobre su lecho —cuenta Arias Argáez—, y no pude sorprender en su faz ni la más leve contracción. Parecía dormido." Sobre la mesa de luz *El triunfo de la muerte* de D'Annunzio, *Trois stations de psychotérapie* de Barrès y un número de *Cosmópolis* de Londres, incomparables compañeros para el Nocturno final.

Sanín Cano explica que Silva estaba preparando un trabajo sobre Da Vinci, y que se documentaba en las páginas de D'Annunzio acerca del Superhombre de Nietzsche. Sanín agrega: "la verdad es que, al pedirme el libro de Barrès y el número de *Cosmópolis*, quince días antes de su muerte, agregó que estaba documentándose para escribir sobre el divino Leonardo". Rechaza la idea de que los libros pudiesen haber influido en su trágica determinación. Se sabe que el último cheque firmado por Silva fue por 4 pesos para el florista Guillermo Kalbreyer cancelando "un ramo de flores para 'Chula'", su hermana Julia, después casada con Brigard.

Arias refiere que, sólo después de muerto, se supo que la libreta de cheques de Silva estaba agotada. ¿Conduciría esto a probar que se suicidó por desesperación económica? Pero ¿acaso no le esperaba la Legación de Colombia en Centroamérica? ¿Era acaso demasiado poco para la fantasía de José Asunción? ¿No sería más prudente, ligando la muerte con la vida, pensar que el proceso de aquel desenlace venía incubándose por lo menos desde 1887?

La obra suele ser más elocuente.

Ante todo, conviene recordar que sólo en 1908, esto es, a los doce años de la tragedia, se publicó la primera colección de poesías de Silva, en Barcelona, por Maucci, y que esa edición se halla manchada por espantosas interpolaciones, nacidas del propósito de que no hubiese impedimento para que algunas de las composiciones de Silva pudiesen circular entonces en su patria. Recordemos que parte del texto lo conservaron la memoria y los apuntes de los amigos. Sin embargo, las fechas de *El libro de versos* señalan 1891 (cercana la muerte de Elvira) y 1896 (el de la de José Asunción) como el lapso abarcado por aquella indómita tarea. O sea, que la obra poética cuaja en alrededor de cinco años o poco más, es decir, entre los 25 y los 31, último de la vida de Silva. Se trata, pues, como se la considere, de una obra juvenil. La posteridad ha revestido de madurez lo que no llegó sino a ser eclosión instintiva, primaveral fulgor. Téngaselo presente.

Al releer —¿por décima vez?— los versos de José Asunción Silva, me ha parecido descubrir algunas trazas olvidadas en el primer inventario. Por de pronto, a diferencia de Casal y de Gutiérrez Nájera (sus contemporáneos), Silva es un poeta con escasa sensación del color. Su paleta es sobria: muchos blancos (no por reminiscencia de Gautier, sino por predominio de la infancia y sentido patético de la vida); siguen los rosados y sonrosados, los negros, los azules, los verdes y los grises, y dorados. Se observa la inexistencia de ciertos tonos que, digamos, en Eguren son frecuentísimos: nacarados, anaranjado, cobalto, ocre, violeta. El rojo es escaso. En cuanto sones, casi no existen. El vocablo y la idea predominantes son la de niño e infancia: lo corrobora el empleo de "vejeces", "tiempos idos" y similares; el poeta vive en función de la remembranza de sus días de niño. La luna y la muerte ocupan el segundo lugar en su léxico poético; el tercero, la noche y sus derivados; pálido y alma; vaga, blanco, sombra, amor, tumba; niebla y campana figuran también con frecuencia. Todo ello, envuelto por una palabra cabalística y dominante: tristeza, melancolía.

Las composiciones, salvo la ojalá olvidable *Ante la estatua*, son cortas. La presencia de Gustavo Adolfo Bécquer me parece mucho más insistente que cualquier otra. Desde la primera estrofa se advierte así:

> No fue pasión aquélla;
> fue una ternura vaga...
> La que inspiran los niños enfermizos,
> los tiempos idos y las noches pálidas...

A menudo Silva acude al asonante, como Bécquer, en un tácito deseo de abolir la sonoridad, la estridencia —lo cual

puede ser muy verlainiano, pero también muy becqueriano—. No existe en todo el romanticismo ningún poeta más asordinado que Bécquer, de quien deriva gran parte de la poesía contemporánea: con ella se entronca también la de Silva.

Dámaso Alonso relata que, al tratarse a plena luz el modernismo, surge un hecho evidente: "lo que salvó a la generación de nuestros mayores (Antonio y Manuel Machado y Juan Ramón Jiménez) fue el haber comprendido que ellos, si querían "ser", tenían que alejarse de Rubén Darío... Y tanto como se alejaban de Rubén Darío se aproximaban a la esfera del arte de Bécquer. Por eso es Bécquer —espiritualmente— un contemporáneo nuestro"[3].

En el caso de Silva no concurren las mismas causas. El fue becqueriano, por natural consonancia, y no pudo ser rubendaríaco porque Rubén fue, en cierta medida, *silvaniano*.

Silva (con excepción de la innecesaria y hasta grandilocuente perorata verseada a la estatua de Bolívar: tópico grancolombiano) no recoge en sus versos otros nombres que los de ciertos filósofos modernos (para burlarse de Juan Lanas y sus congéneres) y los de ciertos personajes infantiles, en realidad (en fantasía) duendecillos, gnomos, enanillos, figuraciones de adorable embeleco pueril: la Cenicienta, Barba Azul, el Ratón Pérez, Gulliver, Rin-rin Renacuajo, el Gato con Botas, etc. ¿Qué hizo Bécquer sino dar carta de identidad a los geniecillos que poblaron su infancia... y a ciertas sonatas de Schubert? Los instrumentos musicales que Silva menciona no conducen al estruendo ni el asordamiento: *guitarras* (varias veces), *mandolinas, bandolinos, violines, laúdes*; en medio de una decoración de *jarrones chinos*; con trajes de *terciopelo, seda, rasobrocado*; enjoyados de *amatistas, rubíes, topacios, ópalos, turquesas, perlas* y *diamantes*; bailando *vals*; bebiendo *champaña*. Lo cual rompe la ornamentación becqueriana y abre las puertas a la kermesse modernista, tan distinta y tan semejante.

Si precisara subrayar más aún el contraste entre el celestialismo de Bécquer y el ya naciente diabolismo modernista, pespuntado por Silva, agreguemos que éste pone en uso vocablos tan insólitos (poéticamente hablando) como *bromuro, copaiba, ataxia, dispepsia, espermatozoides, éter, hígado, psicoterapéutica, riñones, zoospermos*, y lanza a toda voz el británico *spleen*, de que tanto usó y abusó Baudelaire.

Se ha dicho que la influencia de Poe surge de suyo en muchas composiciones de Silva; García-Prada ha planteado, con plausible sagacidad, observaciones discrepantes. Cierto: Poe estaba siendo revelado entonces a nuestra América.

Aunque ya Baudelaire le había "lanzado", fueron necesarias la traducción de Pérez Bonalde, muy común en el Caribe (y Silva la saboreó a sus anchas en Caracas, de donde el traductor era oriundo), y varias otras versiones de ese tiempo. No creo en la influencia decisiva del autor de *The Raven* sobre el de *Día de difuntos* y *Midnight dreams*, que empieza en forma muy semejante a aquél:

> Anoche, estando solo y ya medio dormido,
> Mis sueños de otras épocas se me han aparecido...
>
> Hubo un silencio grave en todo el aposento,
> Y en el reloj, la péndola detúvose un momento.
> La fragancia indecisa de un olor olvidado
> Llegó como un fantasma, y me habló del pasado.

La reminiscencia de Poe parece innegable. Con todo, Silva sálvase del remedo por su impar desencanto y su sojuzgamiento ante las cosas viejas.

También podría hablarse de una notoria coincidencia con Casal, cuando Silva escribe (*Infancia*):

> Con el recuerdo vago de las cosas,
> Que embellecen el tiempo y la distancia,
> Retornan a las almas, cariñosas,
> Cual bandadas de blancas mariposas,
> Los plácidos recuerdos de la infancia.

Entre las varias composiciones de Silva, hay, por lo menos, tres grupos que han sobrepujado a todas, en popularidad, si se quiere: a) *Los maderos de San Juan*; b) *Nocturnos* y *Día de difuntos*, y c) *Gotas amargas*.

En la primera, se admira la variedad de ritmo y su acierto onomatopéyico, al par que su justeza evocadora. El lector desprevenido podrá admitir lo referente a dicha variedad: se reduce a una combinación que preludia ya el *Nocturno*: 4-4-8-8, 4-4, 14-14-14-14-14-4-8. O sea, que todo descansa sobre el pie de cuatro o simplemente sobre troqueo doble.

> Aserrín
> aserrán,
> Los maderos de San Juan
> piden queso, piden pan.
> Los de Roque
> Alfandoque,
> Los de Rique
> Alfeñique,
> Los de triqui, triqui, tran.

El Nocturno *Una noche* —se dice— tuvo por base una fábula de Iriarte ("A una mona / muy taimada / dijo un día / cierta urraca..."). Sólo que, como apunta Sanín, Silva introdujo una astuta modificación: en vez de acentuar 1.° y 3.°, es decir, de formar cada verso tetrasilábico con dos troqueos o trocaicos, acentuó sólo la 3.ª ("Una noche— una noche toda llena de perfumes y de músicas de alas..."), lo que, dice, da la ilusión de un pie tetrasilábico o peánico, ficción producida por la maestría del poeta. Igual ocurriría con el eneasílabo, sobre el cual pone Sanín, mucho énfasis, no obstante que, aun cuando poco usual, no es insólito (*Psicoterapéutica*):

> Si quieres vivir muchos años
> Y gozar de salud cabal,
> Ten desde niño desengaños.
> Practica el bien, espera el mal.
> Desechando las convenciones
> De nuestra vida artificial,
> Lleva por regla en tus acciones
> Estas normas: ¡lo natural!
> De los filósofos etéreos
> Huye la enseñanza teatral
> Y aplícate buenos cauterios
> en el chancro sentimental.

Toda la sección *Gotas amargas*, con sus violentos contrastes de enseño y garrotazo, abre el camino para Luis Carlos López, recoge el eco de Laforgue, prepara la ruta del Lugones de *Lunario sentimental*, preludia al Darío de *Canción de Otoño* y revela la angustia virilmente (elegantemente) disimulada de Silva.

Aunque los *Nocturnos* han recibido el mayor número de sufragios de los lectores, sería absurdo olvidar *Día de difuntos, La Voz de las cosas, Ars, Lentes ajenos, Cápsulas*. Sin duda, un indeleble sello romántico congénito de los latinoamericanos, y que Silva trata de ocultar por rubor brummeliano, es lo que da predominio a los *Nocturnos*. Coadyuva también la musicalidad contagiosa del tercero, y la leyenda nefanda con que se le relacionó. De esto, aunque no constituya materia poética propiamente hablando, debe decirse algo. Cuando Silva escribió ese *Nocturno*, dos años después de la muerte de Elvira, se ignoraban las teorías de Freud sobre ciertos complejos, y se tendía a revestir de delictivos caracteres incestuosos lo que, en el peor de los casos, pudo ser un amor fraternal intenso, una admiración estética pura, sin que ninguna sombra de pecado manchara tan legítimo sentimiento. La reacción contra la infamia ha impulsado a los defensores de José Asunción a rechazar como algo intolerable el natural y puro afecto de Silva por su bella y comprensiva hermana. Quien haya olido a vicio tan delicado y casto poema es porque conlleva su propia definición, y cínicamente pretende contaminarla. El Nocturno II se encuentra, con las variantes de la maestría, en cualquier poeta (Villaespesa, Chocano, M. Flores, por citar de memoria); no agrega nada a la fama de Silva aquella desnudez sobre raso rojo y con cabellos rubios, después reposante en ataúd recubierto de seda negra: contrastes baratos. El Nocturno III es uno de los gritos de espiritualísima pasión más bellos, melódicos, desesperados y penetrantes que se han escrito. Nada carnal hay en él:

> Y tu sombra esbelta y ágil,
>   Fina y lánguida,
> Como en esa noche tibia de la muerta primavera,
> Como en esa noche llena de perfumes, de murmullos y de músicas
>   [de alas,
>   Se acercó y marchó con ella,
>   Se acercó y marchó con ella,
> Se acercó y marchó con ella. ¡Oh las sombras enlazadas!
> ¡Oh las sombras que se buscan y se juntan en las noches de negruras
>   [y de lágrimas!

Es curioso: el poeta que así desgarra silenciosamente su alma, ungido por el recuerdo taladrante, definirá el verso como algo intelectual (*Ars*):

> El verso es vaso santo: poned en él tan sólo
>   Un pensamiento puro,
> En cuyo fondo bullan hirvientes las imágenes
> Como burbujas de oro de un viejo vino oscuro.
> Allí verted las flores que en la continua lucha,
>   Ajó del mundo el frío,
> Recuerdos deliciosos de tiempos que no vuelven,
> Y nardos empapados en gotas de rocío.
>
> Para que la existencia mísera se embalsame
>   Cual de una esencia ignota
>
> Quemándose en el fuego del alma enternecida,
> De aquel supremo bálsamo basta una sola gota!

Día de difuntos, otra proeza rítmica (siempre sobre la base de un tetrasílabo: 4-4, 8-16-16-16, más tarde, 12-6-6, 8-8) nos acerca al misterio de Silva. No era, repito, un enamorado de la muerte; nada más que un desengañado de la vida. De ahí el

270

tono amargo de sus *Gotas amargas*, a ratos prosaicas hasta la saciedad. No obstante, encarado ya a su Musa, preludiará una melodía rica en tonos, anuncio de la embriaguez rubendaríaca:

> La vida es grave, el verso es noble, el arte es sagrado. Yo conozco tu obra. En vez de las pedrerías brillantes, de los zafiros y de los ópalos, de los esmaltes polícromos y de los camafeos delicados, de las filigranas áureas, en vez de los encajes que parecen tejidos por las hadas, has removido cieno y fango, donde hay reptiles, reptiles de los que odio. Yo soy amiga de los pájaros, de los seres alados que cruzan el cielo entre la luz, y los inspiro cuando en las noches claras de julio dan serenatas a las estrellas desde las enramadas sombrías; pero odio a las serpientes y a los reptiles que nacen en los pantanos.
>
> (*La protesta de la musa*)

La posteridad ha sido cruel con Silva, porque, al rendirle homenaje y proclamarle precursor del modernismo, lo ha supeditado a un movimiento que él no creó y, a la vez, ha contradicho su más sincera angustia de artista:

> ¡Terrible empresa vana!
> pues que tu obra no estará a la moda
> de pasado mañana.

Como Bécquer y como Isaacs, la moda Silva en poesía ha sobrevivido a la de sus corbatas: otra victoria del sitibundo Woodsworth sobre el hermoso Brummel.

La vida, como la poesía de Silva, tiene tres claras vertientes: la una cae sobre la infancia, coincide a menudo con Bécquer y Poe, utiliza el asonante, se nutre de los recuerdos infantiles, enarbola como palabras mágicas "vago", "pálido", "infancia", "inocencia", "alma", "ala": entronca con los románticos, pero mondada de antítesis violentas, de exclamaciones estentóreas. La segunda, al chocar con la vida, impregna de un tremendo pesimismo y de un cinismo rebuscado sus versos, lo cual, dentro de la fina conciencia estética de Silva, es causa de que oculte esa parte de su obra (*Gotas amargas*); emplea a menudo el eneasílabo (como para erguirse contra lo consabido), palabras científicas y antipoéticas (espermatozoides, chancros, copaiba, sífilis, psicoterapéutica, etc.); sus palabras clave son todavía "ilusión", "muerte". La tercera, que se inicia hacia 1893, coexistiendo con la anterior, es la más intensa, la del dolor vivo, la del gran Nocturno y de sus prosas, la del alejandrino, el verso irregular basado en un pie de 4 sílabas, la de la multiplicación de "noche", "beso", "perfume", "ala", "luna". Después llega la muerte. Aunque esta última manera ha sido la de mayor difusión y fortuna, la segunda influyó mucho sobre la generación siguiente. Se acude a Laforgue para explicar el buscado prosaísmo y la ironía de Lugones, cierta parte de la poesía de Herrera y Reissig, no poca de Darío (Chocano fue impermeable a lo que no fuese solemne y sonoro); sería justo y oportuno rastrear algo más en la influencia de la segunda manera de Silva. De éste derivan la exquisitez parnasiana de Valencia (Silva admiró a Leconte, a Flaubert y a Hugo, el abuelo de todos), y la juglaría amarga y burlona de Luis Carlos López. Así pues, *Ritos y Posturas difíciles* tienen sus antecedentes en el amoroso suicida de Bogotá. No sólo ellos.

De **Escritores representativos de América.** Primera Serie. Segunda Edición. Madrid, Editorial Gredos, 1963, pp. 44-57.

Notas

1. Tenemos a la vista la edición *Poesías completas seguidas de prosas selectas* de José Asunción Silva, Madrid, Aguilar, 1953, 207 (1) p.; contiene el prólogo de Unamuno a la edición de Michaud, París, 1912, y las Notas que Sanín Cano puso a la misma, más un prólogo de Camilo de Brigard Silva, sobrino del poeta; la citada biografía de Miramón; el artículo *Recuerdos de J. A. Silva* por su amigo Daniel Arias Argáez, en revista *Bolívar*, No. 5, Bogotá, 1951, p. 939; *Letras colombianas*, de B. Sanín Cano, México, Fondo de Cultura, 1944; García Prada, Carlos, *Prosa y verso* de J. A. Silva, México, Cultura, 1943, colección de Clásicos de América; Alcides Arguedas, *La danza de las sombras*, Barcelona, 1934; t. I, pp. 370-385.

2. *El Espectador*, Bogotá, 18 de julio de 1929.

3. Dámaso Alonso, *Poetas españoles contemporáneos.* Madrid, Gredos, 1952, p. 7 (Biblioteca Románica Hispánica).

Silva es uno de los líricos más intensos de la literatura hispanoamericana. No escribió mucho —apenas unas decenas de poesías y algunos fragmentos en prosa—, ni editó todos sus poemas en vida. De todos modos, por solo dos de sus composiciones, el famoso tercer *Nocturno* y *Los maderos de San Juan*, se ha ganado en las letras un lugar al lado de Rubén Darío y de Leopoldo Lugones. La excelencia de su arte puede resumirse en estas dos características: lirismo en grado sumo de pureza y magnificencia rítmica.

Nacido en Bogotá (1865), sede de una castiza tradición lingüística y literaria en Hispanoamérica, recibió instrucción en su hogar y en dos colegios particulares, el de Luis María Cuervo y el de Ricardo Carrasquilla, donde sentó fama de hermoso, inteligente y refinado. Sus compañeros de juventud lo llamaron José Presunción, quizás por ironía, tal vez por envidia.

El ambiente aristocrático de su hogar fue propicio a su sensibilidad de adolescente exquisito, ya que su padre, don Ricardo Silva, era dueño de una tienda de porcelanas y artículos de arte, aparte de escritor costumbrista y miembro de la Academia Colombiana. Por las noches, el joven Silva asistía a las tertulias literarias que se celebraban en su casa.

Entre 1883 y 1886 viajó por Europa, invitado por un tío abuelo suyo, don Antonio María Silva, residente en París, quien falleció antes que el joven arribara al continente. Silva se interesó por los poetas célebres del Viejo Mundo, en particular por los franceses Mallarmé, Baudelaire, Verlaine, Rimbaud, y alguno menor, como Richepin. De los ingleses, admiró sobre todos a Tennyson. Entre los prosistas, sus predilecciones estuvieron por Wilde, Taine, Renan, Ribot y el crítico Faguet. En realidad, Silva se educó a sí mismo y fue un lector consuetudinario: literatura, filosofía, historia y psicología fueron sus disciplinas preferidas, además de los idiomas.

Regresó luego a Colombia (1886), con un renovado equipo de ideas y entusiasmos. Su padre, que había caído en la bancarrota por causa de la situación financiera originada en la revolución del 85, falleció a poco de la llegada del poeta (1887). Silva quedó convertido en el jefe de la familia, y sobrellevó la ruina económica y el luto con gran dignidad filial, afrontando las deudas paternas como una cuestión de honor. No pudo, sin embargo, atenderlas. Tiempo después, la muerte golpeó otra vez la puerta de su casa, llevándose casi repentinamente a su querida hermana Elvira (1891).

En tamañas penurias, el gobierno, para ayudarlo, lo designó secretario de la legación colombiana en Caracas, Venezuela (1894), donde residió Silva algo más de un año, en una especie de aislamiento voluntario y desagrado por las tareas burocráticas. Regresó a su país a bordo del navío *Amérique* (1895), que naufragó frente a las costas colombianas. En esta catástrofe el poeta perdió algunas de sus obras inéditas: los *Cuentos negros; Las almas muertas,* y los *Poemas de la carne.*

Establecido nuevamente en Bogotá, intentó recuperar la fortuna y el prestigio familiar, estableciendo una fábrica de baldosines de cemento. Fracasó en esta aventura industrial, así como en otra no menos valiosa para él, la reconstrucción de los manuscritos perdidos.

Sumido en una profunda amargura, cuéntase que una noche hizo marcar sobre su ropa, a un médico amigo, el lugar donde se encontraba exactamente su corazón, y se descerrajó un balazo, después de una tertulia. En el dormitorio se encontraron algunos libros, que acaso estuviera releyendo la misma noche del suicidio (1896). La vida de José Asunción Silva fue, así, un largo itinerario de fracasos y dolores.

Felizmente, el crítico Baldomero Sanín Cano, amigo personal del poeta, ha disipado la leyenda del amor incestuoso de Silva por su hermana Elvira. De esta manera, el celebrado *Nocturno*, que había motivado la joven al poeta, ha perdido el carácter de desenfadado poema para convertirse en "casta elegía". La composición, según la prueba del crítico, es un año anterior a la muerte de Elvira.

Se presume que pudo haber sido el poeta más grande del modernismo, o por lo menos un par de Rubén[1]. Carlos García Prada ha recogido la versión de que algunos sonetos perdidos, "según la opinión autorizada de quienes se los oyeron recitar", eran superiores artísticamente a los poemas anteriores[2]. Pero es gratuito especular con conjeturas.

José Asunción Silva fue una personalidad peculiar, acaso un fronterizo psíquico. Se lo ha calificado de neurótico, "enfermo, o por lo menos desequilibrado"[3], "espíritu lunar"[4], "corazón atormentado"[5].

En materia artística, su obra juvenil denuncia reminiscencias de Bécquer (*al oído del lector: Estrellas fijas; ¿Por qué de los cálidos besos...?; Oración*), a veces muy perceptibles:

Juntos los dos reímos cierto día...
　¡Ay, y reímos tanto,
que toda aquella risa bulliciosa,
　se tornó de pronto en llanto!

(Risas y llanto)

Por este perfil, Silva se sitúa en la línea de los grandes líricos españoles, Manrique, Garcilaso, Fray Luis, Jiménez, Machado.

Pero en otros casos recoge también ecos del romanticismo de tono menor y truculento, impregnado de cierto filosofismo ingenuo y decadente, como el de Bartrina, Campoamor y Querol. Al primero de ellos debe probablemente el pesimismo procaz de la serie titulada *Gotas amargas*, que el poeta mantuvo inédita (*Avant-propos; Madrigal; Cápsulas; Psicoterapéutica; Filosofías; Futura; Zoospermos*, o el desafortunado poema *Enfermedades de la niñez*, sobre una innombrable enfermedad).

Al de Campoamor se asemeja, en cambio, el tono de otras piezas, dialogadas, de sabor humorístico y terminación inesperada (*Idilio; Egalité*). A un supuesto paciente que se siente aquejado del *mal du siècle* de Werther, Rolla, Manfredi y Leopardi, contesta el autor:

Eso es cuestión de régimen: camine
de mañanita; duerma largo; báñese;
beba bien; coma bien; cuídese mucho:
¡Lo que usted tiene es hambre!...

(El mal del siglo)

Por momentos, sin embargo, el tono filosófico se entroniza por el mundo de Leopardi:

Yo, sacerdote tuyo, arrodillado y trémulo,
en estas soledades aguardo la respuesta.
La tierra, como siempre, displicente y callada,
al gran poeta lírico no le contestó nada.

(La respuesta de la tierra)

Por lo anterior, Silva es uno de los últimos románticos. Pero no es en esa corriente donde sobresale el colombiano, sino en la segunda manera, la modernista. "No sé bien qué es eso de los modernistas y el modernismo, pues llaman así a cosas tan diversas y hasta opuestas entre sí, que no hay modo de reducirlas a una común categoría. No sé lo que es el modernismo literario, pero en muchos de los llamados modernistas, en los más de ellos, encuentro cosas que encontré antes en Silva", confesaba por 1908 Miguel de Unamuno, en el prólogo a la edición barcelonesa de las obras del poeta.

Cincuenta años más de perspectiva literaria han permitido una evaluación más precisa del arte de Silva: "El modernismo de Silva no es más que la maduración, la perfección del mismo romanticismo", vienen a constatar los críticos italianos Ugo Gallo y Giuseppe Bellini[6]. No hay aquí lugar para explicarlo en detalle, pero éste fue uno de los cauces que condujeron al modernismo puro posterior. Martí, Gutiérrez Nájera, Casal y Silva fueron los maestros precursores o los premodernistas. En el esquema de Enrique Anderson Imbert, se los califica directamente de modernistas de la primera generación.

En modo resumido, el modernismo (o premodernismo) de Silva debe verse en el cosmopolitismo de influencias, el interés por los simbolistas franceses, la renovación de la temática, la actitud minoritaria del poeta, el refinamiento del gusto, la sugestión como medio expresivo el dejo irónico de algunos versos, el impresionismo en el enfoque de lo exterior, la musicalidad, el ritmo interior, el verso libre, la restauración del eneasílabo, y otras técnicas artísticas. Casi todos estos elementos pueden comprobarse en el tercer *Nocturno*, la más cabal expresión del modernismo de Silva y uno de los mayores hallazgos de la poética hispanoamericana:

> Una noche,
> una noche toda llena de murmullos, de perfumes y de música de alas;
> una noche
> Y eran una,
> y eran una,
> y eran una sola sombra larga,
> y eran una sola sombra larga,
> y eran una sola sombra larga...

Este nocturno, llamado "tercero" para distinguirlo de otros dos más (*A veces cuando en alta noche tranquila* y *Ronda*) es un dechado de perfección. Para Anderson Imbert y Florit, el poeta habla "con una voz entrecortada, en la que los silencios se sienten como escalofríos, con una especie de tartamudez poética"...[7].

En este poema, y también en *Día de difuntos*, varios críticos han creído percibir ecos de Poe. Es lo que el profesor John A. Crow anuncia con estas palabras: "Quizás la más

 notable característica de la poesía de Silva sea su ritmo interior..."[8].

García Prada tuvo la certera idea de llamarlo "el bogotano universal", y con estas palabras es posible acercarse al auténtico Silva sin riesgos de errar. No tuvo más ídolo que él mismo, ni más compromiso con el arte que su propia intuición poética. Fue un ansioso, en el sentido artístico y en el vital, un hombre que quiso saber y encontrar la verdad por cuenta propia o en sí mismo. Su suicidio probaría que fracasó en la experiencia vital; sus poesías, que ganó en la artística.

De prólogo a **J. A. Silva: Nocturno y otros poemas.** Buenos Aires, Eudeba, 1964, pp. 5-11.

Notas

1. Baldomero Sanín Cano. *Letras colombianas.* México, Fondo de Cultura económica, 1944, p. 183.

2. *Diccionario de literatura latinoamericana; Colombia.* Washington, Unión Panamericana, 1959, p. 114.

3. Robert Bazin. *Historia de la literatura americana en lengua española,* Buenos Aires, Nova, 1958, p. 272.

4. Carlos García Prada. Op. cit., p. 14.

5. Roberto F. Giusti. *Siglos, escuelas, autores.* Buenos Aires, Problemas, 1946, p. 372.

6. "Il modernismo di Silva no e che la maturazione, la perfezione dello stesso romanticismo". *Storia della letteratura ispano-americana.* Milán, Nuova Accademia Editrice, 1958, p. 210.

7. *Literatura hispanoamericana.* Nueva York, Holt, Rinehart and Winston, Inc., 1960, p. 432.

8. "*Perhaps the most notable characteristic of Silva's poetry is its interior rhythm...*" E. Herman Hespelt y otros. *An anthology of spanish american literature.* Nueva York, Appleton-Century-Crofts, Inc., 1946, p. 465.

CORRESPONDENCIA PRIVADA Y COMERCIAL DE JOSE ASUNCION SILVA

Raúl H. Castagnino

El poeta y las leyendas

Un 24 de mayo de 1896, en Bogotá, a los treinta y un años, José Asunción Silva se eliminó voluntariamente, descerrajándose un balazo en el corazón. Miguel de Unamuno, prologuista de la edición barcelonesa de sus poesías, en 1908, divulgó la especial atmósfera de ese final: "Días antes, pretextando consultarse sobre una enfermedad, hizo que el médico le dibujara en la ropa interior el corazón, por el que vivía y por el que iba a morir. Metió en él una bala. La noche antes leyó como de costumbre, en la cama. Dejó el libro abierto, como para continuar la lectura. Era una mañana de domingo; su familia, en tanto, asistía a los oficios religiosos del culto católico, a rogar por los vivos y los muertos"[1]. Sobre esa muerte, sobre esos restos —a los que la cerrada sociedad colombiana negó sepultura en camposanto—, circularon las más peregrinas versiones, desde las morbosas hasta las poéticas. Tal vez hoy pueda llegarse a la certeza de que la decisión de Silva, contrariamente a lo murmurado y conjeturado por los contemporáneos, no procedió del *tedium vitae,* ni de la sospecha de incurable enfermedad ni de impotencias recónditas, sino de algo ajeno a la poesía y a las leyendas urdidas: de su fracaso como hombre de negocios. Por lo menos, tal es lo que se presiente en una rápida ojeada a sus cartas, tanto privadas como comerciales.

Es cierto que un sino adverso pareció perseguirle en vida. Vivió niñez y adolescencia en medio del bienestar y holgura del hogar paterno; hizo viajes a Europa, tomó contactos con el arte y con el mundo. Luego, sucesivas desgracias se abaten sobre él: la muerte inesperada del padre, don Ricardo Silva, en 1887, rico propietario de un emporio comercial en Bogotá cuya desaparición trae aparejada la quiebra familiar; la enfermedad y muerte de Elvira, la hermana del poeta inmortalizada líricamente al sentir de modo especial e intenso ese tránsito. Tras los golpes emotivos y económicos inevitables, los esfuerzos infructuosos por rehacer la fortuna familiar, el avenirse a un oscuro cargo de secretario de Legación en Caracas; nuevos apremios económicos, en los que anduvo mezclada la propia abuela materna, Mercedes Diago de Gómez, quien le mandó

ejecutar un pagaré. Abrumado, incomprendido, trató de luchar, de salir adelante, sin poder soportar los embates de infortunio. Ya no tuvo el coraje ni la decisión para resistir la adversidad y —como testimonia su pariente Camilo de Brigard Silva— "cuando deliberadamente abandonó la vida, dejó en su cartera un billete de diez pesos de papel moneda: era todo lo que le quedaba de su patrimonio".[2] Uno de los periodistas más leídos y prestigiosos del Bogotá de entonces, registró la tragedia, en las columnas de su periódico, con el siguiente suelto: "SUCESO: Anoche, en su cama, puso fin a sus días el joven José Asunción Silva. Parece que hacía versos"[3].

Silva aportó a la lírica hispanoamericana y española el temprano modernismo renovador de ritmos, temas, rebeldías y exquisiteces profundas, que sintetizó en el poema-programa "Ars":

> El verso es un vaso santo: poned en él tan sólo
> un pensamiento puro,
> en cuyo fondo bullan hirvientes las imágenes
> como burbujas de oro de un viejo vino oscuro[4].

De él quedan: el ramillete de poemas publicados en 1886; un manojo de frutos ásperos, titulados *Gotas amargas*; una novela: *De sobremesa* y algunas prosas; su correspondencia, conocida póstumamente. Y, marginalmente, una serie de leyendas malidicentes: la de desviados sentimientos hacia la hermana Elvira, sospechados por perversas interpretaciones del "Nocturno III": consiguientemente, la de su homosexualidad, deducida de los refinamientos desusados y de un mote hiriente que le colgaron y que circuló entre la alta sociedad caraqueña[5]; la de su incapacidad y aversión por los negocios, apoyada por los fracasos financieros heredados con el negocio paterno; la de su presunto desequilibrio mental, de origen venéreo, fundada en algunos versos de *Gotas amargas* y en los pormenores de las horas anteriores al suicidio.

Dije leyendas malidicentes. Agrego: nacidas en un medio pacato. La crítica moderna ha realizado la revisión del "caso Silva". Las leyendas van cayendo, una a una, a través de los estudios de Alberto Miramón: *José Asunción Silva: ensayo biográfico con documentos inéditos*[6]; de los distintos aportes de Baldomero Sanín Cano en las notas a la edición de *Poesías*[7] de Silva y del prólogo al libro de Miramón; del ensayo de Roberto Liévano: *En torno a Silva*[8]; de los trabajos de C. A. Capa-

 rroso, G. G. King, Juan Loveluck y Camilo de Brigard Silva, entre otros. Quien, en lo futuro, además del goce de la poesía de Silva, quiera adentrarse en la vida del poeta, deberá atender, además, especialmente a su correspondencia, accesible en la Tercera Parte del tomo de *Obras completas*, editado por el Banco de la República de Colombia en 1965, al cuidado de Alberto Miramón y Camilo de Brigard Silva, pobre desde el punto de vista crítico y bibliográfico, pero valioso desde el punto de vista documental.

La correspondencia

Las cartas escritas por José Asunción Silva son de carácter diverso: familiares, amistosas, literarias y comerciales. Todas igualmente interesantes y sugeridoras, aun las de simple rutina administrativa. Cinco de las epístolas familiares están dirigidas, desde Caracas, a la madre, Vicenta Gómez, y a la hermana, Julia Silva (Chulita). Traslucen un particular encanto literario y de intimidad afectuosa pues describe para ellas los lugares que visita, las personas tratadas, transmite el halago experimentado al saber conocidas sus poesías en el extranjero; les da cuenta de actos, conciertos y espectáculos a los cuales ha asistido; les confiesa estar a la pesca de negocios posibles para rehacer la posición económica familiar; les informa de sus colaboraciones en *El Cojo Ilustrado*, de la rusticidad del general Villa, ministro de Colombia en Venezuela, "mi patrón"; les dice de la falta de contactos sociales de este militar y de lo rápido que se han desviado hacia el flamante secretario de relaciones públicas de la Legación, por su conocimiento de idiomas, por la simpatía que supo granjearse entre los miembros del cuerpo diplomático acreditado ante el gobierno de Venezuela.

La correspondencia amistosa contiene agradecimientos por condolencias recibidas a raíz de la muerte del padre, primero, y de la hermana, después. Entre ella se conserva, además, el pésame remitido por Jorge Isaacs, el novelista de *María*, acompañado de la elegía que éste compuso el 12 de enero de 1891, que comienza:

¿Por qué las negras sombras de la noche
tras el vívido albor de la mañana,
y el espanto, mudez y hondo silencio
al despertar llamándola en sollozos
los que en el mundo mísero quedamos?

Y se conserva, también el de Eduardo Villa-Ricaurte que al ser respondido por Silva, el 3 de febrero de 1891, entrega una página clave para desvirtuar la leyenda de sus sentimientos fraternales desviados, de la cual, además, surge la imagen inesperada de un Silva absorbido por los negocios, que se repite en otras correspondencias literarias, como la que reflejan estos párrafos: "Después que Uds. se fueron, al día siguiente, estuve mal y apenas he vuelto a salir, de antier para acá. Por fortuna mis fuerzas han salido ilesas de estos días horribles y de las veinte noches de insomnio que le siguieron a la última noche acompañándola muerta. En las últimas dos he dormido y hoy he vuelto a ocuparme de negocios, no sólo sin repugnancia, sino con entusiasmo al pensar que la vida diaria es la única higiene posible después de un exceso de sufrimiento, tan agudo y tan superior a lo humanamente soportable, como ha sido el que he atravesado"[9].

Entre la correspondencia literaria, las piezas más importantes son las intercambiadas con Rufino J. Cuervo, a la sazón en París, y la enviada a Baldomero Sanín Cano desde Caracas. Ambas están mechadas de problemas comerciales y económicos muy reveladores de otra faz de la personalidad del poeta. Por ejemplo, en carta del 1 de abril de 1889, escribe a Cuervo, quien trabajaba en el *Diccionario*: "A mi mismo me da risa cuando, cogido por alguien y obligado, paso de las liquidaciones de facturas, la venta diaria y los cálculos de intereses, a descansar en las cosas de arte como en lugar más alto, donde hay aire más puro y se respira mejor". En la que envía al mismo, el 25 de septiembre de 1892, expresa: "¿Qué decirle a Ud. de mi vida? La misma de siempre, voy ahí saliendo de una lucha temible en mis negocios, que me ha llenado la cabeza de canas y el alma de pesares. De cuando en cuando un rato robado a las facturas, para soltar el *alma al potrero*"[10]. Ambos pensamientos coinciden —como para suponer que se trata de un estado de ánimo prolongado— en el apunte "Filosofías", de *Gotas amargas*:

Trabaja sin cesar, batalla, suda,
vende vida por oro:
conseguirás una dispepsia aguda
mucho antes que un tesoro.
Y tendrás ¡oh placer! de la pesada
digestión en el lance
ante la vida ansiosa y fatigada
las cifras de un balance[11].

Silva había sido incorporado tempranamente al negocio paterno. Como su representante recorrió Europa. La inesperada muerte de don Ricardo reveló serios quebrantos financieros de la razón social, debidos, no a ineptitudes o despilfarros, sino a fluctuaciones cambiarias y a la consiguiente desvalorización monetaria. Silva luchó varios años para poner a flote el negocio y estuvo a punto de conseguirlo, cuando la impaciencia de algunos acreedores, entre ellos la propia abuela materna, le obligá a mal liquidar todos sus haberes. Obtuvo poco después un oscuro y transitorio cargo de secretario en la Legación de Colombia en Venezuela y su correspondencia desde Caracas adquiere un mezclado sabor de mundanismo, *savoir faire*, y practicidad comercial. A Rufino J. Cuervo, por ejemplo, le sugiere formas de comerciar las *Apuntaciones críticas* y los tomos del *Diccionario* en Venezuela, aprovechando franquicias diplomáticas; le señala personas interesadas en los trabajos lingüísticos, a quienes debería enviárselos. Trata de hacer conocer allá los poetas colombianos; pero, también, se vale de Cuervo como fiador, para solventar deudas pendientes en París.

De entre la correspondencia caraqueña cabe reconocer la pieza más importante de la serie literaria, fechada el 7 de octubre de 1894: es la única carta de las dirigidas a Sanín Cano, durante la actuación de Silva en la secretaría de la Legación. "Tengo ahora unas horas libres —le expresa en uno de los párrafos— y las aprovecho para conversar a *coeur ouvert* con usted, lo que gracias a nuestra larga intimidad intelectual es para mí una necesidad premiosa, después de estos meses de encierro en la Torre de Marfil. ¡Y si supiera qué horrible prisión es la Torre de Marfil, cuando el encierro voluntario se convierte en prisión!... Encaramado uno en su Torre, con el puente levadizo levantado, y oyendo a todos los *commis-voyageurs*, generalotes chiverudos, elegantes más o menos charolados y perfumados, *gens de lettres*, contarse, hacer su biografía, exhibir sus *yoes* de cargazón, con suprema impudicia e ingenuidad infantil, ilustrar el relato con toda especie de datos fisiológicos, llega un momento en que comienza a pensarse si la humanidad no es más que *eso,* y necesita acordarse de que existen los maestros, de que hay un universo intelectual y artístico, en fin, algo que no sea lo que está delante"[12].

Confirma esta epístola el mundanismo de Silva, su refinamiento en choque contra una falsa *haute*; y, también, su interés y experiencia del bello sexo —cuya cara material y sexual se da en *Gotas amargas*—; sobre todo, su agudo sentido crítico al describir cómo privan en Caracas, por una parte, "el gusto bizantino (de los que creen que Bizancio es una cosa para comer)"; por otra, los imitadores de parnasianos y simbolistas, los "rubendaríacos". Apunta al respecto: "Si curioso usted de darse cuenta del porqué se da el trabajo de estudiar un poco la psicología de los productores, la razón salta a la vista: cultivo científico y lectura de los grandes maestros: 0 0 0; vida interior y de consiguiente necesidad de formas personales: 0 0 0; atención siquiera al espectáculo de la vida: ¡cero partido por cero! Unas imaginaciones de mariposas, una vida epidérmica". Y a continuación consigna su asombro por el hallazgo de una biblioteca, del señor Revengo, al día con las novedades europeas; insinúa, también, *flirts* y preocupaciones económicas: "Ha pasado un mes desde que llegué y me siento como avergonzado de no haber ideado todavía uno (un negocio) que me permita sacar unos cuantos millones de bolívares en limpio para traerme a V... (Vicenta Gómez) y a la Ch... (Julia Silva) Ud., que, a Dios gracias y para bien de su alma, no es ambicioso, no sabe cómo es la fiebrecita de ganar dinero que le entra a un *struggler for life*, cuando le pasan por las manos las onzas peluconas y luises nuevos y se acuerda de que lo que *corre* en su tierra son los papelitos grasientos y el níquel de a medio. Convide al maestro Vargas Vera a hacerle una novena a San Marcos el Romano, por mi intención, a ver si en el curso de un año encuentro ya el primer negocio fructuoso"[13].

Dije al comenzar que la decisión trágica de Silva hay que relacionarla con su fracaso como hombre de negocios. Estos párrafos son suficientemente explícitos para avalar tal inducción.

El "copiador" de la razón social

El archivo de correspondencia de la razón social "Ricardo Silva e hijo" coincide en igual sentido. La correspondencia comercial de José Asunción Silva se conservó en un "copiador de cartas" del emporio y ha sido estudiada en el ensayo "El infortunio comercial de Silva" por el ya citado Camilo de Brigard Silva. En ese frío y despersonalizado instrumento está visible el proceso que llevó al poeta a la crisis fatal. Comienza el archivo con una carta dirigida al Banco de Bogotá, el 14 de

diciembre de 1891, donde Silva pide el examen de la contabilidad de la firma. En carta enviada a los proveedores Dormeuil Frères, de París, en enero de 1892, expone el estado de los negocios del padre desde que entró a dirigirlos: "La casa de 'R. Silva e hijo' —manifiesta— fundada en 1884 por mi padre y por mí, fue administrada por él solo como gerente, desde esa fecha hasta el 1 de junio de 1887, en que murió en esta ciudad. Al morir él, entré, como socio sobreviviente, a manejar los intereses que existían entonces y encontré un déficit de $16.916. El activo se componía de mercaderías poco surtidas y de otros valores de difícil realización. Por efecto de una brusca alza de cambio, en los primeros meses de 1888, el pasivo ascendió a $6.960,70 más, o sea $60.479. El almacén realizaba un promedio de ventas de unos $15.000 anuales, en los años corridos de 1884 a 1887. Me creí con fuerzas suficientes para remediar aquella gravísima situación y comencé a trabajar sobre las bases que les dejo anotadas. Gracias a una gran atención prestada a los negocios, aquella mala situación no fue conocida de nadie y la animación dada a las ventas la había ocultado hasta ahora. Las ventas comenzaron a subir rápidamente y acreditado el almacén, he podido realizar, el día 1 de junio de 1887 hasta hoy, al contado, $463.120,78 y presentar sólo un déficit del 17% en vez del que encontré que, como ustedes ven, alcanzaba al 58,70%".

Queda claro, pues, que el poeta no era un negado para los negocios. Pero, en su fracaso, meditó la intransigencia —acuciada por chismes, intrigas y envidias— de un acreedor, para colmo, íntimo de la familia. Para dar cuenta de los apremios, Silva entregó todo su haber, aun los bienes personales, ediciones raras y obras de arte. El proceso comercial y los estados de ánimo del fallido comerciante quedan asentados en una carta —¡de ciento tres páginas!—, dirigida a Guillermo Uribe, el demandante; carta que exhibe un intenso dramatismo cuando alude al reflejo económico de la enfermedad y muerte de la hermana.

A fines de 1893, los acreedores de Silva se prorratean los bienes. El poeta queda desvalido y para sostener a los familiares busca el empleo burocrático. Curiosamente, las mejores poesías del cantor de "Vejeces" fueron escritas entre 1887 y 1893, en medio de esa lucha económica. Constituyeron, sin duda, forma de escape, su Torre de Marfil para no sucumbir a la chatura que le rodeaba. Pero Silva se declara ambicioso, se sabe poseedor de la "fiebrecita de ganar dinero", se figura —y lo es— un *struggler for life*. Acecha, permanentemente, la oportunidad para rehacer el patrimonio; busca nuevos negocios tanto para mejorar la situación familiar como para satisfacer sus refinamiento de lujo, buen vestir, amor a las joyas, a las obras de arte. Que confiaba en su habilidad, lo prueba el hecho de que, al regreso a Bogotá, comenzó a instalar una fábrica de baldosas de cemento, intento que también fracasó porque —al decir de Brigard Silva— "los bogotanos preferían los pisos de ladrillo y guijarros a las modernas fantasías que él producía"[14].

La correspondencia de Silva, tanto la privada como la comercial, son fuente a la que inevitablemente deberán recurrir futuros biógrafos y exégetas del poeta, para poder revelar plenamente todos los aspectos de su personalidad.

De **Escritores Hispanoamericanos desde otros ángulos de simpatía.** Buenos Aires, Editorial Nova, 1971. p. 163-172.

Notas

1. Reproducido en : José A. Silva: *Poesías completas, seguidas de prosas selectas.* Noticia biográfica por Camilo de Brigard Silva. Prólogo de Miguel de Unamuno. Madrid, Aguilar, 1952. Pág. 22.

2. Camilo de Brigard Silva: "El infortunio comercial de Silva", en *Obras completas* al cuidado de Alberto Miramón y Camilo de Brigard Silva. Bogotá, Banco de la República de Colombia, 1965.

3. Dato aportado por Carlos García-Prada en la "Introducción" a *Prosas y versos*, de J. A. Silva. México, Editorial Cultura, 1942, pág. XXIV.

4. Silva: edición Aguilar, pág. 75.

5. Carlos García-Prada, en la "Introducción" a la edición del Instituto Internacional de Literatura Iberoamericana, "Colección Clásicos de América", de *Prosas y versos* de Silva (México, Editorial Cultura, 1942), anota: "En la capital venezolana Silva se convirtió pronto en el mejor estímulo intelectual de los jóvenes que redactaban la revista *Cosmópolis.* Ellos lo respetaban y admiraban. En cambio, los caraqueños del gran mundo, "de *sotto voce...* y sin mala intención —dice Pedro César Dominici— lo llamaban «la casta Susana», a pesar de su voz varonil, que en nada remedaba a la honesta mujer del episodio bíblico. Era natural... A esos don Juanes del trópico, Silva les parecía efeminado. No los acompañaba en sus aventuras galantes. A él no le gustaba ni lo fácil, ni lo barato, ni lo vulgar" (pág. XXI).

6. Bogotá, Imprenta Nacional, 1957.

7. París, Michaud, 1913.

8. Bogotá, El Gráfico, 1946.

9. Silva: *Obras completas.* Bogotá, Banco de la República de Colombia, 1965. Tercera parte.

10. *Loc. cit.*

11. Silva: edición Aguilar, pág. 133.

12. Silva: *Obras completas* (edición Banco de la Rep. de Colombia. Tercera Parte).

13. *Loc. cit.*

14. *Op. cit., loc. cit.*

IMAGEN DE JOSE ASUNCION SILVA

Raúl González Tuñón

El suicida de Bogotá

"Los sueños se acercaron y me vieron dormido". J. A. S.
(Blues de la esperanza)

Bogotá, 24 de mayo de 1896. Una mujer anciana grita: "¡José Asunción!". Vuelve a gritar, y se desmaya. Acuden todos los de la casa. ¿Qué ha sucedido? Una tragedia. José Asunción Silva está muerto. Bajo la colcha —había procurado hacer menos ruido— asoma apenas el noble rostro cuya palidez la negra barba hace resaltar, y una mano naufraga entre las sábanas manchadas de sangre. Se ha disparado un tiro en el corazón, exactamente.

La noche antes el joven poeta había estado vagando por una Bogotá colonial. Llovía y él apretaba un revólver diminuto, de los llamados de señora, ay, que también matan, en el bolsillo del paletó. Por la tarde había visitado a un médico amigo suyo, rogándole que le trazara un círculo azul en el pecho, indicando el sitio exacto del corazón. Así lo hizo el médico, tomándolo a broma. Creía conocer a fondo a su extravagante amigo. Este ya lo había visto en otras ocasiones, en calidad de paciente, quejándose de una obstinada melancolía. Siempre el fallo era este.

—Lo que tienes es hambre.

Y luego, el consejo:

—Madrugar, comer bien y dormir largo.

Al fin, no pudo soportar más aquella carga de melancolía profunda. Acostóse, colocando el revólver bajo la almohada. Como de costumbre, estuvo leyendo un rato. Así lo vio por última vez la vieja ama de llaves. Más tarde, dejado ya el libro abierto sobre la mesilla de luz, colocando el caño de la pequeña arma en medio del círculo trazado por la incredulidad del médico amigo con el lápiz azul, se dio muerte. Hallaron a la mañana siguiente al hombre que había dicho: "La muerte no es más terrible ni más misteriosa que la vida".

Años antes había desaparecido el padre, y luego la hermana Elvira, a la cual adoraba. Hubo quienes vincularon la resolución fatal del poeta a un amor imposible, a una pasión enfermiza como la que se le atribuyera a Lord Byron por su hermana. Habladurías. Hubo un final, definitivo, tremendo golpe. El barco en que volvía de regreso a su patria, (entonces ocupaba un puesto en Venezuela, como diplomático) naufragó. El fue salvado, pero con el barco se hundió su equipaje, el baúl que entre otras cosas íntimas contenía los originales de un nuevo y denso libro de poemas; la mayor parte de éstos escritos en Caracas.

Al enterarse de la pérdida, confesó: "Era lo mejor de mi obra". Y el golpe, unido al proceso de sus penas, fue brutal. En verdad, puede volverse a escribir una novela, cuentos, una obra de teatro, géneros que responden a otro plan; es muy difícil rehacer poemas. Estos suelen ser, sobre todo cuando se trata de poetas auténticos, no de simples versificadores o de químicos del verso, reflejos de determinados estados de ánimo, en general, además de la presencia sutil de otros imponderables. Agréguese a ello que él representaba, y aparte su drama personal, un romanticismo agudo, exaltado, y otras circunstancias: la incomprensión del medio, cansancio de cierto chato aldeanismo, falta de estímulo. Mucho comentóse el temprano y violento fin del poeta. Frente a su complejo se habló del mal del siglo, del "mal de Werther". Otros románticos se habían suicidado en latitudes distintas: Gerard de Nerval, también inconformista, también precursor, quien se ahorcó en un farol de la calle de la Vieja Linterna, en París (lo vimos, aún existía en 1929); Mariano José de Larra, el impar Fígaro, terminando con su vida de un pistoletazo en su casona del viejo Madrid, que hasta hoy le sobrevive, y la cual nos señaló un día de 1935 nuestro amigo, Federico García Lorca, asimismo impar.

José Asunción Silva fue considerado como el primer modernista, y perdónese el uso de esta manoseada y discutible palabra: de algún modo trato de ubicarlo. ("La escuela pasó —dijo don Miguel de Unamuno— Silva queda". Y esto ha sucedido con otros creadores, en todos los tiempos y terrenos). A la tristeza becqueriana de algunos de sus poemas, mezclábase cierto tono irónico, a lo Heine, de otros, por momentos algo dañados por la anécdota en su esencialidad lírica. Desde 1880 datan los primeros trabajos del colombiano cuya voz fue silenciada por la muerte. En 1908 apareció en Barcelona un libro prologado por Unamuno, precisamente, "a pedido del señor Bernardo Martínez". A pocos lectores interesó. Es cierto ya era bien conocido el innovador Rubén Darío. Esos pocos —entre ellos Rubén— reconocieron en Silva a un poeta verdadero, de voz personal, con rasgos coinci-

dentes dentro del clima de la época, y apuntando algo más allá de ésta.

"—¿Qué dice Silva? —se preguntaba el ilustre gruñón, vehemente y contradictorio profesor de la Universidad de Salamanca— Silva no puede decirse que diga gran cosa; Silva canta". Y agregaba: "Gusto de Silva porque fue el primero en llevar a la poesía hispanoamericana ciertos tonos y cierto aire que después se han puesto de moda, degradándose". Exacto, mas aclaremos de paso que don Miguel, brillantísimo ensayista, mediocre como poeta, cayó en una injusticia con cierto tufillo racista cuando por aquellos días dijo de Rubén: "Se le ve la pluma", frase de la cual se arrepintiera más tarde, y fue muy criticada en su hora por Valle Inclán, Juan Ramón Jiménez y Antonio Machado, todos ellos admiradores del nicaragüense, y asimismo deudores, sobre todo los dos primeros. El luchador vasco no advirtió entonces el caudal de elementos renovadores de una poesía que luego llevaron a la saturación y ciertamente degradaron muchos rubenistas, tomando lo retórico, lo barroco, las "princesitas" y no lo medular del creador de *Lo Fatal* y de la *Oda a Roosevelt*.

De haber sobrevivido, José Asunción Silva hubiera perfeccionado sin duda alguna su instrumental técnico y ampliado y enriquecido las posibilidades de la temática, hacia una mayor síntesis expresiva. Y cuando él —con todas las reservas del caso, muy lejanos ya los días del siglo de oro español y apagado el esplendor que significara la vida también fugaz de Bécquer— daba su tono en América Latina, algunos imitaban aun al abrumador Núñez de Arce. Poeta del pesimismo, los desesperados recuerdos de infancia, el amor desgraciado, J. A. S. ocupa hoy un puesto de primera fila entre los precursores sostenidos por lo más rescatable de su obra.

No fue sólo él quien apretó el gatillo. Y puede decirse que había luchado contra su mal, llegando a consultar a otros médicos que le habían reiterado casi con las mismas palabras aquello de madrugar, comer bien y dormir largo (*lo que usted tiene es hambre*). El mismo se burló de ellos en un poema menor, titulado con la frase supuestamente definitoria de su mal: *Hambre*, pero "hambre de eternidad", como expresara el autor de *La agonía del cristianismo*. ¿Puede verse aquí, a la distancia, una pizca de cursilería, con algo de inefable tarjeta postal de época? En todo caso, para situarlo mejor a él y a otros poetas considerados "demodé", quienes en su hora significaron un paso adelante, deberá acudirse a la verdad del lugar común: Al juzgar la obra de arte es necesario tener en cuenta determinados aspectos y circunstancias del momento en que se produce, del tiempo en que le tocó vivir a su autor, con sus purezas y sus impurezas. Y en el caso de José Asunción, precisamente, la anécdota de su propia y desgarrada vida.

De **La Literatura Resplandeciente**. Buenos Aires. Editorial Boedo-Silbalba, 1976, p. 168-171.

SILVA Y SU AFAN DE SUPERAR
SU VISION ACIAGA

Oscar Rivera Rodas

1. La poesía del colombiano José Asunción Silva (1865-1896) presenta también la incompatibilidad de la realidad objetiva con la realidad subjetiva del yo. Es un testimonio intenso de las frustraciones cotidianas en esa relación y del padecimiento causado por las mismas. No voy a detenerme a señalar esa atestación en los textos pues puede ser descubierta en una lectura corriente. Lo que me interesa es observar la reacción del poeta ante su propia visión del mundo y el camino que toma para solucionar y superar tanto el resentimiento con el universo como las deficiencias del mundo respecto a su sensibilidad. Ese camino puede ser definido como la busca del mundo ignoto e infinito a través de la naturaleza.

"Midnight dreams" refiere al enfrentamiento del poeta con sus propios sueños, "sueños de otras épocas", dice. En realidad, antes que encarar los sueños pasados, es aproximación a la conciencia propia; reflexión sobre la existencia transcurrida. El resultado de esa meditación puede permitirnos seguir la escalada anímica a la que se lanza el autor para encontrar la plenitud de la satisfacción. Ese resultado está en los primeros versos del poema:

Anoche, estando solo y ya medio dormido
mis sueños de otras épocas se me han aparecido

Los sueños de esperanzas, de glorias, de alegrías
Y de felicidades que nunca han sido mías

Pues bien; para superar esta insatisfacción, el poeta asume dos actitudes: una, esperanzada, de insistencia por hallar lo que hasta ahora la vida no le ha deparado; otra, que ha caracterizado a los últimos años de su existencia, implica, por el contrario, un comportamiento que acepta con no escondida amargura la realidad del mundo y elige como defensa la ironía y el sarcasmo. Ambas actitudes podrían identificar dos épocas del poeta: la primera, alegre y esperanzada; la segunda, irónica y angustiada. No obstante, por encima —o debajo— de las dos, fuerzas inconscientes aspiran a un estado superior, a una realidad suprema que podía acaso satisfacer a la ansiedad espiritual.

Veamos, pues, estas facetas de Silva, por las que se puede definir su visión del mundo.

Primera reacción: esperanzadora

1.1. El deseo volitivo, impulsado por la fe de hallar mejores jornadas, consuelo y posibilidad de alguna alegría que satisfaga el ansia de plenitud, está explícito en "Voz de marcha" y "A un pesimista". El primer poema afirma:

> Tal vez el porvenir guarde en su seno,
> que hoy os parece lóbrego y oscuro,
> de claridades, misteriosas lleno,
> un rayo de luz pura.

No creo haber hallado una muestra rara con semejante ejemplo. El Silva que "canta como un pájaro, pero un pájaro triste, que siente el advenimiento de la muerte a la hora en que se acuesta el sol"[1], tiene también registros optimistas en su canto. Las voces de alivio, señaladas en los anteriores poetas, en quienes no se puede negar la necesidad de la autoconsolación, en Silva ganan el tono de la serenidad y la certidumbre del optimismo. Sus palabras "A un pesimista" trascienden convicción:

> Hay demasiada sombra en tus visiones,
> algo tiene de plácido la vida;
> no todo en la existencia es una herida
> donde brota la sangre a borbotones.

Pero la actitud volitiva consciente respecto al cultivo de la esperanza está en la carta del poeta, de 3 de febrero de 1891 —a los pocos días de la muerte de su amada hermana Elvira—, a Eduardo Villa Ricaurte. Este amigo había escrito un poema en homenaje a la "Muerta Adorada". Silva, en agradecimiento, le envía esa carta. Si el dolor abre el cauce a la emoción, la lucidez trata de buscar formas para superar ese dolor y emplear la voluntad para vencer al pesar:

> Yo sé para el resto de lo que viva que lo más querido, lo más encantador que existe, puede desaparecer en unos segundos, y para siempre temeré la llegada repentina de la muerte, que viene a arrancar las flores y a romper los vasos preciosos en que bebemos los más dulces néctares. Y sin embargo, seguiré viviendo y volveré a soñar con que en la tierra son posibles las felicidades completas!...[2]

Pero si el poeta desea volver a soñar, debe empezar a retomar las actividades diarias. Tiene confianza en que la

realidad pragmática puede sustraer de la visión contemplativa por la que se acumulan las penas. Más adelante, en la misma carta, afirma:

> Por fortuna mis fuerzas han salido ilesas de estos días horribles y de las veinte noches de insomnio que le siguieron a la última noche acompañándola muerta. En las últimas dos he dormido y hoy, he vuelto a ocuparme de negocios, no sólo sin repugnancia sino con entusiasmo al pensar que la vida diaria es la única higiene posible después de un exceso de sufrimiento, tan agudo y tan superior a lo humanamente soportable como ha sido el que he atravesado.

Esta es la conducta consciente de Silva respecto a los males espirituales. La vida diaria puede ser para éstos el mejor remedio. Este concepto se repite en otras composiciones, entre las que puedo citar "Voz de marcha", "Psicopatía" y "El mal del siglo", aunque esta última se carga con la ironía característica de *Gotas amargas*.

La superación de situaciones trágicas, por otra parte, está expuesta en "Luz de luna": de manera inesperada, el buen ánimo de la mujer excede la desventurada circunstancia de la muerte del amado. El recuerdo de las noches de amor, de las visiones cultivadas en la ensoñación de días felices no perturban la serenidad de la mujer sola. "A su pecho no vino un suspiro / A sus ojos no vino una lágrima / Ni una nube nubló aquella frente". Estos versos, aunque tal vez desconcierten considerados dentro de las primeras composiciones de Silva, dejan entrever una concepción sólida en el transfondo de ese sereno y enérgico consuelo. Esa corriente escondida es observada con claridad en otro poema que, en nuestro juicio, sintetiza la actitud mental del poeta con relación a la muerte: "Día de difuntos". Cierto es que uno de los motivos recurrentes en la obra de este autor es la muerte: ya como asunto en sí, ya como representación de la amada o del amado muertos. Claro está que no es tampoco un tema extraño al grupo de poetas que consideramos. En Gutiérrez Nájera como en Casal, la presencia de la muerte es tan frecuente como en Silva. Pero en este poeta, el pensamiento con que se enfrenta a ella es peculiar. No se trata de la aprensión a la muerte o de la aceptación inválida de la transitoriedad existencial, casos en los que el espíritu se debilita. Para Silva, tanto la vida como la muerte se integran o se desintegran en el tiempo, idea que parece proporcionar serenidad de ánimo. "Día de difuntos" precisa esta concepción. La vida y la muerte están en la única sustancia del tiempo, proceden de ella y la encierran. Si acaso la vida con relación a la muerte nos conmueve o la muerte con relación a la vida nos sobresalta, es porque asignamos naturalezas diferentes a ambas. La aceptación unívoca de las dos manifestaciones temporales proporcionaría sosiego.

En el "Día de difuntos", cuando las "campanas plañideras hablan a los vivos de los muertos", el poeta advierte que una de ellas desentona; diferente y con sonido singular despierta sensaciones extrañas:

> Y hay algo de angustioso e incierto
> que mezcla a ese sonido su sonido,
> e inarmónico vibra en el concierto
> que alzan los bronces al tocar a muerto
> por todos los que han sido
> Es la voz de una campana
> que va marcando la hora,
> hoy lo mismo que mañana,

He aquí el tiempo representado por igual sobre la vida y la muerte. Sólo la campana del tiempo llama a la muerte como a la vida, campana de la indiferencia "suena con acento de místico desprecio", "escéptica y burladora", "rítmica y serena";

> indiferente al bien y al mal,
> mide lo mismo la hora vil
> que la sublime y la fatal

El tiempo es origen de lo bueno y lo malo, de lo fausto y lo infausto; es decir, su flujo intermitente está al margen de circunstancias parciales y finitas. La índole del tiempo se define a través de la imagen de la campana:

> ¡ella no comprende nada del misterio
> de aquellas quejumbres que pueblan el aire,
> y lo ve en la vida todo jocoserio;
> y sigue marcando con el mismo modo,
> el mismo entusiasmo y el mismo desgaire
> la huida del tiempo que lo borra todo!

La emoción del poeta no despierta ante la vida o la muerte como reacciona ante el tiempo. En todo caso su temor está originado por el flujo temporal irreversible y continuo. Teme a las abruptas horas aciagas que cubren con el olvido los recuerdos. Bajo estos conceptos, cultiva su pensamiento respecto a la muerte. Sabe que el dolor que provocan los "muertos amados" no tardará en convertirse en añejo recuerdo y finalmente en olvido. Una inexorable ley natural parece determinar ese olvido. De ahí que con no escondido pesar afirme en el mismo poema: "Contra lo imposible, ¿qué puede el deseo?"

Silva desea acaso que se conserve el recuerdo. Pero es inútil, el tiempo no comprende de misterio y lo borra todo.

Esta idea alimenta —aquí ratifico el primer planteamiento presentado al principio— el deseo volitivo de superar la desventura con la esperanza de cultivar nuevos sueños y posibles alegrías. Aquí está la faceta optimista de Silva ante la incompatibilidad ocasional del yo con el mundo: la insistencia por hallar lo que la vida no le ha deparado todavía.

Segunda reacción: irónica y angustiada

1.2. La segunda actitud, dije, se caracteriza por una escondida amargura que estalla en la ironía y el sarcasmo. Pienso en "Un poema", "Lázaro", "Nocturno" (Oh dulce niña pálida...), pero especialmente en aquel volumen de *Gotas amargas*. "De estas poesías —dice Sanín Cano— quiso José Asunción Silva hacer un cuerpo aparte. No consintió que vieran la luz pública. Rehusó siempre considerar el proyecto de sacarlas en libro, como se lo pidieron muchos amigos durante su vida. Las miraba con cierto desdén altivo. Correspondieron a una época acerba de su vida, en que el mundo le enseñaba el vacío de sus corazones"[3].

En efecto, hay una visión acerba del mundo. La realidad contradictoria debe ser superada con una actitud similar a la naturaleza caótica y desordenada. Silva toma el recurso de la ironía. No se olvide que la ironía ha constituido una de las armas verbales dilectas de los románticos. La estructura antinómica de la ironía se presta para representar la contradicción y el desorden del mundo; caben en ella realidades contrarias sobre las cuales se debe mantener la observación para derivar en un juicio acorde con la relación de las mismas. "La *ironía* romántica, que expresa la superación dialéctica de los límites que se oponen al espíritu humano, se vela también de sombras perturbadoras: tiene como base la conciencia de que cada triunfo es sólo preludio de nuevo combate, en inacabable cadena de gestos y actos incesantemente recomenzados"[4].

El poeta quiere ensayar en adelante el papel del médico que ha de curar la enfermedad espiritual de los pacientes. Así como los facultativos —dice— prescriben al paciente dispépticos dietas sin grasa; el enfermo con el "mal del siglo" debe dejar de alimentarse con productos elaborados con excesivos sentimientos; es decir "historias, leyendas y dramas y todas las sensiblerías semi-románticas". "Avant-propos", que abre

Gotas amargas, agrega:

> Y para completar el régimen
> que fortifica y levanta,
> ensaya una dosis de estas
> gotas amargas.

Y se suceden los casos clínicos. El enfermo que sufre el mal del siglo —la misma enfermedad de Werther, de Rolla, de Manfredo y de Leopardi— y cuyo estado anímico es digno de Schopenhauer, precisa, para curarse, caminar de mañana, dormir, bañarse, beber y comer mucho, pues lo que padece es hambre. Otro paciente, el pobre Juan de Dios, también desencantado de la vida, "en un rato de spleen, / se curó para siempre con las cápsulas / de plomo de un fusil". En fin, los poemas de este opúsculo no dejan de sorprender con su final irónico o sarcástico en un claro reproche de las realidades. Caben en ellos inclusive la ternura y la extremada sensibilidad, En "Madrigal", el poeta canta a una mujer. Enumera con cuidado idealismo y delicadeza las gracias femeninas de aquella tez rosada y pura, formas gráciles, olor de lilas, labios tersos, manos blancas y finas, cabellos que cubren como rico manto; en fin, describe con supremo encantamiento esa presencia y concluye:

> Tu voz, tus ademanes, tú... no te asombre:
> todo eso está, y a gritos, pidiendo un hombre.

Sin embargo, la actitud del poeta en estas *Gotas amargas* no es nueva. Ya en sus primeros poemas aparece un recurso que empieza a definir lo que después se convertirá en la ironía. Hubo siempre en la expresión de Silva una tendencia a destruir las obras propias que habían sido hechas con amor y desvelo. Mundos encantados, levantados con afán y esmero por el poeta, son destruidos inesperadamente por él mismo. Esta tendencia se orienta al deseo ya señalado de interrumpir el engaño de la realidad exterior; enfrentarlo para no alimentar su cultivo, romper la ilusión para denunciar el error. Así, la primera estrofa del breve poema "Juntos los dos" opone con violencia dos fuerzas anímicas contrarias y en ese choque se destruye el encanto que empezaban a desarrollar los primeros versos:

> Juntos los dos reímos cierto día...
>   ¡Ay, y reímos tanto
> Que toda aquella risa bulliciosa
>   Se tornó pronto en llanto!

Una corriente profunda y desconocida, pero presente en el espíritu del poeta, parece emerger de vez en vez para destruir los momentos gratos. El recurso está incluso en uno de los poemas que Silva escribió inspirado en los juegos de los niños: "Los maderos de San Juan". El mundo alegre, abierto, bajo un cielo limpio en que se realizan los cantos infantiles, de pronto se oscurece con pensamiento cuya gravedad se refiere a la ruptura del yo con el medio exterior. Veamos las dos primeras estrofas de aquel poema:

> ¡Aserrín!
> ¡Aserrán!
> Los maderos de San Juan,
> piden queso, piden pan,
>   Los de Roque
>   Alfandoque
>   Los de Rique
>   Alfeñique
> ¡Los de trique, triqui, tran!
>
> Y en las rodillas duras y firmes de la Abuela,
> con movimiento rítmico se balancea el niño
> y ambos agitados y trémulos están,
> la abuela se sonríe con maternal cariño
> mas cruza por su espíritu como un temor extraño
> por lo que en lo futuro, de angustia y desengaño
> los días ignorados del nieto guardarán.

Los tres últimos versos han quebrado la atmósfera infantil y candorosa que se expandía. La transformación de un ambiente de satisfacciones por otro de soledad y angustia sucede también en "Poeta, dí paso". La escena amorosa del principio se incrementa en seguida con ardoroso erotismo y se convierte finalmente en una escena mortuoria y de desconsuelo. Por lo demás, esa actitud se repite en "Poema", "Nocturno" y "Lázaro". Al fin y al cabo, los dos medios referidos por los cuales trata de sobrellevar el desencuentro con su mundo no son más que esfuerzos conscientes: ya con un deliberado optimismo, ya con una amarga ironía. Es decir que la esperanza de encontrar alegría en días futuros se alterna con el cínico reconocimiento de la imposibilidad de hallar felicidad. Dos comportamientos racionales empleados sobre todo como defensa frente al mundo.

Pero en Silva hay esencialmente una actitud intuitiva, irracional, inconsciente —ya lo veremos— al buscar lo absoluto y lo desconocido a través de lo lejano ("lo infinito" y "lo ignoto", dice el poeta, como lo veremos).

"Lázaro" encierra en su primera estrofa optimismo. El mero hecho de la resurrección, la reincorporación a la vida, la renovada percepción del mundo a través de los sentidos, son notables manifestaciones de optimismo. No obstante, en la segunda estrofa y última —acaba el poema brevemente— se concentra la ironía de la resurrección, el sarcasmo del optimismo expresado anteriormente. Y después queda una profunda insatisfacción, una aspiración insaciable en el mundo ordinario.

Ven Lázaro, gritóle
El Salvador, y el sepulcro negro
El cadáver alzóse entre el sudario,
Ensayó caminar, a pasos trémulos,
Olió, palpó, miró, sintió, dio un grito
   y lloró de contento.

Cuatro lunas más tarde, entre las sombras
Del crepúsculo oscuro, en el silencio
Del lugar y de la hora, entre las tumbas
De antiguo cementerio,
Lázaro estaba, sollozando a solas
y envidiando a los muertos.

Búsqueda de lo infinito y lo ignoto

1.3. La insatisfacción en el mundo ordinario debe ser vencida con la búsqueda de una realidad plena. Silva no se conforma con la sumisión a los hechos cotidianos; más aún, al rechazarlos decide elevarse hasta descubrir un medio donde halle la satisfacción para sus ansias frustradas. Es decir que acepta la posibilidad de encontrar otro mundo. No se puede decir que el poeta se aniquila en el padecimiento de la sumisión. Por el contrario, tras hacer conciencia de su frustración intenta la búsqueda de una salida a sus inquietudes contenidas, se empeña por construir una experiencia personal sobre la experiencia mundana y ordinaria. Se resiste a postergar sus ansias y someterse a la sujeción de fuerzas sobrenaturales. En otras palabras, el determinismo es ajeno a su concepción, lo desconoce. Este es el origen primero de su autonomía.

Silva manifiesta la sensación de ingresar a ese mundo desconocido e infinito, en el que desaparecen las distancias porque éstas empiezan a rodearlo con una atmósfera distinta y mágica. Lo dice él, en el breve poema "Paisaje tropical":

> Magia adormecedora vierte el río
> en la calma monótona del viaje
> cuando borra los lejos del paisaje
> la sombra que se extiende en el vacío.

Reconoce otra realidad, en la que la lejanía se convierte en vacío. Verá más adelante encenderse a Venus "en el espacio puro" y en el espejo del agua "otro cielo rosado y verdeoscuro". Empieza a tener vigencia el concepto —si la palabra permite— de la "otredad", la búsqueda de *lo otro*, que en su caso es lo distante, lo desconocido y lo infinito. Aun sobre las situaciones más ordinarias e insignificantes escudriñará ese ámbito. En "Crepúsculo" refiere una escena infantil en el atardecer, cuando los niños se recogen a sus moradas para oír los cuentos de hadas y de pequeños animales. Y mientras el poeta describe el descenso de las sombras sobre los cortinajes de la habitación, reconoce lejanías desconocidas e infinitas, en los rincones de la misma. El claroscuro del atardecer suscita "distancias enormes e ignotas, por los rincones oscuros", dice. Pero ante el espacio abierto, su indagación es mayor y su tono reflexivo. En su visión maravillada por los "millones de mundos lejanos, / flores de fantástico broche, / islas claras en los océanos / sin fin, ni fondo de la noche", pregunta al espectáculo de estrellas: "¿Por qué os calláis si estáis vivas / y por qué alumbráis si estáis muertas?". ("...?...") Protesta ligeramente por la ausencia de comunicación con ese espacio. El ámbito cósmico le plantea un interrogante y el poeta se lanzará sobre él para revelar esa incógnita. Por otra parte, en su concepción sobre el arte poético, manifiesta la necesidad de que el verso alivie la existencia con sensaciones de lo desconocido. No voy a analizar ese poema que expone ideas respecto a lo que debe ser la poesía. Sólo quiero señalarlo en lo que representa dentro del motivo que nos ocupa: lo infinito. Pues bien; en "Ars", Silva afirma que el verso es "vaso santo" en el que se debe poner tan sólo "un pensamiento puro"; el fin del verso —y esto es lo que interesa— es:

> Para que la existencia se embalsame
> Cual de una esencia ignota

La poesía debe llevar lo no conocido a la realidad ordinaria, para aliviarla y otorgarle fragancia. Lo ignoto debe ser un medicamento para la cotidianidad y la rutina.

Este concepto se amplía en una composición recuperada del olvido por Donald McGrady, quien ha reunido una colección de poemas dispersos de Silva, publicados en diferentes épocas y periódicos. La composición a que hago referencia no lleva título y fue difundida por el mismo poeta[5] en *El Liberal*, el 29 de abril de 1884. Allí afirma que se encontrará poesía:

> En los lugares que nunca
> humanos pies recorrieron,
> en los bosques seculares
> donde se oculta el silencio,

Lo no conocido, lo apartado, lo distante albergan poesía. Silva demanda y anhela para la poesía lo inasible, como necesidad y atracción insoslayable.

Con mayor razón ha de advertir esa presencia en circunstancias de pesadumbre y soledad. En tales momentos, dice, "alguna lejana idea consoladora" ilumina el espíritu y "en su lenguaje difuso / entabla con nuestros sueños / el gran diálogo confuso / de las tumbas y los cielos". ("Triste"). Esta presencia de lo ignoto e infinito se ha de convertir en asedio e incitación y el poeta verá en aquella un medio hacia la libertad y la plenitud. De ahí que en "Crisálida" identifique al cuerpo con la prisión que encierra al alma. Aunque esta manifestación parezca un tópico literario que ganó especial relieve en la lírica española del renacimiento, de manera especial en Luis de León, su significado en Silva está ligado a las ansias de posesión de lo no conocido e interminable.

Lo infinito es precisamente el medio que elige el poeta para reunirse con su amada. El famoso nocturno "Una noche" se desarrolla en ese ámbito. Por otra parte, lo distante y lo infinito no sólo se manifiestan a través de múltiples imágenes; están representados también por una variedad de símbolos polivalentes. A veces esta búsqueda se confunde con el ensueño. Así la estancia con la amada, mientras ésta ejecuta en el piano, transmonta de pronto épocas y espacios lejanos: la sala donde están los amantes se transforma "en gótico castillo donde en las piedras / musgosas por los siglos, crecen las yedras, / puestos de codos ambos en tu ventana / miramos en las sombras morir el día y subir de los valles la noche umbría".

Otro poema similar ("A ti") recuerda momentos de amor:

> cuando la tarde tiñe de oro
> esos momentos que juntos vimos,
> cuando mi alma su vuelo emprende
> a las regiones de lo infinito.

Pocas veces, como en esta composición, el poeta manifiesta tácitamente la búsqueda de lo infinito. La presencia de esta realidad en su obra está más bien implícita. Las consideraciones sobre lo infinito se funden dentro de los conceptos del espacio y del tiempo.

La manifestación de esa zona a través de una conducta intuitiva y subconsciente, me parece más importante que la expresión explícita. Porque en el momento de la creación poética las percepciones y representaciones —aportadas ya por la imaginación, ya por la memoria—, configuran la visión del poeta. Quiero decir que esos materiales tomados inconscientemente llevan mejor el registro personal del autor, pues son auténticamente, labrados de acuerdo a personales experiencias.

Entre los poemas recientemente descubiertos, se puede apreciar claramente la índole de esos elementos. "Idilio" se hace eco, en efecto —como lo afirma McGrady—, "del viejísimo tema del *beatus ille*, al describir y enlazar los sencillos placeres del campo. Según su costumbre desde la juventud, el bardo halaga todos los sentidos del lector, produciendo con la palabra escrita sensaciones visuales, auditivas, táctiles y gustativas. Los últimos versos denuncian uno de los temas que más había de obsesionar a Silva: la preocupación por la muerte"[6]. No obstante, el tema del *beatus ille* sólo ocupa el relieve del poema; es un agradable paisaje descrito con casi la totalidad de los sentidos; al fondo de ese paisaje está la zona apetecida por el poeta: lo infinito.

> Sencilla y grata vida de la aldea:
>
> Levantarse al nacer de la mañana
> cuando su luz en la extensión clarea
> y se quiebra en la cúpula lejana
> (...) contemplar la bruma
> que en el fondo del valle se levanta,
> (...)
>
> tomar fuerza de la calma mejestuosa
> donde la vida universal germina
>   en ignotos lugares
> que no ha hollado la vana muchedumbre,
> en el bosque de cedros seculares
> del alto monte en la empinada cumbre;

Hemos elegido parcialmente los primeros versos del poema, con base en los núcleos significativos substantivos. La imagen primaria sobre la cual se construye es: la mañana. Mas, esta imagen no es el fin de la descripción del poeta; su presencia es un medio a través del cual desemboca la intención específica de abrazar lo distante. Esa mañana luminosa se extiende a plenitud, en una dimensión infinita ("en la extensión clarea"). Se advierte el deseo de ensanchar los límites de la mañana hacia lo absoluto, a través de la *luz* y la *extensión*; en el cuarto verso se acentúa el anhelo cuando esa mañana se disgrega en el domo, en el límite extremo del espacio, *en la cúpula lejana*; además, en esa mañana el poeta contempla la *bruma* que se levanta del *fondo del valle* y desea aspirar la fuerza de semejante calma, *germen universal* de la vida, en *lugares ignotos*, no conocidos por la muchedumbre, en antiguos y *seculares* bosques, en la *cumbre* de los altos montes. Estos son pues los núcleos significativos que integran un sentido en el poema, la sustancia empleada por la inconsciencia en el momento de la creación: Luz, extensión, cúpula lejana, bruma, fondo del valle, germen universal, lugares ignotos, bosques seculares, cumbres. La índole de estos elementos es distancia, lejanía, infinito; es decir, naturaleza inasible y etérea.

Tal es el ámbito de búsqueda de Silva. Dentro de su concepción del mundo, el principio y el fin de la existencia están en aquella naturaleza etérea e inasible, representada básicamente por lo ignorado y lo infinito. El origen de la vida está en lo desconocido y la muerte forma parte del reino de lo interminable. Esta idea es mostrada por otro de los poemas que McGrady extrajo del olvido: "En la muerte de mi amigo Luis A. Vergara R." McGrady observa con acierto en esta elegía la "actitud cristiana" de Silva ante la muerte. Sin embargo, pienso que esa actitud tiene sólo en parte ese cariz. La identificación de la muerte con la "vida eterna" cristiana es posible de manera parcial porque la muerte es para Silva sobre todo una imagen de lo infinito, pues —ya lo dije— la existencia humana comienza en lo no conocido y concluye —aunque resulte paradójico— en lo interminable.

La elegía de referencia dice:

Más consuela el pensar que nuestra vida
es istmo que separa dos océanos
y que mide la mano de la suerte...
A él sobre las cunas arribamos
viniendo en ignorados oleajes,
y al acabar de caminarlo vamos

a proseguir interminables viajes
sobre las negras sombras de la muerte;

En fin, Silva cultiva la concepción de la vida eterna entendida a su modo. No creo que exista sentido cristiano en su idea. La vida eterna para Silva no implica el supuesto premio que reconoce la religión. Lo infinito y lo ignoto representan otra realidad, más allá del tiempo y del espacio, cuyo descubrimiento permite sobreponerse y exceder la existencia ordinaria y cotidiana. Pero, al cabo, esa vasta realidad se manifiesta a través de la naturaleza y para llegar a aquella se debe trascender ésta. La naturaleza entraña los caminos hacia lo inconmesurable y no conocido.

De **Cinco momentos de la lírica hispanoamericana.** Historia literaria de un género. La Paz, Instituto Boliviano de Cultura, 1978, p. 51-65.

Notas

1. Prólogo de Miguel de Unamuno a las *Poesías* de José Asunción Silva, 1918.

2. José Asunción Silva, *Obras Completas* (Bogotá: Banco de la República MCMLXV), p. 364.

3. J. A. Silva, *Poesías*, Notas de B. Sanín Cano (París: Casa Louis Michaud). Incluidas también en Obras Completas, p. 116.

4. V. M. de Agiar e Silva, op. cit., p. 336.

5. Donald McGrady, "Diez poesías olvidadas de José Asunción Silva", Thesaurus, XXIII (Enero - abril, 1968), p. 62.

6. Ibídem., pp. 49-50.

SILVA

Merlin H. Forster

El suicidio de JOSE ASUNCION SILVA (Colombia, 1865-1896) dejó prematuramente trunca una de las obras más originales del modernismo. Publicó sus poemas en las páginas de importantes periódicos colombianos e hispanoamericanos (*Repertorio Colombiano, El Cojo Ilustrado, Revista Moderna*), pero sólo varios años después de su muerte fueron coleccionados los versos en *Poesías* (Barcelona: Ortega, 1908, con prólogo de Miguel de Unamuno). Dejó inédita una novela, *De sobremesa*, que se publicó en 1925, y algunas prosas cortas que aparecen en *Poesías*.

Silva se inició en la poesía a una edad muy temprana. Imitó a varios poetas románticos franceses, y sus poemas fueron incluidos en *La lira nueva* (1886) y *Parnaso colombiano* (1886). Sin embargo, su renombre se debe a "Nocturno", que apareció dos años antes de su muerte. Publicado por primera vez en las páginas de una oscura revista de Cartagena, el poema fue comentado y divulgado en muchas otras revistas, y le ganó a Silva una resonancia internacional. Fue motivado, según parece, por la muerte de la hermana del poeta, pero hay sugerencias sensuales en el poema que han dado pie a muchas discusiones sobre esa relación. En una segunda versión definitiva que figura como "Nocturno III" en la edición príncipe de 1908, el poema se consagró como uno de los más notorios monumentos de la poesía modernista. Silva hace uso de una novedosa estructura métrica, en la cual funciona un pie tetrasilábico (ŏŏóŏ) para versos que varían en extensión desde cuatro a veinticuatro sílabas. Esas fluctuaciones rítmicas, acompañadas de una serie de repeticiones insistentes a lo largo del poema, crean una sensación musical en la cual el desarrollo temático de separación y angustia puede ser más agudo. El poema se estructura en dos momentos; el primero es la visión de una noche del pasado ("toda llena de murmullos, de perfumes y de música de alas") y el segundo la angustiada presencia de "esta" noche actual ("llena de las infinitas amarguras y agonía de tu muerte"). Se juntan todos estos motivos en los últimos versos del poema, donde las sombras se buscan con tristeza y se funden en el recuerdo de los momentos de dicha.

"Nocturno" es el poema más conocido de Silva, pero de ninguna manera representa la única dimensión de su poesía. Silva es un poeta múltiple: acosado por el fluir del tiempo en

"Día de difuntos", sacudido por los recuerdos de la infancia y de las cosas viejas en "Los maderos de San Juan" y "Vejeces", resignado con humor sardónico y fatalista a los golpes de la vida en las "Gotas amargas". "Día de difuntos", que recuerda "The Bells" de Poe en su uso insistente del sonido variado de las campanas, es una aguda advertencia de que el tiempo pasa, de que los vivos se olvidan de los muertos y de que no hay manera de cambiar esa verdad fundamental. La  voz sarcástica de la campana que marca la hora es "indiferente al bien y al mal,/ mide lo mismo la hora vil / que la sublime y la fatal". En "Los maderos de San Juan" el poeta combina hábilmente la música y el compás de una letrilla de niños con un metro más extenso que expresa las contemplaciones de la abuela que balancea a un niño en sus rodillas. "Gotas amargas" contiene una fuerte dosis de desengaño. Este sentimiento aparece muy evidente en "Lázaro", donde a los pocos meses el resucitado desea estar de nuevo en la fosa. En "Cápsulas" un amante desafortunado intenta curarse, tras varias aventuras frustradas, con cápsulas diversas; al fin se alivia con unas de plomo, o sea con balas. En "Egalité", un notable experimento en el uso del eneasílabo, Silva reduce el amor a un espasmo animal: "Juan Lanas, el mozo de esquina, / es absolutamente igual / al emperador de la China: /los dos son un mismo animal". A veces, dentro de esa amargura, destella una que otra chispa de ironía. Por ejemplo, en "El mal del siglo", el médico responde con estas palabras cuando su paciente se queja de un malestar profundo: "—Eso es cuestión de régimen camine / de mañanita; duerma largo; báñese; / beba bien; coma bien; cúidese mucho: / ¡lo que usted tiene es hambre!..."

Entre los primeros modernistas Silva es tal vez el poeta más variado. Hace uso novedoso de ritmos y metros; en la temática, el sentimiento y la música de "Nocturno" existen al lado de la aspereza y el humor tétrico de "Gotas amargas" o de la ternura de "Los maderos de San Juan".

De **Historia de la poesía hispanoamericana.** Indiana, The American Hispanist, 1981, pp. 75-76.

J. A. SILVA

Giuseppe Bellini

La figura más destacada de este momento del Modernismo hispanoamericano es, sin duda, el colombiano *José Asunción Silva* (1865-1896). «Lucero que anuncia la mañana en los todavía grises cielos literarios de América», según lo definió poéticamente Arturo Capdevila. Pero Silva fue el poeta pleno, originalísimo, de esa misma mañana que anunciaba. Es probable que la brevedad de su vida le haya impedido manifestar todas sus posibilidades creativas; es posible que los mayores obstáculos los haya encontrado en las vicisitudes familiares y del ambiente en que se desenvolvía. Pero esto significaría dar importancia a algo que no se puede probar. En la obra que nos ha legado, Silva se manifiesta como un poeta singular, expresión de un modernismo que no se confunde con el de Darío ni de otros, un modernismo más sincero, sobrio, mesurado, que está muy lejos del esteticismo vacío.

La vida de José Asunción Silva estuvo marcada por dolores y fracasos: contrariedades sentimentales y materiales. La fortuna de su familia se esfumó; en 1895 sufre la pérdida de parte de su obra inédita —*Cuentos Negros, Las almas muertas, Los poemas de la carne*— en el naufragio del vapor «Amérique» cuando regresaba de un viaje a París; la muerte de su hermana, su único afecto profundo, la bancarrota de la empresa en la que había invertido su propio capital y el de algunos amigos, la falta de un empleo digno en la diplomacia. Todos estos hechos lo llevaron a un profundo sentido del fracaso y, por consiguiente, a quitarse la vida.

En la poesía de Silva, sin embargo, el dolor, la desilusión acaban por depurarse, hasta convertirse en logros artísticos superiores. El sentido estético del poeta hace que siempre esté atento a los desequilibrios. Testimonio de ello es la escenografía con que rodeó el último momento de su vida, con un significativo *Triunfo de la muerte* de D'Annunzio en la cabecera.

Leopardi fue una de sus lecturas favoritas, ya que respondía al hastío cósmico que el poeta sentía, a ese hastío del que nace lo mejor de su poesía, siempre fruto de sufrimiento, de amargura, incluso en aquellos casos donde, como en «Gotas amargas», parece más irónica. La incapacidad de adaptación de José Asunción Silva se debe a su concepto refinado de la vida, a su concepción de la poesía como expresión de un alto sentimiento humano. En sus versos confluyen la herencia, la lección magistral de tantos poetas: de Bécquer a Bartrina, de Leopardi a D'Annunzio, de Heine a Poe, de Musset a Baudelaire, a Mallarmé. Silva abandona totalmente el exotismo; la concepción de la mujer y del amor no responden a inquietudes sensuales, a deseos de perversión pecaminosa. Los temas que el poeta colombiano trata en su poesía son profundos, repetidos desde los albores de la poesía, pero siempre nuevos, originales por forma y matices, sentidos sinceramente.

La poesía de José Asunción Silva alcanza homogeneidad debido a una seriedad esencial, logrando una dimensión que se afirma en el tiempo. Consciente de los altos fines de la poesía, crea lentamente, no cesa de elaborar, inspirándose particularmente en Poe, como en la evolución de sus «Nocturnos» y en «Día de difuntos», donde se justifica su aproximación a «The Raven» y a «Nevermore» del poeta estadounidense. La influencia de «The Philosophy of Composition», más o menos mediatizada por Valèry, es evidente, y demuestra la gran preocupación de Silva por el poema. El elevado concepto en que tenía a la poesía se pone de manifiesto en «Ars», donde define al verso «vaso santo». En «Poemas» reconstruye la historia interna de la elaboración de su famoso «Nocturno»:

> Era la historia triste, desprestigiada y cierta
> de una mujer hermosa, idolatrada y muerta:
> y para que sintieran la amargura, ex profeso,
> junté sílabas dulces, como el sabor de un beso,
> bordé las frases de oro, les di música extraña,
> como de mandolinas que un laúd acompaña;
> dejé en una luz vaga las hondas lejanías
> llenas de nieblas húmedas y de melancolías,
> y por el fondo oscuro, como en mundana fiesta
> cruzan ágiles máscaras al compás de la orquesta,
> envueltas en palabras que ocultan como un velo,
> y con caretas negras de raso y terciopelo,
> cruzar hice en el fondo las vagas sugestiones
> de sentimientos místicos y humanas tentaciones...

Silva considera la obra de arte no como fruto del azar, sino de una sabia dosificación de ingredientes destinada a la representación de lo bello, más como el resultado del trabajo artístico que de la inspiración.

Ante una existencia que le parece gris, infeliz, el poeta, al igual que Nájera y Del Casal, cultiva la sugestión del recuerdo, la nostalgia de la infancia, el encanto de lo que, al evocar

vagamente las cosas «que embellecen el tiempo y la distancia», debería hacer la vida más soportable. En «Infancia» asistimos, efectivamente, al retorno de los «plácidos recuerdos»; pero lejos de aquietar las ansias del poeta al evocar una edad feliz y despreocupada, la edad de oro del hombre, estos recuerdos no hacen más que aumentar su desconsuelo por la inocencia y las ilusiones perdidas. En este aspecto —el dolor por los tiempos felices que la distancia idealiza— Silva está muy próximo a Leopardi. Incluso el encanto de los relatos infantiles se transforma, en «Crepúsculo», en dolor; en «Los maderos de San Juan», una de las composiciones más significativas de José Asunción Silva, es dolor el recuerdo de la abuela que presiente la caída de las ilusiones de su nieto al llegar a la edad adulta. «Vejeces», elegía del tiempo y el tránsito humano, consigna la desazón de un recuerdo que vanamente se aferra a «Las cosas viejas, tristes, desteñidas», que conocen los secretos de las épocas muertas. En el poema «Al pie de una estatua», dedicado a Bolívar, se afirma la fría sensación del paso inexorable del tiempo; aquí está presente la sugestión leopardiana, pero también una profunda raíz hispana, la de Jorge Manrique, que también cantó la transitoriedad humana:

¡Como sombras pasaron!
¿quién sus nombres conserva en la memoria?

La desilusión, el desengaño, conducen naturalmente al poeta al tema de la muerte, a su contemplación no como momento extremo o ansiado del vivir humano, ni como suprema liberadora, sino más bien como realización estética última. Esto se aprecia en «Día de difuntos», pero especialmente en los «Nocturnos», donde la muerte es belleza, fijación externa de un instante fugitivo que implica también al amor. Para Silva, el objeto del amor es una criatura vaga, indeterminada, que vive entre las nieblas y el recuerdo, precursora lejana de la mujer cantada por Pedro Salinas. Rodeada de un contorno romántico en apariencia, se libera de éste para convertirse en realización del más fino modernismo mediante la acentuación de los elementos sensoriales, que la hacen de esencia irrepetible. Un leve erotismo, un nombre no denunciado, llevaron en el pasado a algunos críticos a elucubraciones híbridas en torno a las relaciones entre Silva y su hermana Elvira, totalmente injustificadas, como se ha comprobado posteriormente. De ello parecieron dar prueba los «Nocturnos», especialmente el tercero, el más bello, modelo de tantos nocturnos con que se enriqueció después la poesía modernista. En este «Nocturno» se pone de manifiesto un contacto estructural con «The Raven» de Poe, mientras que desde el punto de vista temático está más próximo a «Ulalume». Si en el primero de los «Nocturnos» de José Asunción Silva predomina la pompa del Modernismo, la musicalidad plena, el pronunciado colorismo en la representación de la muerte de la mujer amada como obra de arte, en el segundo impera el recuerdo un tanto becqueriano de un sueño amoroso feliz, en un paisaje impregnado de música; el tercero es la apoteosis gloriosa del sentimiento. Las sombras enamoradas viven repitiendo los actos amorosos de un tiempo, en un paisaje lunar, donde todo se vuelve leve; la reiteración da dimensión al sentimiento:

> Una noche,
> una noche toda llena de perfumes, de murmullos y de música de alas;
>   una noche
> en que ardían en la sombra nupcial y húmeda las luciérnagas
>   fantásticas,
> a mi lado lentamente, contra mí ceñida toda, muda y pálida
> como si un presentimiento de amarguras infinitas
> hasta el más secreto fondo de las fibras te agitara,
>   caminabas;
>   y la luna llena
> por los cielos azulosos, infinitos y profundos, esparcía su luz blanca.
>   Y tu sombra
>   fina y lánguida,
>   y mi sombra,
> por los rayos de la luna proyectadas,
>   sobre las arenas tristes
>   de la senda se juntaban,
>   y eran una,
>   y eran una,
> y eran una sola sombra larga,
> y eran una sola sombra larga,
> y eran una sola sombra larga...

Lo que atormenta en el poema es el recuerdo del tiempo feliz, no la muerte. La sinfonía cromática, los perfumes, la música, van construyendo gradualmente en torno a la mujer evocada una atmósfera enrarecida, en la que ella resplandece con luz extraordinaria, afirmando su singularidad irrepetible en la poesía. El cuarto nocturno es inferior a los primeros en valor artístico y no llega a dar idea cabal de las cualidades de Silva como cincelador experto, como orfebre refinado que es fundamentalmente.

Con su obra poética, José Asunción Silva da al Modernismo un impulso vigoroso hacia su plena afirmación, introduciendo, con el verso libre, destacadas innovaciones, musica-

lidades delicadas, cromatismos inéditos, penetrantes aromas y, sobre todo, mesura en la expresión del sentimiento, una actitud sentimental nueva que en ningún momento se confunde con la postura romántica, y que domina una seriedad fundamental frente al destino del hombre.

De **Historia de la Literatura Hispanoamericana**. Madrid, Editorial Castalia, 1985, pp. 290-294.

JOSE ASUNCION SILVA

José Olivio Jiménez

(Colombia, 1865-1896). Con la excepción de algunas breves temporadas en el extranjero —en Europa (París, Suiza y Londres) y en Venezuela, como secretario de la Legación de su país en Caracas—, la vida de Silva transcurre en el ambiente cerrado y nada estimulante del Bogotá de sus años. De ningún modo un neurótico, pero sí un desajustado y un inconforme, su existencia estuvo marcada por el fracaso y las frustraciones: continuas ruinas en sus empeños comerciales, en los cuales ha de actuar para salvar los negocios de la familia; la muerte de su querida hermana Elvira (a quien va dedicado el famosísimo «Nocturno»); el naufragio de un barco en el que viajaba, al regreso de Venezuela, y donde pierde «lo mejor de mi obra»; la hostilidad de una sociedad estrecha («José Presunción», le llamaban) que le obliga, por pudor y altivez, a casi esconder su vocación literaria. Todo ello, obrando sobre un espíritu sensible en alto grado, culminó en el temprano suicidio —antes de cumplir los treinta y un años—, sin que su genio poético hubiese llegado a madurar plenamente. A pesar de que aún en vida algunas de sus composiciones fueron muy populares, publicó poco; y la primera edición de su obra poética, parcial y muy adulterada, es póstuma, de 1908 (realizada en Barcelona, con un prólogo fervoroso de su gran admirador Miguel de Unamuno).

De su breve labor en prosa hay que destacar el cultivo de las *transposiciones artísticas* —donde la palabra intenta expresar los matices del claroscuro y el color—, de tan fecunda práctica en la literatura modernista posterior. Incursionó en la narrativa: *De sobremesa*, escrito en forma de diario íntimo, más que una novela, es un libro que hay que leer como el testimonio atormentado pero impecable de aquel «fin de siglo angustioso», como allí lo calificara justamente su autor. En sus páginas, de mucho interés para calar en la visión del mundo de Silva, están las conflictivas reacciones, y las contradicciones esperables, de un protagonista sufridor de los innúmeros problemas —de todo tipo: artísticos, morales, religiosos y aún políticos— que aquel tiempo de crisis planteaba al espíritu del hombre finisecular americano.

Su producción poética conservada, no abundante, ha venido a quedar agrupada en tres núcleos muy distintivos: *El libro de versos*, lo más granado de esa producción —el mejor

Silva—, que él mismo ordenó y tituló; *Gotas amargas*, conjunto que parece tenía destinado a mantener siempre inédito; y *Versos varios*, miscelánea del resto de su obra. Entre las diferentes opciones estéticas que convergen y se entrecruzan en el período modernista, este poeta colombiano apenas aparece tocado por el parnasianismo y aún menos por el preciosismo exterior que tanto proliferó en los comienzos de la década del 1890 (léase su satírica «Sinfonía de color de fresa en leche»). Por el contrario, su temperamento poético, y sus lecturas y preferencias —principalmente Poe, Bécquer, el Martí de *Ismaelillo* (presente en su poema «Mariposas»), y otras que más adelante se mencionarán— hacen de Silva el poeta de su generación que más intuitivamente, y con mayor lucidez crítica a la vez, se entra en el ámbito del simbolismo. José Fernández, su alter ego en *De sobremesa*, define su poesía como «la tentativa mediocre de decir en nuestro idioma las sensaciones enfermizas y de sentimientos complicados que en formas perfectas expresaron en los suyos Baudelaire y Rossetti, Verlaine y Swinburne» (definición y nómina que incluyen algunas notas decadentistas, inseparables del simbolismo en sus inicios, y que revelan también el conocimiento por parte de Silva de algunos nombres capitales en otro de los *ismos* que se manifiesta en su obra: el prerrafaelismo). O propone, ya más concretamente, algo en sí de naturaleza simbolista pero que la modernidad acentuará por cuanto literalmente reclama la participación activa de un lector-colaborador: «Es que yo no quiero decir sino *sugerir* (el subrayado es suyo) y para que la sugestión se produzca es preciso que el lector sea un artista». Como los simbolistas, y como todos los modernistas que a aquéllos siguieron, profesó un respeto sagrado al ejercicio de la poesía: para él, dirá, *el verso es vaso santo* («Ars»); y hasta desplegó, en pareados alejandrinos de dicción e intencionalidad característicamente modernistas, una poética (*de arte nervioso y nuevo*) que resume la naturaleza novadora y sincrética de este modo de sensibilidad y expresividad, pero con claro énfasis en el ocultamiento y la sugestión propios del simbolismo («Un poema»).

Y es en la atmósfera de la estética simbolista, con su gusto por la expresión misteriosa, vaga, sugerente y de cadenciosa musicalidad, donde hay que inscribir sus más intensos momentos poéticos, teñidos de una profunda vibración elegíaca. Esos momentos aparecen dominados temáticamente por la obsesión del tiempo, el recuerdo y la muerte, y devueltos simbólicamente en un aura condicionada de veladuras y de

sombras. Son sus conocidas elegías personales «Poeta, dí paso...», y «Nocturno» (*Una noche...*). O las elegías de alcance universal: el no menos impresionante y contrapuntístico, por la sutil irrupción de la ironía, «Día de difuntos», que es un espléndido ejercicio de polimetría. Y a la fusión de su romanticismo esencial y su capacidad ya simbolista de depuración poética, cabe adscribir también dos voliciones señaladas de Silva: el refugio en las cosas frágiles y en las cosas viejas, embellecidas y dignificadas por el tiempo («La voz de las cosas», «Vejeces»); y el regreso al mundo ideal de la pureza que únicamente en la niñez se da («Infancia», «Los maderos de San Juan»).

Y al lado de todo ello —o mejor, en el reverso—, su contracara. Recortados sobre tal fondo elegiaco (la nada: única verdad), los esfuerzos y las acciones de los hombres, vistos realísticamente, son gestos dignos sólo de ser dibujados en inversión paródica y en trazos sarcásticos o caricaturescos. Y surge entonces la sátira: *Gotas amargas*, donde las presencias son muy otras: Heine, Bartrina, Campoamor. De valor poético ciertamente muy inferior, estos textos no dejan de tener una relevante significación histórica: de un lado, porque fueron escritos en el corazón de la época modernista y acreditan así la carga contradictoria de posibilidades que la misma permitía (además de que reflejan fielmente el profundo escepticismo del autor); y de otro, porque adelantan, en opinión compartible de Eduardo Camacho Guizado, toda la caudalosa corriente de antipoesía que conocerá nuestro siglo.

De **Antología crítica de la poesía Modernista Hispanoamericana.** Madrid, Ediciones Hiperion, 1985, pp. 138-141.

Tres tiempos de una polémica en torno a Silva

Arturo Torres Rioseco

Laureano Gómez

JOSE ASUNCION SILVA
(1865-1896)

Arturo Torres Rioseco

En ningún país del mundo han sido medidos los valores literarios tan arbitrariamente como en la América Española. Las jóvenes repúblicas hispanoamericanas han adquirido con el tiempo rasgos individuales debido a las variedades de clima, a la diversidad del elemento indígena, a la inmigración europea y a la situación geográfica que tienen. En los países cerrados a la corriente humana que nos llega de Europa la vida ha continuado en un estado semicolonial y la cultura sigue en las mismas condiciones del siglo diez y ocho. A una educación decorativa se une el desprecio por el trabajo en su forma intelectual y mecánica. La clase más culta de la sociedad alardea de un intelectualismo que es horrorosamente provinciano en su forma más noble, en su religiosidad profunda y en su admiración por la literatura de salón semejante a la que se desarrolló en Francia con Fontanelle. En los hogares distinguidos, los niños forman su afición literaria oyendo cotidianas discusiones sobre la literatura contemporánea, tomando parte en el entusiasmo con que los mayores comentan el último poema aparecido en el periódico local, asistiendo con la familia a la sesión del Ateneo y leyendo en la biblioteca de la casa libros modernos. La literatura es allí como la política en otros países: un asunto de interés cotidiano, cuyo conocimiento trasciende a las clases menos cultas de la sociedad. Más tarde la escuela primaria empieza a desarrollar en los niños esa inclinación literaria todavía inconsciente por el estudio de los poetas nacionales y por el aprendizaje de memoria de poemas recopilados en los libros de lectura. El estudiante más distinguido será naturalmente aquel que haya penetrado más profundamente en el espíritu de los poemas patrios y que haya desarrollado más facilidades declamatorias. Cuando los jóvenes llegan a los liceos, sienten un desmedido y generoso entusiasmo por las bellas letras que encauzado por senderos amables se convierte pronto en una febril actividad creadora.

Allí reciben el estímulo de sus profesores y la revista literaria les ofrece sus páginas. La fama del escritor recién iniciado se extiende pronto por la ciudad, el periódico local empieza a publicar sus poemas y una sesión del Ateneo le da a conocer al público. A la temprana edad de quince años, el poeta publica su primer libro de versos. Los críticos —siempre tolerantes y eclécticos— aplauden su labor comparándole a este o aquel gran poeta europeo y la reputación del joven escritor queda asegurada... en su ciudad natal. Como queda demostrado, el triunfo en estas condiciones es sumamente fácil y el número de los poetas es asombroso en estas pequeñas democracias de América. La obra literaria es de ínfima calidad, pero el poeta engañado por los aplausos de los críticos cree haber alcanzado una reputación literaria universal y se echa a dormir en sus laureles. Por otra parte, prevalece en estos países la idea romántica de la inspiración circunstancial, lo que hace que los poetas ni siquiera piensen en una sólida preparación intelectual que ayude al éxito de la labor creadora. Toda facultad artística se manifiesta en la obra real y si bien es cierto que hay momentos especiales en que nuestra sensibilidad se aguza y en que nuestras ideas se asocian a impulso de estímulos desconocidos para facilitar el movimiento inmanente de la obra poética, no lo es menos que el temperamento de un poeta en su estado normal tiene que manifestar inquietud de expresión bajo el hechizo de la belleza, aun en circunstancias adversas. Esta teoría de la inspiración enunciada por los románticos se opone al desarrollo sistemático de la inteligencia y considera la erudición (se habla de la erudición sustancial y no de la erudición histórica y detallada) como un obstáculo opuesto al libre desenvolvimiento de las facultades artísticas. Por esta razón el estudio de los clásicos de la lengua se tiene en menosprecio, para librarse de influencias se evita la lectura de los grandes escritores, el estudio de los idiomas extranjeros es campo de eruditos y de profesores especialistas. Con esto hemos tratado de señalar las causas principales de la mediocridad intelectual de algunos países de nuestra América. Naturalmente estos países tan superficialmente fecundos en manifestaciones artísticas deben ser estudiados cuidadosamente al ser considerados como altos exponentes de la mentalidad de Hispanoamérica. Un estudio ligero de sus escritores y de sus obras principales puede llevar a conclusiones lamentablemente erróneas en que han incurrido muchos de nuestros más sabios investigadores.

En cambio, en otros países hispanoamericanos abiertos a la inmigración europea en los cuales es posible una comunicación rápida con los principales centros culturales del mundo, el escritor puede ser considerado como parte integrante de un grupo de intelectuales de avanzada. Por esta razón, en países como la Argentina y el Uruguay, ha habido escritores que,

abandonando nuestro provincialismo y nuestra mediocridad ambientes, se han identificado con los mejores escritores europeos de nuestro tiempo y que han sobrepasado a los mejores hombres de letras de la península. Sirvan como ejemplo los nombres de Rodó, Ingenieros, Herrera y Reissig, Lugones, etc., etc. Escritores como estos sienten el rubor de sus glorias de provincia y son asiduos colaboradores de revistas cosmopolitas. Su mira está mucho más allá del aplauso del periódico y del premio del Ateneo y mediante inauditos esfuerzos llegan a imponerse a la consideración de los escritores europeos. Si queremos llamar la atención de los países más cultos, debemos imitar el ejemplo dado por estos escritores y renovándonos constantemente desdeñar el éxito mediocre de los geniecillos locales.

El señor Menéndez y Pelayo dice en su libro *Historia de la Poesía Hispanoamericana*, al hablar de la literatura colombiana: "La cultura literaria en Santa Fe de Bogotá, destinada a ser con el tiempo la Atenas de la América del Sur, es tan antigua como la conquista misma" (pág. 7 del tomo II). Y en la página 370 de la misma obra se queja de la falta de cultura estética en Chile: "lo cual se comprueba no sólo con la relativa escasez de su producción poética, comparada con la de otras repúblicas hispanoamericanas, sino con el carácter árido y prolijo que se advierte en muchos escritos en prosa, dignos de alabanza por su contenido".

Ni fue Bogotá la Atenas de la América del Sur, ni la falta de cultura estética iba a ser permanente en la república del sur sino que mediante un cambio radical de valores, Santiago ha llegado a ser uno de los centros intelectuales más activos del continente y Bogotá ha caído en un lamentable aletargamiento. Al no aceptar las palabras del Sr. Menéndez y Pelayo no negamos la valiosa colaboración de Colombia en las letras de nuestro continente. Porque, ¿cómo negar talento poético a un José Eusebio Caro, tan íntimamente suave y tan fogoso al mismo tiempo, que al expresar la fiereza de su América lo hacía con un vasto rumor de Olimpo griego? Ni ¿cómo olvidarse de los esfuerzos nobilísimos de Julio Arboleda, ese perfecto inglés, que con su poema *Gonzalo de Oyón*, se colocó tan alto en la épica americana? Y América está agradecida de la labor de Gutiérrez González y de la de J. J. Ortiz, porque, a pesar de las influencias manifiestas que se notan en sus trabajos, pusieron en su lirismo mucho de su tierra natal.

La contribución de Colombia al movimiento modernista no ha sido abundante pero sí de innegables valores positivos. Con José Asunción Silva se inicia la escuela, porque, a pesar de las opiniones contrarias, se encuentra en este escritor la nueva manera estética en una forma más definida y consciente que en Martí, Casal y Gutiérrez Nájera. Y ya en nuestros días Guillermo Valencia, siguiendo muy de cerca la labor de Silva, ha llegado a ser considerado por muchos como uno de los más altos exponentes del *modernismo*. Pero hoy, mientras la producción de los otros países americanos rivaliza cuantitativa y cualitativamente con la de los países europeos, Colombia nos sigue dando poetas rutinarios cuya manera estética es anacrónica. Guiados por la revista *Cromos* y por los libros que de vez en cuando nos llegan de Colombia, hemos seguido la producción literaria de este país y lo único digno de atención es la obra de Guillermo Valencia. Y en aquel otro país cuya falta de cultura estética inquietaba al gran sabio español, se ha operado un vigoroso renacimiento y la obra de escritores como Pedro Prado, Armando Donoso, Pezoa Véliz, Eduardo Barrios y otros, se ha impuesto ya a la consideración de todo el continente.

El poeta

Tarea complicadísima es buscar las tendencias que influenciaron la obra de un autor, y merece estudiarse con una paciencia y un espíritu de investigación histórica que estos ensayos de crítica no nos permiten consagrarle. La crítica está de acuerdo en señalar como precursores de José Asunción Silva a poetas tan complejos y de tendencias tan diferentes como Mallarmé, Verlaine y Baudelaire. Otros, americanos por supuesto, le hacen descender inmediatamente de Edgar Allan Poe. Sabemos que Silva estudió la obra de estos poetas. En su prosa menciona frecuentemente a los principales simbolistas de Francia y la influencia de Edgar Poe es manifiesta en algunos de sus poemas. El tono general de sus poesías tiene mucho en común con la manera estética del simbolismo y poemas como *Día de Difuntos* y *El Nocturno* están fragmentariamente inspirados en los poemas del exquisito poeta norteamericano.

Con respecto a la influencia simbolista hay mucho que decir. Sin desconocer lo provechosa que fue para Silva la lectura de los decadentes (simbolistas más tarde) afirmamos

que aun sin este precedente literario, habría seguido por un camino nuevo sin imitar los infantiles apasionamientos románticos, ni el didactismo somnoliento de los últimos pseudoclásicos americanos. El simbolismo es un movimiento universal. El cambio filosófico efectuado a fines del siglo trajo como consecuencia nuevos valores literarios y el hecho de que la nueva tendencia se haya propagado tan rápidamente por toda Europa y América del Sur indica que en los espíritus había una inquietud nueva, un principio de renovación, que pronto habría de plasmarse en obra artística. Aceptando la influencia de la música en la poesía, lo que trajo la renovación de la métrica y del vocabulario, el triunfo del símbolo sobre la elocuencia hueca de los poetas anteriores, la asociación de diferentes sensaciones, la sencillez y el énfasis en lo individual nos olvidamos voluntariamente de unas cuantas bizarrías que ya se habían puesto de moda durante la época romántica.

La influencia de Poe sobre Silva es evidente. En *Día de Difuntos* hay claras reminiscencias de *The Bells*:

> ...y con sus notas se ríe
> escéptica y burladora
> de la campana que gime
> de la campana que implora,
> y de cuanto aquel coro conmemora;
> y es que con su retintín
> ella midió el dolor humano
> y marcó del dolor el fin.

Silva siguió al yanqui en la nueva combinación de sonidos, versos, rimas y estrofas, en recursos técnicos de paralelismo y de onomatopeya. El movimiento de la estrofa, la repetición de ciertas palabras, fueron recursos usados por ambos poetas:

En Silva:

> ...la campana del reloj
> suena, suena, suena ahora.

En Poe:
> How they tinkle, tinkle, tinkle...
> > etc., etc.

Sería tan larga, volvemos a repetir, buscar todas las manifestaciones poéticas semejantes a las de Silva, en poetas de su generación. Porque en nuestra reducida variedad de temas y en nuestros idiomas imperfectos las reminiscencias entre escritores han de ser necesariamente frecuentes. De este modo vacilaríamos al afirmar que Silva al recordar a la bien amada muerta bajo el claror de las lunas, por sendas solitarias, pensó en aquella muerta adorada que duerme a la orilla del mar, mientras el poeta maldito sueña sobre su sepulcro y a la luz de las estrellas:

> For the moon never beams without bringing me dreams
> Of the beautiful Annabel Lee;
> And the stars never rise but I see the bright eyes
> Of the beautiful Annabel Lee;
> And so, all the night-tide, I lie down by the side
>
> Of my darling, my darling, my life and my bride
> In her sepulchre there by the sea—
> In her tomb by the sounding sea.

Silva:

> Sentí frío. Era el frío que tenían en tu alcoba
> tus mejillas y tus sienes y tus manos adoradas,
> entre las blancuras níveas
> de las mortuorias sábanas.
> Era el frío del sepulcro, era el hielo de la muerte,
> era el frío de la nada...
>
> Y mi sombra,
> por los rayos de la luna proyectada,
> iba sola,
> iba sola,
> iba sola por la estepa solitaria;
> y tu sombra esbelta y ágil,
> fina y lánguida,
> como en esa noche tibia de la muerta primavera,
> como en esa noche llena de murmullos, de perfumes y de músicas
> de alas,
> se acercó y marchó con ella...

La obra de Gustavo Adolfo Bécquer contribuyó a la formación de la poesía de Silva. En ambos poetas encontramos una vaguedad apacible y melancólica, el hechizo dulce de la luna en los paisajes otoñales, el matiz que es la antítesis del colorido romántico, la cadencia constante de la frase. Para ilustrar esta semejanza, sacamos del *Rayo de Luna* el siguiente párrafo:

> "Una noche de verano, templada, llena de perfumes y de rumores apacibles y con una luna blanca y serena, en mitad de un cielo azul, luminoso y transparente".

Si arreglamos estas líneas a la manera de Silva nos queda:

> Una noche,
> una noche de verano, toda llena de perfumes y rumores apacibles,

                              y con una
       luna blanca y serena, en mitad de un cielo azul, luminoso
                                          [y trasparente.

Es decir que poniendo en forma estrófica estas palabras en unidades de cuatro sílabas y siguiendo el ritmo regular de nuestra lengua, nos resulta la forma métrica del célebre *Nocturno* de Silva que muchos juzgaron irregular y nuevo:

    Una noche,
    una noche toda llena de murmullos, de perfumes y de música de alas,
        una noche
    en que ardían en la sombra nupcial y húmeda las luciérnagas
                                          [fantásticas...

Además, en toda la obra del poeta colombiano existe la misma levedad de alas, la misma melancolía indefinible, los mismos recursos técnicos del asonante, del diminutivo y de la diéresis, la misma atracción mórbida de la muerte, la misma pregunta terrible acerca del futuro, que hicieron tan profunda la poesía del gran cantor sevillano. Así ante un cuerpo de mujer, antaño caja de músicas y primavera en flor, Bécquer pregunta:

    ¿vuela el alma al cielo?
    ¿todo es vil materia,
    podredumbre y cieno?

e interroga Silva:

    al dejar la prisión que las encierra
    ¿qué encontrarán las almas?

Nada más seguro para reconstruir la biografía de un escritor, que su obra artística. Partimos de la base que la obra de arte es sinceridad y verdad personal. (Naturalmente en algunos poetas como Baudelaire, y en nuestra España Valle Inclán, la prosa literaria se sobrepone a la verdad y la personalidad del autor se pierde entre banalidades. Ninguna consecuencia razonable se puede derivar de afirmaciones como las siguientes: "Cuando asesiné a mi pobre padre" (Baudelaire), "A bordo de *La Dalila* —lo recuerdo con orgullo— asesiné a Sir Roberto Yones" (Valle Inclán). La obra poética no es más que una serie de estados psicológicos del hombre-poeta. De este modo los estados anímicos eternizados en la palabra escrita van marcando el paso del hombre por la vida y reflejando sus fracasos y sus triunfos, sus momentos de serenidad y sus inquietudes, sus enfermedades morales, sus dudas, sus odios y su amor. La obra de Silva nos muestra el desdoblamiento de su alma en contacto con la realidad. En sus primeras composiciones, la suave emoción de la infancia exprime su candor formado por las lecturas de historias de hadas y por los cuentos infantiles escuchados al amor de la lumbre.

Y esto nos trae a la memoria que todos los poetas del modernismo alimentaron su fantasía con leyendas orientales y con episodios bíblicos, juntando así en terrible unión el ensueño luminoso y la sombra terrible que siempre les tembló a flor de alma. Veamos cualesquiera de sus poemas de este tiempo:

> ¡Caperucita, Barba Azul, pequeños
> liliputienses; Gulliver gigante
> que flotáis en las brumas de los sueños,
> aqui tended las alas,
> que yo con alegría
> llamaré para haceros compañía
> al ratoncito Pérez y a Urdimalas!
> (Infancia)

Algunos poetas, Rubén Darío por ejemplo, al escribir sobre temas gratos a la infancia, pudieron olvidarse de sus vastos dolores y simplificaron su canto y su filosofía. Otros, como José Asunción Silva por ejemplo, mezclan con lo ingenuo la sensibilidad y el misterio en poemas inquietantes, a pesar de su apariencia sencilla:

> Los niños cansados suspenden sus juegos,
> de la calle vienen extraños ruidos,
> en estos momentos, en todos los cuartos
> se van despertando los duendes dormidos.
>
> La sombra que sube por los cortinajes,
> para los hermosos oyentes pueriles,
> se puebla y se llena con los personajes
> de los tenebrosos cuentos infantiles.
>
> Flota en ella el pobre Rin Rin Renacuajo,
> corre y huye el triste ratoncito Pérez,
> y la entenebrece la sombra del trágico
> Barba Azul, que mata sus siete mujeres.
> (Crepúsculo)

Pero la inspiración del poeta no se detendrá aquí y después de darnos este ambiente de misterio y de tragedia, va hasta el futuro recóndito en doloroso peregrinaje interrogativo ante el contraste doloroso de dos edades de nuestra existencia. En el poema *Los Maderos de San Juan*, donde muchos han creído descubrir la influencia métrica de Poe, sin saber que

Espronceda usó formas semejantes, encontramos la inquietud del filósofo prematuramente amargado:

> Y aserrín
> aserrán,
> los maderos
> de San Juan
> piden queso,
> piden pan;
> los de Roque,
> alfandoque;
> los de Rique,
> Alfeñique;
> los de Trique
> Triquitrán.
> ¡Triqui, triqui, triqui, tran!
> ¡Triqui, triqui, triqui, tran!

> Y en las rodillas duras y firmes de la abuela,
> con movimiento rítmico se balancea el niño,
> y ambos agitados y trémulos están.
> La abuela se sonríe con maternal cariño,
> mas cruza por su espíritu como un temor extraño,
> por lo que en el futuro, de angustia y desengaño
> los días ignorados del nieto guardarán...

> Los maderos
> de San Juan
> piden queso,
> piden pan;
> ¡Triqui, triqui, triqui, tran!

Dice don Miguel de Unamuno al hablar de los versos de José Asunción Silva: "Silva no es un poeta erótico, como no lo es, en rigor, ninguno de los más grandes poetas, que no han hecho del amor a la mujer ni el único ni siquiera el central sentimiento de la vida. Y estos poetas son los que con más fuerza y originalidad y más intensidad de sentimiento han cantado el amor ese." Y agrega a poco: "El amor de Silva, como en Werther, como en Manfredo, como en Leopardi, era un modo de dar pábulo a otros sentimientos; en el amor buscó la respuesta de la Esfinge. Silva, en sus versos al menos, no se nos aparece un sensual, mucho menos un carnal." Punto interesantísimo es éste. Cuando dijo Darío con su modo genial: "La mejor musa es la de carne y hueso" estaba enunciando la primera verdad del arte sano y robusto de nuestro siglo veinte.

Una alegría sana de la carne como aquella de Swinburne no es un defecto en un poeta actual. Antes por el contrario, es un signo de serenidad clásica, una muestra de equilibrio moral, una manera de expresar una verdad necesaria y altamente humana. No es nuestra intención atacar con Mr. Irving Babbitt la actitud romántica que separa lo real de lo ideal porque consideramos casi indispensable en todo artista un amor platónico, quijotesco, como fuente de inquietud espiritual, pero tampoco justificamos en algunos modernistas la ninfomanía que acusa una absoluta falta de lógica y de serenidad artística. Esta ninfomanía que viene de Rousseau y que nos llegó a través del romanticismo, demuestra en alto grado la falta de orientación del ideal romántico y sus anhelos infinitos. La falta de amor definido, las novias imposibles, los ojos verdes que aparecen en el fondo de los lagos, las doradas arcadias, han pasado a ser lugar común en la literatura mundial del siglo diez y nueve. Châteubriand, Shelley, Poe, Bécquer, Novalis, Musset, Lamartine, han sido los grandes propagadores de este amor metafísico que nació con Rousseau y después de sufrir rudos golpes en la época realista, aparece más glorificado aún en la obra de los simbolistas de este siglo.

Tiene razón el señor de Unamuno al decir que Silva no es un poeta erótico. Sin embargo, metafísico no lo es, sino que me parece francamente realista, en cuanto a la mujer viva, a la musa de carne y hueso. Ya sabemos que andan por ahí historias que dan un nombre propio a la mujer llorada en el célebre *Nocturno*. En otros de sus poemas, sin duda se refiere a sus amigas en sátiras acerbas y en bien cortados madrigales. No tenía Silva la sensualidad ardiente de otros poetas tropicales. Fue por el contrario casto en el amor y si alguna vez trata de la fiebre carnal es para señalar el paso de la bestia humana:

    y si al mismo Juan una Juana
    se entrega de un modo brutal,
    y palpita la bestia humana
    en un solo espasmo sexual,
    Juan Lanas, el mozo de la esquina
    es absolutamente igual
    al emperador de la China:
    los dos son un mismo animal.

Así vemos a Silva en sus *Nocturnos*, que son un intermedio de doliente paz en el desarrollo vertiginoso de su psicología. Porque aunque la literatura convencional de nuestros países, erótica hasta lo inmoral, ejerciera su influencia en nuestro poeta, la mujer se convierte para él en el vaso de frágil

arcilla que se rompe al soplo de un viento llegado desde el infinito negro, donde nuestra voz no alcanza, tal como en el poema poeano, en que se lee:

> And this was the reason that, long ago,
> In this kingdom by the sea,
> A wind blew out of a cloud, by night
> chilling my Annabel Lee...

En su primer *Nocturno*, después de la posesión, a la cual sirvió de cámara sombría "la selva negra y mística" sigue el amor tranquilo de la alcoba, entre la roja seda, libres del mundo, y termina con la tragedia eterna. La muerte es aquí el motivo central, la fuerza primera de su movimiento anímico, y lo demás pura literatura, preparación necesaria para decir lo que le mordía las entrañas:.

Nocturno III

Poeta! di paso
los furtivos besos!...
¡La sombra! ¡Los recuerdos! La luna no vertía
allí ni un solo rayo. Temblabas y eras mía.
Temblabas y eras mía bajo el follaje espeso;
una errante luciérnaga alumbró nuestro beso,
el contacto furtivo de tus labiós de seda...
La selva negra y mística fue cámara sombría;
en aquel sitio el musgo tiene olor de reseda...
Filtró luz por las ramas cual si llegara el día;
entre las nieblas pálidas la luna aparecía...

Poeta! di paso
los íntimos besos!
¡Ah! de las noches dulces me acuerdo todavía.
En severo retrete do la tapicería
amortiguaba el ruido con sus hilos espesos,
rendida tú a mis súplicas, fueron míos tus besos;
tu cuerpo de veinte años entre la roja seda,
tus cabellos dorados y tu melancolía,
tus frescuras de niña, y tu olor de reseda...
Apenas alumbraba la lámpara sombría
los desteñidos hilos de la tapicería...

Poeta! di paso
el último beso.
ah! de la noche trágica me acuerdo todavía!
El ataúd heráldico en el salón yacía;
mi oído fatigado por vigilias y excesos
sintió como a distancia los monótonos rezos!

Tú, mustia, yerta y pálida entre la negra seda...
La llama de los cirios temblaba y se movía;
perfumaba la atmósfera un olor de reseda;
un crucifijo pálido los brazos extendía,
¡y estaba helada y cárdena tu boca que fue mía!

En su *Nocturno* número tres, se pone muy de manifiesto la exaltación de su sensibilidad al sentir el arañazo de la tragedia. Este poema, que causó una verdadera revolución en la poesía hispanoamericana, no tiene otras novedades técnicas que la distribución irregular del tetrasílabo, y algunos casos de repetición y de paralelismo. Y sin embargo tiene la intensidad de una tragedia griega, la sencillez de una égloga latina y la aristocracia perfecta de los más refinados poemas de Rubén Darío. La sintaxis castellana adquiere una naturalidad hasta entonces desconocida en lengua castellana. Más tarde hablaremos detalladamente de la sintaxis regular de la escuela modernista. Por ahora señalaremos la falta de construcciones forzadas, hechas para satisfacer necesidades de rima y de violentas transposiciones tan comunes a los poetas del pseudoclasicismo. Es verdad que los modernistas menores han adoptado una especie de jerga modernista, que ciertas frases se han hecho lugares comunes, que ciertos defectos se han hecho generales, pero los poetas mayores de esta escuela han sido de mucha utilidad a la poesía castellana por su tendencia hacia la sencillez y la naturalidad. Ya no encontramos en estos poemas, versos tan artificialmente arreglados como los siguientes que nos ofrece don José de Espronceda en *El Estudiante de Salamanca*:

Y al fin del largo corredor llegando,
Montemar sigue su callada guía,
y una de mármol negro va bajando
de caracol torcida gradería,
larga, estrecha y revuelta...

Tampoco sería admisible en un poeta contemporáneo, la expresión que hallamos en el *Don Juan Tenorio* de Zorrilla:

Y pues la mala ventura
te asesinó de don Juan.

porque estos ejemplos sobrepasan con mucho a aquel que nos enseñan por fuerza en las clases de retórica:

En una de fregar cayó caldera...

Dice Azorín que toda forma de refinamiento en literatura es conceptismo o culteranismo. Nos entendemos, pero en tanto que aceptamos el culteranismo de José Asunción Silva al decir:

> una noche
> en que ardían en la sombra nupcial y húmeda las luciérnagas
>   [fantásticas...

rechazamos con indignación el amaneramiento barroco de Núñez de Arce en su poema *La Visión de Fray Martín*:

> Era una *noche destemplada y triste*
> del invierno *aterido.* Lentamente
> la nieve *silenciosa* descendiendo
> del *alto* cielo en *abundantes* copos
> como sudario *fúnebre* cubría
> la *amortecida* tierra. Cierzo *helado*
> azotaba los árboles *desnudos*
> de *verde* pompa, pero no de escarcha,
> y conmovidos por el *recio* choque
> parecían lanzar en las tinieblas
> los *duros* troncos, *lastimeros* ayes.

Claro está que los adjetivos *nupcial* y *húmeda* son de un valor innegable para crear una atmósfera deseada y que la palabra *fantásticas* es aquí de una maravillosa exactitud, pero cuando el poeta español nos habla de *invierno aterido*, de nieve silenciosa, de alto cielo, de sudario fúnebre, de cierzo helado, de lastimeros ayes, etc., etc., comprendemos que hay amaneramientos que no son de culteranismo, ni cosa parecida. El *Nocturno* de Silva que copiamos a continuación puede servir de modelo de sencillez y naturalidad de la escuela modernista:

Nocturno

> Una noche,
> una noche toda llena de murmullos, de perfumes y de música de alas;
>   una noche
> en que ardían en la sombra nupcial y húmeda las luciérnagas
>   [fantásticas,
> a mi lado lentamente, contra mí ceñida toda, muda y pálida,
> como si un presentimiento de amarguras infinitas
> hasta el más secreto fondo de las fibras te agitara,
> por la senda florecida que atraviesa la llanura
>   caminabas;
>   y la luna llena
> por los cielos azulosos, infinitos y profundos esparcía su luz blanca;
>   y tu sombra,
>   fina y lánguida,
>   y mi sombra,
> por los rayos de la luna proyectadas,
>   sobre las arenas tristes

de la senda se juntaban,
  y eran una,
  y eran una,
y eran una sola sombra larga,
y eran una sola sombra larga,
y eran una sola sombra larga...

  Esta noche
  solo; el alma
llena de las infinitas amarguras y agonías de tu muerte
separado de ti misma por el tiempo, por la tumba y la distancia,
  por el infinito negro
  donde nuestra voz no alcanza,
    mudo y solo
  por la senda caminaba...
Y se oían los ladridos de los perros a la luna,
  a la luna pálida,
    y el chirrido
    de las ranas...
Sentí frío. Era el frío que tenían en tu alcoba
tus mejillas y tus sienes y tus manos adoradas,
entre las blancuras níveas
  de las mortuorias sábanas.
Era el frío del sepulcro, era el hielo de la muerte,
  era el frío de la nada.
    Y mi sombra
  por los rayos de la luna proyectada,
    iba sola,
    iba sola,
  iba sola por la estepa solitaria;
    y tu sombra esbelta y ágil,
    fina y lánguida,
como en esa noche tibia de la muerta primavera,
como en esa noche llena de murmullos, de perfumes, y de músicas de alas,

  se acercó y marchó con ella,
  se acercó y marchó con ella,
se acercó y marchó con ella... ¡Oh las sombras enlazadas!
¡Oh las sombras de los cuerpos que se juntan con las sombras
                              [de las almas!
¡Oh las sombras que se buscan en las noches de tristezas y de
                              [lágrimas!

Y más tarde se enfermó Silva de ese mal desconocido y
terrible que hemos dado en llamar *el mal el siglo*. Su pesimismo absoluto se plasmó bajo la influencia de factores variadísi-
mos. En primer lugar, hemos dicho que su sensibilidad tenía
todas las características de lo anormal, características que
caen tal vez bajo el dominio de la patología; luego, debemos

prestar atención a la nefasta influencia ejercida por ciertos libros de análisis psicológico, de los que Silva era muy aficionado; luego, la incomprensión de sus conciudadanos que en esa Atenas de la América, que dijo Menéndez y Pelayo, no pudieron apreciar la superioridad de este poeta; luego, ciertas tragedias de su vida, que si bien es cierto son comunes a todos los hombres, no lo es menos que en un temperamento, de sensitivo iban a dejar impresiones muy profundas; luego, el ejemplo de vida dado por poetas de sus mismas tendencias y de temperamentos semejantes como Leopardi, Espronceda, Verlaine, Baudelaire, Poe, etc., etc.; luego, el afán torturante del análisis; luego, la duda. Ya hemos sentido el temblor doloroso de su alma al leer el magistral *Nocturno*. Hay momentos en que el alma del artista necesita aislarse para sentirse en toda su plenitud. En estos casos, si el poeta tiene la creencia en la divinidad, es decir si el sentimiento religioso le domina, subirá por la mística escala hasta juntarse e identificarse con la unidad, como en Santa Teresa y en San Juan; pero cuando la duda no le permite llegar hasta la concepción divina, ha de golpear en vano en contra del Infinito y su lirismo se ha de hacer torturante y desesperado. La sensibilidad va encerrando al poeta poco a poco en su mundo interior, haciéndole vivir de sus propios sueños, alejándole hasta de sus amigos más íntimos, tornándole escéptico y amargado, hasta convertirle en un poeta maldito. Silva no llegó a los extremos de un Rimbaud, ni de un Baudelaire, pero pudo haber llegado, porque como estos poetas andaba en profunda oscuridad espiritual y era como ellos un desorbitado y un raro. La influencia ejercida por libros como *Meditación sobre una calavera, Werther*, los poemas macabros de Carlos Baudelaire y los cuentos espeluznantes de Edgar Poe, las tragedias de D'Annunzio, fue la causa de que Silva sintiera:

> un cansancio de todo, un absoluto
> desprecio por lo humano... un incesante
> renegar de lo vil de la existencia,
> digno de mi maestro Schopenhauer,
> un malestar profundo que se aumenta
> con todas las torturas del análisis.

He hablado de la incomprensión de sus conciudadanos y al hacerlo he citado otra vez las palabras de Menéndez y Pelayo que afirmaba que Bogotá era la Atenas de la América del Sur. Y no lo es ni con mucho, porque a pesar de la gran cantidad de escritores de ínfima categoría, sabemos bien que allí los grandes se mueren de soledad y de cansancio. Gómez Jaime nos explica en pocas palabras cómo se desarrollan los primeros esfuerzos literarios del poeta: "Los estrechos moldes literarios de su época juvenil no bastaban a satisfacerlo y eso que no contaba con precedente alguno que pudiera indicarle nuevos caminos. Su aticismo genial y lo refinado de sus tendencias, le hicieron buscar en la selección de sus lecturas la flor más alta, los más delicados brotes de la humana idea. En un medio entonces adverso a toda iniciativa original que quisiera apartarse de la rutina implantada en la manera de juzgar el arte, Silva dio el primer paso en materia de renovación intelectual, e hizo conocer bien pronto sus raros versos musicales, de forma extraña, cuyo atrevimiento llenó de estupor a aquella burguesía literaria, que imperaba entonces con todo el peso de su carácter tradicional". De manera que por aquel entonces, había allá en Bogotá un gran temor por la literatura nueva, por las primeras manifestaciones de este *modernismo* que más tarde fue tan combatido en Rubén Darío. Y debemos agregar que esta literatura tradicional existía y existe en todos los países de Hispanoamérica en una forma tal que es un verdadero peligro para el desarrollo libre de las facultades estéticas de los jóvenes escritores.

Tuvo Silva tragedias en su vida; la muerte de algunos de sus parientes más queridos, en especial la tan llorada de su hermana Elvira, que se fue joven y comprensiva, dejando en la vida del poeta una larga estela de lágrimas; desastres económicos que le obligaron a poner sobre su sensibilidad exquisita la carga de cotidianos trabajos materiales, y la pérdida de sus mejores manuscritos en el naufragio del *Amérique*, ocurrido frente a las costas colombianas en 1895.

Ya hemos dicho cuáles fueron sus poetas predilectos y cómo su influencia contribuyó grandemente a cambiar el rumbo de su vida. La fiebre del romanticismo encendía los cerebros de los poetas del siglo diez y nueve. Los más afortunados como Byron y Espronceda —alguien dirá los más desgraciados— pudieron satisfacer plenamente sus instintos y sus ideales y sus amores fantásticos. Otros como Baudelaire, Verlaine, Oscar Wilde, desafiaron lo convencional y lo convencional los derrotó, la aventura se tornó así ensueño y la imaginación les proporcionó un campo de aventuras menos peligroso que la realidad. El pobre Poe, amarrado a la montaña yanqui, como dijo Darío, quiso en vano ir a combatir por la libertad de Grecia y envenenado de ensueño se refugió en sus palacios artificiales. ¿Y Silva? Tal vez su campo de aventuras se limitó a

lo puramente subjetivo, y sin embargo como Poe estuvo amarrado a la montaña bogotana y la mediocridad ambiente le destrozó sus sueños de belleza.

El mismo nos lo dice en su fragmento *De Sobremesa*, que es un fragmento de su biografía espiritual:

"Un cultivo espiritual emprendido sin método y con locas pretensiones al universalismo, un cultivo espiritual que ha venido a parar en la falta de toda fe, en la burla de toda valla humana, en una ardiente curiosidad del mal, en el deseo de hacer todas las experiencias posibles de la vida, completó la obra de las otras experiencias y vino a abrirme el oscuro camino que me ha traído a esta región oscura, donde hoy me muevo sin ver más en el horizonte que el abismo negro de la desesperación, y en la altura, allá arriba, en la altura inaccesible, su imagen, de la cual, como de una estrella en noche de tempestad, cae un rayo, un solo rayo de luz".

Y más terrible que todo esto, lo que amargó sus últimos días, fue el afán del análisis, la tortura de auscultarse en todos los momentos y el terror de los signos siniestros que no podemos descifrar. Oigámosle hablar sobre estas cosas:

"¿Terror? ¿Terror de qué? De todo, por instantes... De la oscuridad del aposento donde paso la insomne noche viendo desfilar un cortejo de visiones siniestras; terror de la multitud que se mueve ávida en busca de placer y de oro, terror de los paisajes alegres y claros que sonríen a las almas buenas... Terror de la noche oscura en que el infinito nos mira con sus millones de ojos de luz; terror de sentirme vivir, de pensar que puedo morirme, y en esas horas de terror, frases estúpidas que me suenan dentro del cerebro cansado. (¿Y Dios?)..." "Los pobres hombres están solos sobre la tierra" y que me hacen correr un escalofrío por las vértebras".

Y por fin el aletazo de la locura pasa rozándole la frente. Agotados el placer y el dolor, la sensibilidad trasparente como un cristal, la serpiente de la duda mordiéndole el cerebro, el poeta siente que va penetrando en ese campo siniestro de la locura:

"¡La locura! Dios mío, ¡la locura! A veces —¿por qué no decirlo, si hablo por mí mismo?— ¡cuántas veces la he visto pasar vestida de brillantes harapos, castañeteándole los dientes, agitando los cascabeles del irrisorio cetro, y hacerme misteriosa mueca con que me convida hacia lo desconocido! En una alucinación que la otra noche me dominó por unos minutos, las joyas que brillaban sobre el terciopelo negro del enorme estuche, se trocaron, a la luz de la lámpara que las alumbraba, en los mágicos arrestos de su vestido de reina; otra noche, fue una pesadilla que me apretó con sus garras negras, y de la cual desperté bañado en sudor frío; una cabeza horrible, la mitad mujer de veinte años, sonrosada y fresca, pero coronada de espinas que le hacían sangrar la frente tersa, la otra mitad calavera seca, con las cuencas de los ojos vacías y negras, y una corona de rosas ciñéndole los huesos del cráneo, todo ello destacado sobre una aureola de luz pálida, una cabeza enorme me hablaba con la boca, mitad labios de carne rosada, mitad huesos pálidos, y me decía: Soy tuya, eres mío, soy la locura!"

Así es como en *Gotas amargas* nos ofrece este fenómeno patológico tan frecuente en el siglo diez y nueve. Y la expresión de estos estados de alma se une a su tremenda sátira. Ahora sufre el poeta pero expresa su sufrimiento de un modo corrosivo, azotando el rostro de la ciencia, lanzando su ira contra las mujeres tornadizas, burlándose de los filósofos. El positivismo de su siglo le sugiere poemas candentes como *Futura*, en que nos anuncia para el siglo veinticuatro la gran religión del materialismo absoluto, inspirada en aquél que

> ha cuatro siglos que los hombres
> lo proclaman único Dios.
> ¡Su imagen ved!... Un gran telón
> se va corriendo poco a poco
> del pedestal al derredor,
> y la estatua de Sancho Panza
> ventripotente y bonachón
> perfila el contorno de bronce
> sobre el cielo ya sin color...

Y dónde encontrar mejor esta completa desorientación y falta de equilibrio que en su poema *Filosofías*, en que ni siquiera el mundo interior se presenta como un consuelo, porque después de aconsejar en verso digno de Darío

> Excita del vivir los desengaños
> y en soledad contigo
> como un yogui senil pasa los años
> mirándote el ombligo

agrega con voz firme y de un realismo que hace mal:

> Y cuando llegues en postrera hora
> a la última morada,
> sentirás una angustia matadora
> de no haber hecho nada...

Este fue el poeta que Colombia dio a nuestro *Modernismo*. El fue más artista que todos los poetas que le precedieron, poseyendo en alto grado el don de la música interna. El ensayó nuevas combinaciones, simplificó la sintaxis, y fue un fuerte personal. Este fue el verdadero precursor del *Modernismo* en lengua castellana.

Univ. of Minnesota, U. S. A.

De Revista **Nosotros,** Buenos Aires, año XVII, octubre 1923, No. 173. pp. 180-198.

A PROPOSITO DE UN
ESCRITO SOBRE SILVA

Laureano Gómez

Digna de aplauso especialísimo es la obra de cultura llevada a cabo por la revista Nosotros. En ella se destaca como título muy justo al aprecio que le otorgan los círculos pensantes de las naciones españolas de América, el tino con que ha sabido reflejar en sus páginas el movimiento ideológico de esta parte del orbe y el análisis perspícuo con que anota los esfuerzos de escritores y artistas. En sus páginas han hallado cabida estudios críticos, que al lado de muestras de la labor juzgada, dieron a conocer en esferas más amplias la obra de muchos intelectuales de otros países. Un sano espíritu juvenil, inquieto y optimista a la vez, se difunde a lo largo de los volúmenes que en número ya considerable, forman la colección de la revista; afirmativa desde su nombre, densa y selecta en su redacción, es aceptada con simpatía notoria por cuantos creen que hay algo que merece leerse entre la producción literaria del continente Ibero Americano.

En su entrega de octubre incluye un escrito sobre el poeta bogotano José Asunción Silva, que firma el señor Arturo Torres Rioseco, a quien los compatriotas del bardo hemos de agradecerle la atención con que ha estudiado aquella poesía diáfana y el talento con que la juzga y califica. Cierto que no compartimos muchos de sus conceptos sobre la obra misma, pero parece inoportuno discutir la materia: Guillermo Valencia, a ese respecto, ha dicho ya lo que es menester, en su refutación al prólogo de don Miguel de Unamuno. Otros asertos circunstanciales, y a nuestro parecer originados por una información inadecuada, son los que nos han movido a escribir estas líneas.

El estudio a que nos referimos termina con el siguiente párrafo: "Este fue el poeta que Colombia dio a nuestro *modernismo*. El fue más artista que todos los poetas que le precedieron, poseyendo en alto grado el don de la música interna. El ensayó nuevas combinaciones, simplificó la sintaxis y fue un fuerte personal. Este fue el verdadero precursor del *modernismo* en lengua castellana".

Esta confesión, que no siendo sino justa, es tan honrosa para la nación que dio el ser a Silva y para la ciudad que tejió su corona de espinas y presenció su sacrificio, parece que hubiera costado algún dolor al ilustrado crítico. Tal vez para compensarlo, la antecede de ciertas consideraciones generales y de dichos asaz gratuitos, tendientes a sugerir una idea poco favorable del estado intelectual de Colombia. Lejos mil veces de nosotros ese nacionalismo bravío que intenta equiparar los productos nativos de índole cualquiera con los mejores de pueblos más antiguos y prósperos; pero al mismo tiempo creemos que, si según Anatole France, para juzgar una obra puede ser oportuno conocerla, para dictaminar sobre el estado de cultura de una nación, podría reputarse que fuera preciso tener sobre esa materia algunos datos, aunque sucintos y someros.

Ahora bien; casi pudiéramos asegurar que para producir su escrito, el autor de que nos ocupamos no tuvo de presente, como información de Colombia, sino dos obras: la reseña escrita por el Sr. Menéndez y Pelayo como introducción de la parte correspondiente a Colombia en la *Antología de Poetas Hispano Americanos*, y la bastante descuidada edición de las poesías de Silva, hecha por la casa Maucci de Barcelona. Inducimos esto de la lectura atenta del artículo, en el cual no hay dato que no provenga de esas dos únicas fuentes. Y si para juzgar al poeta puede ser un sistema discutible, pero pasable, desconocer toda crítica previa a fin de transmitir al lector una impresión netamente personal, libre de prejuicios y sugestiones, no sirve el mismo método para dar concepto justo, ni siquiera sensato, sobre la cultura de un país, y menos para ensayar explicaciones sobre su pretendida decadencia.

Cuando nuestro crítico quiere referirse a los valores intelectuales de Colombia, contrae la cita a los nombres de José E. Caro, Arboleda, Ortiz y Gutiérrez González, que Menéndez y Pelayo enumera con elogio. Simplemente al hacer el extracto de los juicios del polígrafo español, ya se nota en nuestro crítico desconocimiento de la obra y de la vida de los grandes poetas colombianos. El que sepa quién fue Julio Arboleda, no puede atribuir a otra causa el verle calificado de "perfecto inglés, que con su poema Gonzalo de Oyón se colocó tan alto en la épica americana", como lo hace el Sr. Torres. Al limitar la mención a esos cuatro nombres en el año de gracia de 1923, olvidó que el señor Menéndez y Pelayo había escrito aquellas páginas en 1894 y que excluyó deliberadamente de su análisis a los poetas vivos en aquel entonces. Por falta de otra fuente de información pudo el Sr. Torres pasar por alto los nombres de Pombo, Miguel Antonio Caro, Fallón y Epifanio Mejía que hallábanse en plena actividad intelectual cuando el Sr. Menén-

dez escribiera; tampoco parece conocer nada de la brillante generación que siguió a ésta, que integraban Valencia, Julio Flórez, José Joaquín Casas, Gómez Restrepo, Alvarez Henao, Rivas Groot y Víctor M. Londoño, en la que han tenido representantes eximios todas las tendencias y que fue la contemporánea de Silva. Menos parece tener noticia de la siguiente, formada por quienes, jóvenes todavía, están ya consagrados, como el lírico, doliente y verleniano Eduardo Castillo, o Miguel Rasch Isla a quien la crítica, unánime, señala como poeta de emoción humana y suave, de perdurable eficacia; o Martínez Mutis, que emboca vigorosamente los épicos clarines; o José Eustasio Rivera, maravilloso orfebre de rútilos sonetos; o el sereno y armonioso Angel María Céspedes; o, en fin, y para conservar la tradición colombiana de dar notas de avanzada, Luis Carlos López, harto famoso, que inicia una manera original y propia, y suscita en su tierra y fuera de ella una fatal balumba de imitadores. Todavía después de éstos viene la alegre caravana de adolescentes, agitados por todas las inquietudes modernas, espíritus finos y sutiles, llenos de fe y bien provistos de doctrina, que no permiten ninguna previsión pesimista sobre el futuro intelectual de Colombia.

El Sr. Torres Rioseco ignora lamentablemente todo eso. Es verdad que él manifiesta que se guía por la lectura de la revista gráfica *Cromos*, de Bogotá. Pero, ¿qué podría pensarse de un crítico que para juzgar el movimiento intelectual de la Argentina tuviese como guías a revistas, por otros conceptos tan estimables, como *El Hogar* o *Mundo Argentino*?

Es, pues, infundado y caprichoso el concepto del Sr. Torres Rioseco, cuando dice: "Bogotá ha caído en un lamentable aletargamiento". Pero es una verdadera enormidad aludir al estado intelectual de Colombia con frases como las que siguen: "Esta teoría de la inspiración... considera la erudición como obstáculo opuesto al libre desenvolvimiento de las facultades artísticas. Por esta razón el estudio de los clásicos de la lengua se tiene en menosprecio, para librarse de influencias se evita la lectura de los grandes escritores, el estudio de los idiomas extranjeros es campo de eruditos y de profesores especialistas". Y agrega con una satisfacción inconmensurable: "Con esto hemos tratado de señalar las causas principales de la mediocridad intelectual de algunos países de nuestra América".

¡Tanta simplicidad! ¡Decir que no se conocen los clásicos de la lengua y que su estudio se tiene en menosprecio precisamente en la tierra de Rufino José Cuervo, de Miguel Antonio

Caro, de Marco Fidel Suárez! Oponer esa tacha a un país que vive bajo el influjo de las *Apuntaciones Críticas*, al medio donde se han producido el *Tratado del participio* y los *Estudios gramaticales*! Lo contrario, diametralmente lo contrario, opinaba D. Juan Valera en sus *Cartas Americanas*.

Pero es que el señor Torres Rioseco, al buscar en la reseña de Menéndez y Pelayo algunos datos para vestir de apariencia erudita su estudio sobre Silva, tropezó de entrada con este concepto: "La cultura literaria en Santa Fe de Bogotá, destinada a ser con el tiempo la Atenas de la América del Sur, es tan antigua como la conquista misma". Lo de Atenas le puso nervioso, y creyó fácil derribar el concepto del eminente crítico sobre educación y medio ambiente. Lo que le parecía "ateniense" al señor Menéndez y Pelayo, el señor Torres Rioseco lo encuentra "horrorosamente provinciano". No vamos a reclamar la vigencia de un título, que parece haber salido de labios de máxima autoridad, pues esos dictados ni se alcanzan ni se conservan con silogismos ni argumentos. Queremos simplemente contraponer a la opinión del crítico instruido en la edición de Maucci y en las notas de la Antología, algunos conceptos que el nivel de la cultura colombiana mereció a quienes pudieron hacer una investigación menos efímera.

Don Juan Valera decía: "Los bogotanos de ahora son el pueblo más aficionado a las letras, ciencias y artes en toda la América española". Y en otra parte veía… "a Bogotá como un foco de luz propia, como un primer móvil de inteligencia castiza, que sin desechar, sino conociendo y estimando todo el moderno saber de los demás pueblos de Europa, imprime en cuanto hace el sello y el carácter de la raza española, con algo además de singular y exclusivo que la distingue como colombiana". (*Cartas Americanas*, primera serie).

En ese ambiente, tan *provinciano*, fue posible a Miguel Antonio Caro hacer "la mejor traducción de Virgilio que hay en lengua española". (Menéndez y Pelayo, *Traductores de la Eneida*, Madrid, 1876). Acaso no hay en toda la historia literaria de Hispanoamérica una figura de humanista tan acabada como la del señor Caro, a quien el Bembo hubiera hallado digno de sentarle a su mesa y con quien hubiera podido departir donosamente Eneas Silvio Picolomini. Erudición tan vasta, ciencia tan honda, inteligencia tan excelsa, pertenecieron a un hombre que no salió jamás de su provinciano rincón y que no necesitó para llegar a la cumbre el frote con las emigraciones europeas de gentes desvalidas y ansiosas,

pues le bastó la otra emigración, que sí alcanza a la altiplanicie andina, la de las ideas que traen los libros de los sabios.

Y de ese parnaso provinciano ha podido decirse: "A nadie se hace ofensa al afirmar verdad tan notoria como que el Parnaso colombiano, supera hoy en calidad, si no en cantidad, al de cualquier otra región del Nuevo Mundo". (Menéndez y Pelayo, *Antología*, pág. XLII). Allí se formó Rufino José Cuervo, el espíritu que entre cuantos han hablado lengua española se ha acercado más a la gloria de Littré, de quien dijo el ruso Boris de Tannemberg que era "la personalidad tal vez más eminente de la América española". Allí cantó Pombo, "uno de los más grandes poetas que hayan escrito en español" en concepto de D. Miguel Cané, quien vivió en Bogotá y tuvo ocasión de conocerlo. (V. *En viaje,* por Miguel Cané). Este mismo ilustre argentino encontraba que "el desenvolvimiento intelectual de la sociedad bogotana es de una superioridad incontestable y que hay allí un gran respeto por la cultura intelectual" (*Ibid*). Y otro argentino de exquisita cultura y refinado gusto —que estuvo en Bogotá y consiguió elementos de información distintos de la edición de Maucci y de la mentada reseña—, vio en Pombo "el primer poeta lírico del Nuevo Mundo" y afirmó que "por lejos que se remonte en la historia de Colombia, se encuentra que el espíritu literario ha florecido siempre allí con inusitado vigor" y que "la historia de Colombia está llena de nombres distinguidos en las ciencias, en las artes, en la política". (V. Martín García Merou, *Impresiones*).

Para compaginar el elogio de Silva con el dicterio de la ciudad que fue cuna y guarda el sepulcro del melancólico poeta, cita el señor Torres Rioseco una frase del Sr. Gómez Jaime, que hace parte de un artículo incluido en el apéndice del libro: *Poesías* de José Asunción Silva, editado por Maucci. (¡Siempre y únicamente Maucci!) No se puede hacer descansar un juicio sólido sobre frases de poetas o cronistas, que no suelen dar sino un aspecto de la verdad y que están construidas artificiosamente, más como figuras de retórica que como síntesis de un razonamiento. Porque, ¿qué se pensaría del crítico que hilvanara largas lamentaciones sobre el estado de la cultura bonaerense, apoyado en la frase de Soiza Reilly: "la gloria más hermosa a que puede aspirar un poeta en Buenos Aires es llamarse Botafogo y tener cuatro patas"?

De **Revista Nosotros,** Buenos Aires, Año XVII, noviembre 1923, No. 174. pp. 321-326.

DIVAGACIONES SOBRE LITERATURA COLOMBIANA

Arturo Torres Rioseco

—Dígase lo que se quiera, Julio Flórez es un gran poeta.

Esto lo decía mi amigo Dmitri Ivanovich, aquel poeta colombiano que hacía vida de bohemio en Nueva York por 1918.

—Sí —aquí yo—, un gran poeta de aldea.

Airado, se volvió a mí con su gesto tan colombiano:

—Lo que pasa —agregó— es que tú eres sólo un bachiller modernista.

Dmitri fue el primer amigo colombiano que tuve. Años antes, en Chile, alcancé a conocer a Claudio de Alas, bohemio estrafalario, no mal poeta y amigo de Préndez Saldías y de Pedro Sienna. Pocos meses después de haberme sido presentado, Alas se fue a Buenos Aires y allá se suicidó. También conocí a A. Martínez Mutis, anacrónicamente épico.

Todos los colombianos que he conocido me han dejado una fuerte impresión de refinamiento, de bondad y de inteligencia. Eduardo Santos, caballero sin tacha, orador elegante y audaz, fino conversador; Germán Arciniegas, Diablo Cojuelo del intelecto, erudito y juguetón, hombre que, como se dice, ve debajo del agua; Lleras Camargo, silencioso, correcto, tipo clásico del *gentleman*; Carlos García Prada, en un tiempo alegre, dicharachero, sarcástico, y ahora retraído y escéptico en su isla de Olga; A. Ortiz Vargas, suave poeta que vino a morir trágicamente en los Estados Unidos. Todos estos son hombres de letras. He tratado a otros, embajadores, cónsules, profesores, estudiantes, y todos me han cautivado con la geometría de sus ademanes, con la curiosa sincronización de la palabra y el movimiento de las manos, con los sabrosos modismos ("le provoca", "dígase lo que se quiera", "diz que"), con la natural elegancia en el vestir, con el profundo respeto que tienen por la cultura y con la honda vena de humorismo que reviste a sus acciones y expresiones de alada gracia. Basándome en el conocimiento de estos amigos me atrevo a asegurar que Colombia ha dado a nuestro continente un nuevo tipo de hombre, con una sensibilidad aguda y formas externas mesuradas, armoniosas y finas.

Uno de mis primeros ensayos de crítica literaria, escrito allá por 1923, versaba sobre la poesía de José Asunción Silva. Mi fervor por la obra del autor del *Nocturno* era tan intenso como mi desdén por los filistinos que le amargaron la existencia. En mi apasionamiento juvenil tuve duras frases para una sociedad pacata que no supo comprender al gran poeta y hasta llegué a negar que Bogotá fuera la Atenas de la América del Sur.

Este artículo se publicó en la revista *Nosotros* de Buenos Aires. Algunos meses después de su publicación el señor Laureano Gómez, ministro por entonces de Colombia en la Argentina, publicó en la misma revista una réplica a mi ensayo. Era ésta una dura contestación. El señor Laureno Gómez me enrostraba mi mal proceder, me acusaba de ignorancia en materia de literatura colombiana, defendía la cultura de la sociedad bogotana en forma ditirámbica y no expresaba en parte alguna el agradecimiento debido a un joven extranjero que trataba de dar a conocer en el mundo hispánico el nombre del poeta más grande de su patria.

La actitud del señor Gómez arañó mi sensibilidad juvenil y por muchos años mantuve un obstinado silencio frente a la actividad intensa de la literatura colombiana. ¡Inútil gesto! Cuando apareció *La vorágine* de José Eustasio Rivera, rompí mi silencio y dediqué al gran novelista uno de los ensayos más ardientes que han salido de mi pluma. En notas breves esparcidas en algunos de mis libros he comentado elogiosamente la obra de los grandes poetas de esta tierra, de sus novelistas, eruditos y críticos.

Existen en mí el interés y la admiración frente a la literatura colombiana. Puede ser que a veces me incapacite para ser todo lo justo que quisiera mi manera heterodoxa de enfocar toda creación literaria como creer, por ejemplo, que Luis Carlos López es mejor poeta que Barba Jacob o que la anarquía estética de Rivera vale más que el decantado casticismo de Tomás Carrasquilla. Los críticos colombianos son por lo general de tendencia académica, ya sean eruditos como Gómez Restrepo o impresionistas como Rafael Maya. Cuidan del estilo, del buen decir, de la forma digna y ortodoxa, de la medida en el juicio, altas cualidades que yo admiro y no comparto.

"¡Tú eres sólo un bachiller modernista!" Después de tantos años vuelve la frase de aquel pintoresco poeta a golpear en mi mente. Frase peyorativa y definidora al mismo tiempo. La mayor parte de los escritores colombianos han sido autodidactas y es probable que por esta razón sientan cierto desdén por los bachilleres, repetidores de fórmulas y entusiastas acogedores de toda novedad. El énfasis de la frase de mi amigo

estaba en la palabra "modernista", concepto que a mí se me antoja anticolombiano. ¿Cómo conciliar este vocablo con los nombres tradicionales de las letras colombianas, con los Caro, Cuervo, Gómez Restrepo, Suárez, Pombo, Casas, Carrasquilla, Arboleda, Ortiz, Caicedo, Vergara y Vergara? Frase definidora de una sociedad, de una cultura tradicional y católica, de una vida acondicionada por sencillas costumbres, de bondades hogareñas, de afectos familiares, de religiosidad elemental, de sentimientos íntimos, de inmersión en el paisaje nativo, de deleite en formas idiomáticas, de culto caballeresco por la mujer. El modernismo venía a enturbiar las claras aguas de estas fuentes, a destruir con su sensualismo el puro espejo de espirituales radiaciones, con su culto pagano la claridad de las eternas verdades, con su individualismo anárquico la grata aceptación de la preceptiva, con su cosmopolitismo las ingenuas fórmulas provincianas, con su estilo barroco la dulce sencillez del lenguaje vernáculo. Esta sociedad de viejo cuño español no podía aceptar de buenas a primeras las modas importadas de París, el pecaminoso ambiente de una literatura de decadencia cuyos cultivadores eran poetas y prosistas satánicos tales como Rimbaud, Baudelaire, Corbière, Verlaine, Huysmans, etc. Sus modelos tradicionales eran otros: Lope, Calderón, Fray Luis de León, Fray Luis de Granada, Jovellanos, Moratín, Zorrilla, Espronceda, el duque de Rivas, para los más convencionales, y para los más atildados, Góngora, Gracián, Quevedo. Hasta los románticos fueron académicos en Colombia y si no fuera atrevido afirmarlo, hasta los modernistas, como lo demuestra el caso singular de Guillermo Valencia y algunos de los jóvenes poetas de la vanguardia.

Se me vienen a la mente estos recuerdos al leer el libro de Rafael Maya intitulado *Estampas de ayer y retratos de hoy*[1] que debo a la gentileza de mi buen amigo Gabriel Giraldo Jaramillo. El señor Rafael Maya es un poeta delicadísimo y un excelente ejemplo de "colombianismo" poético, por esa cualidad de que ya he hablado de unir a un fondo de puro sentimiento una forma elegante y cultivada[2]. Es también uno de los críticos más autorizados de la literatura de su patria, con una firme base de estudios humanísticos y profundos conocimientos de las literaturas española y francesa. Sus obras *Alabanzas del hombre y de la tierra; Los tres mundos de don Quijote; Consideraciones críticas sobre la literatura colombiana* le han consagrado ya como una de las máximas autoridades en la materia.

En *Estampas de ayer y retratos de hoy* encuentro amplio campo para la divagación ya que su autor, con un alto sentido crítico deja a un lado la viruta bibliográfica y documental y se entrega al purísimo placer de crear impresiones estéticas, de definir valores y establecer categorías de manera personal y subjetiva. Y, cosa extraña, en estas telas impresionistas están presentes los rostros y las figuras de los más grandes escritores colombianos como si a través del hilo sutilísimo de la creación artística llegara a la evocación firme y pertinaz del hombre de carne y hueso.

Aparece Juan de Castellanos, a quien se consideró largo tiempo "hijo de Tunja", porque nadie había leído sus *Elegías de varones ilustres de Indias* en que menciona el lugar de su nacimiento. Esto de no leer las *Elegías* no es un pecado, pues los ciento cincuenta mil versos son pesadísimos y a veces vulgares. Excepto que de vez en cuando se encuentra el lector con movidísimos episodios dramáticos, con continuaciones de la mitología griega, con estrofas de atrevida arquitectura gongorista. Sigue Juan Rodríguez Freyle, o Fresle, que en esto los historiadores no están de acuerdo, autor del *Carnero*, obra que tiene de novela picaresca las tres cuartas partes de su contenido. Giraldo Jaramillo[3] ha descubierto que Rodríguez Freyle era muy aficionado a la *Celestina*, tan aficionado en efecto que plagió parte de aquel libro "divino si encubriera más lo humano". Después nos encontramos con el historiador Lucas Fernández de Piedrahita, Obispo de Santa Marta, mestizo como Garcilaso, orador sagrado como el Lunarejo, personalidad por demás pintoresca y uno de los primeros escritores americanos.

Caso de mucho interés es el de Hernando Domínguez Camargo, uno de los primeros poetas gongoristas de América, espíritu selecto que trató de cultivar una lengua poética basada en la imitación exacta del autor de las *Soledades*. Domínguez Camargo es, como Sor Juana, de esos poetas destinados a morir y a resucitar, según sean los vientos literarios que soplen. Su presencia como poeta de minorías líricas es notable en un país de persistente inclinación clásica. Es gongorista también Alvarez de Velasco y Zorrilla, autor de *Rítmica sacra, moral y laudatoria*, en que aparecen varios poemas dedicados a Sor Juana Inés de la Cruz. Otro mestizo del siglo XVII —y esto es de primordial importancia para estudiar el origen de la cultura en América— es el historiador Fray Alonso de Zamora que en su obra estrictamente documentada *Historia del Nuevo Reino y de la provincia de San Antonio en la religión de*

Santo Domingo mezcla, sin embargo, la historia, la fábula y la leyenda.

La figura más alta en la literatura colonial de Colombia es sin duda la de la Madre Castillo, mujer ejemplar que luchó por consignar las siete moradas y explicó su drama religioso en el *Libro de su vida*, en estilo simbólico lleno de bíblica humildad. Dejó también unos pocos poemas religiosos llenos de inocencia y encanto como que fueron concebidos en estado de gracia. Sin tener la cultura de Sor Juana poseía el mismo fuego sagrado, la misma fuerza de intuición que la monja de Amecameca.

Con estas variadísimas personalidades Rafael Maya esboza el período colonial de su literatura. Bastaría con rellenar huecos, explorar conceptos, traer a juego elementos históricos para que el cuadro adquiriera forma de tratado, lo cual no fue, claro está, la intención del autor.

El nexo entre la Colonia y la República lo establecen dos poetas neoclásicos, Manuel del Socorro Rodríguez y Luis Vargas Tejada. Los versos de Rodríguez son imitaciones de los juguetes pastorales de Meléndez Valdés, aquel poeta que cantaba a la palomita de Filis. Vargas Tejada, famoso en la historia de Colombia por haber atentado contra la vida de Bolívar y por sus peripecias subsiguientes viviendo durante meses en una cueva que él llamó "Cueva de la resignación" y pereciendo por fin ahogado en un río al huir de su patria, fue una excelente promesa de poeta, frustrada por haber seguido los cánones de la escuela pseudo clásica como discípulo fiel de Meléndez Valdés y de Jovellanos. Para mí la vida tormentosa de este hombre vale más que sus dramas "tremendistas" y que el frío tono académico de sus poemas, y ya es hora de que algún novelista colombiano le dedique su atención.

Dos grandes figuras ocupan la atención del señor Maya en la primera etapa del período republicano: la de Francisco José de Caldas y la de Camilo Torres. Caldas es el hombre de ciencia por antonomasia que a sus facultades científicas agregaba el don infuso de apreciar con ojos de poeta la belleza del mundo y de expresarla en un estilo justo y armonioso. No pudo terminar su magna obra pues fue asesinado en plena madurez por los esbirros de la tiranía española; y si su genio científico fue tronchado a destiempo, las balas asesinas hicieron de él un nuevo mártir de la libertad de América. Camilo Torres es uno de los próceres más destacados en el movimiento de emancipación de Colombia; jurisconsulto eminente y humanista de nota, escribió en estilo clásico su obra *Memorial de agravios* y cayó poco después víctima de las balas españolas. Así pasó a la inmortalidad.

Interesante es la galería de escritores que nos presenta el señor Maya en el siglo XIX. Empieza con el genio multiforme de José Eusebio Caro, y entra con justeza en el análisis de su poesía. Aquí sigo yo al señor Maya con ardiente entusiasmo cuando escribe: "Caro es clásico por su método de versificar, aún cuando en algunas ocasiones se adelantó a los modernistas"[4]. Esta observación la hice yo hace ya muchos años al estudiar los antecedentes poéticos de Rubén Darío y al encontrar en la poesía de este colombiano el uso del hexámetro. En su variedad de metros hallamos también el eneasílabo. Un estudio detenido de los métodos de creación poética de este bardo podría ser tan útil como el que dedica Valéry a Edgar Poe.

Pasan después las figuras de José Manuel Groot, a quien coloca Rafael Maya entre los primeros costumbristas nacionales; José María Rivas Groot, novelista y poeta, uno de los primeros discípulos de Víctor Hugo en Colombia y a quien habría que estudiar con cuidado con el propósito de descubrir en su obra elementos premodernistas; José Joaquín Casas, poeta de "inspiración esencialmente colombiana" y de cultura esencialmente clásica, "sordo al canto de las sirenas modernistas", al contrario de su compatriota, erudito y poeta Antonio Gómez Restrepo. Este es un escritor de recia cultura clásica pero de una vivísima inquietud estética que supo armonizar como poeta el sentimiento íntimo de su romanticismo con una forma tradicional y castiza. Como crítico Gómez Restrepo es el Menéndez y Pelayo de su patria. A través de su magistral ensayo sobre la literatura colombiana publicado en la *Revue hispanique* los críticos extranjeros hemos penetrado con facilidad en el rico campo de la literatura de su nación. Alfred Coester, ese *pioneer* de la historia literaria de Hispanoamérica, me decía en cierta ocasión que sin los estudios de Gómez Restrepo no habría podido escribir el capítulo sobre la literatura colombiana que aparece en su *Literary History of Spanish America*. Yo sé que muchos profesores ingleses y norteamericanos tales como Fitzmaurice-Kelly, Ford, Schevill, consideraban a Gómez Restrepo junto a Menéndez y Pelayo como el crítico más completo de las letras hispánicas en los tiempos modernos.

El estudio que dedica el Sr. Maya a Rafael Pombo tiene el calor del afecto y de la admiración sin límites. Pombo es para él el poeta nacional siempre presente en la sensibilidad colom-

biana, algo así como Bécquer en España o Darío en América. "Poeta vigente —le llama nuestro autor—, poeta por definición, sin que hubiese mezclado a su actividad lírica ni las funciones políticas, ni los empeños del comerciante o del profesional, ni las intrigas burocráticas de que vive el colombiano. Vida de poeta y nada más que de poeta"[5]. Pombo es el resultado de dos factores: la gran cultura humanística de Colombia en el siglo XIX y el milagro de su propia inteligencia y así por obra de Dios y de la tierra natal se convierte en el primer poeta romántico de su patria. Su mérito principal es su absoluta originalidad, su calidad humana expresada en el vaso poético. Más allá de la rigidez académica, de la técnica parnasiana y aún de la nomenclatura romántica, triunfa en su poesía su intuición de hombre, su fuego lírico personalísimo. Poeta romántico en esencia más que por escuela, como Villon, Blake, Goethe, Bécquer o Verlaine, poeta del amor, de la naturaleza y de metafísicas radiaciones neoplatónicas. "Pombo logró esta suprema síntesis (Dios, la naturaleza, la mujer) por ser el poeta colombiano que puso en acción simultáneamente las tres esenciales facultades del hombre, que son la inteligencia, la imaginación y la sensibilidad. Por este aspecto es el poeta más completo que hemos tenido"[6]. Uno de los poemas en que Pombo expresa su íntima compenetración con la naturaleza es *En el Niágara* que Rafael Maya estima superior al poema de Heredia, ya clásico en nuestra literatura. Sería de interés comparar los muchos poemas que se han escrito sobre este tema, en especial los de Pombo, Heredia y Pérez Bonalde.

Cuando murió Guillermo Valencia, Eduardo Santos y Germán Arciniegas estaban de visita en Mills College, en California. Un día llegaron ambos consternados a donde estaba yo y me dijeron:

—Se nos ha muerto el maestro.

Yo atiné a preguntar:

—¿Sanín Cano?

—No —contestó Germán—, Guillermo Valencia.

Yo vi en el rostro de mis dos amigos lo que significaba para ellos y para la patria la pérdida del patriarca de Popayán, del caballero epónimo de Colombia. Ellos habían conocido y admirado —a pesar de las diferencias políticas— a ese hombre que fue un espectáculo de inteligencia, de refinamiento y de cultura. Valencia, como Lugones en Argentina, era un hombre del Renacimiento, que lo había estudiado todo y todo lo sometía a su propio análisis y a la voluntad de su comentario, a veces caprichoso. Su figura prócer de señor noble, rico terrateniente, tribuno espectacular, charlador deslumbrante, político vigoroso y poeta de fama continental, fue para los colombianos un deslumbramiento constante ¡cosa difícil en un país que ha producido siempre varones extraordinarios!

Para mí Valencia era otra cosa. Desde mis mocedades chilenas le había leído junto a Darío, a Lugones, a Herrera y Reissig, y sentía por él una fría admiración intelectual. Nunca me hirió con la punzada deliciosa del *Nocturno* de Silva, o la *Berceuse blanca* de Herrera, o la *Canción de otoño en primavera* de Darío, o *El solterón* de Lugones. Y sin embargo retornaba a él a menudo y era para mí una fiesta mental la severa arquitectura de *Los camellos* o *Cigüeñas blancas*, y la policromía deslumbrante de sus sonetos bíblicos. Hasta su poema *Leyendo a Silva* me parecía demasiado recamado y vistoso. No me expliqué este fenómeno sino mucho más tarde cuando despuntó en mí la capacidad crítica, cuando leí a Leconte de Lisle y me di cuenta de que el mundo exterior existe y que de él emana también la perfecta belleza. Si la mujer es fuente de poesía ("la mejor musa es la de carne y hueso") la estatua es la mujer convertida en belleza. Esto quiere decir que Valencia es un poeta parnasiano, no impasible como se define a todo escritor de esta escuela, sino impersonal y que si tradujo a Stephan George y a algún simbolista francés su concepción artística va siempre a lo plástico, a lo visual, más con el ojo del pintor que con la intuición del iluminado. Artista de la forma, que puede ser en resumen el artista supremo.

Que Valencia haya seguido la inspiración neopagana de la poesía no tiene mayor importancia. Todo ese mundo de fórmulas helénicas es falso en él como en Darío; lo importante es el impulso que revela en el poeta una predisposición, una manera estética, que busca una armonía, un orden interno, un proceso metódico de creación, una medida en todo lo creado. ¿No será esto por lo clásico una demostración de colombianismo? Y la atracción constante que ejerce en él el tema bíblico ¿no nos dice que actúan en él fuerzas misteriosas y milenarias que se encuentran también en la obra de José Asunción Silva y de Jorge Isaacs?

Es probable que Rafael Maya no esté en lo justo al considerar a Valencia como poeta eminentemente intelectual un tanto remoto de la intensa palpitación vital de su tiempo y de su patria. Y no me refiero a su *Canto a Popayán* sino a la masa de su obra poética al afirmar que su simpatía por la

cultura israelita y su inspiración grecolatina están revelando un artista genuino del pueblo colombiano.

Tomás Carrasquilla continúa en tierras de América el género novelesco de tipo regional, cultivado en España por la mayoría de los realistas de la segunda mitad del siglo pasado. Su mayor semejanza es con Pereda, por el énfasis en la corrección castiza del lenguaje, por la acumulación de detalles "característicos", por la superabundancia de color local, por el tono moralizador y hasta por la falta de sentido artístico de la obra. En el fondo ambos son escritores costumbristas, interesados en revelar una región, o un país, y un tipo de hombre "racial" según lo conciben ellos. Confrontados con los hechos, probablemente negarían estos escritores un constante determinismo histórico que actúa sobre ellos, un apego a toda fórmula tradicional limitadora, un respeto ciego por el lenguaje de sus abuelos que no permite evolución alguna. Carrasquilla posee, sin embargo, dotes de narrador y un sentido del humor que no se halla en el escritor de Santander. Carrasquilla es en un sentido general un precursor del americanismo literario en la novela.

Los críticos españoles fueron los primeros en aplaudir la obra de Carrasquilla. Menéndez y Pelayo, Valera, Rubio y Lluch, Cejador se maravillaban de la lealtad racial de Carrasquilla, de su sentido tradicional, de su casticismo en el lenguaje. Han continuado otros críticos españoles esta misma actitud en los Estados Unidos: Enrique de la Casa le ha dedicado un libro; Federico de Onís le considera como novelista representativo de América. El joven crítico Curt Levy acaba de terminar una obra muy documentada sobre el autor de la *Marquesa de Yolombó*.

Los estudios que Rafael Maya dedica a Luis Carlos López, Aurelio Martínez Mutis, José Umaña Bernal y León de Greiff son muy buenos. López merece un análisis mucho más detenido y profundo. López es el primer rebelde de la literatura colombiana, rebelde a la fría perfección académica y al sentimentalismo continuo de la poesía de su patria. Es un poeta realista, sarcástico, impertinente; es, lo que podría llamarse con justicia, el antipoeta. Dentro de la brevedad de su estudio el señor Maya le hace justicia cuando dice que los versos de Luis Carlos López no han envejecido, que el tiempo los rejuvenece y saca a relucir aspectos nuevos no advertidos antes. ¿Qué mejor demostración de la vitalidad de este poeta? ¿Cómo no reconocer la intensa sensación de vida que hay en toda su obra? A veces —y cito de memoria— es la síntesis de un cuadro natural:

> En el azul plafón
> la luna tumefacta es como un grano
> y la iglesia un enorme biberón...

o una descarnada opinión sobre la gente:

> pueblo intonso, pueblo asnal

o la expresión de un estado anímico:

> ¿qué hago con este fusil?

o la fijación definitiva de un ser humano:

> el alcalde
> luce por el poblacho su perfil de bull-dog...
> lector infatigable del *Liberal*
> que oye misa de hinojos y habla bien de Voltaire...

El señor Maya se pregunta dónde reside el secreto de esta juventud ¿en el alma del poeta, o en su manera de pintarnos las cosas, o en estas mismas cosas, prescindiendo de su proyección literaria? Claro está que es el modo de ser del poeta el factor determinante ya que las cosas están en el mundo objetivo para todos, y pocos las ven en la forma esquemática y substancial, en su rasgo esencial, típica del poeta.

Cuando Carlos García Prada publicó su *Antología de líricos colombianos*[7] yo dije en una nota crítica que dos o tres composiciones de Luis Carlos López valían por docenas de sonetos apergaminados y correctos de románticos y neoclásicos. Todavía sostengo esta opinión.

Aurelio Martínez Mutis no es poeta de mi devoción. Guardo de él personalmente una grata impresión de amabilidad y simpatía y de su poema la *Epopeya del cóndor* una penosa sensación de pesadez retórica. Por eso no le he vuelto a leer, y de veras lo siento cuando veo, en el capítulo que le dedica el señor Maya, la siguiente opinión: "Creemos que dentro de este tipo de poesía *La esfera conquistada* supera a la mayor parte de los poemas épicos escritos en lengua castellana, de muchos años a esta parte"[8]. De todas maneras, la poesía épica contemporánea no tiene la reciedumbre de la epopeya antigua popular o de la clásica renacentista y sólo en contadas ocasiones logra interesar al lector de hoy. Excepciones serían en nuestro continente el *Canto general* de Neruda y *Conquistador* de Archibald MacLeish.

Umaña Bernal ha escrito también un poema que tiene un soplo épico, el *Nocturno del Libertador*, en que la figura de Bolívar es líricamente exaltada. Conocíamos a este poeta por su libro neoparnasiano *Itinerario de fuga*. Sus romances son de una maravillosa ejecución técnica y de abundante lirismo y pertenecen a un período en que esta forma poética es ampliamente cultivada en América, independientemente a la de España y un poco anterior a ella, como en el caso de Herrera y Reissig, Lugones, Banchs, Max Jara y otros poetas modernistas y postmodernistas. Digo esto para que no se nos eche en cara la influencia de García Lorca a quienes hemos escrito romances "modernos" en nuestra juventud literaria antes de conocer al gran poeta del *Romancero gitano*. El libro más completo de Umaña Bernal es *Décima de luz y velo*.

El último nombre que aparece en *Estampas de ayer y retratos de hoy* es el de León de Greiff, el poeta más revolucionario de Colombia, destructor de la forma convencional, de los temas poéticos en uso y de la actitud moral obligada. Hay en su desprecio por los pazguatos del arte mucho de la ironía de Luis Carlos López, excepto que de Greiff tiene una conciencia más técnica de su fórmula destructora. De Greiff es un hombre atormentado por conflictos internos personalísimos, por su desdén por lo cotidiano, por su sentimiento trágico de la vida, y por eso su venganza se manifiesta en el simbolismo cerrado de su poesía y en su anarquía métrica, producto demasiado cerebral de su creación; y con todo posee el don de la expresión musical en grado superlativo. Hasta los títulos de sus libros *Tergiversaciones; Libro de signos y Variaciones alrededor de nada* revelan en este poeta una constante actitud de auscultación, una fría manera de concebir la vida, como proceso mental, personal y único. Todavía hay mucho que esperar de este poeta que vino a irrumpir como un ciclón en la placidez lírica de su patria.

Estas son las figuras más eminentes de la literatura colombiana, no todas, claro está, porque no se trata de una historia de la literatura nacional. Se echan de menos los nombres de Gutiérrez González, Arboleda, Ortiz, Isaacs, Fallón, Isaías Gamboa, Miguel Antonio Caro, Carlos Arturo Torres, Grillo, Londoño, Barba Jacob, Jorge Zalamea, Germán Arciniegas, Pardo García y sobre todo de ese gran espíritu sin el cual toda reseña de la literatura colombiana será incompleta: Sanín Cano. Pero ya he dicho que el señor Maya se ha ocupado de varios de estos autores en otra parte. La ausencia de los poetas del grupo "Piedra y cielo", en especial de Jorge Rojas, Eduardo Carranza, Vargas Osorio, Arturo Camacho, Carlos Martín (por lo menos debían ser mencionados en alguna parte) me parece inexplicable. Seguramente el señor Maya tendría sus razones para excluirlos de sus *Estampas*.

El señor Maya conoce al dedillo la literatura de su patria. Como continúa el método de Gómez Restrepo de exponer sus ideas por medio de discursos es a veces frívolamente elegante, pero el lector no debe engañarse, ya que debajo de la forma galana hay a menudo síntesis perfectas, definiciones de valores extraordinariamente acertadas, hallazgos críticos insuperables. Si bien es cierto que la balanza de su criterio se inclina hacia una concepción literaria clásica y ortodoxa, es también verdad que sus juicios sobre escritores heterodoxos, rebeldes, o revolucionarios tales como Luis Carlos López, de Greiff o Barba Jacob, son eminentemente justos.

Yo debo al señor Maya el señalado favor de acercarme nuevamente a estas fuentes vitales de belleza de las cuales me mantuvo alejado por cierto tiempo el celo patriótico de don Laureano Gómez.

De **Ensayos sobre literatura latinoamericana. Segunda serie,** México, Fondo de Cultura Económica, 1958. pp. 57-70.

Notas

1. Biblioteca de autores colombianos, Bogotá, 1954.
2. Véanse sus libros *La vida en la sombra; Coros del mediodía; Después del silencio; Tiempo de luz.*
3. V. G. Giraldo Jaramillo, *Estudios históricos*, Bogotá, 1954, pp. 217 ss.
4. *Estampas*..., p. 172.
5. *Estampas* p. 263.
6. *Estampas* p. 273.
7. Bogotá, 1937.
8. *Estampas*, p. 333.

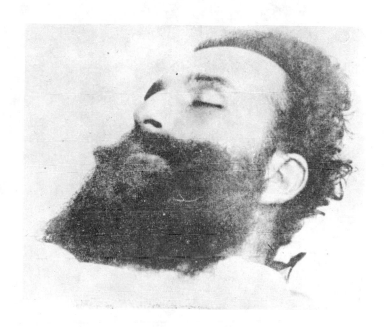

Anexos

ANONIMO. *Antología básica contemporánea de la poesía iberoamericana.* 2 vols. Buenos Aires, Ediciones Nereo - Editorial Pulitzer, 1978. T. I: 351 p. T. II: 353-692 p. (De Colombia: Juan Lozano, José Eustasio Rivera, Miguel Rasch Isla, León de Greiff, Carlos García Prada, Emilia Ayarza, José Asunción Silva, Jorge Gaitán Durán, Alvaro Mutis, Dolly Mejía).

ALBAREDA, Gines de. GARFIAS, Francisco. *Antología de la poesía hispanoamericana. Colombia.* Madrid, Biblioteca Nueva, 1957. 570 p. Incluye 192 poetas colombianos, de Antón de Lezcamez a Eduardo Cote Lamus, divididos en los siguientes rubros: Poetas de la Conquista, El Barroco, El Neoclasicismo, El Romanticismo, El Modernismo y Tendencias actuales. En El Modernismo incluye poemas de José Asunción Silva, Guillermo Valencia, Ismael Enrique Arciniegas, Carlos Arturo Torres, Víctor Eduardo Caro, Ricardo Nieto, Aquilino Villegas, Porfirio Barba Jacob, Luis Carlos López, Carlos Villafañe, Aurelio Martínez Mutis, Vicente Casas Castañeda, Daniel Bayona Posada, Jorge Bayona Posada, Nicolás Bayona Posada, Leopoldo de la Rosa, José Eustasio Rivera, Eduardo Castillo, Miguel Rasch Isla, Angel María Céspedes, Mario Carvajal, Juan Bautista Jaramillo Meza, Carlos López Narváez, Rafael Vásquez, Delio Seraville, Gregorio Castañeda Aragón, Gilberto Garrido, Manuel José Forero.

BACIU, Stefan. *Antología de la poesía latinoamericana,* 1950-1970, 2 vols. Albany, State University of New York Press, 1974. (De Colombia: Alfonso Bonilla Naar, Oscar Echeverry Mejía, Jorge Gaitán Durán, Eduardo Escobar).

BAEZA FLORES, Alberto. *Antología de la poesía hispanoamericana.* Buenos Aires, Ediciones Tirso, 1959. 303 p. (De Colombia: Ismael Enrique Arciniegas, Guillermo Valencia, Alfredo Gómez Jaime, Porfirio Barba Jacob, Luis Carlos López, Eduardo Castillo, José Eustasio Rivera, León de Greiff, Rafael Maya, Juan Lozano y Lozano, Alberto Angel Montoya, Jorge Artel, Jorge Rojas, Eduardo Carranza, Meira Delmar, Oscar Echeverry Mejía, Carlos Castro Saavedra, Dora Castellanos).

BALLAGAS, Emilio. *Mapa de la poesía negra americana.* Buenos Aires, Editorial Pleamar, 1946. 324 p. (De Colombia: Candelario Obeso).

BARROS, Daniel. *Antología básica contemporánea de la poesía latinoamericana.* Buenos Aires, Ediciones de la Flor, 1973. 2a. ed.: 1979. 263 p. (De Colombia: Fernando Arbeláez, Fernando Charry Lara, Jorge Gaitán Durán, J. Mario, José Puben).

BECCO, Horacio Jorge. *El modernismo en América.* Buenos Aires, Edicom. 1969. 109 p. (De Colombia: José Asunción Silva, Guillermo Valencia).

BOCCANERA, Jorge. *La novísima poesía latinoamericana.* México, Editores Mexicanos Unidos, 3a. edición, 1982. 310 p. (De Colombia: William Agudelo, Guillermo Bustamante, J. G. Cobo, Diomedes Daza, Henry Luque).

BORGES, Jorge Luis. HIDALGO, Alberto. HUIDOBRO, Vicente. *Indice de la nueva poesía americana*. Buenos Aires, Editorial El Inca, 1926. (De Colombia: Luis Vidales).

CAILLET-BOIS, Julio. *Antología de la poesía hispanoamericana*, 2a. edición, Madrid, Aguilar, 1965. 2072 p. (De Colombia: Julio Arboleda, Ismael Enrique Arciniegas, Aurelio Arturo, Porfirio Barba Jacob, Arturo Camacho Ramírez, José Eusebio Caro, Miguel Antonio Caro, Eduardo Carranza, Francisca Josefa del Castillo, Fernando Charry Lara, Meira Delmar, Hernando Domínguez Camargo, Diego Fallón, Julio Flórez, Jorge Gaitán Durán, León de Greiff, Gregorio Gutiérrez González, Jorge Isaacs, Víctor M. Londoño, Luis Carlos López, Antonio Llanos, Rafael Maya, Epifanio Mejía, Rafael Núñez, José Joaquín Ortiz, Germán Pardo García, Rafael Pombo, Ovidio Rincón, José Eustasio Rivera, Jorge Rojas, José Asunción Silva, José Umaña Bernal, Diego Uribe, Guillermo Valencia, Tomás Vargas Osorio, Luis Vargas Tejada, Rafael Vásquez, Luis Vidales, Maruja Vieyra).

CAMPOS, Jorge. *Antología hispanoamericana*. Madrid, Ediciones Pegaso. 1950. 639 p. (De Colombia: Hernando Domínguez Camargo, Luis Vargas Tejada, Gregorio Gutiérrez González, José Joaquín Ortiz, Julio Arboleda, José Eusebio Caro, Rafael Pombo, Epifanio Mejía, Joaquín González Camargo, Diego Uribe, José Asunción Silva, Ismael Enrique Arciniegas, Guillermo Valencia, Pacho Valencia, Porfirio Barba Jacob, José Eustasio Rivera, Luis C. López, Luis Vidales, Jorge Artel, Eduardo Carranza, Antonio Llanos, Germán Pardo García, Rafael Maya).

CARACCIOLO-TREJO, Enrique. *The Penguin Book of Latin American Verse.* England, Penguin Books, 1971. (De Colombia: Gregorio Gutiérrez González, José Asunción Silva, Guillermo Valencia, Porfirio Barba Jacob, León de Greiff, Alvaro Mutis).

CORTES, María Victoria. *Poesía hispanoamericana* (Antología). Madrid, Taurus, 1959. (De Colombia: Francisca Josefa del Castillo, Hernando Domínguez Camargo, Luis Vargas Tejada, Gregorio Gutiérrez González, José Joaquín Ortiz, José Eusebio Caro, Rafael Pombo, Epifanio Mejía, Joaquín González Camargo, Diego Uribe, José Asunción Silva, Ismael Enrique Arciniegas, Guillermo Valencia, Porfirio Barba Jacob, José Eustasio Rivera, Jorge Artel, Rafael Maya, Germán Pardo García, Eduardo Carranza).

ESCALONA-ESCALONA, José Antonio. *Muestra de poesía hispanoamericana del siglo XX*, 2 vols. Caracas, Biblioteca Ayacucho. 1985. 826 p. y 846 p. (De Colombia: Eduardo Carranza, Dora Castellanos, Fernando Charry Lara, Jorge Gaitán Durán, León de Greiff, Jaime Jaramillo Escobar, Rafael Maya, Alvaro Mutis, Germán Pardo García, Jorge Rojas).

FERRO, Hellen. *Antología comentada de la poesía hispanoamericana*, Nueva York, Las Americas Publishing Company, 1965. 455 p. (De Colombia: José Asunción Silva, José Eustasio Rivera).

FERRO, Hellen. *Del modernismo al compromiso político. Antología temática de la poesía hispanoamericana*. Buenos Aires, Editorial Cuarto Poder, 1975. 249 p. (De Colombia: José Asunción Silva, Guillermo Valencia, José Eustasio Rivera, Rafael Pombo).

FLORIT, Eugenio y JIMENEZ, José Olivio. *La poesía hispanoamericana desde el modernismo*. Nueva York, Appleton Century Crofts, 1968. (De Colombia, "Modernismo": José Asunción Silva, Guillermo Valencia. "Posmodernismo": Porfirio Barba Jacob, Luis Carlos López. "Posvanguardismo": Eduardo Carranza).

FREIDEMBERG, Daniel. *Poesía hispanoamericana del siglo XX*. Buenos Aires, Centro Editor de América Latina, Biblioteca Básica Universal, Nro. 253 y Nro. 263, 1983. 119 p. y 147 p. (En el primer volumen, titulado "El perro vagabundo y otros poemas" Pezoa Veliz, Fernández Moreno y otros, se incluye de Colombia a Luis Carlos López. En el segundo, titulado "Los dados eternos y otros poemas" Girondo, Neruda, Vallejo y otros, se incluye, de Colombia, a León de Greiff).

GARCIA PRADA, Carlos. *Poetas modernistas hispanoamericanos*. Madrid, Ediciones Cultura Hispánica, 1956. 355 p. (De Colombia: José Asunción Silva, Guillermo Valencia, Porfirio Barba Jacob).

GIMFERRER, Pedro. *Antología de la poesía modernista*. Barcelona, Barral Editores, 1969. 300 p. (De Colombia: Ismael Enrique Arciniegas, José Asunción Silva, Guillermo Valencia, Porfirio Barba Jacob, Luis Carlos López).

HENRIQUEZ UREÑA, Pedro. *Cien de las mejores poesías castellanas*. Buenos Aires, Editorial Kapelusz, 1929. 289 p. (De Colombia: José Eusebio Caro, Rafael Pombo, José Asunción Silva).

JIMENEZ, José Olivio. *Antología de la poesía hispanoamericana contemporánea*, 1914-1970, Madrid, Alianza Editorial, 1971. (De Colombia: León de Greiff, Eduardo Carranza).

JIMENEZ, José Olivio. *Antología crítica de la poesía modernista hispanoamericana*, Madrid, Ediciones Hiperión, 1985. 461 p. (De Colombia: José Asunción Silva, Guillermo Valencia).

LASTRA, Pedro y EYZAGUIRRE, Luis. *Catorce poetas hispanoamericanos de hoy*. INTI, Revista de Literatura Hispánica, Nro. 18-19. Otoño 1983 - Primavera 1984. Providence College, Rhode Island, USA. (De Colombia: Alvaro Mutis).

LEWALD, Ernest Herald. *Antología de veinte poetas postmodernistas latinoamericanos*, Buenos Aires, Instituto Amigos del libro argentino, 1967. 117 p. (De Colombia: Luis Carlos López).

ONIS, Federico de. *Antología de la poesía española e hispanoamericana*. (1882-1932). 1934: Reimpresa: Nueva York, Las Americas Publishing Company. 1961. (De Colombia: José Asunción Silva, Ismael Arciniegas, Guillermo Valencia, "Cornelio Hispano" (Ismael López), Miguel Angel Osorio, José Eustasio Rivera, Luis Carlos López, Rafael Maya).

ONIS, Federico de. *Anthologie de la poesía Ibero-Americaine*. Presentación de Ventura García Calderón, París, Unesco-Nagel, 1956. (De Colombia: José Joaquín Ortiz, José Eusebio Caro, Julio Arboleda, Gregorio Gutiérrez González, Rafael Pombo, Miguel Antonio Caro, José Asunción Silva, Guillermo Valencia, Porfirio Barba Jacob, Luis Carlos López, José Eustasio Rivera, Rafael Maya).

ORTEGA, Julio. *Antología de la poesía hispanoamericana actual.* México, Siglo XXI Editores, 1987. (De Colombia: Aurelio Arturo, Jorge Gaitán Durán, Alvaro Mutis, J. G. Cobo Borda).

PANERO, Leopoldo. *Antología de la poesía hispanoamericana.* Desde Rubén Darío hasta nuestros días. Madrid, Editora Nacional, 1945. Tomo II: 517 p. (Su tomo II incluye los siguientes poetas colombianos: Guillermo Valencia, "Cornelio Hispano" (Ismael López), Miguel Angel Osorio, Luis Carlos López, José Eustasio Rivera, Rafael Maya, Germán Pardo García).

PELLEGRINI, Aldo. *Antología de la poesía viva latinoamericana.* Barcelona, Seix-Barral, 1966. 317 p. (De Colombia: Fernando Arbeláez, Fernando Charry Lara, Jorge Gaitán Durán, Alvaro Mutis, J. Mario Arbeláez).

PELLEGRINI, Juan Carlos. MARTINEZ, David. *Antología de la poesía hispanoamericana: el modernismo.* Buenos Aires, Editorial Huemul, 1964. 2a. edición: 1968. 151 p. (De Colombia: José Asunción Silva, Guillermo Valencia, Ismael Enrique Arciniegas).

PERRONE, Alberto M. *Nueva poesía de América.* Buenos Aires, Centro Editor de América Latina. 1970. 159 p. (De Colombia: Alvaro Mutis, Jaime Jaramillo Escobar).

PRADOS, Emilio. VILLAURRUTIA, Xavier. GIL ALBERT, Juan. PAZ, Octavio. *Laurel. Antología de la poesía moderna en lengua española.* México, Editorial Seneca, 1941. 1134 p. (De Colombia: Porfirio Barba Jacob).

RAVONI, Marcelo. PORTA, Antonio. *Poeti Ispanoamericani Contemporanei.* Milan, Feltrinelli, 1970. 579 p. (De Colombia: León de Greiff, Luis Vidales, Aurelio Arturo, Alvaro Mutis, Jorge Gaitán Durán).

REVISTA CABALLO DE FUEGO. *La poesía del siglo veinte en América y España.* Buenos Aires, Ediciones de la revista "Caballo de Fuego", 1952. 333 p. (De Colombia: José Asunción Silva, Guillermo Valencia).

RODRIGUEZ PADRON, Jorge. *Antología de poesía hispanoamericana.* (1915-1980) Madrid. Selecciones Austral 132, Espasa Calpe, 1984. 445 p. (De Colombia: Alvaro Mutis, J. G. Cobo Borda).

RUANO, Manuel. *Muestra de la poesía nueva latinoamericana.* Lima, Ediciones El Gallinazo, 1981. 268 p. (De Colombia: Gonzalo Arango, Jaime Jaramillo Escobar, Mario Rivero, J. Mario, Giovanni Quessep, William Agudelo, Eduardo Escobar, Henry Luque Muñoz, Juan Manuel Roca, J. G. Cobo Borda, Jaime Aljure).

SUCRE, Guillermo. ROJAS, Gonzalo y otros. *Antología Poesía Hispanoamericana Moderna.* Vol. I. Caracas, Universidad Simón Bolívar, 1982. 660 p. (De Colombia: José Asunción Silva, León de Greiff).

TAPIA GOMEZ, Alfredo. *1ra. Antología de la poesía sexual latinoamericana.* Buenos Aires, Editorial Freeland, 1969. 301 p. (De Colombia: Gonzalo Arango, Jorge Artel, Alfonso Borda Ferguson, Carlos Castro Saavedra, León de Greiff, Jorge Gaitán Durán, Carlos García Prada, Víctor M. Londoño, Juan Lozano, Alberto Angel Montoya, José Asunción Silva, José Eustasio Rivera, Laura Victoria).

BIOGRAFIAS

Daniel Arias Argáez (1869-1951)

Poeta, novelista y periodista colombiano, ocupó diversos cargos en la administración pública y colaboró en periódicos de la época, siendo también traductor del francés. Escribió en por lo menos tres ocasiones sobre su conocimiento de Silva: "Silva íntimo", "Cincuentenario de la muerte de Silva", "La última noche de Silva". Obras: *Un pescador de perlas* (novela), *Haz de sonetos, Curso superior de historia de Colombia, Perfiles de antaño.*

Pedro César Dominici (1872-1954)

Ensayista y novelista venezolano. Fundador de la revista *Cosmopolis* (Caracas, 1894-1895), director de la revista *Venezuela* (París, 1905-1909) y redactor del periódico *La voz de América* (Buenos Aires, 1940). Obras: *La tristeza voluptuosa* (Madrid, 1899), *El triunfo del ideal* (París, 1901), *De Lutecia, arte y crítica* (París, 1907), *Libro apolineo* (Buenos Aires, 1924), *Bajo el sol de otoño* (Buenos Aires, 1947). *Teatro,* (Buenos Aires, 1949-1951, 3 vols.).

Donald F. Fogelquist

Investigador y profesor norteamericano. Obras: *The literary collaboration and the personal correspondence of Rubén Darío and Juan Ramón Jiménez* (Miami, 1956), *Españoles de América y Americanos de España* (Madrid, 1968).

Calixto Oyuela (1857-1935)

Poeta, crítico y ensayista argentino. Primer presidente de la Academia Argentina de Letras, traductor de Leopardi. Obras: *Estudio sobre la vida y escritos del eminente poeta catalán Manuel de Cabanyes* (Buenos Aires, 1881). *Justa literaria* (Buenos Aires, 1883), *Elementos de teoría literaria* (Buenos Aires, 1885), *Apuntes de literatura castellana siglos XVIII y XIX* (Buenos Aires, 1888), *Estudios y artículos literarios* (Buenos Aires, 1889), *Estudios literarios* (Buenos Aires, 1915), *Antología poética hispanoamericana* (Buenos Aires, 1919-1920, 3 vols.), *Estudios literarios* (Buenos Aires, 1943, 2 vols.). *Poetas hispanoamericanos* (Buenos Aires, 1949-1950, 2 vols.).

Crítico literario español, alumno de Menéndez y Pidal y profesor en el Dpto. de Español de la Universidad de Columbia (Nueva York). Tras permanecer allí treinta y seis años, se jubiló en Puerto Rico. Editor de la *Revista Hispánica Moderna*, preparó ediciones de Torres Viallaroel (1912) y de fray Luis de León (1914). Obras: *Martín Fierro y la poesía tradicional* (1924), su conocida *Antología de la poesía española e hispanoamericana*, 1882-1932 (Madrid, 1934) y una colección de ensayos: *España en América* (1955).

Concha Meléndez

Crítica y catedrática puertorriqueña. Obras: *Amado Nervo* (Nueva York, 1926), *La novela indianista en Hispanoamérica*, 1832-1889 (Madrid, 1934), *Signos de Iberoamérica* (México, 1936), *Pablo Neruda, vida y obra* (Nueva York, 1942), *Asomante. Estudios Hispanoamericanos* (Puerto Rico, 1943), *La inquietud sosegada. Poética de Evaristo Ribera Chevremont* (Puerto Rico, 1946).

Carlos García Prada (1898-1979)

Crítico y poeta colombiano, quien trabajó en universidades norteamericanas y fue director literario de la *Revista Iberoamericana*, entre 1939 y 1945. Obras: *La personalidad histórica de Colombia* (Bogotá, 1926), *Teorías estéticas* (Bogotá, 1932), *A tentative bibliography of Colombian Literature* (Cambridge, Mass. 1934), *Antología de líricos colombianos* (Bogotá, 1936-1937, 2 vols.), *Prosas y versos de J. A. Silva* (México, 1942), *Estudio hispanoamericano* (México, 1945), *Poetas modernistas hispanoamericanos: antología* (Madrid, 1956), *Poesía de España y América* (Madrid, 1958, 2 vols.). *Letras hispanoamericanas - ensayos de simpatía* (Madrid, 1963, 2 vols.).

Arturo Capdevila (1889-1967)

Poeta, novelista, cuentista y ensayista argentino, de gran fecundidad. Obras: *Dharma: influencia del oriente en el derecho de Roma* (1914), *Los paraísos prometidos* (Buenos Aires, 1925), *América, nuestras relaciones antes los Estados Unidos* (Buenos Aires, 1926), *Babel y el castellano* (Buenos Aires, 1928), *El apocalipsis de San Lenin* (Buenos Aires, 1929), *Las invasiones inglesas* (Buenos Aires, 1938), *¿Quién vive? La libertad* (Buenos Aires, 1940), *El Popol-Vuh o la Biblia de los mayas* (Buenos Aires, 1945), *Rubén Darío, "un bardo rei"* (Buenos Aires, 1946), *Adolescencia y voluntad,* con una semblanza del autor por Baldomero Sanín Cano (Buenos Aires, 1947). *Alfonsina; época, dolor y obra de la poetisa Alfonsina Storni* (Buenos Aires, 1948), *Los salvajes unitarios y los otros* (Rosario, 1949), *El hombre de Guayaquil* (Buenos Aires, 1950), *Comentario gramatical de urgencia...* (Buenos Aire, 1967).

Roberto F. Giusti (1887-1976)

Crítico y ensayista argentino, fue fundador, junto con Alberto Bianchi, de la revista *Nosotros* (1907-1934, 1936-1943). Obras: *Nuestros poetas jóvenes (Revista crítica del actual movimiento poético argentino)* (Buenos Aires, 1911), *Crítica y polémica* (Primera serie) (Buenos Aires, 1917), *Crítica y polémica* (Segunda serie) (Buenos Aires, 1924), *Crítica y polémica* (Tercera serie) (Buenos Aires, 1927), *Crítica y polémica* (Cuarta serie) (Buenos Aires, 1930), *Momentos y aspectos de la cultura argentina* (Buenos Aires, 1954), *Poetas de América* (Buenos Aires, 1956).

Luis Alberto Sánchez (1900-)

Crítico, historiador y memorialista peruano, actual vicepresidente de su país. Obras: *Los poetas de la revolución* (1919), *Los poetas de la Colonia* (1921), *La literatura peruana* (1928-1936, 3 vols.), *Indice de la poesía peruana contemporánea* (1938), *Proceso y contenido de la novela hispanoamericana* (Madrid, 1953), *¿Tuvimos maestros en nuestra América?* (Buenos Aires, 1955), *Historia comparada de las literaturas americanas* (Buenos Aires, 1973-1976, 4 vols.). *Aladino.* Biografía de Santos Chocano (México, 1960).

Carlos Alberto Loprete

Catedrático e investigador argentino. Obras: *Poesía romántica argentina* (Buenos Aires, 1965), *La literatura modernista en la Argentina* (Buenos Aires, 1976).

Raúl H. Castagnino (1914-)

Crítico literario y teatral, ensayista e historiador argentino, es el actual presidente de la Academia Argentina de Letras y colaborador habitual del diario *La Prensa*, de Buenos Aires. Obras: *La poesía épica y el alma infantil* (Buenos Aires, 1937), *Esquema de la literatura dramática argentina* (1717-1949) (Buenos Aires, 1950), *El análisis literario* (Buenos Aires, 1953), *El concepto "literatura"* (Buenos Aires, 1967), *Márgenes de los estructuralismos* (Buenos Aires, 1975), *Sentido y estructura narrativa* (Buenos Aires, 1975), *Fenomenología de lo poético* (Buenos Aires, 1980).

Raúl González Tuñón (1905-1974)

Poeta y periodista argentino. Publicó sus primeros poemas en la revista *Caras y Caretas* e *Inicial*, en 1922. Colaboró en el periódico *Martín Fierro* y en la revista *Proa*, dirigida por Ricardo Guiraldes. Obras: *El violín del diablo* (Buenos Aires, 1926), *La calle del agujero en la media* (Buenos Aires, 1930), *Todos bailan (Poemas de Juancito Caminador)* (Buenos Aires, 1935), *La muerte en Madrid* (Buenos Aires, 1939), *Hay alguien que está esperando* (Buenos Aires, 1952), *Todos los hombres del mundo son hermanos* (Buenos Aires, 1954), *Demanda contra el olvido* (Buenos Aires, 1963), *Poemas para el atril de una pianola* (Buenos Aires, 1965), *El rumbo de las islas perdidas* (Buenos Aires, 1969), *El banco de la plaza. Los melancólicos canales del tiempo* (Buenos Aires, 1977).

Oscar Rivera Rodas

Poeta y crítico boliviano, profesor titular de Teoría Literaria y Literatura Latinoamericana de la Universidad Mayor de San Andrés, La Paz. Obras: *La nueva narrativa boliviana* (1972), *Funciones de la metáfora lírica* (1973), *El realismo mítico en Oscar Cerruto* (1973).

Merlín H. Forster

Norteamericano, catedrático de la Universidad de Texas. Obras: *Los contemporáneos: perfil de un experimento vanguar-*

dista mexicano (México, 1964), *Historia de la poesía hispanoa-americana* (Indiana, 1981).

Giuseppe Bellini

Italiano, catedrático de literatura hispanoamericana de la Universidad de Milan. Obras: *La protesta nel romanzo ispan-americano del novecento* (Milan, 1957), *Teatro messicano del novecento* (Milan, 1959), *La letteratura Ispano-americana. Dalle origine al modernismo* (Milan, 1959), *Due classici ispano-americani* (Inca Garcilaso - Sor Juana) (Milan, 1962). *Poetti delle Antille* (Antología de poetas de Cuba, Puerto Rico y República Dominicana) (Milan, 1963), *Historia de la literatura hispanoamericana* (Madrid, 1985).

José Olivio Jiménez

Crítico cubano residente en Estados Unidos, donde es profesor en *The City University of New York,* desde 1962. Obras: *Cinco poetas del tiempo* (Madrid, 1964), *Estudios sobre poesía cubana contemporánea* (Nueva York, 1967), *José Martí: poesía y existencia* (México, 1983). Ha sido editor igualmente de varios volúmenes críticos sobre la prosa modernista hispanoamericana (Nueva York, 1975) sobre el simbolismo (Madrid, 1979), y de diversas antologías de la poesía hispanoamericana, además de un volumen sobre Vicente Aleixandre.

Arturo Torres Rioseco

Poeta y crítico chileno, profesor en la Universidad de Berkeley, en California, Estados Unidos. Obras: *Precursores del modernismo* (Casal, Gutiérrez, Martí, Silva) (Madrid, 1925), *La novela en la América Hispana* (Berkeley, 1939), *Vida y poesía de Rubén Darío* (Buenos Aires, 1944), *Antología de poetas precursores del modernismo* (Washington, 1949), *Ensayos sobre literatura latinoamericana* (México, 1953, 1958, 2 vols.), *Breve historia de la literatura chilena* (México, 1956), *Nueva historia de la gran literatura iberoamericana* (Buenos Aires, 1960), *Gabriela Mistral* (Valencia, España, 1962).

CURRICULUM
J. G. Cobo Borda

Bogotá, 1948.

Actual Agregado Cultural a la Embajada de Colombia en Argentina.

Fue Asistente de la Dirección del Instituto Colombiano de Cultura (1975-1983) y director durante una década (1973-1984) de la revista ECO. Subdirector también de la Biblioteca Nacional, Bogotá.

LIBROS
Poesía

Consejos para sobrevivir, Bogotá, Ediciones La Soga al Cuello, 1974. 78 páginas.

Salón de te, Bogotá, Instituto Colombiano de Cultura, 1979. 77 páginas.

Casa de citas, Caracas, Ediciones La Draga y el Dragón, 1981. 96 páginas.

Ofrenda en el altar del bolero, Caracas, Monte Avila Editores, 1981. 59 páginas.

Roncando al sol como una foca en las Galápagos, México, Premia, 1982. 56 páginas.

Todos los poetas son santos e irán al cielo, Buenos Aires, El Imaginero, 1983. 77 páginas.

Todos los poetas son santos, México, Fondo de Cultura Económica, 1987. 59 páginas.

Ensayo

La alegría de leer, Bogotá, Instituto Colombiano de Cultura, 1976. 289 páginas.

La tradición de la pobreza, Bogotá, Carlos Valencia Editores, 1980. 171 páginas.

La otra literatura latinoamericana, Bogotá, Procultura-El Ancora, 1982. 275 páginas.

Letras de esta América, Bogotá, Universidad Nacional de Colombia, 1986. 394 páginas.

Poesía colombiana, 1880-1980. Medellín, Universidad de Antioquia, 1987. 290 páginas.

Visiones de América Latina, Bogotá, Tercer Mundo Editores, 1987. 310 páginas.

Alejandro Obregón, Bogotá, Editorial La Rosa-Telecom. 1985. 107 páginas.

Album de poesía colombiana (Del romanticismo al nadaismo). Bogotá, Instituto Colombiano de Cultura, Biblioteca Básica Colombiana No. 41, 1980. 177 páginas.

Album de la nueva poesía colombiana (1970-1980), Caracas, Fundarte, 1981. 224 páginas.

Antología de la poesía hispanoamericana (poetas nacidos entre 1910-1939). México, Fondo de Cultura Económica, Colección "Tierra Firme", 1985. 518 páginas.

Ediciones a cargo suyo (recopilación, selección, prólogo y notas).

MITO, 1955-1962. Bogotá, Instituto Colombiano de Cultura, 1975. 422 páginas.

Baldomero Sanín Cano: *Escritos,* Bogotá, Instituto Colombiano de Cultura, 1977. 789 páginas.

Baldomero Sanín Cano: *El oficio de lector* (Compilación, selección, prólogo y cronología: J. G. Cobo Borda). Caracas, Biblioteca Ayacucho, No. 48, 1978. 505 páginas.

Jorge Zalamea: *Literatura, política y arte.* Bogotá, Instituto Colombiano de Cultura, 1978.

Hernando Téllez: *Textos no recogidos en libro.* 2 vols. Bogotá, Instituto Colombiano de Cultura, 1979.

José Asunción Silva: *Poesía y prosa* (en colaboración con Santiago Mutis), Bogotá, Instituto Colombiano de Cultura, 1979. 849 páginas.

J. G. Cobo Borda: *Arciniegas de cuerpo entero,* Bogotá, Planeta, 1987. 435 páginas.

Fábulas y leyendas de El Dorado (Edición: J. G. Cobo Borda. Prólogo: Arturo Uslar Pietri). Barcelona, Tusquets Editores, Biblioteca del Nuevo Mundo, No. 4, 1987. 261 páginas.

El Aleph borgiano. Bogotá, Biblioteca Luis Angel Arango, 1987. 145 páginas.

La presente edición conmemorativa
de los 450 años de la Fundación de Bogotá,
se terminó de encuadernar
durante el mes de mayo de 1988
en los talleres de CARVAJAL S.A.
siguiendo el diseño y bajo la dirección gráfica y editorial
de BENJAMIN VILLEGAS & ASOCIADOS
Cra. 13 No. 33-74 Of. 303 Tels. 2457788 - 2856451
Bogotá - Colombia